Einführung in die Gender Studies

De Gruyter Studium

Franziska Schößler, Lisa Wille

Einführung in die Gender Studies

Unter Mitarbeit von Lucas Alt und Sarah Thiery

2., aktualisierte, überarbeitete und erweiterte Auflage

DE GRUYTER

ISBN 978-3-11-065171-3
e-ISBN (PDF) 978-3-11-065654-1
e-ISBN (EPUB) 978-3-11-065663-3

Library of Congress Control Number: 2022938223

Bibliografische Information der Deutschen Nationalbibliothek
Die Deutsche Nationalbibliothek verzeichnet diese Publikation in der Deutschen
Nationalbibliografie; detaillierte bibliografische Daten sind im Internet über
http://dnb.dnb.de abrufbar.

© 2022 Walter de Gruyter GmbH, Berlin/Boston
Coverabbildung: Gerrit Kiefer
Druck und Bindung: CPI books GmbH, Leck

www.degruyter.com

Inhalt

1 Was sind Gender Studies?

Abbildung 1: Gustave Moreau: *Ödipus und die Sphinx* (1864).

Das Gemälde des symbolistischen Malers Gustave Moreau zeigt die Frau in einer Art und Weise, wie sie in der Kunst überaus beliebt ist: als Sphinx, als Rätsel und als Monstrum zwischen Tier und Mensch. In dem antiken Mythos über den Vatermörder Ödipus, den Moreau in seinem Gemälde aufgreift, tötet der findige Mann dieses bizarre Wesen, indem er das Rätsel der Sphinx löst. Kunst stilisiert die Frau häufig zum Anderen der Vernunft, zur verschlingenden Medusa, zur Femme fatale, ohne das Rätsel selbst zum Sprechen zu bringen. Das Bild Moreaus lässt darüber hinaus ein relationales Moment in Erscheinung treten: Die Vernunft (von Ödipus verkörpert) bedarf des Anderen, des Fremden, um sich als Ratio definieren zu können.

https://doi.org/10.1515/9783110656541-001

Das einleitende Kapitel möchte an diejenige Wissenschaft heranführen, die Geschlecht als sozial-kulturelle Praxis auffasst: an die Gender Studies. Dieser Ansatz, der zahlreiche theoretische und methodische Positionen umfasst, geht davon aus, dass Geschlecht eine universale Kategorie darstellt, das heißt in sämtliche gesellschaftliche (Macht-)Konstellationen eingeschrieben ist, und dynamisch-performativ, also durch Handeln, hervorgebracht wird. Zunächst sollen Grundbegriffe wie Gender und Sex geklärt werden, um im Anschluss den akademischen Ort der Gender Studies zu beschreiben und zentrale Entwicklungstendenzen zu skizzieren, die sich unter den Stichworten Pluralisierung und Dynamisierung bündeln lassen. Nicht mehr von ‚der Frau' als Einheitskategorie ist die Rede, sondern von vielfältigen, relational definierten Weiblichkeits- und Männlichkeitspositionen. Gender ist zudem, so die Auffassung der Intersektionalitätsforschung, mit anderen Parametern verknüpft, die über soziale Ungleichheit entscheiden, beispielsweise mit Race, Klasse, ethnischer Herkunft, Sexualität, Behinderung oder Alter. Abschließend wird der gegenwärtige Kulturkampf um Gender und die Debatte um eine geschlechtergerechte Sprache beleuchtet.

1.1 Gender Studies: Begriffe und Konzepte

Die Gender Studies richten ihren Fokus auf das soziale Geschlecht: ‚Gender' bezeichnet im Englischen die kulturell vorgegebenen Geschlechterrollen, die eine Gesellschaft bereitstellt und vornehmlich durch Anerkennung, aber auch durch Strafen und Verbote für verbindlich erklärt. Es sind demnach kulturell-gesellschaftliche Akte, die einen Mann zum Mann und eine Frau zur Frau machen, wie zum Beispiel Kleidercodes, Verhaltensrepertoires, Mimik und Gestik. Diese Verhaltensnormen werden vielfach alltäglich und unbewusst reinszeniert, sodass sich Geschlecht als Prozess beschreiben lässt. Geschlecht ist, um mit Simone de Beauvoir zu sprechen, ein Handeln, oder – nach Judith Butler – ein Effekt performativer Akte (‚Doing gender'). Indem das Subjekt agiert (sich kleidet, spricht etc.), produziert es ein Geschlecht nach Maßgabe der gesellschaftlichen Vorgaben, die die Gender Studies als variable, sich verändernde Normen auffassen. Jede Kultur definiert Geschlechtlichkeit und die Geschlechtergrenzen anders, weshalb sich die Gender Studies mit „Prozessen der Um- und Neudeutung der Differenz" (Angerer / Dorer 1994, S. 11) auseinandersetzen.

Die Auffassung, Geschlecht sei Handeln, wirft die Frage auf, ob und in welchem Maße Gender frei bestimmbar ist, ob sich die einzelne Person je nach Belieben in spielerischen Entwürfen zum Mann oder zur Frau erklären kann. Unter anderem die mit den Gender Studies eng verbundenen Queer Studies weisen auf die strikten Verbote und Anreize hin, die das soziale Geschlecht organisieren und für die Einhaltung der Normen sorgen. Schwule, Lesben, Inter- und Transsexuelle erregen in Teilen der Gesellschaft auch heute noch Aufmerksamkeit, weil sie die binäre Matrix, das heißt die klare Opposition von Mann und Frau, nicht einhalten. Die Gender Studies betonen allerdings, dass es trotz gesellschaftlicher Reglementierung Spielräume gibt und dass die Verhandlungen von Geschlecht dynamische Akte darstellen, die „zwischen sozialer Determiniertheit und individueller Freiheit, zwischen normativer Regulierung und ästhetischem, leiblichem oder schlicht praktischem Eigensinn" changieren (Hark / Villa 2015b, S. 8).

Gegenbegriff zu ‚Gender' ist ‚Sex', der das anatomische Geschlecht bezeichnet – dieses Begriffspaar entwickelt Gayle Rubin 1975 in einer inzwischen klassischen Abhandlung (vgl. Rubin 1975), um Möglichkeitsräume jenseits biologischer Determiniertheit zu eröffnen. Dem Konzept Rubins nach kann das soziale Geschlecht mit Sex identisch sein, muss es aber nicht; eine Frau in anatomischer Hinsicht kann auf sozialer Ebene auch männliche Rollenangebote für sich in Anspruch nehmen. Die Unterscheidung von Sex und Gender ermöglicht es also, die Naturalisierung von Geschlecht, die Auffassung, Geschlecht sei Natur und auf biologische Ursachen (also auf einen vermeintlichen Biologismus) zurückzuführen, aufzuweichen. Die seit den 1970er Jahren überaus produktive Unterscheidung zwischen Sex und Gender wird in den 1990er Jahren problematisiert bzw. die Absage an die Naturalisierung von Geschlecht weiter radikalisiert. Die einflussreiche Queer- und Genderforscherin Judith Butler, die zu Beginn der 1990er Jahre die akademische Entwicklung international und damit auch in Deutschland maßgeblich prägt, fasst in Anlehnung an den Poststrukturalisten Michel Foucault auch das anatomische Geschlecht (Sex) als diskursiv hervorgebracht und konstruiert auf (→ **Kapitel 7**) bzw. hält fest, dass auch Naturwissenschaften wie Biologie und Medizin, die bei der Bestimmung des Geschlechts über eine machtvolle Deutungshoheit verfügen, in gesellschaftliche Kontexte und kulturelle Machtasymmetrien eingebettet sind. Nach Judith Butler ist das anatomische Wissen ebenfalls ein Diskurs (im Sinne Foucaults), der mögliche Aussageweisen, also das Sagbare / Unsagbare, bestimmt und auf diese Weise Macht verteilt. Die scheinbar selbstverständliche Auffassung, die Menschheit teile sich in zwei unterschiedliche Anatomien auf, in Männlichkeit und Weiblichkeit, entsteht tatsächlich erst um 1800 im Kontext der sich etablierenden bürgerlichen Gesellschaft und Geschlechterordnung und kann daher historisiert werden (→ **Kapitel 2**). Das bedeutet auch, dass grundsätzlich andere Geschlechterparadigmen denkbar und möglich sind. Sex und Gender können vor diesem Hintergrund als zwei unterschiedliche Wissensfelder aufgefasst werden, die eng miteinander verzahnt sind und sich gegenseitig beeinflussen, wie Sabine Hark im Anschluss an die Frauenforscherin und Naturwissenschaftshistorikerin Donna Haraway festhält (vgl. Hark 2014, S. 69).

Die Gender Studies teilen, wie der bereits genannte Name Michel Foucault signalisiert, einige Grundannahmen mit der breiteren Strömung des Poststrukturalismus. Dieser stellt seit Ende der 1960er Jahre ‚große' Erzählungen (wie die der Aufklärung) und Identitätskonzepte infrage, verabschiedet also beispielsweise das autonome Subjekt und greift den westlichen Logozentrismus an, die Vorherrschaft der Ratio. Das aufklärerische (männliche) Subjekt wird ebenso hinterfragt wie die Geschichte als lineare und fortschrittliche Entwicklung problematisiert (vgl. Milich 1998, S. 48 – 49). Zwischen den Gender Studies und dem Poststrukturalismus lassen sich einige Gemeinsamkeiten ausmachen (vgl. dazu die Textsammlung von Babka / Posselt 2016): Dazu gehören sowohl die Absage an das universelle Subjekt, das männlich codiert ist, als auch der Verweis auf die Situiertheit und Interessiertheit von Wissen. Ähnlich wie sich die Gender Studies an der Dichotomie von Mann und Frau abarbeiten, analysiert und kritisiert der Poststrukturalismus binäre Systeme wie Wahrheit / Lüge, Normalität / Wahnsinn etc. (vgl. Klinger 1998, S. 25), die Ausschlüsse produzieren und Aussageweisen verknappen.

Mit ihrem poststrukturalistischen Zuschnitt stellen die Gender Studies im Vergleich zu früheren feministischen Ansätzen ein Novum und einen Bruch dar. Fraglich wird damit, wie die Gender Studies zur Tradition des Feminismus stehen, der sich in vielfältigen Ansätzen und politischen Stoßrichtungen (von bürgerlich-national oder bürgerlich-sozialistisch bis marxistisch) seit Mitte des 19. Jahrhunderts entwickelt und in zwei Phasen, der sogenannten ‚ersten Welle' im ausgehenden 19. Jahrhundert und der ‚zweiten Welle' um die 1970er Jahre stattfindet. Neue feministische Denkansätze, die an die Etablierung und Institutionalisierung der Gender Studies seit den 1990er Jahren gekoppelt sind, führen zu einer ‚dritten Welle' bzw. dem Netzfeminismus (→ **Kapitel 15.1**). Die Gender Studies werden von manchen als Teil des Feminismus betrachtet; es können aber auch Rivalitäten und Unterschiede ausgemacht werden (vgl. Angerer / Dorer 1994, S. 11). Die Forschung überdenkt und debattiert das Verhältnis von Feminismus und Gender Studies seit den 1990er Jahren kontinuierlich. Einen Schwerpunkt bildet die Frage nach dem politischen Engagement, dem sich der Feminismus verschrieben hatte: Der Feminismus wollte in vielen seiner Spielarten die Frau als politische Akteurin gewinnen und bedurfte deshalb der Einheitskategorie ‚Frau'. Der poststrukturalistische Subjektbegriff der Gender Studies hingegen, wie ihn Judith Butler entwickelt, scheint das politische Engagement und das Sprechen im Namen einer Gruppe unmöglich zu machen. Nach Butler ist das Subjekt immer schon den Diskursen der Macht unterworfen, sodass seine Forderung nach Freiheit und Unabhängigkeit die Unterwerfung lediglich bestätigt (zu diesem Paradox → **Ka-**

pitel 7.2). Der Konflikt zwischen politischer Partizipation und Poststrukturalismus wird zuweilen durch die explizite Trennung von Theorie und Praxis gelöst. Die politische Aktion bedarf einer gewissen Geschlossenheit der Interessengruppe, um Forderungen durchsetzen zu können; im (davon abgetrennten) theoretischen Feld lassen sich gleichwohl poststrukturalistische Subjektkritik und ihre Konsequenzen für die binäre Geschlechterordnung überdenken. Eine weitere Option stellt der Begriff ‚agency' dar, der die partielle Handlungsmöglichkeit politischer Subjekte bezeichnet, die auch dann besteht, wenn diese nicht als autonom und souverän gedacht werden.

Feministische Positionen begreifen die Gender Studies zuweilen auch als Verlustgeschichte – dieser Ansatz hätte den Blick auf Frauen und die Bemühungen um ihre Sichtbarkeit in Vergessenheit geraten lassen (vgl. Fleig 2014, S. 12; vgl. dazu auch den Konflikt zwischen der ‚älteren' und der ‚jungen' feministischen Generation → **Kapitel 15.1**). Gender gehe zudem eine unheilige Allianz mit dem Neoliberalismus ein, also mit der gegenwärtigen Tendenz, das gesamte Leben zu ökonomisieren und das Subjekt auf Selbstoptimierung festzulegen (vgl. Klinger 2014, S. 134); die Konzepte Gender und Diversity seien Management-Instrumente geworden (vgl. Fleig 2014, S. 9). Augenscheinlich wird diese Tendenz insbesondere im betrieblichen Diversity-Management, das auf die Verwertung von Unterschieden wie Hautfarbe, Ethnizität, Alter, Behinderung, Religionszugehörigkeit, Geschlecht oder sexueller Orientierung in Betrieben und Organisationen zielt. Während die gesellschaftspolitische Dimension des Diversitätsbegriffs ihre Wurzeln in der US-amerikanischen Bürgerrechtsbewegung der 1960er Jahre hat und zunächst für Antidiskriminierung und Inklusion der Schwarzen Bevölkerung steht, lässt sich ab Ende der 1980er Jahre eine verstärkte Bewirtschaftung von Vielfalt im Sinne humaner Ressourcen seitens global agierender Unternehmen beobachten (vgl. Klein 2019, S. 1053–1054). Geschlechterbezogene Unterschiede fungieren sowohl in Personalfragen als auch bei der Ausdifferenzierung möglicher Zielgruppen als ein Wertschöpfungspotenzial unter vielen.

Die Gender Studies haben seit Beginn der 1990er Jahre zu einer deutlichen Theoretisierung von Geschlechterfragen geführt und wohl auch deshalb für die akademische Institutionalisierung der Geschlechterforschung gesorgt (vgl. Hark 2014, S. 60). Gegenwärtig ist die Forschung um die Reflexion der eigenen Geschichte, das heißt von Verwerfungen und Konfliktlinien, bemüht (vgl. Hark 2009) sowie um die Integration der Gender Studies und feministischer Positionen insbesondere der 1970er Jahre (vgl. Fleig 2014, S. 13; Villa / Hark 2017). Auch die vorliegende Einführung nimmt feministische Positionen in den Blick und stellt beispielsweise die Pionierinnen Virginia Woolf und Simone de Beauvoir sowie den psychoanalytisch ausgerichteten Feminismus der 1970er Jahre vor. Damit werden auch die Gender Studies historisiert, also mit einer dynamischen Geschichte ausgestattet (vgl. zum Vorwurf der Enthistorisierung Fleig 2014, S. 10).

1.2 Der akademische Ort der Gender Studies: Interdisziplinarität und Internationalität

Feministische Theorien und Gender Studies gehen davon aus, dass alle gesellschaftlich-kulturellen Akte – Literatur, Filme, Feste, Riten bis hin zur Architektur – Aussagen über das Geschlechterverhältnis treffen. Ob ein Bildungsroman oder ein TV-Melodram, ein Gedicht oder eine Statue – alle künstlerischen Äußerungen, zudem die Distributions- und Produktionsverfahren von Kunst (Verlage, Theater, Schulen etc.), aber auch beispielsweise Politik, Recht, Wirtschafts- und Wissenschaftssysteme können aus der Geschlechterperspektive betrachtet werden. Die Kategorie Geschlecht gilt als Fundament jeglichen Wissens (vgl. Braun / Stephan 2005, S. 18):

> Feminismus braucht als politische Theorie die Anerkennung der Tatsache, daß Geschlecht bzw. Geschlechtszugehörigkeit eine – in der bisherigen Geschichte der Menschheit – für so gut wie jede Gesellschaftsformation relevante, mit anderen Worten: universale Kategorie gewesen ist. (Klinger 1998, S. 35)

Die fundamentale Bedeutung von Geschlecht wird jedoch vielfach verschleiert, und zwar deshalb, weil über die herrschende Geschlechterordnung Macht verteilt wird. Der Geschlechterdiskurs regelt den Zugang zu (ökonomischen) Ressourcen, zu Einfluss, Kapital sowie Macht, und behauptet diese Verteilung als Normalität bzw. als natürlich. Frauen galten beispielsweise im 19. Jahrhundert aufgrund ihrer geschlechtlichen Ausstattung als untauglich für bestimmte Berufe in Politik und Wirtschaft, konnten also keinen Anspruch auf Partizipation erheben, ohne gegen ihre ‚Natur' zu verstoßen. Gleichzeitig bilden Frauen diejenige Gruppe, die sich, seitdem sie sich auf dem Arbeitsmarkt verdingt, mit Formen prekärer Arbeit konfrontiert sieht; auch im gegenwärtigen Prekariatsdiskurs bleibt dieser Umstand oft unberücksichtigt (→ **Kapitel 16.2**). Verschleiern also Systeme, die Männlichkeit und Weiblichkeit hierarchisieren und unterschiedlich bewerteten Feldern zuordnen (privat / öffentlich; Reproduktion / Produktion), den Zusammenhang von Macht und Geschlecht tendenziell, so versuchen die Gender Studies, Geschlecht als universale Kategorie gesellschaftlicher Macht sichtbar werden zu lassen. „Die Frage nach der [...] Gender-Konfiguration, nach den Weiblichkeitsrepräsentationen kann mithin nicht als zufällig angesehen werden, sondern ist grundlegend für die Verfasstheit der symbolischen Ordnung" (Liebrand 1999a, S. 393), also für alle gesellschaftlichen Diskurse.

Aufgrund der Universalität von Geschlecht bearbeiten beispielsweise die kulturwissenschaftlich ausgerichteten Gender Studies einen umfassenden Gegenstandsbereich, zu dem hochkulturelle Äußerungen (zum Beispiel der literarische Kanon) ebenso gehören wie populäre Ausdrucksformen, Werbung, Fernsehsendungen, Blockbuster etc. Damit lassen sich die Gender Studies den in den 1960er Jahren in England entstandenen Cultural Studies annähern, die sich auf Medien und Populärkultur konzentrieren. Zugleich können die Gender Studies den sich seit den 1990er Jahren durchsetzenden Kulturwissenschaften zugeordnet werden, die künstlerische Artikulationen auf gesellschaftliche Kontexte beziehen (auf etwas andere Art als die Sozialgeschichte). Das Verhältnis von Gender Studies und Kulturwissenschaften ist wiederholt diskutiert worden (vgl. Liska 2002, S. 19–20; Kimmich 2003, S. 31–32). Gemeinsam sind den Ansätzen ein Interesse an Alltagskulturen sowie die kultursemiotische Prämisse, dass auch Filme, Werbung etc. als Zeichensysteme (wie ein Buch) gelesen werden können.

Tendenziell überschreitet der Gegenstand der Gender Studies traditionelle Disziplinengrenzen, denn Männlichkeit und Weiblichkeit werden an sich in einem Netz aus biologischem, medizinischem, anthropologischem Wissen und kulturellen Praktiken definiert. Demgemäß beschäftigen sich die Gender Studies auch mit Naturwissenschaften, beispielsweise mit Biologie, Medizin und Physik. Wissenschaftler:innen aus diesen Bereichen arbeiten in der Regel die (Geschlechter-) Geschichte der Disziplin auf und legen die in den wissenschaftlichen Diskurs inskribierten Geschlechterfantasien frei. So setzt sich etwa der Sammelband *Die Naturalisierung des Geschlechts. Zur Beharrlichkeit der Zweigeschlechtlichkeit* (2018) von Gero Bauer, Regina Ammicht Quinn und Ingrid Hotz-Davies mit der Frage auseinander, wie die ‚Naturalisierung' der Geschlechter in unterschiedlichen Kontexten wie Wissenschaft, Literatur und Religion rhetorisch und diskursiv entstanden ist. Die vorliegende Einführung skizziert die Gender-Forschung der Naturwissenschaften im letzten Kapitel (→ **Kapitel 17**), konzentriert sich jedoch weitgehend, der Disziplin der Verfasserinnen entsprechend, auf die Geistes- und Sozialwissenschaften und speziell auf die kulturwissenschaftliche Literaturwissenschaft.

Die Interdisziplinarität der Gender Studies kann einerseits als Chance begriffen werden, weil auch die Disziplinengrenzen selbst im Sinne einer kritischen Wissenschaftsreflexion als Setzungen überdacht werden. Andererseits nehmen manche Forscher:innen Interdisziplinarität als Gefährdung wahr, weil sie die wissenschaftliche Landschaft zu zersplittern droht und (scheinbar) Dilettant:innen produziert, so wenn sich Literaturwissenschaftler:innen mit Biologie oder Anthropologie beschäftigen.

Die Gender Studies sind nicht nur ein interdisziplinäres, sondern auch ein internationales Phänomen mit regen Theorieimporten und -exporten zwischen den Ländern und deren unterschiedlichen akademischen Landschaften. Für die deutschen Gender Studies der 1990er Jahre sind etwa die Untersuchungen der US-amerikanischen Forscherin Judith Butler einschlägig (→ **Kapitel 7.2**). Die amerikanischen Women's Studies der 1970er Jahre werden, um ein weiteres Beispiel zu nennen, von der französischen feministischen Theorie, von der Écriture féminine Julia Kristevas, Luce Irigarays und Helen Cixous' beeinflusst (→ **Kapitel 6.2**). Die vorliegende Einführung berücksichtigt amerikanische, französische sowie englische Positionen und versucht zu zeigen, auf welche Weise eine (germanistische) kulturwissenschaftliche Literaturwissenschaft von diesen Erkenntnissen profitieren kann (vgl. dazu auch Nieberle 2013).

Die Gender Studies erweitern ihren Fokus zudem durch Theorieimporte aus den Postcolonial Studies, wobei die feministischen Positionen in den USA seit den 1980er Jahren die ethnische Herkunft von Frauen zu berücksichtigen versuchen. Forscher:innen machen auf die spezifische Situation von Männern und Frauen in Ländern des Globalen Südens mit kolonialer Vergangenheit aufmerksam und stellen die eurozentrische, westliche Perspektive der Gender Studies infrage (→ **Kapitel 9**). Wird Geschlecht aus ethnischer Perspektive ausdifferenziert – wie es auch die Critical Whiteness Studies tun –, so verliert Weißsein (ähnlich wie Männlichsein) seinen Status als unmarkierte, neutrale Position (vgl. Hill 1997). Seit der Jahrtausendwende wird zudem insbesondere im deutschsprachigen Raum mit dem Begriff des Postmigrantischen eine Diskussion über eine von Migration geprägte Gesellschaft geführt und vergangene wie bestehende Migration als Normalität deklariert. Die Literaturwissenschaft versucht, die Ergebnisse der Gender-, Rassismus- und Migrationsforschung für eine postmigrantische literaturwissenschaftliche Analyse literarischer Texte fruchtbar zu machen (→ **Kapitel 9.5**).

1.3 Gender, Queer und Men's Studies: Ausdifferenzierung der Ansätze

Das Forschungsfeld der Geschlechterstudien ist von einer Tendenz zur Pluralisierung bzw. Ausdifferenzierung der Ansätze gekennzeichnet, die auch darauf zurückzuführen ist, dass Gender zunehmend in der Verknüpfung mit anderen Faktoren untersucht wird, die über soziale Ungleichheit entscheiden – diese Überlagerung von Ausschluss- und Einschlussfaktoren wie Alter, Klasse, Ethnizität bzw. Race untersucht und reflektiert mit besonderem Nachdruck die Intersektionalitätsforschung (vgl. Winker / Degele 2009) (→ **Kapitel 9.2**).

Bereits die feministischen Ansätze der 1970er Jahre versuchten, den Kollektivsingular ‚die Frau', der das politische Engagement und die Bündelung von Interessen erleichterte, auszudifferenzieren. Afroamerikanerinnen und Frauen aus ökonomisch schwächeren Ländern machten darauf aufmerksam, dass der (US-amerikanische) Feminismus ausschließlich auf die weiße intellektuelle Mittelstandsfrau zugeschnitten war und die Unterdrückungserfahrungen von Schwarzen Frauen nicht berücksichtigte. Weitere Binnendifferenzierungen im Feld der Geschlechterstudien ergeben sich durch das komplexe Verhältnis zwischen Gender Studies und Feminismus, der sich seit Mitte des 19. Jahrhunderts für die Emanzipation von Frauen einsetzte und bürgerliche wie auch marxistische Positionen entfaltete.

Zu der Ausdifferenzierung der Geschlechterforschung, die sich vornehmlich durch die Berücksichtigung von Minoritäten ergibt, tragen darüber hinaus die Queer Studies bei. Die zu Beginn der 1990er Jahre entstehenden Queer Studies, die an die Gay und Lesbian Studies anschließen, beschäftigen sich mit queerem, das heißt schrägem, ‚quer' zur Norm stehendem Begehren (→ **Kapitel 8**) und fokussieren vor allem Sexualität, die sie nicht als natürlichen Trieb begreifen, sondern als Produkt zivilisatorischer Zurichtungen. Kulturelle Verbote und Vorschriften werden demnach den Leibern eingeschrieben und organisieren die sexuellen Praktiken in historisch variierenden Konstellationen. Auch Sexualität hat eine Geschichte, wie Michel Foucault, ein zentraler Bezugsautor der Queer Studies, betont. Darüber hinaus gehen die Queer Disability Studies der kulturellen Konstruktion von Sexualität und Behinderung nach und versuchen, die wechselseitige Beeinflussung von Heteronormativität, Geschlecht und Behinderung vor der Folie normativer Körperbilder sichtbar zu machen (→ **Kapitel 8.4**).

Ein weiterer Ansatz, zu dem sich der Gender Studies ins Verhältnis setzen, sind die Men's Studies, die in den 1970er Jahren entstehen. Die Men's Studies untersuchen die Inszenierungen von Männlichkeit und beschäftigen sich sowohl mit hegemonialer Männlichkeit im globalen Wirtschaftssystem als auch mit der Sozialisation von Männlichkeit in der bürgerlichen Familie und ‚subalternen' (also untergeordneten) Männlichkeitsentwürfen (→ **Kapitel 10**). Dabei ist davon auszugehen, dass sich Weiblichkeit und Männlichkeit relational zueinander verhalten, das heißt Männnlichkeit definiert, was Weiblichkeit ist und umgekehrt. Die Gender Studies können sich mithin auch mit dieser relationalen Konstruktion von Geschlechtlichkeit beschäftigen. Die vorliegende Einführung wird angrenzende Felder wie Queer und Men's Studies sowie die Intersektionalitätsforschung ebenfalls vorstellen und jeweils Schnittstellen fokussieren.

1.4 Aktuelle Entwicklungen: Kulturkampf und geschlechtergerechte Sprache

Die Gender Studies haben sich seit den frühen 1990er Jahren in Deutschland akademisch institutionalisiert. Im Jahr 2015 beschäftigen sich allerdings nur ca. 0,4 Prozent der Professuren mit Gender in Teil- oder Volldenominationen (vgl. Hark / Villa 2015c, S. 22). Auch die gesellschaftliche Wahrnehmung von Gender hat sich verändert und intensiviert, was das Konzept des Gender-Mainstreamings ebenso verdeutlicht wie die Ende 2018 eingeführte rechtliche Option, beim Eintrag in das Personenstandsregister neben männlich und weiblich die Option divers (als sogenannte Dritte Option) zu wählen. Diese Kategorie berücksichtigen auch Stellenausschreibungen, sodass sich Menschen jenseits des binären Geschlechtermusters situieren können. Um die Kategorie ‚divers' für sich in Anspruch zu nehmen, bedarf es allerdings eines ärztlichen Attestes, was vielfach kritisiert wurde.

Die Institutionalisierung der Gender Studies führt unter anderem auch zu neuen Fragestellungen und Forderungen wie die nach einer Reflexion der eigenen Positionen und der Anerkennung immanenter Differenzen und Konflikte. Sabine Hark und Paula-Irene Villa Braslavsky wünschen sich für einen zukunftsträchtigen Feminismus dreierlei: „Offenheit, Selbstreflexivität und die Bereitschaft, gegebenenfalls das zu verlernen, was wir für richtig angesehen hatten" (Hark / Villa 2017, S. 99).

Trotz oder wegen ihrer Etablierung sind die akademischen Gender Studies zunehmend in einen regelrechten Kulturkampf involviert, der sich auch in den sozialen Medien abspielt, mit Hatespeech und Drohungen arbeitet (→ **Kapitel 15.2**) und diagnostische Qualitäten für den Zustand der deutschen Gesellschaft (bzw. weiter Teile von ihr) besitzt. Nach Hark und Villa (2015) lässt sich ein aggressiver Anti-Genderismus ausmachen, der als aktuelle Variante des Anti-Feminismus von christlichen Institutionen, der populistischen Rechten sowie Journalist:innen führender Zeitungen propagiert wird und in gewissem Sinne ein übermächtiges Gespenst: eine totalitäre Genderordnung beschwört. Diese Haltung kann sich mit einem Anti-Etatismus (also einem Angriff auf den Staat) verbinden (vgl. Schmincke 2018, S. 32). Den Gender Studies wird von diesen Kritiker:innen, wie der Sammelband *Gender Studies – Wissenschaft oder Ideologie?* (2019) von Alexander Ulfig und Harald Schulze-Eisentraut verdeutlicht, die Wissenschaftlichkeit abgesprochen und Unverständlichkeit attestiert. Zudem wird der Einfluss auf staatliche Entscheidungen (wie Gender-Mainstreaming) moniert (vgl. Hark / Villa 2015c, S. 24). Gegenwärtig entsteht darüber hinaus ein rechter bzw. kolonisierender Feminismus, der sich rassistischer und nationalistischer Topoi bedient wie in den

Debatten um sexualisierte Gewalt nach der Silvesternacht in Köln 2015 (vgl. Hark / Villa 2017) (→ **Kapitel 9.1**).

Diese zum Teil harsch ausgefochtenen Auseinandersetzungen lassen sich auch als Kampf um die richtige Sprache beschreiben: So hat das sogenannte Gender-Sternchen zahlreiche Debatten initiiert. Dieser Neologismus (in Anlehnung an das englische Wort ‚Gender Star') will durch die Auslassung bzw. den Stern, der als Platzhalter fungiert, diejenigen adressieren, die sich im binären System von Mann und Frau nicht wiederfinden. Eine Erweiterung stellt der Gender-Doppelpunkt dar (den dieser Band bevorzugt), der den Vorteil der Barrierefreiheit (im Hinblick auf Vorleseprogramme) hat. Diese Schreibweisen haben das ältere Binnen-I und den Schrägstrich abgelöst und setzen sich zunehmend in künstlerischen, akademischen und politisch-verwaltungstechnischen Kreisen durch (vgl. Duden 2020, S. 113). Die Kritik an diesen Repräsentationen des Nicht-Binären ist vielfältig: Es entstünden falsche grammatische Formen, es handle sich um eine künstlich institutionalisierte Schreibweise (wie Anhänger:innen einer traditionalistischen Auffassung von Sprache kritisieren) und die Lesbarkeit sei in Gefahr. Auch aus immanenter Perspektive werden Aushandlungen sichtbar – Gabriele Diewald beispielsweise, eine führende Forscherin zu gendersensibler Sprache, bevorzugt Partizipialkonstruktionen wie ‚Studierende'. Zudem wollen intersexuelle Personen nicht in einem Platzhalter ‚verschwinden', sondern sichtbar gemacht werden. Kurzum: Auch die (Gender-)Sprache ist ein hoch umstrittenes Feld. Der Duden-Verlag, der 2020 ein eigenes Handbuch zur Anwendung gendergerechter Sprache publiziert (Steinhauer / Diewald 2020), optiert für eine geschlechtergerechte Sprache (etwa dadurch, dass beispielsweise der ‚Mieter' nun als eine männliche Person definiert und von der ‚Mieterin' unterschieden wird) – anders als die Gesellschaft für deutsche Sprache, die von der Nutzung des Gender-Sternchens abrät.

Der Furor, mit dem die Gender Studies und die These von der sozialen Konstruiertheit (und Veränderbarkeit) des Geschlechts attackiert werden, macht in gewissem Sinne die fundamentale Relevanz der Kategorie Geschlecht fassbar, ebenso die Bedeutung des Argumentes, Geschlecht sei Natur, für die Stabilisierung einer auf Machtasymmetrien basierenden Gesellschaft. Die gegenwärtige Forschung bettet diesen *Geschlechterkampf* (so auch der Titel einer Sonderausstellung im Frankfurter Städel Museum 2016/17) in umfassende Kontexte ein, wenn sie auf die allgemeinen Prekarisierungstendenzen in der Gesellschaft verweist, das heißt auf das Verschwinden des Normalarbeitsverhältnisses bzw. die Zunahme unsicherer Beschäftigungsverhältnisse, die auch die Idee vom männlichen ‚bread winner' bedrohen (vgl. Wimbauer / Motakef / Teschlade 2015) (→ **Kapitel 16.2**).

Ziel der Gender Studies ist dabei nicht die grundlegende Aufhebung von Differenzen (als Bedingung des Sozialen), sondern ihre Reflexion, die Konsequenzen überdenkt, Dehumanisierungsprozesse stoppt und Handlungen (im Sinne von Verantwortlichkeit) organisiert, zudem den Verstrickungen des Feminismus in das gesellschaftliche Feld der Macht nachspürt. Für die aktuellen Genderforschenden ist zentral, dass Frauen aktive ‚Konstrukteur:innen der Verhältnisse' sind, in denen sie leben (vgl. Hark / Villa 2017, S. 101).

Die Gender Studies schließen – so wurde gezeigt – an feministische Positionen an, von denen sie in hohem Maße profitieren. Die Gender Studies gehen dabei von einem relationalen Verhältnis kultureller Geschlechterrepräsentationen aus und differenzieren die Einheitskategorie ‚Frau' zunehmend aus. Männlichkeit und Weiblichkeit, die sich gegenseitig bestimmen, entstehen in permanenten performativen Aushandlungsprozessen und in enger Verknüpfung mit intersektionalen Kategorien, wie unter anderem Ethnizität (Race) und Klassenzugehörigkeit (Class). Die Gender Studies weisen auf gesellschaftliche Normierungs- bzw. Reglementierungsprozesse hin, die der binären Matrix sowie dem verbindlichen heterosexuellen Begehren zugrunde liegen, und interessieren sich für alternative Kulturen. Sie befragen in wissenschaftskritischen Reflexionen auch die traditionellen Grenzziehungen zwischen den Disziplinen, sind interdisziplinär ausgerichtet und zeichnen sich durch vielfältige internationale Theorieimporte und -exporte aus.

Im Folgenden sollen zwei historische Zeiträume genauer in den Blick genommen werden: die Jahrhundertwenden 1800 und 1900. Das sich anschließende Kapitel wirft Schlaglichter auf die sozialgeschichtlichen Prozesse in diesen Phasen, um zentrale Verschiebungen im Genderdiskurs zu verdeutlichen und einschlägige kulturwissenschaftliche Studien vorzustellen.

Fragen und Anregungen

- Beschreiben Sie das Begriffspaar Gender / Sex in seiner historischen Entwicklung.
- Welche Phänomene können von den Gender Studies untersucht werden?
- Diskutieren Sie die Probleme, die die Interdisziplinarität des Ansatzes mit sich bringen kann.
- Überlegen Sie, in welchen Alltagsbereichen Geschlecht eine Rolle spielt und inwieweit Gender durch Handeln hervorgebracht wird.
- Untersuchen Sie eine Zeitschrift Ihrer Wahl daraufhin, welche Geschlechterbilder vermittelt werden.

Lektüreempfehlungen

Franziska Bergmann / Franziska Schößler / Bettina Schreck (Hg.): Gender Studies, Bielefeld 2012. *Bietet anhand ausgewählter Originaltexte eine systematische Einführung in die wichtigsten Theorien und Ansätze der Geschlechterforschung.*

Hadumod Bußmann / Renate Hof (Hg.): Genus. Zur Geschlechterdifferenz in den Kulturwissenschaften, Stuttgart 1995. *Versammelt Aufsätze aus unterschiedlichen Disziplinen von einschlägigen Wissenschaftlerinnen wie Elisabeth Bronfen, Cornelia Klinger, Ina Schabert etc.*

Walter Erhart / Britta Herrmann: Feministische Zugänge – ,Gender Studies', in: Heinz Ludwig Arnold / Heinrich Detering (Hg.), Grundzüge der Literaturwissenschaft, 8. Auflage, München 2008, S. 498 – 515. *Konziser Überblick über die Entstehung der Gender Studies und die zentralen Modelle.*

Jutta Osinski: Einführung in die feministische Literaturwissenschaft, Berlin 1998. *Problemgeschichtliche Darstellung, die die Tendenzen seit den 1970er Jahren in den USA, der Bundesrepublik, der DDR und Frankreich rekapituliert.*

Joan W. Scott: Gender: Eine nützliche Kategorie der historischen Analyse, in: Nancy Kaiser (Hg.), Selbst Bewusst. Frauen in den USA, Leipzig 1994, S. 27 – 75. *Geschichtswissenschaftlicher Aufsatz, der die Reichweite und Funktion der Kategorie Gender verdeutlicht.*

2 Zur Geschichte der Geschlechter um 1800

Der Mann muß hinaus
In's feindliche Leben,
Muß wirken und streben
Und pflanzen und schaffen,
Erlisten, erraffen,
Muß wetten und wagen
Das Glück zu erjagen.
Da strömet herbei die unendliche Gabe,
Es füllt sich der Speicher mit köstlicher Habe,
Die Räume wachsen, es dehnt sich das Haus.
Und drinnen waltet
Die züchtige Hausfrau,
Die Mutter der Kinder,
Und herrschet weise
Im häuslichen Kreise,
Und lehret die Mädchen
Und wehret den Knaben,
Und reget ohn' Ende
Die fleißigen Hände,
Und mehrt den Gewinn
Mit ordnendem Sinn.
Und füllet mit Schätzen die duftenden Laden,
Und dreht um die schnurrende Spindel den Faden,
Und sammelt im reinlich geglätteten Schrein
Die schimmernde Wolle, den schneeigten Lein,
Und füget zum Guten den Glanz und den Schimmer,
Und ruhet nimmer.
Auszug aus Friedrich Schiller: *Das Lied von der Glocke* (1992 [1799]), S. 59–60.

Schillers berühmte Verse bringen eine spezifische Form der Arbeitsteilung zum Ausdruck, die sich ab 1800 in der bürgerlichen Kleinfamilie (zumindest ihrer Ideologie nach) durchzusetzen begann: Während der Frau die Reproduktion, das heißt die Aufzucht der Kinder, ihre Erziehung etc. im häuslichen Bereich zugeordnet wird, erhält der Mann die Aufgabe der Produktion, also die weitaus vielfältigeren Tätigkeiten jenseits des Hauses. Diese ,erste' Arbeitsteilung in der bürgerlichen Familie beglaubigten Wissenschaften wie die Biologie und die Anthropologie als natürliche Ordnung. Sie entwickelten im Verlauf des 19. Jahrhunderts eine Differenztheorie, die Männlichkeit und Weiblichkeit physisch wie psychisch voneinander abtrennte und die Gleichheitspostulate der Aufklärung und der Französischen Revolution zurücknahm. Die Literatur war, wie das Gedicht Schillers verdeutlicht, an der Popularisierung der neuen Geschlechterordnung maßgeblich beteiligt.

https://doi.org/10.1515/9783110656541-002

Die Wissenschaften entwickeln im 19. Jahrhundert Modelle, die Männer und Frauen in anatomischer Hinsicht unterscheiden und auch den Geschlechtscharakter, also spezifische Eigenschaften des Weiblichen und Männlichen determinieren. Frauen erscheinen damit ‚von Natur aus' als passiv, häuslich, sozial und zur Erziehung prädestiniert, sodass die Privatsphäre als ihr ‚natürliches' Aktionsfeld erscheint. Der Mann hingegen gilt seinem Geschlechtscharakter nach als aktiv, expansiv und unbeständig, weshalb er der öffentlichen Welt zugeordnet wird. Diese binäre Geschlechterordnung, die Physis und Psyche verklammert, ist mithin recht jungen Datums, erscheint gleichwohl nicht als historisches Konstrukt, sondern als Natur.

Im Folgenden werden zentrale Texte vorgestellt, die die sozialgeschichtlichen Entwicklungen um 1800 aus der Perspektive der Geschlechterforschung rekonstruieren und die diskursiven Vernetzungen der sich spezialisierenden Wissenschaften vorführen, die gemeinsam die Idee eines männlichen und weiblichen ‚Wesens' entstehen lassen.

2.1 Silvia Bovenschen: Das Geschlechtermodell von Jean-Jacques Rousseau

Die im ersten Drittel des 18. Jahrhunderts einsetzende Frühaufklärung, die die Gleichheit aller Menschen vertritt, befürwortet an sich auch die Emanzipation von Frauen. Weibliche Gelehrsamkeit ist eine logische Konsequenz aus den Prinzipien der Frühaufklärung, denn das Programm der Vollkommenheit sollte sowohl für jeden einzelnen Menschen als auch für die Menschheit insgesamt gelten (vgl. Bovenschen 1979, S. 83). Silvia Bovenschen verdeutlicht in ihrer breit rezipierten Studie *Die imaginierte Weiblichkeit* (1979), dass der Typus der gelehrten Frau (auch als ‚aufgeklärtes Frauenzimmer' bezeichnet) in dieser Zeit beliebt ist und neue Räume des Selbstausdrucks eröffnet. Eine bedeutende Rolle für die Einbindung der Frau in den Aufklärungsprozess spielen die Moralischen Wochenschriften, die zu Beginn des 18. Jahrhunderts durch englische Vorbilder entstehen und zunächst nur für bürgerliche Männer vorgesehen sind. Bald jedoch versuchen die Herausgeber ausdrücklich, die bürgerliche Frau als Leserin zu gewinnen – ein Umstand, der „zum ersten Mal in der Geschichte des Journalwesens [geschieht]." (Brandes 1995a, S. 445) In den 1720er und 1730er Jahren setzen sich die Moralischen Wochenschriften dann „vehement für eine Verbesserung der weiblichen Erziehung und Bildung ein: Reformprogramme und utopische Entwürfe zur Förderung des weiblichen Geschlechts wurden erörtert, Leseempfehlungen ausgesprochen (‚Frauenzimmer-Bibliotheken')." (Brandes 1995b, S. 127) Johann Christoph Gottsched beispielsweise, der durch seine rationalistische Regelpoetik bekannt wird, beschäftigt sich 1725/26 in der Moralischen Wochenschrift *Die vernünftigen Tadlerinnen* mit weiblicher Gelehrsamkeit und steckt ihre Grenzen ab, indem er weibliches Wissen eng an Tugendhaftigkeit knüpft. Ab Mitte des 18. Jahrhunderts, mit der Phase der Empfindsamkeit, wandelt sich der Bildungsanspruch an die Frau und es beginnt sich ein gänzlich anderes Weiblichkeitsbild zu etablieren: die empfindsame Frau, die den Mann ergänzt und ausschließlich auf Gefühl bzw. Natur festgelegt ist. Diese Aufwertung des Gefühls nimmt, so hält Bovenschen fest, die „Denk- und Sprecherlaubnis im Zeichen einer anderen Bewertung des Weiblichen wieder weitgehend zurück" (Bovenschen 1979, S. 118). Insbesondere Jean-Jacques Rousseau fixiert Weiblichkeit in seinen einflussreichen Schriften auf Empfindsamkeit – eine Definition, die bis heute spürbar ist (Frauen seien emotionaler als Männer) – und entwickelt ein Differenzprogramm der Geschlechter. Julie, die Protagonistin in Rousseaus wirkmächtigem Roman *Lettres de deux Amans, habitans d'une petite ville au pied des Alpes*, auch *Julie ou la nouvelle Héloïse* genannt (1761; *Julie oder Die neue Heloise. Briefe zweier Liebender aus einer kleinen Stadt am Fuße der Alpen*), hält programmatisch fest:

> Das vollkommene Weib und der vollkommene Mann dürfen sich weder in Ansehung des Geistes noch in der Gesichtsbildung gleichen; die eitlen Nachäffungen der Geschlechter sind höchste Stufe der Unvernunft, sie machen die Weisen lachen und verscheuchen die Liebesgötter. (Rousseau 1969, S. 175–176)

Dass diese Differenz zwischen Mann und Frau die Unterordnung des Weiblichen mit sich bringt, verdeutlicht Rousseaus Briefroman und gleichzeitige Erziehungsschrift *Émile ou de l'éducation* (1762; *Emile oder Über die Erziehung*), die die Ausbildung eines jungen Mannes zum autonomen flexiblen Subjekt vorführt. Anders jedoch sieht die Erziehung der jungen Frau Sophie aus, denn an die Stelle von Autonomie tritt in diesem Fall die Anerkennung von Zwang: Bereits die jungen Mädchen müssten, so heißt es in *Emile*, „an Zwang gewöhnt werden, damit er sie nie etwas kostet; sie müssen daran gewöhnt werden, alle ihre Launen zu beherrschen, um sie dem Willen der anderen unterzuordnen" (Rousseau 2006, S. 742). Es heißt weiter:

> Aus diesem gewohnheitsmäßigen Zwang entsteht eine Gefügigkeit, deren die Frauen ihr ganzes Leben bedürfen, da sie niemals aufhören, unterworfen zu sein, sei es einem Mann oder dem Urteil der Männer, und es ihnen nie erlaubt ist, sich über dieses Urteil zu erheben. Die erste und wichtigste Qualität einer Frau ist die Sanftmut (Rousseau 2006, S. 744).

Der Elevin Sophie kommt nicht nur die Funktion zu, die Erziehung des jungen Mannes zu vollenden, während ihre eigene Vollkommenheit nicht auf dem Programm steht. „[D]ie ganze Erziehung der Frauen" muss sich nach Rousseau

> im Hinblick auf die Männer vollziehen. Ihnen gefallen, ihnen nützlich sein, sich von ihnen lieben und achten lassen, sie großziehen, solange sie jung sind, als Männer für sie sorgen, sie beraten, sie trösten, ihnen ein angenehmes und süßes Dasein bereiten: das sind die Pflichten der Frauen zu allen Zeiten, das ist es, was man sie von Kindheit an lehren muß. (Rousseau 2006, S. 733)

Dieser Unterschied zwischen Männlichkeit (Autonomie) und Weiblichkeit (Heteronomie / Unterordnung) entspricht nach Rousseau der Natur, die damit die bürgerliche Arbeitsteilung zwischen privater, intimer Welt der Familie und Öffentlichkeit rechtfertigt. Rousseau orientiert sich am Frauenleben im antiken Sparta, um die ‚natürliche' und deshalb ideale Lebensweise des Bürgertums zu skizzieren:

> Sobald diese Mädchen verheiratet waren, sah man sie nicht mehr in der Öffentlichkeit; eingeschlossen in ihren Häusern kümmerten sie sich ausschließlich um ihren Haushalt und ihre Familie. Dies ist die Lebensweise, die dem weiblichen Geschlecht von Natur und Vernunft vorgeschrieben wird. (Rousseau 2006, S. 736)

Rousseau entfaltet in seinen Schriften dasjenige Geschlechtermodell, das bis weit in das 20. Jahrhundert hinein Geltung besitzt und die Reichweite männlicher / weiblicher Aktivität definiert: Steht im Zentrum der bürgerlichen Ordnung die emotionalisierte Kleinfamilie, die als befriedeter Raum – so will es zumindest die Ideologie – der feindlichen Außenwelt trotzt, so werden die produktiven und reproduktiven Tätigkeiten auf die beiden Geschlechter aufgeteilt und diese Arbeitsteilung als natürlich erklärt. Es entsteht ein (scheinbar) durch die Natur beglaubigtes binäres System, das Räume und Tätigkeiten geschlechtlich codiert: Der Mann steht der Frau gegenüber, der öffentliche (männliche) Bereich dem (weiblichen) Haus. Dass diese Aufteilung jedoch alles andere als egalitär ist, also nicht auf politische und soziale Gleichheit ausgerichtet, verdeutlichen die weitreichenden Konsequenzen: Wird die Frau zur ‚Hüterin' der privaten Intimität erklärt und moralisch aufgewertet, so bedeutet ihre Verortung im Haus Abgeschiedenheit und Unsichtbarkeit im öffentlichen Raum, den vor allem die Männer bilden; „das aufklärerische Ideal der autonomen, selbstbestimmten Persönlichkeit, die ihre Talente und Interessen frei entfalten sollte" (Frevert 1986, S. 16), ist ein männliches. „Als Träger von Vernunft und Eigensinn spielten sie [die Männer; F.S, L.W.] die dominierende Rolle in Wirtschaft, Gesellschaft und Politik." (Frevert 1986, S. 16) Während dem Mann unterschiedliche Identitätsentwürfe zugestanden werden – verschiedene Rollen und Funktionen, aus denen er selbst wählen kann –, ist die primäre Bestimmung der Frau, Ehefrau und Mutter zu sein (vgl. Wille 2021, S. 82). Insbesondere Mutterschaft wird im 18. Jahrhundert mit der Entstehung der bürgerlichen Ordnung massiv aufgewertet. ‚Mutter-sein' stellt, wie Anna Marx in ihrer Studie *Das Begehren der Unschuld* (1999) ausführt, nun nicht mehr nur ein biologisches Merkmal dar, sondern impliziert gleichzeitig eine soziale Rolle, „die sich in den verschiedensten öffentlichen Bereichen als (unbezahlte) Dienstleistung funktionalisieren läßt: Erzieherin, Lehrerin, Fürsorgerin und Gesellschafterin." (Marx 1999, S. 166) Das Entscheidende hierbei sei, dass die Frau in ihrer Rolle als Ehefrau und Mutter wesentlich für andere da ist. Und das ist sie nicht, „weil sie Mutter ist, sondern *vice versa:* Sie wird zur Mutter, weil sie es für andere sein soll." (Marx 1999, S. 166) Weiblichkeit wird mithin (bis heute) die Fähigkeit zur Care-Work zugeordnet (vgl. Wille 2021, S. 87), wobei sich „die Rolle des Bemutterns [...] nicht nur auf die eigenen Kinder [erstreckt], sie bedeutet ganz allgemein: zur Verfügung stehen, Quelle emotionaler Zufuhr sein, Kraft und Wärme geben." (Marx 1999, S. 166) Dabei werden Marx zufolge „die Bedürfnisse der anderen [...] zur ‚Natur der Frau' umdefiniert und als ihre eigenen Bedürfnisse ausgegeben (das Bedürfnis, keine zu haben, *notabene*)." (Marx 1999, S. 166) Die Tragweite dieser Entwicklung bezeugen noch heute die – vor allem Frauen adressierenden – anhaltenden Fragen zur Vereinbarkeit von Familie und Beruf.

Problematisch an diesem binären Modell ist, dass die häusliche Reproduktionsarbeit in der Regel nicht als Leistung gilt und unbezahlt bleibt, weibliche Arbeit also unsichtbar gemacht und politisch nicht repräsentiert wird. Problematisch ist zudem, dass eine Hälfte der Bevölkerung auf eine bestimmte Tätigkeit fixiert wird, die unterschiedlichen Potenziale und Begabungen von Frauen also nicht berücksichtigt werden. Problematisch ist zum Dritten, dass das Argument, die Arbeitsteilung entspräche der Natur der Geschlechter, diese gesellschaftliche Organisationsform nahezu unangreifbar macht. Darüber hinaus wird Männlichkeit von Care-Work ausgeschlossen. Insbesondere die soziologischen Gender Studies beschäftigen sich aufgrund dieser zählebigen Zuordnung von Geschlecht und Tätigkeitsfeldern auch mit dem Sujet Arbeit, das in hohem Maße über den Zugang zu gesellschaftlichen Ressourcen entscheidet und in literarischen Texten zum Gegenstand werden kann (→ **Kapitel 16**).

Das hartnäckige Modell Rousseaus wird selbst durch die Gleichheitsansprüche, die die Französische Revolution nach 1789 formuliert, nicht infrage gestellt. Vielmehr bestätigt sich während der Revolutionsjahre die Unterordnung des Weiblichen, genauer: der Ausschluss aus dem Bereich des Menschseins und der politischen Entscheidungen. In der französischen

Verfassung von 1793, die nie in Kraft getreten ist, ist jeder männliche Erwachsene stimmberechtigt. In dieser Zeit kommt auch die Frage auf, warum eigentlich die Frauen vom Stimmrecht ausgeschlossen seien. In einer Demokratie bzw. Republik sollten schließlich und endlich alle erwachsenen Bürger ein Stimmrecht haben. (Sauerland 1989, S. 20)

Doch das Frauenwahlrecht verwerfen selbst fortschrittliche Denker wie Immanuel Kant. Der Philosoph schließt in seiner einflussreichen Schrift *Zum ewigen Frieden* (1795) Frauen und Besitzlose vom Wahlrecht aus, das allein den über Eigentum verfügenden Bürgern zugeordnet wird. Friedrich Schlegel allerdings weist in seinem *Versuch über den Begriff des Republikanismus* (1796) Kants Trennung in aktive und passive Staatsbürger zurück und erklärt Frauen wie Arme zu Stimmberechtigten: „Armut und *vermutliche* Bestechbarkeit, Weiblichkeit und *vermutliche* Schwäche sind wohl keine rechtmäßigen Gründe, um vom Stimmrecht ganz auszuschließen." (Schlegel 1966, S. 17)

Das Gleichheitspostulat der Aufklärung und die scheinbar universale Kategorie ‚der Mensch' produzieren also Ausschlüsse, die auch Kants Abhandlung *Was ist Aufklärung?* (1784) zementiert. In diesem Text findet sich der für das 18. Jahrhundert und das neu entstehende Bürgertum zentrale Autonomiegedanke in seiner bekanntesten Form, wenn Kant schreibt: „*Aufklärung ist der Ausgang des Menschen aus seiner selbstverschuldeten Unmündigkeit.*" (Kant 2010, S. 9) Dass in Kants Aufklärungsformel die Frauen vom Aufklärungsprozess ausgeschlossen sind, wird bis heute häufig unterschlagen. Kant spricht vom ‚Menschen', meint jedoch den Mann. Für Kant stellt die Freiheit eine der wichtigsten Voraussetzungen der Aufklärung dar, um „von seiner Vernunft in allen Stücken *öffentlichen Gebrauch* zu machen" (Kant 2010, S. 11; vgl. dazu auch Nübel 1994). Dies betrifft indes nicht die Frauen, die – ungleich welchen Standes – im 18. Jahrhundert juristisch durch den Ehevertrag dem Mann untergeordnet sind und keinen Anspruch auf den Status eines eigenständigen Rechtssubjekts erheben können (vgl. Simonis 2002, S. 26).

Neben Rousseau gilt Joachim Heinrich Campe als einflussreichster Theoretiker des zeitgenössischen Geschlechterdiskurses. Er übersetzt Rousseaus *Emile* ins Deutsche und zeigt sich auch in seinen eigenen Schriften dessen weiblichem Erziehungsprogramm verpflichtet; insbesondere Campes populärer *Väterlicher Rath für meine Tochter* von 1789 steht in engem Verhältnis zu Rousseaus Werk. Dabei verstärkt Campe den Gedanken eines komplementären Geschlechtermodells als natürliche Ordnung, wenn er schreibt:

Er die Eiche, sie der Efeu, der einen Theil seiner Lebenskraft aus den Lebenskräften der Eiche saugt, der mit ihr in die Lüfte wächst, mit ihr den Stürmen trotzt, mit ihr steht und mit ihr fällt – ohne sie ein niedriges Gesträuch, das von jedem Vorübergehenden zertreten wird. (Campe 1988, S. 23)

Campes Aussage ist beispielhaft für die Begrenzung der Frau auf die häusliche Sphäre und ihre Funktionalisierung für die moralische Stabilisierung des Mannes. Im 18. Jahrhundert wird also mit dem Androzentrismus ein Weltbild etabliert, das den Mann als Norm und die Frau als Abnorm installiert und das Modell der polaren Geschlechtscharaktere bestätigt. Resultat ist eine androzentrische Dominanz, die sich in der westlichen Kulturgeschichte bis heute fortschreibt. Auch für Sigrid Weigel ist es „eindeutig so, daß unser Blick von Geschichte und auch von den Geschlechterverhältnissen, davon, was Männer und Frauen waren oder sind, welche Rollen sie hatten usw., geprägt ist durch einen männlich dominierten Blick." (Weigel 1992, S. 123) – ein Umstand, den die Geschlechterforschung freilegt und kritisiert.

Auch Friedrich Schlegels traditionsbildender Roman *Lucinde* (1799) folgt dem asymmetrischen bürgerlichen Geschlechtermodell ohne Einschränkung und stilisiert die Geliebte sowohl zur Erlöserin des geknechteten Mannes als auch zur reinen Natur. Während Lucinde die ganze, ungeteilte Natur verkörpert und sich deshalb weder ausbilden noch verändern kann, durchläuft der Protagonist Julius eine stufenhafte Entwicklung bis hin zur Perfektion – ähnlich wie Rousseaus Emile und die Helden der beliebten Bildungsromane. Die Natur wie die Frau gelten als geschichtslos, sie kennen lediglich Entwicklungszyklen und können sich nicht durch Bildung perfektionieren (vgl. Weigel 1983a, S. 75 – 76).

2.2 Karin Hausen: Geschlechtscharaktere

Ein zentraler Begriff, der die Essentialisierung von Geschlecht (im Sinne von: Geschlecht ist wesenhaft) vorantreibt, ist der des Geschlechtscharakters, den Karin Hausen Ende der 1970er Jahre in einem einflussreichen Aufsatz untersucht. Dieser Terminus bezeichnet „die mit den physiologischen korrespondierend gedachten psychologischen Geschlechtsmerkmale" (Hausen 1978, S. 363), das heißt er verknüpft Körper und Psyche, sodass der weiblichen / männlichen Physis eine entsprechende weibliche / männliche Psyche zu korrespondieren scheint. Damit entscheidet die Anatomie über psychische Dispositionen und Eigenschaften wie Aktivität und Passivität, Rationalität und Gefühl etc.

Hausen wirft zunächst einen Blick auf die vorbürgerliche Gesellschaft, die Geschlecht als soziales Handeln, als kulturell definiertes Verhalten bestimmt hatte. Das Frausein definierte sich vornehmlich über die Rechte und Pflichten der Hausmutter, nicht aber über den Charakter:

> [Seit] dem ausgehenden 18. Jahrhundert treten [jedoch] an die Stelle der Standesdefinitionen Charakterdefinitionen [Geschlechtscharaktere]. Damit aber wird ein partikulares durch ein

universales Zuordnungsprinzip ersetzt: Statt des Hausvaters und der Hausmutter wird jetzt das gesamte männliche und weibliche Geschlecht und statt der aus dem Hausstand abgeleiteten Pflichten werden jetzt allgemeine Eigenschaften der Personen angesprochen. Es liegt nahe, diesen Wechsel des Bezugssystems als historisch signifikantes Phänomen zu interpretieren, zumal der Wechsel mit einer Reihe anderer Entwicklungen korrespondiert. (Hausen 1978, S. 370 – 371)

Das polare Definitionsprinzip des (bürgerlichen) Menschen als Mann oder Frau ersetzt das ausdifferenzierte Ständesystem und ordnet beiden Geschlechtern ‚typische' Eigenschaften zu. Der Brockhaus von 1815 definiert die Geschlechter gleichfalls über dieses oppositorische System, das im 19. Jahrhundert geradezu obsessiv beschworen wird:

Der Geist des Mannes ist mehr schaffend, aus sich heraus in das Weite hinwirkend, zu Anstrengungen, zur Verarbeitung abstracter Gegenstände, zu weitaussehenden Plänen geneigter; unter den Leidenschaften und Affecten gehören die raschen, ausbrechenden dem Manne, die langsamen, heimlich in sich selbst gekehrten dem Weibe an. Aus dem Manne stürmt die laute Begierde; in dem Weibe siedelt sich die stille Sehnsucht an. Das Weib ist auf einen kleinen Kreis beschränkt, den es aber klarer überschaut; es hat mehr Geduld und Ausdauer in kleinen Arbeiten. Der Mann muß erwerben, das Weib sucht zu erhalten; der Mann mit Gewalt, das Weib mit Güte oder List. Jener gehört dem geräuschvollen öffentlichen Leben, dieses dem stillen häuslichen Circel. [...] Der Mann stemmt sich dem Schicksal selbst entgegen, und trotzt schon zu Boden liegend noch der Gewalt. Willig beugt das Weib sein Haupt und findet Trost und Hilfe noch in seinen Tränen. (Brockhaus 1815, in: Hausen 1978, S. 366)

Wenn immer noch von der größeren Emotionalität der Frauen oder aber ihren sozialen Kompetenzen gesprochen wird, so stammen diese Zuschreibungen aus dem binären Differenzsystem des 19. Jahrhunderts, das auch über Arbeitsbereiche entscheidet:

Den als Kontrastprogramm konzipierten psychischen ‚Geschlechtseigenthümlichkeiten' zu Folge ist der Mann für den öffentlichen, die Frau für den häuslichen Bereich von der Natur prädestiniert. Bestimmung und zugleich Fähigkeiten des Mannes verweisen auf die gesellschaftliche Produktion, die der Frau auf die private Reproduktion. Als immer wiederkehrende zentrale Merkmale werden beim Manne die Aktivität und Rationalität, bei der Frau die Passivität und Emotionalität hervorgehoben, wobei sich das Begriffspaar Aktivität-Passivität vom Geschlechtsakt, Rationalität und Emotionalität vom sozialen Betätigungsfeld herleitet. (Hausen 1978, S. 367)

Das bürgerliche Modell grenzt Weiblichkeit als Empfindsamkeit aus dem Bereich der Rationalität aus, sodass beispielsweise Mathematik als Inkarnation der ‚Rechenhaftigkeit' weiblicher Emotionalität zu schaden scheint. Allein eine gezielte

Informationspolitik an Schulen und Universitäten kann diese Auffassung durchbrechen (→ **Kapitel 14**).

Das Geschlecht definiert sich also seit dem 19. Jahrhundert nicht mehr über soziales Handeln, nicht über eine gesellschaftliche, ständisch organisierte Rolle (als Hausmutter oder Hausvater), sondern über die physisch-psychische Ausstattung des Menschen. Der Körper entscheidet über das Geschlecht – eine Auffassung, die selbstverständlich erscheint und gleichwohl erst im 19. Jahrhundert entsteht. Nicht von der Hand zu weisen ist, dass dieses physische Differenzprogramm dazu eingesetzt wurde und wird, um die Entfaltungsmöglichkeiten von Frauen zu beschneiden und sie aus relevanten gesellschaftspolitischen Systemen auszuschließen. Die Folgen des sich etablierenden binären Geschlechtermodells zeigen sich im 19. Jahrhundert mit zunehmend misogynen Zügen. So hält Carl Theodor Welcker in seinem Artikel *Geschlechtsverhältnisse* aus dem *Staats-Lexikon* (1847) die Forderung nach bürgerlicher Gleichheit in Hinblick auf die Frauen für problematisch:

> Kaum bedarf es nun wohl noch besonderer Beweisführungen, daß *bei solchen Verschiedenheiten* der Geschlechter, bei solcher *Natur und Bestimmung ihrer Verbindung*, eine völlige Gleichstellung der Frau mit dem Manne in den Familien- und in den öffentlichen Rechten und Pflichten, *in der unmittelbaren Ausübung* derselben, der menschlichen Bestimmung und Glückseligkeit widersprechen und ein würdiges Familienleben zerstören würde. (Welcker 1847, S. 665)

2.3 Thomas Laqueur und Claudia Honegger: Historisierung der Geschlechterordnung und der Wissenschaften

Der einschneidende Umbruch, den das neue Geschlechtermodell der bürgerlichen Moderne im 19. Jahrhundert mit sich bringt, findet in unterschiedlichen Bereichen wie Politik, Philosophie, Pädagogik und Naturwissenschaften statt, beispielsweise auch in der Biologie, der sich Thomas Laqueur in seiner einschlägigen Studie *Making Sex: Body and Gender from the Greeks to Freud* (1990; *Auf den Leib geschrieben. Die Inszenierung der Geschlechter von der Antike bis Freud*, 1992) widmet. Ähnlich wie die Queer Studies im Anschluss an Michel Foucault betonen, dass Sexualität eine Geschichte habe, also nicht naturhafte Triebhaftigkeit sei (→ **Kapitel 8**), rekonstruiert Laqueur die sich wandelnden Definitionen von Anatomie, denn auch der Körper des Menschen bzw. das Wissen über ihn habe eine Geschichte.

Laqueur geht von einer grundlegenden wissenschaftskritischen Voraussetzung aus: Die Naturwissenschaften erkennen nicht die Wahrheit an sich, wie auch die Medizinerin Anne Fausto-Sterling unterstreicht (vgl. Fausto-Sterling 1985), sondern sie konstruieren kompatibles Wissen, das demjenigen in anderen gesellschaftlichen Feldern (Wirtschaft, Politik) entspricht. In der Biologie lassen sich damit ähnliche interpretatorische Prozesse ausmachen wie in der Literaturwissenschaft (vgl. Laqueur 1992, S. 30); auch empirische Daten bedürfen der Auslegung. Das heißt, dass das anatomische Wissen ebenfalls ein Produkt von Auslegungen ist und Aspekte des sozialen Geschlechts in sich aufnimmt. Das Wesen des Geschlechtsunterschieds sei, so Laqueur, von

> biologischen Tatsachen logisch unabhängig, weil in der Sprache der Wissenschaft – jedenfalls dann, wenn sie sich irgendeinem kulturell resonanten Konstrukt sexueller Differenz zuwendet – die Sprache des sozialen Geschlechts bereits einlagert. Mit anderen Worten, alle Aussagen über biologisches Geschlecht, nur die engstumschriebenen ausgenommen, sind von Anfang an mit der Kulturarbeit belastet, die von diesen Vorgaben geleitet worden ist. (Laqueur 1992, S. 176 – 177)

Sex ist also Gender-Wissen – eine Aussage, die auch für das um 1800 entstehende Zwei-Geschlechter-Modell gilt und sich insbesondere mit Blick auf den historischen Wandel bestätigen lässt. Das uns heute vertraute Zwei-Geschlechter-Modell löst nach Laqueur ein anderes, traditionsreiches Konzept ab: das Ein-Geschlecht-Modell, das über Jahrtausende hinweg Geltung besitzt. Seit der Antike wird davon ausgegangen, dass das weibliche Genital dem männlichen en détail gleiche, lediglich nach innen gestülpt sei – Ausdruck des defizienten Entwicklungsstands der Frau. Galen, ein im zweiten Jahrhundert geborener griechischer Arzt und Naturforscher, hält fest: „Kehre die [Organe] der Frau nach außen, kehre die des Mannes gleichsam zweifach gewendet nach innen, und du wirst entdecken, daß sie beide in jeder Hinsicht gleich sind." (Galen, in: Greenblatt 1993, S. 106). Diese Auffassung basiert auf dem Denkmodell der Ähnlichkeit, das für vormoderne Weltbilder zentral ist.

Gibt es der älteren Auffassung nach lediglich ein einziges Geschlecht, so gilt dieses als grundsätzlich wandelbar – eine Veränderung vom Mangelhaften (Weiblichen) zum Perfekten (Männlichen) ist jederzeit möglich. Zahlreiche Geschichten, die beispielsweise Stephen Greenblatt in seiner Studie *Shakespearean Negotiations: The Circulation of Social Energy in Renaissance England* (1988; *Verhandlungen mit Shakespeare. Innenansichten der englischen Renaissance*, 1990) heranzieht, erzählen von merkwürdigen Phänomenen wie Milch spendenden Männern und von Frauen, die sich bei einem Sprung über einen Bach durch die entstehende Reibung in Männer verwandeln. Das Ein-Geschlecht-Modell lässt also Eindeutigkeiten nicht zu, ordnet allerdings in einer klaren Hierarchie das Weibliche dem Männlichen unter und verfügt über ein normatives Gender-System, das durch restriktive Kleiderordnungen und strenge Verhaltensvorschriften stabilisiert wird.

Der historische Wandel lässt nach Laqueur erkennbar werden, dass Sex bzw. anatomisches Wissen in die jeweils herrschenden weltanschaulichen Bedeutungssysteme eingebettet ist. Gegen die festgefügten Weltbilder kann eine isolierte anatomische Information, wie sie die zunehmend legalisierten Autopsien liefern, kaum Einspruch erheben. Obgleich man also schon vor dem 18. Jahrhundert über abweichendes biologisches Wissen verfügte, vermochte dieses das geltende Ein-Geschlecht-Modell nicht infrage zu stellen. Empirie wird – so lässt sich aus diesem historischen Umstand schließen – erst dann wahrgenommen und tradiert, wenn sie mit gängigen gesellschaftlichen Deutungsmustern in Kongruenz gebracht werden kann. Erst die bürgerliche Geschlechterideologie lässt ein bestimmtes biologisches Wissen zu und nutzt dieses zur Stabilisierung der neuen Ordnung.

Dieser Beobachtung Laqueurs entspricht, dass das Zwei-Geschlechter-Modell zu Beginn des 19. Jahrhunderts *nicht* durch einschneidende wissenschaftliche Entdeckungen vorbereitet wird (vgl. Laqueur 1992, S. 193) – die Embryologie der Zeit betont vielmehr die androgyne Ausstattung des Fötus. Es muss mithin von mikrostrukturellen Machtkämpfen und endlosen Konfrontationen ausgegangen werden, um die Etablierung des neuen Differenzmodells zu erklären, die nicht auf revolutionäre wissenschaftliche Erkenntnisse zurückzuführen ist.

Das Zwei-Geschlechter-Modell stabilisiert die bürgerlichen Geschlechterimagines, legt beispielsweise die Frau auf Reinheit und Passivität fest, indem Lust von Fortpflanzung abgetrennt wird. Hatte das Ein-Geschlecht-Modell Passion, Leidenschaft und Hitze zur Bedingung der Fortpflanzung erklärt, so behauptet die Biologie des 19. Jahrhunderts eine passionslose, lustfreie Empfängnis, die mit dem bürgerlichen Frauenbild korrespondiert. Der naturwissenschaftliche Diskurs bestätigt mithin die bürgerlichen Weiblichkeitskonstruktionen, die die Frau einerseits entsexualisieren – sie fühlt keine Lust mehr –, andererseits sexualisieren – sie wird auf Empfängnis und Mutterschaft festgelegt.

Den Paradigmenwechsel in der Geschlechterordnung treibt jenseits der Biologie die Anthropologie voran, mit der sich Claudia Honegger in ihrer Studie *Die Ordnung der Geschlechter. Die Wissenschaften vom Menschen und das Weib 1750 – 1850* (1991) auseinandersetzt. Honegger geht davon aus, dass die ‚Entdeckung des Menschen' – ein Kollektivsingular, der den Mann meint – den Ausschluss von Frauen aus dem öffentlichen Bereich und bestimmten Wissensfeldern mit sich bringt. Den Naturwissenschaften, die sich um 1800 zu spezialisieren und zu professionalisieren beginnen, kommt in diesem Prozess eine zentrale Funktion zu:

> An die Stelle der Moraltheologie (und spekulativer Geschlechterphilosophien) schob sich als zentrale kulturelle Definitionsmacht eine durch die ‚harte' Wissenschaft der vergleichenden Anatomie legitimierte Moralphysiologie. Damit wurden vor allem die Mediziner zu neuen

Priestern der menschlichen Natur, zu Deutungsexperten, die sowohl für die Orthodoxie wie für den alltäglichen Moralkodex verantwortlich zeichneten. (Honegger 1991, S. IX)

Eine Konsequenz dieser Verwissenschaftlichung war die im 19. Jahrhundert feststellbare „Redundanz im Herzen der kulturellen Moderne" (Honegger 1991, S. 3). Eine Flut von Studien propagierte und popularisierte die neue Geschlechterordnung in vereinfachter Form (Passivität versus Aktivität etc.).

Frauen wurden um 1820 darüber hinaus zum Gegenstand einer Spezialwissenschaft, nämlich der Gynäkologie, die sich von der Anthropologie abspaltet. Mit dieser Spezialisierung verschwindet Geschlechtlichkeit insgesamt „aus dem hehren Kosmos der sich ausdifferenzierenden Wissenschaften [...]. Der Mann der Moderne scheint endgültig zum modernen Menschen der Humanwissenschaften verallgemeinert." (Honegger 1991, S. 6) Geschlecht ist seit diesem Zeitpunkt ausschließlich ein Thema der Gynäkologie und aus dem ‚neutralen' Raum des Wissens ausgegrenzt.

Honegger rekonstruiert den Paradigmenwechsel um 1800 auch jenseits der naturwissenschaftlichen Entwicklungen, berücksichtigt beispielsweise die Äußerungen von Frauen über ihre gesellschaftliche Position, über Umgangsformen der Geschlechter und über die Ehe, die unter anderem Wilhelmine Karoline von Wobeser in ihrer Schrift *Elisa oder das Weib, wie es seyn sollte* (1795) behandelt. Honegger spricht von einer „diffusen Phase des kulturellen Umbruchs" (Honegger 1991, S. 14), in der Sehnsüchte nach der ‚guten alten Zeit' neben Ästhetisierungen des Weiblichen, Forderungen nach Gleichberechtigung und Hymnen auf die ideale Ergänzung von Mann und Frau stehen. Die Betonung weiblicher Tugendhaftigkeit, wie sie auch Frauen propagieren, ließe sich dabei als Reaktion auf die zunehmende Ausgrenzung des Weiblichen aus der öffentlichen Sphäre deuten. Denn auch die tugendhafte Frau vermag dem verbindlichen bürgerlichen Ethos der Leistung, des Erfolgs und der systematischen Lebensführung zu entsprechen, ohne dass für sie (öffentliches) Handeln möglich ist. Tugend wäre also die weibliche Form, um dem bürgerlichen Leistungsethos gerecht zu werden – dieses Ethos ist für die bürgerliche Gesellschaft fundamental, weil der Einzelne seinen Wert und Verdienst ausschließlich über die eigene Leistung bestimmt, nicht aber über das Erbe, den Namen und die Familiengenealogie wie in der Aristokratie.

Grassieren nach Honegger um 1800 einerseits frauenfeindliche Äußerungen, wie in Ernst Brandes Ausführungen *Ueber die Weiber* (1787), so wird andererseits über die Emanzipation von Frauen nachgedacht, wie in Theodor Gottlieb von Hippels Schrift *Ueber die bürgerliche Verbesserung der Weiber* (1782). Zunehmend jedoch verdrängt die Biologisierung des Geschlechts diese ebenso lebhaften wie vielfältigen Diskussionen. Eine Voraussetzung der neuen Wissenschaftsdoktrin ist die materialistische Auffassung vom Menschen, wie sie in Frankreich der radikale Materialist Julien Offray de La Mettrie vertritt. Allein wenn der Mensch ist, was seine ‚Körpermaschine' vorgibt, kann die ‚Verschiedenheit der Organisation', wie es damals heißt, wesenhafte Verschiedenheit im Geist bedeuten. Pierre Roussel kommt in seiner einflussreichen Studie *Système physique et moral de la femme* (1775) zu dem Fazit:

> Bei den Frauen überwiegen aus organischen Gründen die Empfindungen vor Ideen und körperlichen Bewegungen. Daraus resultieren ihre größere Empfindlichkeit, ihre hyperdominante *sensibilité*, ein zärtliches Grundgefühl, die Unfähigkeit zu ‚hohen Wissenschaften' einerseits, die Liebe zum Detail und die Anlage zur ‚practischen Moral' andererseits. (Roussel 1755, in: Honegger 1991, S. 148)

Die Gynäkologie – um 1820 erscheint das erste systematische Lehrbuch von Carl Gustav Carus – schreibt diese Naturalisierung der Geschlechterdifferenz endgültig fest. Schlaffere Muskeln bedeuten demnach einen schlafferen Willen, die kleineren Lungen der Frauen künden von größerer Furcht, die ‚Unvollkommenheit' des Geschlechtsapparats von Schamgefühl. Honegger kommentiert: „Der Leib ist umgarnt von Bedeutungsbahnen, die vom verschärften induktiven Blick der neuen Frauenforscher endgültig in ihren Interdependenzen zur sozialen Organisation hin verlängert werden können." (Honegger 1991, S. 206) Die Unterlegenheit der Frau ist Naturgesetz geworden und offenbart sich in ihrem Körper. Diese fatale Vernetzung von Biologie und Kultur „hat bis heute tiefe Furchen in den kognitiven Grundarrangements der Humanwissenschaften wie in den alltäglich handlungsrelevanten Deutungsmustern hinterlassen" (Honegger 1991, S. 212).

Bovenschen, Hausen, Laqueur und Honegger umkreisen, wie in diesem Kapitel gezeigt wurde, aus unterschiedlichen Perspektiven und mit Fokus auf diverse Disziplinen den einschneidenden Wandel, der sich im Verlauf des 18. und 19. Jahrhunderts in mikrostrukturellen Entwicklungen vollzieht. Geschlecht wird – so das neue Modell – über die Anatomie des Körpers definiert, nicht mehr über soziales (Stände-)Verhalten; der Körper, also die ‚Natur', definiert die Psyche sowie soziale Rollen.

Fragen und Anregungen

- Rekonstruieren Sie das Modell der empfindsamen Frau, wie es Jean-Jacques Rousseau entwirft.
- Was versteht Karin Hausen unter Geschlechtscharakteren?
- Warum vermochte das anatomische Wissen das Ein-Geschlecht-Modell nicht zu widerlegen und was lässt sich daraus für das Zwei-Geschlechter-Modell schließen?

–   Beschreiben Sie die Konsequenzen der Biologisierung von Geschlecht im Kontrast zu den ständischen Bestimmungen von Geschlechtlichkeit.
–   Lesen Sie die Einleitung von Laqueurs Studie und fassen Sie die zentralen Gedanken zusammen.
–   Schlagen Sie in einem Lexikon die Geschichte der Anthropologie und Gynäkologie nach.

Lektüreempfehlungen

Karin Hausen: Die Polarisierung der „Geschlechtscharaktere" – Eine Spiegelung der Dissoziation von Erwerbs- und Familienleben, in: Werner Conze (Hg.), Sozialgeschichte der Familie in der Neuzeit Europas, Stuttgart 1978, S. 363–393. *Skizziert die Entstehung der Geschlechtscharaktere und ihre Popularisierung.*

Claudia Honegger: Die Ordnung der Geschlechter. Die Wissenschaften vom Menschen und das Weib 1750–1850, Frankfurt a.M. / New York 1991. *Rekonstruiert die Debatten um Weiblichkeit in diesem Zeitraum und verfolgt die Biologisierung des Geschlechts samt ihrer Konsequenzen.*

Thomas Laqueur: Auf den Leib geschrieben. Die Inszenierung der Geschlechter von der Antike bis Freud, Frankfurt a.M. / New York 1992. *Beschreibt die Ablösung des Ein-Geschlecht-Modells durch das Zwei-Geschlechter-Modell.*

Sigrid Weigel: Wider die romantische Mode. Zur ästhetischen Funktion des Weiblichen in Friedrich Schlegels *Lucinde*, in: Inge Stephan / dies. (Hg.), Die verborgene Frau. Sechs Beiträge zu einer feministischen Literaturwissenschaft, Berlin 1983, S. 67–82. *Beleuchtet die literarischen Weiblichkeitsrepräsentationen um 1800.*

Lisa Wille: Zwischen Autonomie und Heteronomie. Bürgerliche Identitätsproblematik in Heinrich Leopold Wagners dramatischem Werk, Würzburg 2021. *Untersucht aus Gender-Perspektive die Entstehung bürgerlicher Individualität im 18. Jahrhundert und eröffnet neue Perspektiven, auch für die Gegenwart.*

3 Zur Geschichte der Geschlechter seit 1900

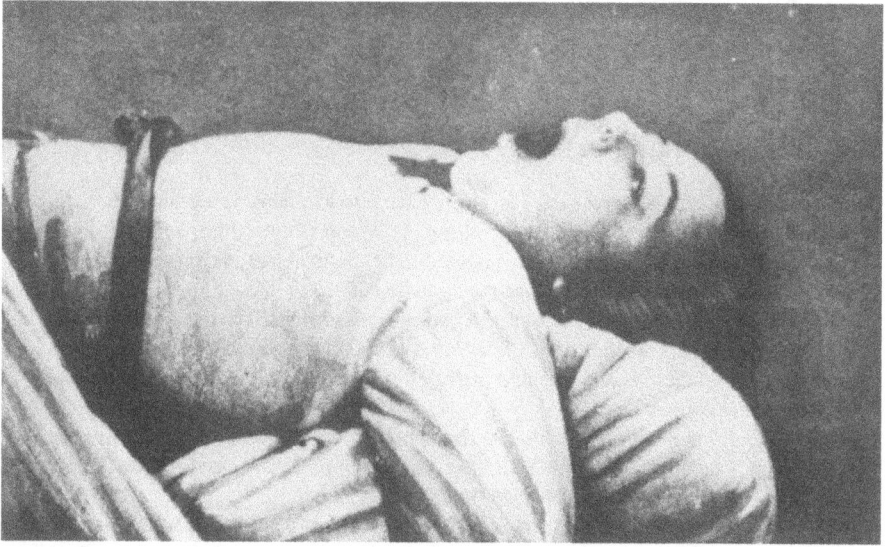

Abbildung 2: Paul Régnard: Fotografie der Hysterie-Patientin Augustine, *Beginn der Attacke, Schrei* (1876/77).

Die Fotografie von Paul Régnard zeigt eine Patientin des berühmten französischen Hysterieforschers Jean Martin Charcot in typisch hysterischer Pose. Um 1900 – eine Zeit, in der die bürgerliche Moderne in eine Krise gerät, auf die ein zum Teil aggressiv geführter Geschlechterkampf antwortet – beschäftigen sich Disziplinen wie Medizin, Psychologie und Kriminologie mit dem weit verbreiteten Krankheitsbild der Hysterie, das Ärzte primär Frauen zuschreiben (als männliches Pendant gilt die Neurasthenie). Über dieses Pathogramm, das die Frau in der Tradition Friedrich Nietzsches als unberechenbare Schauspielerin zwischen extremen Affekten auffasst und den Fotografien von Charcot einen theatralischen Anstrich verleiht, artikulieren die ‚Kranken‘ ihr Unbehagen an einer repressiven Kultur, die das sexuelle Begehren ebenso beschneidet wie die weiblichen Bewegungsspielräume – so Sigmund Freuds Deutung.

Das folgende Kapitel stellt zentrale Positionen des Geschlechterdiskurses um und nach 1900 vor, insbesondere die Schriften Otto Weiningers und Sigmund Freuds, mit denen sich die Gender Studies wiederholt auseinandergesetzt haben. Darüber

https://doi.org/10.1515/9783110656541-003

hinaus wird die Entwicklung in verschiedenen Disziplinen wie Sexualwissenschaft, Psychoanalyse, Kriminologie und Medizin kursorisch in den Blick genommen, die bestimmte Weiblichkeits- und Männlichkeitsentwürfe für abnorm erklären und Perversionen festlegen – auch um die Norm zu bestimmen. Sexualität wird in dieser Zeit in hohem Maße normiert und durch rigide Grenzziehungen organisiert, der Geschlechterdiskurs zudem mit den dominanten antisemitischen Tendenzen der Zeit verknüpft. Frauen wie Juden gelten als unbestimmte Gattungswesen, als wandelbar und theatralisch und werden so aus dem Diskurs männlicher Identität ausgegrenzt. Die um 1900 entstehende Psychoanalyse, wie sie insbesondere Sigmund Freud entwirft, schreibt die herrschenden Geschlechtermuster fest, unterläuft sie jedoch auch. Abgeschlossen wird das Kapitel mit einem Blick auf zwei einflussreiche Feministinnen der ersten Hälfte des 20. Jahrhunderts: Virginia Woolf und Simone de Beauvoir.

3.1 Die Krise der Moderne und die Hysterie

Um 1900 scheint die bürgerliche Gesellschaft in eine Krise zu geraten, die die Forschung gemeinhin auf die sich radikalisierende Modernisierung – auf den Monopolkapitalismus, die Globalisierung, den Verkehr etc. – zurückführt. Die beunruhigenden Aspekte des zu Ende gehenden Jahrhunderts wie Flüchtigkeit, Beschleunigung, Raum- und Zeitverlust werden innerhalb des überdeterminierten Geschlechterdiskurses – also in verschobener Weise – thematisiert und bearbeitet.

> [Das] vordringliche Interesse der Wissenschaft des ausgehenden 19. Jahrhunderts [besteht] in der Beseitigung des Chaos und der Wiederherstellung von Ordnung, als Kampf gegen die Mehrdeutigkeit. Den Modernisierungsprozeß begleitende und irritierende Eigenschaften wie Undefinierbarkeit, Inkohärenz, Unvereinbarkeit, Irrationalität, Unlogik, Widersinnigkeit und Ambivalenz werden abgespalten. Wir finden sie wieder im Rahmen des Geschlechterverhältnisses als Repräsentanzen des Weiblichen. (Lamott 2001, S. 19)

Die Abspaltungen und Verschiebungen führen zu einer Radikalisierung und (Re-) Mythisierung des Geschlechterverhältnisses auch in den Wissenschaften, wie sich in den Schriften Sigmund Freuds zeigt. Vor allem aber das Krankheitsbild der Hysterie, das aufgrund seiner variierenden Symptome medizinisch kaum in den Griff zu bekommen ist, treibt die Mythisierung bzw. Medizinisierung von Weiblichkeit voran. Zwar kannte bereits die Antike die Hysterie (als Wandern der Gebärmutter), doch erst zum Ausgang des 19. Jahrhunderts entwickelt sich ein überaus differenziertes, gleichwohl diffuses Krankheitsbild (vgl. Braun 1985; Bronfen 1998), das physische und psychische Symptome umfasst: Zitter- und

Ohnmachtsanfälle, sensorische Störungen wie halbseitige Nerventaubheit, plötzliche Stimmungsumschwünge und die nahezu bühnenreife Inszenierung widersprüchlicher Rollen. Die Hysterikerin kann in einem Moment die zerbrechliche Frau ‚spielen', im nächsten als zerstörerische, begehrende Femme fatale auftreten. Der zeitgenössische Arzt Otto Ludwig Binswanger führt über die irritierende Symptomatik der Hysterie aus:

> Bald sind es vereinzelte, degenerative, psychopathische Merkmale, welche dem Krankheitsbild der Hysterie gewissermaßen aufgepfropft sind, so das Heer von Phobien oder auch motivlose Angstzustände, Zwangshandlungen, comödienhafte oder ernsthaft gemeinte Selbstbeschädigungen oder Selbstmordversuche u.a.m., bald sind es ausgeprägte Charakteranomalien auf der Grundlage einseitiger egocentrischer Gefühlsreactionen mit grotesken, bizarren Gefühlsausbrüchen des Zornes, der Verzweiflung, aber auch der leidenschaftlichen Liebe und Hingebung; auch perverse Gefühlsreactionen mit raffinierter wollüstiger Grausamkeit gehören hierher; endlich begegnen wir excessiven Phantasiewucherungen mit zahllosen Erinnerungsfälschungen oder mit der bewußten Tendenz zur Intrige und Heuchelei, zu Lug und Betrug. (Binswanger 1904, in: Lamott 2001, S. 78–79)

Das Krankheitsbild zeichnet sich mithin durch Unschärfen aus, weshalb es sich in besonderem Maße als Projektionsfläche für Geschlechterfantasien eignet.

Die Symptomatik der Hysterie weist, wie angedeutet, eine große Affinität zum Schauspiel auf – bereits Friedrich Nietzsche, der für die geistigen Strömungen der Jahrhundertwende überaus bedeutsam ist, hatte die Frau im ausgehenden 19. Jahrhundert zur Schauspielerin, zu einer Darstellerin ohne fixen Kern erklärt und sie damit aus dem (männlichen) Identitätsdiskurs ausgeschlossen. Die medizinische Pathografie bestätigt über den Topos des Schauspiels, der in den Hysteriediskurs eingeht, die Auffassung, Weiblichkeit sei ein Gattungswesen nahezu ohne individuelle Züge.

Die neuere Gender-Forschung ordnet die Theatralität der Hysterie in einer eleganten Inversion nicht den Patientinnen, sondern der Wissenschaft selbst zu. Die Salpêtrière, wo der bekannte Hysterieforscher Jean Martin Charcot praktizierte – Sigmund Freud hospitierte 1885 in seiner Klinik –, gleiche einer „große[n] Bühne" (Lamott 2001, S. 73), auf der der Arzt hysterische Zustände inszeniere; Charcot agiere bei seinen eindrücklichen Vorführungen als Regisseur, die Frauen seien Schauspielerinnen. Ein Beobachter der berühmten öffentlichen Dienstagslektionen berichtet in diesem Sinne:

> Die Szenen im Hörsaale der Salpêtrière sind von dramatischer Wirkung. Nicht ohne Grauen sehen die Schüler, wie der kleine Mann im weiten Talare die Weiber in Krämpfen – Femmes en attacques – auftreten läßt, wie dann ein leiser Druck seiner zarten Hand genügt, um einen wilden Paroxysmus auszulösen [d. i. ein Krampf; F.S, L.W.], und wie der Sturm allmählich

sich verzieht, wenn der Beherrscher der dämonischen Gewalten es befiehlt. (Styerthal 1911, in: Lamott 2001, S. 73)

Die Hysterikerin ist jedoch nicht nur Tragödin, sondern auch – so lassen unter anderem die Ausführungen von Otto Ludwig Binswanger deutlich werden – eine notorische Lügnerin, für die sich auch die zeitgenössische Kriminologie interessiert. Ihr wird eine unbändige Neigung zur Unwahrhaftigkeit attestiert, ähnlich wie Friedrich Nietzsche die Frau prinzipiell aus dem Reich der Wahrheit ausgeschlossen hatte. Die scheinbare Lügenhaftigkeit hat Folgen für die Therapie. In medizinischen Studien heißt es, man könne „sich der Angaben über den seelisch-körperlichen Zustand zum Tatzeitpunkt keinesfalls sicher sein, denn schließlich sei eine retrospektiv gewandte Simulation nicht auszuschließen" (Lamott 2001, S. 50). Das Krankheitsbild der Hysterie schreibt also traditionsreiche Weiblichkeitsstereotype fest – das ‚Nicht-Identische‘, die Lügenhaftigkeit der Frau und die Gleichsetzung von Weiblichkeit mit Sexualität, die im 19. Jahrhundert intensiviert wird. Hysterie gilt auch als Ausdruck eines nicht domestizierbaren weiblichen Begehrens, das scheinbar in der Proletarierin seinen reinsten Ausdruck findet. Bürgerliche Forscher projizieren ihre Fantasien exzessiver Sexualität in einer wirkmächtigen Verknüpfung von Gender und Class (→ **Kapitel 9.1**) auf den Typus der jungen proletarischen Frau, wie er um 1900 überaus beliebt ist. Der Wiener Prostituiertenroman *Josefine Mutzenbacher* (1906) von Felix Salten beispielsweise entwirft die Figur einer kindlichen, proletarischen Hysterikerin; die Protagonistin Pepi ist eine Lolita der Vorstädte. Auch der strafrechtliche sowie der psychoanalytische Diskurs der Zeit greifen das Bild des promisken hysterischen Mädchens aus armen Verhältnissen auf. Das Pathogramm der Hysterie fungiert mithin in vielerlei Hinsicht als Projektionsfläche für Weiblichkeitskonstruktionen. Die Irritationen der Moderne werden, so kann man mit Franziska Lamott festhalten, auf das Weibliche verschoben und als (wissenschaftliches) Krankheitsbild beobachtet.

Sigmund Freud beginnt seine medizinische Laufbahn ebenfalls mit Hysteriestudien – 1895 legt er zusammen mit Josef Breuer *Bruchstücke einer Hysterie-Analyse* vor. Der Psychoanalytiker Freud nimmt anfänglich einen traumatischen Ursprung der Hysterie an, das heißt er geht von einer traumatischen Urszene (einem Missbrauch) aus, die die Patientin unablässig in chiffrierter und damit unkenntlicher Form wiederholt – Elisabeth Bronfen rekonstruiert dieses erste Erklärungsmodell in ihrer Studie *Das verknotete Subjekt* (1998). In späteren Entwürfen führt Freud die Hysterie auf sexuelle Fantasien der Frauen zurück, entschärft also seine Ausgangsthese vom Missbrauch (der Tochter durch den Vater). Bemerkenswert ist an den Ausführungen des Psychoanalytikers, dass er das hysterische Elend grundsätzlich als ein allgemeines Unglück der Epoche begreift, das Krankheitsbild also entindividualisiert und zu einem ernstzunehmenden Ausdruck beengter Spielräume in einer reglementierenden Gesellschaft erklärt. Freuds Hysteriestudien lassen sich deshalb auch als Kulturkritik lesen. Die hysterische Frau agiert in ihren theatralischen Ausbrüchen die Schwachstellen und Verbote einer patriarchalen Kultur aus. Indem die Hysterikerin in immer neue Rollen schlüpft und ihr (verbotenes) Begehren körperlich artikuliert, verweist sie auf den gesellschaftlichen Un-Ort weiblicher Identität in einer männlich dominierten Gesellschaft, macht also kulturelle Verbote kenntlich. Das Krankheitsbild bringt zum Vorschein, dass die Kultur das Begehren, insbesondere das weibliche, in hohem Maße domestiziert, zum Beispiel durch die strikte Norm der Heterosexualität und das Ideal der Keuschheit. Die Hysterie reagiert mithin auf die unzähligen Tabus, die vor allem die weibliche Sexualität im bürgerlichen Zeitalter regeln, und ist Ausdruck eines massiv unterdrückten Begehrens.

Der Hysteriediskurs ist auch für Literaturwissenschaftler:innen einschlägig, denn Texte der Jahrhundertwende greifen das Krankheitsbild auf, um exzessive und nervöse Frauen- und Männerfiguren zu gestalten. So setzen sich beispielsweise Theodor Fontanes Romane *Cécile* (1887) und *Effi Briest* (1896) mit diesem Pathogramm auseinander und übertragen es auch auf männliche Protagonisten, sodass die medizinisch festgeschriebene Geschlechtergrenze unterlaufen wird. Der betrogene Ehemann in *Effi Briest*, der sich mühsam zum Duell durchringt, gibt während seiner Entscheidung einem kurzen Anfall von Nervosität nach – ein Begriff, der eng mit dem Hysteriediskurs verbunden ist – und zerstört sein Lebensglück (vgl. dazu auch Kuhnau 2005; Haberer 2012). Hysterikerinnen sind zudem als Dramenfiguren beliebt: Hugo von Hofmannsthal, der sich intensiv mit den Schriften Freuds beschäftigt, entwirft mit Elektra, der Hauptfigur seines gleichnamigen Dramas und Librettos (1903/04), eine Figur, die die Forschung als Umsetzung des medizinischen Hysteriekonzepts gelesen hat (vgl. dazu auch Blome 2011; Treiber 2015).

Der engen Verzahnung von Geschlecht und Krankheit im 19. Jahrhundert widmet sich auch der Aufsatz von Susanne Balmer (2014), die den Blick auf das 19. Jahrhundert sowie die Darstellung weiblicher Krankheit (von hysterischen Anfällen, Fieberschüben, Bluthusten, physischer und psychischer Ermattung) im Kontext der bürgerlichen Geschlechterdichotomie lenkt. Sie analysiert die weiblichen Entwicklungsromane *Luise* (1796) von Therese Huber, *Gabriele* (1821) von Johanna Schopenhauer, *Aus guter Familie* (1895) von Gabriele Reuter sowie *Schicksale einer Seele* (1899) von Hedwig Dohm. Balmer kommt zu dem Schluss, dass in allen vier Romanen die Entwicklung der Protagonistinnen durch Krankheitsschübe strukturiert werde und sich der jeweilige Geschlechterdiskurs, der sich in den Texten wiederfinde, über die Darstellung und Deutung der Krankheitsfälle offenbare. Balmer erkennt in diesen vier Romanen aber auch ein subversives Moment, da die Texte die Krankheiten gerade nicht auf die ‚Naturhaftigkeit' des Geschlechts zurückführten; stattdessen zeige die Analyse,

> dass die weiblichen Entwicklungsromane eine Biologisierung von Geschlechterrollen ablehnen, indem sie die Ursachen der Krankheitssymptome nicht im Geschlecht, sondern in der sozialen Realität der Figuren suchen. Die Hauptfiguren werden krank gemacht, indem sie zur Selbstaufopferung gezwungen und in ihrer Individuierung behindert werden. (Balmer 2014, S. 58–59; vgl. darüber hinaus auch die Dissertation von Balmer [2011] zum weiblichen Entwicklungsroman)

3.2 Weiblichkeit und Judentum

Um 1900 verknüpfen einschlägige wissenschaftliche wie populäre Texte die geläufigen Weiblichkeitsbilder mit den grassierenden antisemitischen Stereotypen, wie sie der Rassismus im letzten Drittel des 19. Jahrhunderts entwickelt. Insbesondere nach der deutschen Reichsgründung 1871 lässt der dominante Nationaldiskurs einen aggressiven Antisemitismus entstehen, der das Jüdischsein in die Körper einschreibt. Die Physis – der Brustumfang, die ‚gelbliche' Haut, die Nase etc. – entscheiden nun über die Zugehörigkeit zur Ethnie. Anatomie wird zum Schicksal, ähnlich wie die Physis im 19. Jahrhundert das weibliche / männliche ‚Wesen' determiniert. Eine geläufige Strategie (auch literarischer Texte), um die rassistisch definierte jüdische Männlichkeit zu stigmatisieren, besteht entsprechend in ihrer Verweiblichung, also in der Übertragung weiblicher ‚Eigenschaften' auf den jüdischen Mann (vgl. Garber 1993).

Die Verknüpfung von Weiblichkeit und Judentum zeigt sich eindringlich in Otto Weiningers einflussreicher Studie *Geschlecht und Charakter* (1903), die Analogien zwischen den Weiblichkeitstypen Mutter / Hure und antijüdischen Klischees herstellt, wobei zu berücksichtigen ist, dass der Philosoph Weininger selbst Jude ist – sein Œuvre lässt sich damit im Kontext des vieldiskutierten jüdischen Selbsthasses lesen (vgl. Gilman 1986). Die Untersuchung, die das Geschlechterproblem abstrakt-philosophisch zu lösen versucht – Weininger spricht von den Prinzipien W (Weiblichkeit) und M (Männlichkeit) –, ist deshalb so einschlägig, weil sie in präziser Weise Auskunft über die herrschenden Stereotype der Zeit gibt und auch für die Literatur vorbildlich geworden ist. Geht Weininger beispielsweise davon aus, dass das Prinzip W, also die Frau, in ‚Henniden' spreche, das heißt unzusammenhängend, fragmentarisch, konfus, so orientiert sich Elias Canetti in seinem Roman *Die Blendung* (1936) an dieser Zuschreibung, um die furchterregende Verführerin Therese zu gestalten (vgl. Liebrand 2001). Darüber hinaus lassen sich die jüdischen Figuren in Theodor Fontanes Börsenroman *L'Adultera* (1882), in Heinrich Manns antisemitischer Gesellschaftssatire *Im*

Schlaraffenland (1900) und Thomas Manns Kaufmannsroman *Buddenbrooks* (1901) vor dem Hintergrund von Weiningers Judenbildern lesen (vgl. Schößler 2009).

Frauen und Juden ähneln sich nach Weininger darin, dass sie nicht über Identität verfügen, also konturlos bzw. Gattungswesen und Rollenspielende sind. Weininger formuliert apodiktisch: „Daß der Jude nicht erst seit gestern, sondern mehr oder weniger von jeher staatsfremd ist, deutet bereits darauf hin, daß dem Juden wie dem Weibe die Persönlichkeit fehlt [...]." (Weininger 1997, S. 411) Der ,echte Jude' habe kein Ich und damit auch keinen Eigenwert, weshalb es ihm, ebenso wie der Frau, grundsätzlich an Vornehmheit und Größe fehle. Weder die Frau noch der Jude könnten deshalb je Genie sein (vgl. Weininger 1997, S. 414, 424). Wird die Frau generell sexualisiert, so auch der Jude, den Weininger als „stets lüsterne[n], geile[n], wenn auch merkwürdigerweise, vielleicht im Zusammenhange mit seiner nicht eigentlich antimoralischen Natur, sexuell weniger potent als de[n] arische[n] Mann" bezeichnet (Weininger 1997, S. 417). Frauen wie Juden gelten mithin als Inbegriff der Wandelbarkeit und Identitätslosigkeit, woraus sich die Eignung für bestimmte Berufe ableiten lässt (jedenfalls für den jüdischen Mann):

> Die Kongruenz zwischen Judentum und Weiblichkeit scheint eine völlige zu werden, sobald auf die unendliche Veränderungsfähigkeit des Juden zu reflektieren begonnen wird. Das große Talent der Juden für den Journalismus, die ,Beweglichkeit' des jüdischen Geistes, der Mangel an einer wurzelhaften und ursprünglichen Gesinnung – lassen sie nicht von den Juden wie von den Frauen es gelten: sie sind nichts, und können eben darum alles werden? (Weininger 1997, S. 429)

Weiningers Ausführungen verdeutlichen, mit welcher Entschiedenheit Frauen und Juden aus der männlichen Ordnung ausgeschlossen wurden. Sie nutzen eine geläufige Strategie der Diffamierung, die Aufschluss über den sozialen Status des Weiblichen (nicht nur um 1900) gibt: Eine überaus geläufige rassistische Strategie, um Männer anderer Ethnien zu stigmatisieren und zu exkludieren, ist ihre Verweiblichung, ihre Effeminierung. Weiblichkeit symbolisiert die Exklusion bzw. das Andere der herrschenden Ordnung, wie auch die Schriften Sigmund Freuds verdeutlichen, der Frauen grundsätzlich aus der Sphäre der Kultur ausschließt.

3.3 Die Psychoanalyse

Der Wiener Psychoanalytiker Sigmund Freud, der für die Geschlechterforschung von entscheidender Bedeutung ist, hat Feministinnen wiederholt auf die Barrikaden getrieben; er hat jedoch auch Einsichten formuliert, die für die Gender

Studies wegweisend sind. Im Folgenden sollen zwei seiner Texte im Vordergrund stehen: die Vorlesung *Die Weiblichkeit* (1933), an der sich Forscher:innen mehrfach abgearbeitet haben, und die Studie *Das Unbehagen in der Kultur* (1930), die die gesellschaftliche Repression von Sexualität fokussiert.

In seiner Vorlesung *Die Weiblichkeit* skizziert Freud die Entwicklung der Frau, die anders als die des Mannes verläuft und ihren prinzipiellen Ausschluss aus der kulturellen Ordnung zu begründen scheint. Gleich in den ersten Zeilen spricht Freud vom Rätsel Weiblichkeit und greift damit einen beliebten Topos der Jahrhundertwende auf – die Frau als Sphinx, als undurchschaubares und gefährliches Wesen (→ **Abbildung 1**). Das Nachdenken über die rätselhafte Weiblichkeit erklärt Freud zu einem männlichen Geschäft, sodass die Frau von vornherein zur Stummheit verurteilt sei – diese Sprachlosigkeit lasse sie zum Rätsel werden. Freud erklärt, dass die „Menschen" (gemeint sind offensichtlich die Männer) zu allen Zeiten über Weiblichkeit gegrübelt hätten: „Auch Sie werden sich von diesem Grübeln nicht ausgeschlossen haben, insofern Sie Männer sind; von den Frauen unter Ihnen erwartet man es nicht, sie sind selbst dieses Rätsel." (Freud 1969, S. 545) Frauen sind an dem Nachdenken über Frauen nicht beteiligt, wie der Schluss der Vorlesung bestätigt; Freud regt an: „Wollen Sie mehr über Weiblichkeit wissen, so befragen Sie Ihre eigenen Lebenserfahrungen, oder wenden Sie sich an die Dichter, oder Sie warten, bis die Wissenschaft Ihnen tiefere und besser zusammenhängende Auskünfte geben kann." (Freud 1969, S. 565)

Freud rekapituliert nach dieser Eröffnung die Entwicklung des Knaben, die durch dessen Kastrationsangst und den Ödipus-Komplex maßgeblich beeinflusst wird. Der Knabe sei anfänglich (wie das kleine Mädchen) stark auf die Mutter bezogen und bilde mit ihr eine präödipale Dyade, das heißt eine Einheit jenseits eindeutiger Subjektgrenzen. Dann jedoch trete der Vater als Rivale im Kampf um die Mutter auf, so Freud, und es entstehe eine ödipale Konstellation – Freud orientiert sich für sein Familiendrama an der antiken Tragödie, in der Ödipus seinen Vater unwissentlich tötet und seine Mutter heiratet; Elisabeth Bronfen entdeckt in dem Ödipus-Drama allerdings auch einen zumindest imaginierten Muttermord (vgl. Bronfen 1998, S. 39–40).

Der Sohn erkennt nach Freud mit plötzlichem Schrecken, dass die Mutter, anders als der Vater, keinen Penis besitzt und entwickelt einen Kastrationskomplex bzw. Kastrationsangst.

[Beim Knaben] entsteht der Kastrationskomplex, nachdem er durch den Anblick eines weiblichen Genitales erfahren hat, daß das von ihm so hoch geschätzte Glied nicht notwendig mit dem Körper beisammen sein muß. Er entsinnt sich dann der Drohungen, die er sich [in der genitalen Phase; F.S., L.W.] durch seine Beschäftigung mit dem Glied zugezogen, fängt an, ihnen Glauben zu schenken, und gerät von da an unter den Einfluß der *Kastrationsangst*, die der mächtigste Motor seiner weiteren Entwicklung wird. (Freud 1969, S. 555)

Allein die Kastrationsangst befähigt Freud zufolge zur Sublimation von Trieb-
energien, das heißt zu ihrer Vergeistigung als Voraussetzung von kulturellen
Leistungen. Die sexuelle Entwicklung des Knaben eröffnet ihm also in genuiner
Weise den Zugang zu kulturellen Äußerungen.

Ganz anders sieht die Entwicklung des kleinen Mädchens aus, denn auf die
Phase der intensiven Mutterbindung folgen ihre plötzliche Abwehr und eine klare
Hinwendung zum Vater. Auch das weibliche Kind erkenne, dass die Mutter keinen
Penis besitze und entwickle sowohl den Penisneid als auch den Kastrationskomplex, nicht jedoch die überaus wichtige Kastrationsangst. Denn es verfüge
nicht über einen Penis, sondern über ein Geschlecht, das nach Freud keines ist.
Der Psychoanalytiker vertritt einen Geschlechtermonismus, der nur das männliche Geschlecht anerkennt, das weibliche hingegen als abwesend bezeichnet. Der
sich unweigerlich einstellende Penisneid der Frau kann allein durch das Gebären
eines Kindes, genauer: eines „Knäbleins" (Freud 1969, S. 559) kompensiert werden. Freud legt Weiblichkeit mithin auf Mutterschaft als einzige Form befriedi-
gender weiblicher ‚Produktion' fest. „Die weibliche Situation ist aber erst hergestellt, wenn sich der Wunsch nach dem Penis durch den nach dem Kind ersetzt,
das Kind also nach alter symbolischer Äquivalenz an die Stelle des Penis tritt."
(Freud 1969, S. 558) Frauen, die sich einer intellektuellen Tätigkeit widmeten,
hätten ihrem Penisneid nachgegeben und versuchten, sich eine männlich codierte
kulturelle Aktivität anzueignen – ein Projekt, das nach Freud per se zum Scheitern
verurteilt ist.

Kennt die heranwachsende Frau also lediglich den Kastrationskomplex, nicht
aber die Kastrationsangst, so kann weibliche Triebsublimation und damit kulturelle Leistung nicht stattfinden.

> Mit dem Wegfall der Kastrationsangst entfällt das Hauptmotiv, das den Knaben gedrängt
> hatte, den Ödipuskomplex zu überwinden. Das Mädchen verbleibt in ihm unbestimmt lange,
> baut ihn nur spät und dann unvollkommen ab. Die Bildung des Über-Ichs muß unter diesen
> Verhältnissen leiden, es kann nicht die Stärke und die Unabhängigkeit erreichen, die ihm
> seine kulturelle Bedeutung verleihen [...]. (Freud 1969, S. 559–560)

Ausgestattet mit einem schwachen Über-Ich vermag die Frau nicht kulturschaf-
fend zu sein. Bereits durch die Genese ihrer Weiblichkeit, wie sie Freud konstruiert, ist sie aus dem Bereich der Kunst, der Bildung, der Politik, der Öffentlichkeit ausgeschlossen.

Die unterschiedliche Entwicklung von Männlichkeit und Weiblichkeit führt
darüber hinaus zu bestimmten Wesenszügen: Frauen zeichnen sich nach Freud
durch Narzissmus und Eitelkeit aus, weil sie ihre „sexuelle Minderwertigkeit"
körperlich wettzumachen versuchen, sowie durch die Scham über den „Defekt
des Genitales" (Freud 1969, S. 562).

Freud entwickelt jedoch auch Modelle und Überzeugungen, an die die Geschlechterforschung unmittelbar anzuknüpfen vermag. So geht der Psychoanalytiker von der grundsätzlichen Bisexualität des Menschen aus, die die Zivilisation jedoch nicht zulässt und durch die Vereindeutigung zum Mann / zur Frau eliminiert bzw. ins Unbewusste verschiebt. Eindeutige Weiblichkeit und Männlichkeit ergeben sich nach Freud aus der Verdrängung einer ursprünglichen Bisexualität; allein die kulturellen Zwangsmaßnahmen und Lustverbote lassen das Regime der Heterosexualität entstehen, wie Freud in seinem Text *Das Unbehagen in der Kultur* (1930) ausführt.

Dass Kultur Lust und Begehren unterdrücke, bestätigten bereits frühe Formen menschlichen Zusammenlebens, die den Inzest, also den sexuellen Verkehr mit Verwandten, grundsätzlich verböten. Kultur fuße damit auf der vielleicht „einschneidendste[n] Verstümmelung, die das menschliche Liebesleben im Laufe der Zeiten erfahren hat", nämlich auf dem Inzest-Verbot (Freud 1994, S. 69). Doch auch die moderne Kultur dämme die sexuellen Lüste ein, indem sie ihre Mitglieder auf ein heterosexuelles Begehren festlege, das heißt die Sehnsucht nach einem gleichgeschlechtlichen Liebesobjekt prinzipiell verdränge. Freud schreibt in *Das Unbehagen in der Kultur*:

> Die in diesen Verboten [das Inzest- und Homosexualitätsverbot; F.S., L.W.] kundgegebene Forderung eines für alle gleichartigen Sexuallebens setzt sich über die Ungleichheiten in der angeborenen und erworbenen Sexualkonstitution des Menschen hinaus, schneidet eine ziemliche Anzahl von ihnen vom Sexualgenuß ab und wird so die Quelle schwerer Ungerechtigkeit. (Freud 1994, S. 69–70)

Die Kultur homogenisiert das Sexualleben des Einzelnen, indem Sexualität, Reproduktion und heterosexuelle Ehe normativ verknüpft, Abweichungen bestraft, manche Ausnahmen jedoch heimlich gebilligt werden. Dass ein verheirateter Mann eine Geliebte hat, wird damals wie heute vornehmlich als Beweis seiner Potenz gewertet, nicht als Regelverstoß. Kultur ist für Freud also gleichbedeutend mit einer schweren Schädigung des Sexuallebens.

Kultur als Gemeinschaftsbildung ziehe, so führt Freud weiter aus, insbesondere den isolierten Organisationsformen, das heißt den sexuell orientierten Zweierbeziehungen Energien ab, um diese der Gruppe zuzuführen. Die erotischen Einzelverbindungen würden tendenziell in Freundschaften überführt, die ihrerseits die fundamentale Aggression des Menschen bannten – für Freud ein anthropologischer Grundzug. Damit aber werde Kultur, obgleich sie den Menschen schädige, unerlässlich, denn sie baue den unhintergehbaren Aggressionstrieb ab, indem sie libidinöse Energien in zielgehemmte positive Bindungen verwandle. Die Kultur verlange demnach nicht nur der Sexualität, sondern auch der Aggressionsneigung des Menschen große Opfer ab, doch allein auf diesem Wege sei ein friedliches Zusammenleben denkbar (vgl. Freud 1994, S. 79). Kultur produziert also deshalb ein Unbehagen – wie es im Titel von Freuds Studie heißt –, weil sie den Sexual- und Aggressionstrieb des Menschen unterdrückt. Die Gender Studies, unter anderem Judith Butler, werden diesen Gedanken einer verdrängten Bisexualität in einem Ansatz, der dem homosexuellen Begehren Rechnung trägt, aufgreifen (→ **Kapitel 7.2**).

3.4 Virginia Woolf und Simone de Beauvoir: Pionierinnen der Frauenbewegung

Zum Abschluss des Kapitels sollen neben den männlichen Stimmen weibliche hörbar werden, die sich um die Emanzipation von Frauen verdient gemacht haben und einschlägige Diagnosen der Geschlechterverhältnisse vorlegen, doch unterschiedliche Forderungen stellen. Zwar setzen sich seit etwa Mitte des 19. Jahrhunderts Frauen in einem vielfältigen politischen Spektrum von recht-bürgerlich bis marxistisch für weibliche Belange ein, wie Rosemarie Nave-Herz in ihrer Studie *Die Geschichte der Frauenbewegung in Deutschland* (1994) rekonstruiert. Doch im Folgenden stehen, dem historischen Zuschnitt des Kapitels entsprechend, zwei Denkerinnen der ersten Hälfte des 20. Jahrhunderts im Fokus.

Virginia Woolf ist eine englische Autorin, deren Romane *To the Lighthouse* (1927; *Die Fahrt zum Leuchtturm*, 1931), *Orlando. A Biography* (1928; *Orlando. Die Geschichte eines Lebens*, 1929) und *The Waves* (1931; *Die Wellen*, 1959) in die Weltliteratur eingegangen sind. Sie setzt sich in ihrem berühmten Essay *A Room of One's Own* (1929; *Ein Zimmer für sich allein*, 1978), auf den sich Feminismus und Gender Studies wiederholt beziehen, mit dem gesellschaftlichen Status von Frauen sowie ihren produktiven Möglichkeiten auseinander. Es handelt sich um einen wissenschaftlichen Vortrag, der sich durch seinen erzählerisch-illustrativen Duktus auszeichnet – Woolf erzählt von Dinner-Parties und Speisefolgen, von Wohnungseinrichtungen und Bibliotheksbesuchen. Diese Anschaulichkeit weist in das Zentrum ihrer Argumentation: Die Autorin insistiert darauf, dass Kunst und Bildung materielle Voraussetzungen haben. Der Bereich der künstlerischen Produktion und des Wissens ist nach Woolf kein autonomer, rein geistiger, der von den gesellschaftlichen und das heißt von den geschlechtlichen Verhältnissen abgetrennt wäre, sondern Kunst ist auf fundamentale Weise mit materiellen Phänomenen verknüpft – allem voran mit Geld und Raum (→ **Kapitel 16.3**). Über beide Ressourcen verfügten Frauen zu Woolfs Zeiten gemeinhin nicht. Ihre zentrale Forderung lautet deshalb: „[E]ine Frau muß Geld haben und ein Zimmer für sich allein, wenn sie Fiction schreiben will" (Woolf 1981, S. 8), denn ohne Geld bleibt sie der patriarchalen Ordnung verpflichtet und damit der Reproduktion –

oder aber sie muss auf wenig attraktive Berufe in einer männlich dominierten Arbeitswelt zurückgreifen. In einem reich ausgestatteten College, in dem ein gewisser Luxus herrscht, wären die selbstverständlichen Gesprächsstoffe von Frauen „Archäologie, Botanik, Anthropologie, Physik, der Aufbau der Atome, Mathematik, Astronomie, Relativitätstheorie, Geographie" (Woolf 1981, S. 27); diese Gesprächsstoffe blieben ihnen sonst verschlossen. Genie ist für Virginia Woolf allein möglich in einem gediegenen Ambiente von Luxus und Macht, und das heißt auch von Tradition und Geschichte.

Damit sind weitere Umstände benannt, die die künstlerische Produktion von Frauen erschweren: Sie können sich nicht auf eine weibliche literarische Tradition beziehen und finden in der traditionellen Geschichtsschreibung keinerlei Berücksichtigung. Woolf fordert deshalb eine Darstellung von Geschichte, die auch Frauen sichtbar werden lässt. Gegenstand dieser Geschichte ‚von unten‘ wären unter anderem häusliche Verhältnisse, wobei auch in diesem Zusammenhang die Leitfrage zu beantworten wäre: „[H]atte sie ein Zimmer für sich allein?" (Woolf 1981, S. 53) Woolf plädiert sogar für eine imaginäre Geschichte, um weibliche Lebensverhältnisse zu veranschaulichen. In der wohl berühmtesten Partie des Essays entwirft die Autorin die Biografie einer hochbegabten Schwester Shakespeares, die an ihrem Talent zugrunde geht, weil sie keinerlei Ausdrucksmöglichkeiten findet (vgl. Woolf 1981, S. 54–55).

Scheinbar unvereinbar mit dieser Unsichtbarkeit von Frauen in der (Literatur-)Geschichte ist die Tatsache, dass sie als Objekte von wissenschaftlichen Untersuchungen und künstlerischen Darstellungen überaus beliebt sind. Woolf hält in lapidarem Ton fest und beschreibt damit ein Phänomen, mit dem sich Feminismus und Gender Studies wiederholt beschäftigt haben: „Im Reich der Phantasie ist sie [die Frau; F.S., L.W.] von höchster Bedeutung; praktisch ist sie völlig unbedeutend." (Woolf 1981, S. 51) Der auffälligen Präsenz von Frauengestalten in Schriften von Männern, die sich mit der ‚ewigen Sphinx‘ Weiblichkeit beschäftigen, steht die geringe Partizipation von Frauen an gesellschaftspolitischen Prozessen gegenüber. Woolf nimmt damit vorweg, was seit den 1970er Jahren Forscherinnen wie Silvia Bovenschen, Christa Rohde-Dachser, Elisabeth Bronfen und Cornelia Klinger profilieren, dass Weiblichkeit (in Kunst und Wissenschaft) eine imaginierte Größe ist, „ein Gefäß" (Woolf 1981, S. 52), ein ‚Reservoir‘ für männliche Zuschreibungen, die primär der narzisstischen Selbstversicherung dienen – Ziel ist nach Woolf die Vergrößerung des Mannes: „Frauen haben über Jahrhunderte hinweg als Spiegel gedient mit der magischen und köstlichen Kraft, das Bild des Mannes in doppelter Größe wiederzugeben." (Woolf 1981, S. 43)

Woolf entwirft in ihrem Essay darüber hinaus das Projekt einer Literaturgeschichte von Autorinnen – eine Idee, die Wissenschaftler:innen mehrfach aufgegriffen haben, um die Ausschlüsse weiblichen Schreibens aus dem etablierten Kanon rückgängig zu machen. Woolfs Leitfrage für diese (Re-)Kanonisierung ist, ob sich weibliche Schreibversuche, die per se als gesellschaftliches Ärgernis gelten, von Repressionen und Verboten freizumachen vermögen, ob also ein autonomer Ausdruck gelingt, oder aber ob den Texten der Zorn, die Sehnsucht und die Wut über die ungleichen Verhältnisse anzumerken ist – für Woolf ein Akt der Verstümmelung auf Kosten der ästhetischen Qualität weiblicher Texte.

Im Kontext ihrer Vision einer weiblichen Literaturgeschichte beantwortet Woolf die Ausgangsfrage nach einer besonderen Affinität von Frauen und ‚fiction‘, also dem Genre Roman. Allein die Romanproduktion ertrage, so Woolf, Unterbrechungen und Pausen:

> Wenn eine Frau schrieb, dann mußte sie im gemeinsamen Wohnraum schreiben, und dort, wie Miß Nightingale so heftig klagte, ‚haben Frauen niemals eine halbe Stunde …, die ihnen ganz allein gehört‘. Jedenfalls war es leichter, dort Prosa oder Fiction zu schreiben als Gedichte oder ein Stück. (Woolf 1981, S. 75 – 76)

Die offenen Formen des Romans kämen den problematischen Produktionsbedingungen von Frauen weit eher entgegen als Lyrik oder Dramatik.

Virginia Woolf betont in ihrem Essay also mit Nachdruck, dass sich Geist und Bildung nicht in einem geschlechtsneutralen Reich des Immateriellen bewegen, sondern eng mit ökonomischen und geschlechtlichen Verhältnissen verklammert sind. Geist, Bildung und Autorschaft hätten eine unhintergehbare materielle Basis und nur dann, wenn diese auch Frauen zur Verfügung stehe, sei ihre Partizipation an (hoch-)kulturellen Ausdrucksformen möglich.

Eine weitere Pionierin des Feminismus, Simone de Beauvoir (vgl. zu einer biografischen Darstellung Kirkpatrick 2020; für einen feministischen Einstieg ins Werk Korbik 2018), legt 1949 die umfassende Untersuchung *Le deuxième sexe* (1949; *Das andere Geschlecht. Sitte und Sexus der Frau*, 1968) vor, eine Studie zum ‚zweiten (auch im Sinne von nachgeordneten) Geschlecht‘ der Frau. Der Klassiker der feministischen Theorie diskutiert zunächst die geläufigen Aussagen über das ‚typisch Weibliche‘ und seine kulturellen Repräsentationen, um die Forderung nach Transzendenz und freiheitlicher Lebensführung zu stellen. Beauvoir analysiert biologische, psychoanalytische sowie marxistische Erklärungsversuche des Weiblichen und bezeichnet sie allesamt als unzureichend. So würden biologische Aussagen über das Geschlecht zwar auf Fakten basieren; welche Bedeutung diesen beigemessen werde, darüber entschieden jedoch die sozialen Kontexte – ein zentrales Argument der Gender Studies.

In ihrer Auseinandersetzung mit der Psychoanalyse bedient sich die Existenzialistin eines ähnlichen Arguments: Der begehrte Phallus symbolisiere le-

diglich die gesellschaftliche Machtposition des Mannes, sei aber nicht das anatomische Zeichen einer biologischen Überlegenheit, wie es Freud konzipiert hatte.
Das psychoanalytische Modell bestätigt in Beauvoirs Augen das Patriarchat,
wiederholt die gesellschaftliche Hierarchie bzw. die Dominanz des Mannes in
anderer Sprache, ohne die Genese der Machtverhältnisse herzuleiten. Beauvoir
fasst Wissenschaften mithin (ähnlich wie Laqueur) als gesellschaftlich eingebet-
tete Disziplinen und Interpretationen auf, weil sie die Empirie auslegen.

Beauvoirs umfängliche Analysen bestätigen, was Virginia Woolf angedeutet
hatte: dass der gesellschaftlichen Unsichtbarkeit der Frau ihre phantasmagorisch
aufgeladene Präsenz in einer männlich dominierten Kultur gegenüberstehe.
Beauvoir hält fest, dass Frauen innerhalb des traditionellen Repräsentations-
systems vor allem das sind, was Männer aus ihnen machen,

> daß die Frau sich nicht als Eigenexistenz kennt und wählt, sondern als das, was sie in den
> Augen des Mannes ist. Wir müssen sie also [...] so beschreiben, wie die Männer sie träumen,
> da ihr ‚Für-den-Mann-dasein‘ einer der wesentlichsten Faktoren ihrer wirklichen Lage ist"
> (Beauvoir 1968, S. 151)

– diese Worte leiten das Kapitel über das ‚Rätsel Weib‘ in der Kunst ein.

Beauvoir argumentiert in ihrer Studie, von Georg Wilhelm Friedrich Hegels
abstraktem Identitätskonzept ausgehend, existenzialphilosophisch. Identität
entstehe – so Beauvoir mit Hegel –, indem sie sich entgegensetzt und dieses
Entgegengesetzte als Anderes aus dem Selbstsein ausschließt. Das Ich konstruiert
also ein Nicht-Ich, ein Anderes, von dem es sich abgrenzt. Das „Subjekt setzt sich
nur, indem es sich entgegensetzt: es hat das Bedürfnis, sich als das Wesentliche
zu bejahen und das Andere als das Unwesentliche, als Objekt zu setzen" (Beauvoir 1968, S. 11). Übertragen auf die Ordnung der Geschlechter ergibt sich daraus
folgende Struktur: Das (männliche) Subjekt setzt sich als Zentrum der symbolischen Ordnung und grenzt aus dieser aus, was seine Identität irritiert: Tod,
Wahnsinn und Geburt als Erfahrungen von Abhängigkeit und Ohnmacht.

Indiz dieses Ausgrenzungsverfahrens, das männliche Identität konstituiert,
ist die paradoxale Anlage von Weiblichkeitskonstruktionen, wie sie vielfach auch
in literarischen Texten aufzufinden sind. Die Frau wird als Heilendes und Ver-
schlingendes zugleich imaginiert; sie

> ist Idol und Magd, Quell des Lebens und Macht der Finsternis; sie ist das urhafte Schweigen
> der Wahrheit selbst und dabei unecht, geschwätzig, verlogen; sie ist Hexe und Heilende; sie
> ist die Beute des Mannes und seine Verderberin, sie ist alles, was er nicht ist und was er
> haben will, seine Verneinung und sein Daseinsgrund. (Beauvoir 1968, S. 155)

Der gesellschaftliche Zustand, in dem die Frau allein als ambivalentes Bild existiert, könne jedoch überwunden werden, denn nach Hegel bedeute ,Sein' zugleich ,Werden'. Auch Frausein stelle eine dynamische Kategorie dar, wie Beauvoir in einem vielzitierten Satz formuliert: „Man kommt nicht als Frau zur Welt, man wird es. Kein biologisches, psychisches, wirtschaftliches Schicksal bestimmt die Gestalt, die das weibliche Menschenwesen im Schoß der Gesellschaft annimmt." (Beauvoir 1968, S. 265)

Diese Aussage, die Geschlecht als ,Doing gender' begreift, als Effekt von sozialen Verhaltensnormen und performativen Akten, weist auf konstruktivistische Entwürfe von Geschlecht voraus, wie sie später beispielsweise Judith Butler vorlegen wird (→ **Kapitel 7.2**).

Aus Beauvoirs dynamischem Konzept, das Geschlecht auf kulturelle Praktiken zurückführt, ergibt sich die Forderung nach einer Entwicklung des Weiblichen. Der existenzialistischen Ethik gemäß, wie sie Beauvoirs intellektueller Gefährte Jean Paul Sartre ebenfalls vertritt, versteht sie das Subjekt als Transzendenz, als Wahl und sich ständig revidierende Setzung.

> Jedes Subjekt setzt sich konkret durch Entwürfe hindurch als eine Transzendenz; es erfüllt seine Freiheit nur in einem unaufhörlichen Übersteigen zu anderen Freiheiten, es gibt keine andere Rechtfertigung der gegenwärtigen Existenz als ihre Ausweitung in eine unendlich geöffnete Zukunft. Jedesmal, wenn Transzendenz in Immanenz verfällt, findet ein Absturz der Existenz in ein Ansichsein statt, der Freiheit in Faktizität; dieser Absturz ist ein moralisches Vergehen, wenn er vom Subjekt bejaht wird; ist er ihm auferlegt, so nimmt er die Gestalt einer Entziehung und eines Druckes an; in beiden Fällen ist er ein absolutes Übel. (Beauvoir 1968, S. 21)

Was Beauvoir einklagt, ist der Ausgang der Frauen aus ihrer (selbstverschuldeten) Immanenz, um in die ,lichten Sphären' der Transzendenz, der Subjektwerdung und Selbstüberschreitung zu gelangen.

Diese Forderung lässt eine Problematik von Beauvoirs emanzipatorischem Ansatz kenntlich werden bzw. die immanenten Widersprüche, die Toril Moi (1996) in ihrer Biografie über die Existenzialistin betont. Beauvoir legt ihrer Utopie der Selbstsetzung eine binäre Struktur zugrunde, genauer: die Opposition von (weiblicher) Immanenz als Natur und (männlicher) Transzendenz. Um frei zu werden, müsste sich die Frau (als Immanenz) in einen Mann verwandeln, denn allein er repräsentiert Transzendenz. In den Schlussfolgerungen der Studie heißt es: Die Frau „sucht nicht mehr, ihn [den Mann; F.S., L.W.] in die Region der Immanenz hineinzuziehen, sondern selbst in das Licht der Transzendenz emporzutauchen" (Beauvoir 1968, S. 669). Der Mann „eröffnet die Zukunft, zu der auch sie emporsteigen will" (Beauvoir 1968, S. 72). Diese Utopie vergisst jedoch, dass Transzendenz der Effekt eines Ausschlusses ist, nämlich von Immanenz. Verlangt das Andere (die Frau) einen Platz innerhalb der symbolischen Ordnung, inner-halb der Sphäre der Transzendenz (des Mannes), so kollabiert das Identitätssys-tem, das Beauvoir ihrer Utopie zugrunde legt (vgl. Lindhoff 1995, S. 7–8).

Beauvoir entwirft also die Vision einer Befreiung, die die Gleichsetzung von Männlichkeit und Transzendenz beibehält, diesen privilegierten Ort jedoch auch Frauen zugänglich machen möchte. Insbesondere die Aussage, dass Geschlecht kein Sein, kein Wesen sei, sondern ein Tun, ein Effekt kultureller Praktiken, sowie Beauvoirs Kritik an der Psychoanalyse sind für spätere feministische Positionen bedeutsam geworden, und zwar auch für die Konfrontation mit Sigmund Freud, die das akademische Profil des Feminismus wesentlich geprägt hat.

Um 1900 radikalisierte sich also, so ließe sich dieses Kapitel zusammenfas-sen, der Geschlechterantagonismus; Weiblichkeit wird mythisiert und in binäre Bilder aufgespalten, zudem über das Krankheitsbild der Hysterie pathologisiert. Dieses Pathogramm verwissenschaftlicht Zuschreibungen, die die Frau als Schauspielerin, als Lügnerin und verkörperte Sexualität definieren. Schließen diese Vorstellungen Weiblichkeit aus dem Raum der (männlich codierten) Iden-tität aus, so bezeichnet der weit verbreitete Antisemitismus der Zeit auch Juden als ‚Nicht-Ich' und damit als weiblich. Frausein stellt mithin eine Exklusionsstrategie dar, wie sich auch in Sigmund Freuds Texten zeigt: Die Frau sei das stumme Rätsel, über das der männliche Wissenschaftler Aussagen treffe; ihre frühkind-liche Genese schließe sie zudem aus der Kultur aus. Allein die Reproduktion stehe Frauen als befriedigende Lösung (ihres Penisneids) und als ‚Produktionsform' zur Verfügung. Allerdings profiliert Freud auch die kulturellen Reglementierungen, denen Geschlechtlichkeit generell unterworfen ist. Die Kultur domestiziere das vielfältige Begehren und zwinge die Subjekte in die binäre Geschlechtermatrix bzw. die heterosexuelle Norm. Woolf und Beauvoir beschreiben vor allem die verengten Spielräume von Frauen und stellen Forderungen, auf welche Weise gesellschaftliche Partizipation und künstlerische Ausdrucksfähigkeit von Frauen zu steigern sei: durch Geld und Raum sowie durch den Mut, sich täglich neu zu entwerfen. Der Umstand, zur Frau gemacht zu werden, könnte die Lizenz sein, die eigene Handlungsmacht zu vergrößern.

Fragen und Anregungen

– Rekapitulieren Sie Symptome der Hysterie und überlegen Sie, welche Weib-lichkeitsstereotype auf diese Weise reproduziert werden.
– Welche Konnotationen bringt die behauptete Theatralität des Weiblichen mit sich?

- An welchen Stellen überschneiden sich antisemitischer Diskurs und gängige Weiblichkeitsrepräsentationen um 1900?
- Rekonstruieren Sie Sigmund Freuds Auffassung von Weiblichkeit, wie sie in der gleichnamigen Vorlesung entwickelt wird.
- Lesen Sie den Textausschnitt von Simone de Beauvoirs *Das andere Geschlecht. Sitte und Sexus der Frau* (Bergmann / Schößler / Schreck 2012, S. 49 – 65). Skizzieren Sie Beauvoirs existenzialphilosophische Argumentation und diskutieren Sie ihren Ansatz.

Lektüreempfehlungen

Simone de Beauvoir: Das andere Geschlecht. Sitte und Sexus der Frau [1949], Reinbek bei Hamburg 1968. *Die existenzialistische Studie beschäftigt sich mit den Weiblichkeitsrepräsentationen in Psychoanalyse, Biologie, Kunst etc. und fordert eine weibliche Transzendenz.*

Christina von Braun: Nicht ich: Logik, Lüge, Libido, Frankfurt a. M. 1985. *Die Studie geht der Geschichte der Hysterie, ihrer Funktion und diskursiven Organisation nach.*

Elisabeth Bronfen: Das verknotete Subjekt. Hysterie in der Moderne, Berlin 1998. *Die psychoanalytische Untersuchung analysiert mit Bezug zur medizinischen Hysterie literarische Texte (Ann Radcliffe, Gustave Flaubert), Filme (Alfred Hitchcock, David Cronenberg) und bildende Kunst (Cindy Sherman).*

Sigmund Freud: Das Unbehagen in der Kultur. Und andere kulturtheoretische Schriften [1930], Frankfurt a. M. 1994. *Profiliert die kulturellen Normierungen von Sexualität.*

Sigmund Freud: Die Weiblichkeit [1933], in: ders., Studienausgabe. Hg. v. Alexander Mitscherlich, Angela Richards und James Strachey Bd. 1: Vorlesungen zur Einführung der Psychoanalyse, Frankfurt a. M. 1969, S. 544 – 565. *Der zentrale Text definiert Weiblichkeit als stummes Rätsel und entwirft eine problematische weibliche Entwicklungsgeschichte.*

Franziska Lamott: Die vermessene Frau. Hysterien um 1900, München 2001. *Nimmt die kriminologischen sowie medizinischen Debatten bis zum Ersten Weltkrieg in den Blick.*

Virginia Woolf: Ein Zimmer für sich allein [1929], Frankfurt a. M. 1981. *Betont die materiellen Bedingungen des Schreibens, die Frauen meist vorenthalten werden.*

4 Gender-Lektüren der Psychoanalyse

Abbildung 3: Max Halberstadt: Sigmund Freud (ca. 1921).

Sigmund Freuds Positionen, die bereits in Ansätzen skizziert wurden, stellen einen zentralen Ausgangs- und Reibungspunkt für den Feminismus und die Gender Studies dar und bestimmen deren Profil insbesondere seit den 1970er Jahren wesentlich mit.

Das folgende Kapitel rekonstruiert die intensive Auseinandersetzung mit Freud in der zweiten Phase des Feminismus, also seit den 1970er Jahren. Die Forscher:innen kritisierten die Psychoanalyse mit Nachdruck und wenden Freud gegen Freud, indem sie versuchen, seine eigenen Projektionen, Verdrängungen und Mythisierungen des Weiblichen aufzuspüren. Auch Freuds Schriften konstruieren neben der ohnmächtigen, kastrierten Frau eine verschlingende Weiblichkeit, wie sie prototypisch die antike Figur der Medusa verkörpert. In der Auseinandersetzung mit der Psychoanalyse entfalten Feminismus, Gender wie Queer Studies mithin differenzierte und diverse Positionen.

https://doi.org/10.1515/9783110656541-004

4.1 Kate Millett und Juliet Mitchell: Kritik an Freud und Rehabilitierung

Eine unerbittliche Freud-Gegnerin ist Kate Millett, die in ihrer umstrittenen und viel diskutierten Studie *Sexual Politics* (1969; *Sexus und Herrschaft. Die Tyrannei des Mannes in unserer Gesellschaft*, 1971) das Patriarchat sowie seine Literatur angreift und hegemoniale Muster bei Autoren wie D. H. Lawrence, Henry Miller und Norman Mailer freilegt. Sie geht davon aus, dass Sexualität nicht der triebhaften Begegnung von Körpern entspringt, sondern patriarchalen Strukturen folgt, also per se politisch ist. Millett konzentriert sich deshalb auf die gesellschaftliche Produktion von Geschlecht, also auf Gender bzw. Genus, das sie vom anatomischen Geschlecht (Sex) ablöst. Die Genus-Identität stelle die erste entscheidende Identifizierung des jungen Menschen dar, „die erste wie auch die dauerhafteste und weitesttragende" (Millett 1971, S. 39). Freud jedoch, so ihr Vorwurf, blende die Bedeutung von Kultur und damit auch des kulturell determinierten und produzierten Genus (Gender) völlig aus und verankere die Geschlechterdifferenz im biologisch-physiologischen Feld. Nach Millett ist der Psychoanalytiker deshalb ein ‚Konterrevolutionär'; er habe durch die Naturalisierung von Geschlecht die sexuelle Revolution verzögert, ja aufgehalten.

Als besonders fatal bewertet Millett, dass Freud Weiblichkeit auf *ein* fundamentales Gefühl fixiere, auf den Penisneid, der die Frau als Mangelwesen kennzeichne; zudem leite Freud aus der psychischen Entwicklung ab, was als normales bzw. pathologisches Verhalten zu gelten habe (→ **Kapitel 3.3**). Zu diesen Normen gehört, dass eine Frau allein als Mutter ihrem Geschlecht zu entsprechen scheint und nur so ein erfülltes Leben führt. Millett bewertet Freuds Leistungen deshalb als problematisch, weil er die um die Jahrhundertwende gängige Misogynie (Frauenfeindlichkeit) wissenschaftlich festschreibt und die Asymmetrien der Geschlechter beglaubigt.

Das Verhältnis von Feminismus und Psychoanalyse lässt sich jedoch nicht nur als Verwerfung, sondern auch als umdeutende Rehabilitierung beschreiben, wie sich in Juliet Mitchells Untersuchung *Psychoanalysis and Feminism. Freud, Reich, Laing and Women* (1974; *Psychoanalyse und Feminismus. Freud, Reich, Laing und die Frauenbewegung*, 1976) zeigt. Nach Mitchell hätte eine grundsätzliche Verabschiedung der Freud'schen Theorie bedenkliche Folgen für die Frauenbewegung, denn seine Psychoanalyse stelle keine „Verklärung der patriarchalischen Gesellschaft [dar], sondern deren Analyse" (Mitchell 1976, S. 11), und auf diese könnten diejenigen, die Emanzipation anstrebten, nicht verzichten. Die Psychoanalyse beschreibt nach Mitchell psychisch-symbolische Prozesse, die Weiblichkeit und Männlichkeit produzieren. Nicht also um Biologie gehe es – wie Millett behauptet –, nicht darum, dass Anatomie Schicksal sei, sondern die

Psychoanalyse verdeutliche, in welcher Weise anatomische Differenzen psychisch repräsentiert und damit bedeutsam würden. Freuds Theoreme lassen sich offenkundig aus einer biologischen *und* einer sozial-kulturellen Perspektive lesen.

Mitchell hält zudem fest, dass Freud die Ohnmacht der Frau konsequent herleite, nicht aber (re-)produziere: „Daß Freuds Frauenbild pessimistisch war, zeugt weniger von seiner reaktionären Einstellung als von der Situation der Frau" (Mitchell 1976, S. 414). Deren gesellschaftliche Stellung habe sich über Jahrtausende hinweg kaum verändert und im Unbewussten gravierende, schwer auszulöschende Spuren hinterlassen. Das Unbewusste archiviert nach Mitchell aufgrund eines Parallelismus von Phylo- und Ontogenese, also von kollektiver und individueller Menschheitsgeschichte, die Ideologien und Mythen der Vergangenheit und damit auch die gesellschaftliche Unterwerfung der Frau. Ihrem Unbewussten sei die permanente Unterlegenheit eingeschrieben, und nur deshalb spielten in der Entwicklung des Mädchens Mangel und Neid eine Rolle. Mitchell betont, dass nicht Biologie die dichotome Geschlechtermatrix hervorbringe, sondern der gesellschaftlich determinierte Apparat des Unbewussten.

4.2 Nancy Chodorow: Umdeutung der Mutter-Kind-Beziehung

Autor:innen, die an der Schnittstelle von Geschlecht und Psychoanalyse interessiert sind, versuchen darüber hinaus, die präödipale Mutter-Kind-Beziehung auszudifferenzieren. Nancy Chodorow entwirft in *The Reproduction of Mothering. Psychoanalysis and the Sociology of Gender* (1978; *Das Erbe der Mütter. Psychoanalyse und Soziologie der Geschlechter*, 1985*)* die Geschlechterdifferenz neu, die ihrer Auffassung nach mit den Produktionsverhältnissen westlicher Industrienationen eng verknüpft ist. Im Zentrum der Argumentation steht das frühkindliche Verhältnis von Mutter und Kind sowie die damit verbundene Reproduktion von Mütterlichkeit. Die ersten, entscheidenden Bezugspersonen von Jungen und Mädchen seien gemeinhin Frauen, weil diesen die Aufgabe des „Mutterns" (Chodorow 1985, S. 10 – 11) übertragen würde. Auf diese erste Form der Arbeitsteilung führt Chodorow die Differenzierung der Geschlechter zurück: Für den Knaben erscheint die zentrale Bezugsperson als die ‚andere', sodass er eine sexualisierte und genital getönte Form der Differenz erfährt. Um sich jedoch als eigenständiges Subjekt zu behaupten, wendet sich der Knabe bereits früh von der Mutter ab. Sein Identitätsentwurf basiert auf Trennung, Abstand und Verdrängung der intensiven, nun als regressiv bewerteten Mutterbindung (vgl. Chodorow 1985, S. 144). In der Mutter-Tochter-Beziehung herrscht hingegen Ähnlichkeit vor, das heißt die Tochter wird als Erweiterung des eigenen Selbst wahrgenommen und die Aufgabe des Mutterns weitergegeben. Das Mädchen entwickelt deshalb durchlässigere Ich-Grenzen und steht mit der Mutter in einem Verhältnis verlängerter Symbiose und der Über-Identifikation (vgl. Chodorow 1985, S. 123–137). Chodorow schreibt also den Freud'schen Ansatz um, indem sie die Stellung des Vaters marginalisiert, dem Phallus / Penis seinen Fetischcharakter nimmt und die Mutter aufwertet, die in ihrem Modell nicht als Kastrationsdrohung fungiert. Die Konsequenz, die sich aus Chodorows Geschlechteranalyse ergibt, ist folgende: Nur wenn sich Männer und Frauen das Muttern teilen, kann die binäre, polarisierende Geschlechterordnung durchbrochen werden. „Männer an die Wiege!" (Chodorow 1985, S. 45), lautet deshalb Chodorows Forderung.

4.3 Renate Schlesier und Christa Rohde-Dachser: Freud auf der Couch

Der Feminismus hat Freud zudem mit Freud gelesen, indem er dessen Lehre selbst einer Psychoanalyse unterzogen hat. Renate Schlesier zum Beispiel beschäftigt sich mit dem *Problem von Entmythologisierung und Remythologisierung in der psychoanalytischen Theorie*, wie es im Untertitel ihrer Studie *Konstruktionen der Weiblichkeit bei Sigmund Freud* (1981) heißt. Im Anschluss an die Aufklärungskritik von Max Horkheimer und Theodor W. Adorno aus den 1940er Jahren zeigt sie, dass den Schriften Freuds die dialektische Struktur von Aufklärung und Mythisierung zugrunde liegt. Freud versuche einerseits, leidensstiftende Konstellationen aufzulösen, indem die Macht des Es durchbrochen werde: „Wo Es [das Unbewusste; F.S., L.W.] war, soll Ich werden" (Freud 1969, S. 86), so lautet eines seiner berühmten Axiome. Andererseits jedoch konstruiere Freud einen bestimmten Mythos, der sich der Aufklärung hartnäckig entziehe – den Mythos der kastrierten Frau, des weiblichen Mangelwesens. Schlesier beschreibt diese Konstruktion als Reflex auf die ‚Mangelhaftigkeit' Freuds, das heißt auf sein fehlendes Wissen über das Weibliche.

> In dem Maße, in dem das Es Freud als der ‚dunkle [...] Teil unserer Persönlichkeit' [...] rätselhaft blieb, entzog sich ‚das Rätsel der Weiblichkeit' [...], das ‚Geschlechtsleben des erwachsenen Weibes' als *dark continent* der Psychologie' der kompletten Erforschung [...], und auch die Einsichten in die ‚Entwicklungsvorgänge beim Mädchen' blieben nach Freuds Bekunden ‚lücken- und schattenhaft'. Es wirkt auf diesem Hintergrund geradezu grotesk, wenn Freud die Lückenhaftigkeit selber zum Weiblichkeit bestimmenden Makel macht. Freud wird nicht müde zu versichern, daß Weiblichkeit Kastriertheit, die Frau ein kastrierter Mann sei. (Schlesier 1981, S. 35–36)

Die Mangelhaftigkeit des Weiblichen ergibt sich nach Schlesier also aus der Defizienz der Theorie.

Die gleiche Methode, nämlich Freud mit / gegen Freud zu lesen, liegt Christa Rohde-Dachsers Studie *Expedition in den dunklen Kontinent. Weiblichkeit im Diskurs der Psychoanalyse* (1991) zugrunde. Sie unterzieht die Freud'schen Theoreme einer tiefenhermeneutischen Lektüre und deckt ebenfalls Mythenbildungen auf. Diese ergeben sich – wie Beauvoir und Schlesier ebenfalls festhalten – aus einer grundlegenden Verschiebung, die Rohde-Dachser wie folgt beschreibt: Der Mann projiziere das, was er fürchte – Krankheit, Tod und Sterblichkeit – auf die Frau. „Die so ausgegrenzten Selbstanteile gelten von nun an als weiblich." (Rohde-Dachser 1991, S. 61) Das Kastrationsmodell Freuds entpuppt sich vor diesem Hintergrund als *„basale Abwehrphantasie gegen Knabenängste, die dem (männlichen) Vergangenheitsunbewußten* zuzuordnen sind" (Rohde-Dachser 1991, S. 62).

Hinter Freuds Abwehrreaktionen steht der Wunsch nach der Frau, nach der regressiven Vereinigung mit der Mutter, so führt Rohde-Dachser aus. Allerdings wehrt sich das Gegenwartsunbewusste des Analytikers gegen diesen Wunsch und stilisiert die ersehnte Frau deshalb zur Gefährdung, zum gefürchteten Bösen. Die Bilder der kastrierenden und der kastrierten Frau dienen also beide „der Unschädlichmachung des autonomen weiblichen Subjekts, indem sie es entweder entwerten (,kastrieren') oder aber dämonisieren" (Rohde-Dachser 1991, S. 67).

Rohde-Dachser prägt in diesem Zusammenhang den Begriff ,Container', der den Umstand bezeichnet, dass die Frau als Projektionsfläche und ,Gefäß' männlicher Fantasien fungiert (vgl. Rohde-Dachser 1991, S. 95 – 96). Dass diesen Bildern des Weiblichen gleichwohl gesellschaftliche Relevanz zukommt, sei auf den Versuch des (männlichen) Bewusstseins zurückzuführen, psychische Phänomene real werden zu lassen, also entsprechende Wahrnehmungs- und Denkmuster herzustellen. Diese erarbeite sich Freud durch seine Theoretisierungen, durch die Konstruktion eines geschlossenen Systems, das Kritik am phallischen Monismus als Penisneid abweise. Die Theorie Freuds schotte sich also gegen mögliche Einwände ab und verwissenschaftliche die Ängste des Mannes (vor der Frau).

Ähnlich wie Beauvoir und Millett widmet sich Rohde-Dachser in ihrer Studie (männlichen) Kunstproduktionen und dem Phantasma Weiblichkeit. Sie geht davon aus, dass die Weiblichkeitskonstruktionen der Psychoanalyse und die der Kunst aus dem gleichen kollektiven Unbewussten stammen und sich deshalb gegenseitig auszulegen vermögen (vgl. Rohde-Dachser 1991, S. 96). Weiblichkeit fungiert in beiden Bereichen als Ergänzungsbestimmung des Männlichen und bestätigt – wie Virginia Woolf ebenfalls betonte – seine narzisstische Konstruktion. Der Narzissmus, der den Mann auf sich selbst fixiere, sei der Grund dafür, warum das Weibliche ein Rätsel bleibe – es komme in den männlichen Entwürfen als autonome Größe nicht vor.

Diese Ansätze, die Verdrängungen und Abspaltungen in Freuds Theoremen freizulegen versuchen, kritisiert allerdings Jutta Osinski in ihrer *Einführung in die feministische Literaturwissenschaft* (1998). Sie hält fest, dass

> feministische Modelle und Literaturanalysen [...] häufig eine Begrifflichkeit [integrieren], die auf vereinfachte psychoanalytische Denk- und Erfahrungsmuster verweist. Wenn von ‚Verdrängung' oder ‚Abspaltung' des Weiblichen die Rede ist, von männlichen ‚Projektionen', von ‚Internalisierung', ‚Idealisierung', von ‚Ersatzhandlungen' oder ‚Männerphantasien', dann sind immer popularisierte Freudianische Subjektvorstellungen damit verbunden. (Osinski 1998, S. 139 – 140)

4.4 Literatur und Psychoanalyse: Hysterie, Fetisch und schöne Leiche

Literatur und (feministische) Psychoanalyse stehen in einem produktiven Austauschverhältnis und lassen sich vielfach aufeinander beziehen (vgl. Gradinari / Schößler 2017). Die bekannten Begriffe Masochismus und Sadismus beispielsweise entwickelt der Sexualwissenschaftler Richard von Krafft-Ebing in Anlehnung an die Novelle *Venus im Pelz* (1870) des Literaten Leopold von Sacher-Masoch und die Schriften des Marquis de Sade (vgl. Krafft-Ebing 1997 [1886]). Die Literatur greift ihrerseits auf psychoanalytisches Wissen zurück, wenn der bekannteste erotische Roman zur masochistischen Unterwerfung der Frau, *Geschichte der O* (fr. *Histoire d'O*, 1954) von Pauline Réage (Anne Desclos), Theoreme Sigmund Freuds verarbeitet. Die US-amerikanische feministische Psychoanalytikerin Jessica Benjamin liest diesen Roman als prototypischen Ausdruck männlicher Herrschaft über Frauen (vgl. Benjamin 1990 [1988], S. 56 – 62).

Zu diesen interdisziplinären Filiationen gehört auch, dass Gilles Deleuze und Slavoj Žižek unter Bezugnahme auf Jacques Lacan den Masochismus als Auflehnung des Mannes gegen die väterliche Ordnung und als Ablehnung des Ödipuskomplexes konzipieren (vgl. Deleuze 2013 [1968], S. 163 – 281; Žižek 1996 [1994], S. 45 – 59). Die ödipale Situation wird also auch für die Gestaltung männlicher Subjektbildung in literarischen Texten und für die Darstellung patriarchaler Literaturproduktion herangezogen. Harold Bloom beschreibt die Literaturgeschichte als ödipalen Konkurrenzkampf der ‚Söhne' gegen die ‚Väter' (vgl. Bloom 1995 [1973]). Das weibliche Pendant des Ödipus-Komplexes, der Elektrakomplex, findet vergleichsweise wenig Resonanz.

Auch weiblicher Masochismus ist kein seltenes Motiv in Literatur und Film, wie Regine U. Schricker in ihrer Arbeit *Ohnmachtsrausch und Liebeswahn* (2011) zeigt. Schricker erkennt im weiblichen Masochismus mehr als nur eine sexuelle Orientierung; er stelle zugleich ein soziales Verhalten sowie eine (unbewusste)

Persönlichkeitskomponente dar (vgl. Schricker 2011, S. 11). Verknüpft wird der weibliche Masochismus daher besonders mit der Frage nach vorgegebenen Identifikationskonzepten, die die Frau mit der Entstehung einer polarisierenden Geschlechterordnung und der gesellschaftlich fest definierten Rolle als Ehefrau und Mutter stark beschränken (→ **Kapitel 2**). Für die Individualisierung der Frau ist wenig ‚Spielraum' vorgesehen – anders als der Mann erhält sie nicht dieselben identifikatorischen Möglichkeiten in Bezug auf einen als autonom gedachten Lebensentwurf. Stattdessen wird mit der Rolle der liebenden Ehefrau und Mutter die Fähigkeit zur Liebe zur grundlegenden weiblichen Eigenschaft erklärt, die sich in den dazugehörenden bürgerlichen Tugenden wie Verzicht, Selbstzurücknahme und Opferbereitschaft manifestiert und der Frau gemäß ihrer Natur zuzukommen scheint. Liebe wird so zum ‚weiblichen Ressort'; damit verbunden sind hegemoniale Verhältnisse, die die Frau in ihrer Passivität bestärken (vgl. Wille 2019a, S. 370 – 371). Auf die Frage nach den Möglichkeiten weiblicher Individuation im begrenzten Wirkungsraum der häuslichen Sphäre verweist Stephanie Bethmann in Anlehnung an Simone de Beauvoir auf die Entstehung einer weiblichen Subjektivität, die Selbstverwirklichung durch Opfer und liebende Hingabe generiere. „Die liebende Unterwerfung erscheint demnach für Frauen als Akt der Befreiung, weil Weiblichkeit ein Verlangen nach der eigenen Versklavung mit sich bringt." (Bethmann 2010, S. 226). So sind

> masochistische Züge [...] der weit zurückreichenden literarischen Tradition der (unglückli-
> chen) romantischen und leidenschaftlich-obsessionellen Liebe eingeschrieben, die oft ganz
> im Zeichen der Unterwerfung unter das Liebesobjekt steht. (Schricker 2011, S. 8)

Der Topos der Frau als Masochistin wird zum Beispiel in Heinrich Leopold Wagners bürgerlichem Trauerspiel *Die Reue nach der That* (1775) über die Figur Fridericke reflektiert und innerhalb einer bürgerlichen Idealvorstellung von begehrenswerter und tugendhafter Weiblichkeit verhandelt (vgl. Wille 2021, S. 179 – 183).

Das kulturelle Phantasma weiblicher Unterwerfung stellt mithin eine fundamentale Ausprägung der Geschlechterdifferenz dar. Mehr noch: Opferbereitschaft und damit der Topos der masochistischen Frau prägt seit dem 19. Jahrhundert „nicht nur die Mädchen- und die unterhaltende Frauenliteratur, sondern ebenso, wenn auch komplexer und differenzierter, die Hochkultur" (Grenz 2011, S. 279 – 280). Gleiches gilt für die Populärkultur: Auch in Stephenie Meyers Vampirsaga *Twilight* (2005 – 2008) und E. L. James' *Shades of Grey*-Trilogie (2011) verknüpft sich weiblicher Masochismus mit romantischen Liebesvorstellungen (vgl. Wille 2019a).

Hysterie ist ebenfalls ein viel verhandeltes Thema in der Literatur und ist beispielsweise in den Romanen *Malina* (1971) und *Der Fall Franza* (1966) von

Ingeborg Bachmann Ausdruck einer nicht patriarchal gedachten Weiblichkeit – anders als in vielen Texten des 19. Jahrhunderts (→ **Kapitel 3**). Auch Hélène Cixous' Theaterstück *Portrait de Dora* (1976) nimmt Freuds berühmte Analyse Doras aus *Bruchstück einer Hysterie-Analyse* (1905) kritisch auf und dekonstruiert männliche Subjektivität über die Figur der Hysterikerin.

Ein weiteres Sujet, das in der Literatur eine Rolle spielt – noch deutlicher allerdings im Film –, ist der Fetisch, ein materielles Objekt wie ein Pelz, Schuh, Fuß oder Wäschestück, das als Symbol des Penis fungiert. Ein Fetisch ist nach Freud Ersatz für den Phallus des Weibes (der Mutter), der die Kastration der Frau ignoriert und diese zugleich – weil es um einen Ersatz geht – vergegenwärtigt. Der Fetisch gilt mit Frauke Berndt gesprochen als ein „diachron wie synchron breit erforschtes Thema in den Material Culture Studies, der Ästhetik und Literaturwissenschaft." (Berndt 2017, S. 623) Dabei rücke

> die sexuelle Bedeutung des Fetischs in den Hintergrund, die kulturelle in den Vordergrund. Der Fetisch ist in diesem Sinn ein besonders leistungsstarkes Symbol. Vom mittelalterlichen Gral bis zur Currywurst in Timms gleichnamiger Novelle kann eigentlich jedes Objekt zum kulturellen Fetisch werden. (Berndt 2017, S. 623)

Zum Repertoire beliebter Motive an der Schnittstelle von Psychoanalyse und Gender Studies gehört darüber hinaus die schöne Leiche, deren Repräsentationen und Funktionen Elisabeth Bronfen in ihrer wirkmächtigen Studie *Nur über ihre Leiche. Tod, Weiblichkeit und Ästhetik* (1994) untersucht hat. Dieses Motiv findet sich in einer Vielzahl literarischer Werke, in bürgerlichen Trauerspielen (Lessings *Miss Sara Sampson*, 1755, und *Emilia Galotti*, 1772) ebenso wie in der Literatur des 20. Jahrhunderts, in Hollywood-Blockbustern und in TV-Produktionen. In Max Frischs Roman *Stiller* (1954), um nur ein Beispiel zu nennen, nimmt der Protagonist seine ehemalige Frau Julika von Beginn an als schöne Leiche wahr, wie in einer Relektüre unmissverständlich wird. Die Stimmigkeit von Stillers erstem Portrait erweist sich ausgerechnet im Angesicht der toten Frau. Rolf, ein Freund, sieht die verstorbene Julika vor sich und zitiert aus Stillers früheren Papieren:

> „Ihre Haare sind rot, der gegenwärtigen Mode entsprechend sogar sehr rot, jedoch nicht wie Hagebutten-Konfitüre, eher wie trockenes Mennig-Pulver. Sehr eigenartig. Und dazu ein sehr feiner Teint; Alabaster mit Sommersprossen. Ebenfalls sehr eigenartig, aber schön. Und die Augen? Ich würde sagen: glänzend, sozusagen wässerig, bläulichgrün wie die Ränder von farblosem Fensterglas. Leider hat sie die Augenbrauen zu einem dünnen Strich zusammenrasiert, was ihrem Gesicht eine graziöse Härte gibt, aber auch etwas Maskenartiges, eine fixierte Mimik von Erstauntheit. [...] Ich betrachtete sie wie einen Gegenstand; ein Weib, ein fremdes, irgendein Weib" [...]. Genauso lag sie auf dem Totenbett, und ich hatte plötzlich das ungeheure Gefühl, Stiller hätte sie von allem Anfang an nur als Tote gesehen, zum erstenmal

auch das tiefe, unbedingte, von keinem menschlichen Wort zu tilgende Bewußtsein seiner Versündigung. (Frisch 2003, S. 437)

Julika ist in Stillers Augen immer schon eine schöne Tote gewesen, auch als sie noch lebte (vgl. Schößler 2004a, S. 72–73).

Über das beliebte Motiv der schönen Leiche wird der Tod als Bedrohung männlicher Identität und als Ausgegrenztes der symbolischen Ordnung auf die Frau verschoben. Elisabeth Bronfen hält fest:

[Das] weibliche *Andere* als ‚Schoß-Grab-Heimat' ist auf ambivalente Weise ein Ort des Todes. Es ist jener Ort, aus dem Leben als Antithese zum Tod hervorgeht, wie es auch jener Ort ist, der die tödliche Einschrift des Körpers bei der Geburt erzeugt: das Mal des Nabels. (Bronfen 1994, S. 95)

Entsprechend „fungieren Mutter und Geliebte als Allegorie für die Sterblichkeit des Mannes, als feststehendes Bild menschlichen Schicksals" (Bronfen 1994, S. 101). Weil der patriarchalen Kultur

der weibliche Körper als Inbegriff des Andersseins, als Synonym für Störung und Spaltung gilt, benutzt sie die Kunst, um den Tod der schönen Frau zu *träumen*. Sie kann damit, *(nur) über ihre Leiche*, das Wissen um den Tod verdrängen und zugleich artikulieren, sie kann ‚Ordnung schaffen' und sich dennoch ganz der Faszination des Beunruhigenden hingeben. (Bronfen 1994, S. 10)

Der Feminismus und die Gender Studies entfalten also durch die Auseinandersetzung mit Sigmund Freud (insbesondere seit den 1970er Jahren) komplexe Modelle und Positionen. Der Monismus des Psychoanalytikers (es gibt im Grunde nur ein Geschlecht, das männliche) sowie seine Konstruktion eines weiblichen Mangelwesens, das von kulturellen Prozessen ausgeschlossen ist, werden nachhaltig kritisiert und als mythisierende Verdrängung gelesen: Die Angst vor der Frau sowie die Sehnsucht nach der Mutter übersetzt Freud in die binären Bilder der kastrierten / kastrierenden Frau und konstruiert auf diese Weise einen neuen Mythos. Die Autorinnen gehen in ihren Analysen meist von demjenigen Phänomen aus, das bereits Virginia Woolf und Simone de Beauvoir beschrieben haben, nämlich dass Weiblichkeit auf kultureller Ebene überrepräsentiert ist – auch deshalb erweisen sich die Ansätze der feministischen Psychoanalyse als ergiebig für die Lektüre von Literatur –, während sie realgeschichtlich scheinbar eine geringere Rolle gespielt haben. Auf diese Disproportion verweist auch die im nächsten Kapitel behandelte Frauenbildforschung, die die ästhetischen Strukturen literarischer Texte sowie die poetologischen Programme schreibender Frauen in den Blick rückt.

Fragen und Anregungen

- Welche Mythen des Weiblichen entwirft Sigmund Freuds Psychoanalyse?
- Warum kann Freuds Methode herangezogen werden, um die ‚blinden Flecken‘ seiner eigenen Theorie (zum Beispiel Mythisierung des Weiblichen) freizulegen?
- Diskutieren Sie die These, dass Frauen zwar im kulturellen Repräsentationssystem (zum Beispiel in Literatur und der darstellenden Kunst) eine zentrale Rolle spielen, im sozialpolitischen Leben jedoch weitgehend unsichtbar bleiben.
- Beschreiben Sie die Projektionsstruktur des Motivs der schönen Leiche und überlegen Sie, in welchen Texten, Filmen und Bildern es auftaucht.

Lektüreempfehlungen

Frauke Berndt / Eckhardt Goebel (Hg.): Handbuch Literatur & Psychoanalyse. Unter Mitarbeit von Johannes Hees und Max Roehl, Berlin 2017. *Informativer Überblick zum Themenkomplex Literatur und Psychoanalyse mit Berücksichtigung geschlechtertheoretischer Aspekte.*

Elisabeth Bronfen: Nur über ihre Leiche: Tod, Weiblichkeit und Ästhetik, München 1994. *Untersucht wird das Motiv der schönen Leiche unter anderem in bildkünstlerischen Darstellungen des 19. Jahrhunderts.*

Kate Millett: Sexus und Herrschaft. Die Tyrannei des Mannes in unserer Gesellschaft, München 1971. *Verdeutlicht die geschlechtliche Normativität von Literatur und unterstreicht die frauenfeindlichen Aspekte von Freuds Modell.*

Christa Rohde-Dachser: Expedition in den dunklen Kontinent. Weiblichkeit im Diskurs der Psychoanalyse, Berlin / Heidelberg 1991. *Beschreibt die Struktur ästhetischer Projektionen, indem sie Weiblichkeit als ‚Container‘ begreift.*

Regine U. Schricker: Ohnmachtsrausch und Liebeswahn. Weiblicher Masochismus in Literatur und Film des 20. und 21. Jahrhunderts, Würzburg 2011. *Die Studie untersucht das Phänomen des weiblichen Masochismus in Literatur und Film seit Mitte des 20. Jahrhunderts.*

5 Frauenbildforschung

Abbildung 4: Salvador Dalí: *Meine nackte Frau beim Betrachten ihres eigenen Körpers, der sich in Treppen, drei Wirbel einer Säule, Himmel und Architektur verwandelt* (1945).

Dalís Gemälde „Meine nackte Frau beim Betrachten ihres eigenen Körpers, der sich in Treppen, drei Wirbel einer Säule, Himmel und Architektur verwandelt" führt einen Transformationsprozess vor Augen, den der Blick der Betrachtenden selbst auszulösen scheint: Der weibliche Akt im Vordergrund verwandelt sich in eine völlig transparente Architektur, die dem Blick keinerlei Widerstand mehr entgegensetzt. Der zunächst opake, nur zum Teil sichtbare Frauenkörper, der der Leserichtung

https://doi.org/10.1515/9783110656541-005

gemäß zuerst auffällt, wird in ein filigranes Bild aufgelöst, das den Körper zu ver-
flüchtigen scheint, damit allerdings auch den Gegenstand des (begehrenden) Bli-
ckes auslöscht. Diese Fixierung des lebendigen Körpers im ästhetischen Artefakt,
wie sie Dalís Bild auf immanenter Ebene vorführt, kann als Gewaltakt beschrieben
werden – es ist das Skelett eines Insekts, das Dalí zu diesem Bild inspiriert hat.

Auch literarische Texte fixieren weibliche Figuren mit Vorliebe in statischen Bildern und entziehen sie so jeglicher Entwicklung bzw. dem historischen Wandel.
Weiblichkeit erscheint vielfach als zeitloses Bild, als Portrait, als Statue etc., als
ahistorische Form, die ein recht begrenztes Repertoire an Stereotypen variiert
(Hure, Heilige, Mutter, Engel etc.). Schreibende Frauen müssen sich mit diesen
topischen Weiblichkeitsrepräsentationen auseinandersetzen, diese aufgreifen
und durchstreichen, durchkreuzen, um zu einer eigenen Sprache zu finden.
Wissenschaftler:innen haben deshalb Poetiken der Doppelung und des ‚schielenden Blicks‘ entworfen, um den Ort weiblichen Schreibens in einer männlichen
Tradition zu charakterisieren.

Das folgende Kapitel stellt die Frauenbildforschung vor (auch Images of
Women Criticism), die in den 1960er und 1970er Jahren in den USA enstand und
von den Arbeiten Mary Ellmanns *Thinking about Women* (1968) und Kate Milletts
Sexual Politics (1970) maßgeblich beeinflusst wurde. In Deutschland wird die
Frauenbildforschung von Silvia Bovenschen, Sigrid Weigel, Inge Stephan und
Klaus Theweleit vertreten. Eng verbunden mit dem Interesse an literarischen
Bildern ist die Frage, ob es ein spezifisch weibliches Schreiben bzw. eine weib-
liche Poetik gibt, die der Dominanz männlicher Topoi und Schreibtechniken
entgeht.

5.1 Die Ästhetisierung des Weiblichen

Ende der 1960er Jahre etablieren sich in den USA in Anlehnung an die Black
Studies die Women's Studies als interdisziplinäre Forschungsrichtung. Die Women's Studies treten an, um die im wissenschaftlichen Leben vielfach unsichtbaren Erfahrungen von Frauen zu artikulieren und männliche Dominanzen in den
Wissenschaften freizulegen. Sie sind sich allerdings über ihren Ort in der akademischen Landschaft uneinig: Sollten Frauen eine Nische im akademischen Feld
besetzen und so ihre Ghettoisierung riskieren, oder sich zu integrieren versuchen
um den Preis, dass der mühsam erarbeitete weibliche Artikulationsraum wieder
verspielt würde?

Im Zentrum dieses Ansatzes stehen die Images of Women in unterschiedlichen, meist männlichen kulturellen Ausdrucksformen, die in der Regel nicht als

Produkte einer männlichen Perspektive markiert werden – so die Kritik. Einschlägig ist in diesem Zusammenhang die Anthologie *Images of Women in Fiction. Feminist Perspectives* (1973) von Susan Koppelman Cornillon, die auch die Defizite des Ansatzes kenntlich werden lässt; Jutta Osinski moniert, dass der ästhetische Mehrwert literarischer Texte eher ignoriert werde (vgl. Osinski 1998, S. 44). Kate Milletts Studie *Sexus und Herrschaft* (→ **Kapitel 4.1**) lässt die Stoßrichtung dieser Bildkritik kenntlich werden, wenn sie mit Osinski gesprochen darauf besteht, dass „Literatur nicht neutral, sondern geschlechtsgebunden geschrieben und gelesen wird und im kulturellen Kontext eines Herrschaftsverhältnisses zwischen den Geschlechtern Geschlechterbeziehungen widerspiegelt" (Osinski 1998, S. 46). Ziel der Frauenbildforschung ist demnach die geschlechtliche Markierung von literarischen Fantasien.

Die feministische Literaturkritik (auch Feminist Literary Criticism), wie ihn federführend Elaine Showalter vertritt, untersucht darüber hinaus seit Mitte der 1970er Jahre die Literatur von Frauen, um alternative Artikulationsformen freizulegen. Die Studie *The Madwoman in the Attic. The Woman Writer and the Nineteenth-Century Literary Imagination* (1979) von Sandra M. Gilbert und Susan Gubar beispielsweise spürt weiblichen Poetiken sowie der problematischen Schreibsituation von Autorinnen jenseits einer eigenen Tradition und Geschichte nach. Gilbert und Gubar gehen davon aus, dass sich in Texten von Frauen generell zwei Strategien überlagern: die Affirmation männlicher Erzählstrategien und deren Subversion, die meist unterhalb der manifesten Textoberfläche, also in verborgener, verstellter Weise stattfindet. Zudem verdanke sich, so führen die Autorinnen aus, die männliche Kunstproduktion auf fundamentale Weise der Eliminierung der Frau, wie zum Beispiel in Edgar Allan Poes einschlägiger Erzählung *The Oval Portrait* (1845; *Das ovale Portrait*) anschaulich wird: Parallel zur Fertigstellung eines Portraits erkrankt die abgebildete Frau und stirbt. Die Transformation in überzeitliche Kunst – auf Dalís Bild in Architektur – bringt den Tod der Frau mit sich (vgl. Schuller 1979). Diejenigen literarischen Texte, die eine (meist junge und schöne) Tote auf dem Schlachtfeld ihrer Narrationen zurücklassen, artikulieren auf symbolische Weise, dass für die Genese männlicher Kunst der Ausschluss des Weiblichen konstitutiv ist. Die Geste der Exklusion (des Weiblichen) generiert mithin eigene Motive wie das der schönen Leiche (→ **Kapitel 4.4**).

Die deutschsprachige Forschung wie Silvia Bovenschens wichtige Studie *Die imaginierte Weiblichkeit* (1979) greift die amerikanische Diskussion über Frauenbilder und weibliches Schreiben auf. Bovenschen (→ **Kapitel 2.1**) geht – ähnlich wie Virginia Woolf (→ **Kapitel 3.4**) – von der grundsätzlichen Geschichtslosigkeit sowie der gesellschaftlichen Unsichtbarkeit von Frauen aus, der zahlreiche weibliche Kunstfiguren gegenüberstehen. „Die Geschichte der Bilder, der Entwürfe, der metaphorischen Ausstattung des Weiblichen ist ebenso materialreich, wie die Geschichte der realen Frauen arm an überlieferten Fakten ist"; Bovenschen zufolge lässt sich „auf der Suche nach dem geschichtlichen Einfluß der Frauen [...] an den historischen Dokumenten vor allem die Geschichte eines Verschweigens, einer Aussparung, einer Absenz studieren." (Bovenschen 1979, S. 10–11) Die (männliche) Arbeit an den (Frauen-)Bildern verstärkt diese Geschichtslosigkeit, denn Bilder

> heben sich aus dem Fluß der Zeit; sie stehen aufdringlich zur Verfügung; sie sind das Material, aus dem sich die Vorstellungen und der Begriff vom Weiblichen in den verschiedenen Situationen blitzschnell zusammensetzen; aber ihre Zusammensetzung und Reihung ergeben keineswegs die weibliche Geschichte, sondern bezeichnen allein den Präsenzmodus des Weiblichen in der Geschichte. (Bovenschen 1979, S. 56)

Die Frau als Bild bzw. die Form ihrer ästhetischen Präsenz hat keine Geschichte; das Bild intensiviert ihre Geschichtslosigkeit. Nach Bovenschen sind mit der einseitigen und dauerhaften Objektifizierung des Weiblichen imaginierte Weiblichkeitsvorstellungen entstanden. Durch die ästhetische Produktion männlicher Künstler, die sich mit dem Weiblichen beschäftigten, haben sich binäre Antagonismen entwickelt, die als männliche Fantasie auf Weiblichkeit projiziert werden (vgl. Bovenschen 1979, S. 11–12). Im bürgerlichen Trauerspiel des 18. Jahrhunderts etwa dominiert die tugendhafte Unschuld, die mit der verführerischen sexualisierten und bedrohlichen Femme fatale oder einer älteren Frau wie der Mutter konkurriert; man denke an Lessings *Miss Sara Sampson* (1755) und *Emilia Galotti* (1772), Wagners *Die Reue nach der That* (1775) und *Die Kindermörderin* (1776) oder Schillers *Kabale und Liebe* (1784). Dass es sich bei diesen Bildern um Zuschreibungen handelt, wird durch die binären Strukturen signalisiert. Dieses Modell – der verführerischen, bedrohlichen Frau, der Femme fatale, steht die unschuldige, ohnmächtige Frau, die Femme fragile, gegenüber – durchzieht auch die Freud'sche Psychoanalyse (→ **Kapitel 3.3**). Die Binarität dieser Bilder ist der Effekt eines Abspaltungsprozesses, der das bedrohliche von einem ungefährlichen Weiblichen abtrennt. In Heinrich von Kleists romantischem Ritterdrama *Das Käthchen von Heilbronn* (1810) steht etwa die Inkarnation der weiblichen Hingabe, Käthchen, der teuflischen Automatenfrau Kunigunde gegenüber, wodurch eine unterschiedlich konnotierte, binäre Konstellation von Weiblichkeit entsteht. In literarischen Texten seit 1800 lässt sich die Wiederholung dieser flexiblen Stereotypen ausmachen, die leicht variiert in unterschiedlichen Genres aufzufinden sind. Diese Wiederholungen des Immer-Gleichen bringen es mit sich, dass keine kontinuierliche (Entwicklungs-)Geschichte von (literarischen) Frauenbildern zu erzählen ist; vielmehr können Brüche und Verschiebungen der Topoi nachvollzogen werden. Eine Literatur*geschichte* weiblicher Repräsentationen, die Entwicklung und Fortschritt impliziert, kann demnach nicht geschrieben werden.

Wird Weiblichkeit häufig in Bildern fixiert, so gibt diese Form der Ästhetisierung auch Auskunft über die Regeln des Textes, besitzt mithin eine poetologische Funktion. Weiblichkeit (als Bild) kann zum paradigmatischen Ausdruck für Kunst und den Text selbst werden sowie die Genese bzw. Funktion von Fiktionalität reflektieren. Diejenigen Ansätze, die sich mit Weiblichkeitsmustern beschäftigen, setzen sich „immer schon mit ästhetischen Theorien über das Fiktive und Imaginäre [auseinander], über die Funktion und Macht von Diskursen sowie über die Differenz zwischen Ästhetik und Lebenswelt" (Erhart / Herrmann 1996, S. 502).

Zuweilen thematisieren literarische Texte diese Bildproduktion selbst und überdenken deren Funktion. Friedrich Schlegels Roman *Lucinde* (1799) beispielsweise legt die narzisstische Struktur dieses Vorgangs frei. Der Protagonist spiegelt sich in der Frau und erscheint sich auf diese Weise selbst als schönes Bild: „In diesem Spiegel [in dir] scheue ich mich nicht, mich selbst zu bewundern und zu lieben" (Schlegel 1919, S. 11). Das statische Frauenbild fungiert als Spiegel des Mannes, der sich in dieser Reflexion wie im literarischen Schaffensprozess überhaupt als perfektes Selbst imaginiert. Auch Theodor Fontanes Roman *Cécile* (1887) demonstriert knapp hundert Jahre später die projektive Herstellung von (Frauen-)Bildern. Der Text handelt von dem Wunsch (der Männer), das Geheimnis ‚Cécile' zu durchdringen und die eigenen ‚Mutmaßungen' über die schöne Fürstengeliebte bestätigt zu sehen. Doch diese Sehnsucht generiert „Bilder und immer wieder Bilder" (Stephan 1983, S. 15), deren Realitätsferne tödliche Folgen hat. Literarische Frauenbilder als Fiktionen können also, zumal wenn sie in ihrer Genese vorgeführt werden (zum Beispiel in Erzählungen über Maler und ihre Modelle), mit der Poetik des Textes eng verknüpft sein.

Silvia Bovenschen besteht zwar auf dem imaginären Status der Weiblichkeitsbilder, betont jedoch, dass diese hartnäckigen kulturellen Fantasien (fatale) Konsequenzen für die realgeschichtliche Situation von Frauen hätten. Die Autorin beschäftigte sich zuvor intensiv mit der Hexenverfolgung, einem virulenten Thema in den 1970er Jahren, weil es die Gewalt gegen Frauen in besonderer Weise fassbar werden lässt. In *Die imaginierte Weiblichkeit* führt Bovenschen aus, dass Frauenbilder

> die einzigen geschichtlichen Manifestationen des Weiblichen [sind], und – hierin besteht die Verbindung zur realen Existenz der Frauen – sie wirken gewaltsam zurück auf deren Schicksal: so entstand die ‚Hexe' zuerst in der männlichen Vorstellung in einer bestimmten historischen Situation, die wirklichen Frauen jedoch wurden als Hexen verbrannt. Dem Diktat der Bilder folgend, versuchen sich die Frauen in ihrem Alltag den männlichen Wunschvorstellungen anzunähern, ohne mit diesen [...] zu spielen. (Bovenschen 1979, S. 57)

Kollektive Imaginationen haben also reale Folgen und bestimmen soziale Praktiken im Umgang mit Frauen ebenso wie deren Selbstdefinitionen.

Bovenschen stellt darüber hinaus die Frage nach den Möglichkeiten weiblichen Schreibens und eröffnet damit ein bis heute attraktives Forschungsfeld (vgl. Gnüg / Möhrmann 1985; Stephan / Venske / Weigel 1987; Brinker-Gabler 1988; Lehmstedt 2001). Nach Bovenschen bevorzugen empfindsame Autorinnen im 18. Jahrhundert die Genres Briefroman, Brief und Autobiografie, die in diesem Jahrhundert der Individualisierung besonders beliebt sind und dem privaten Bereich zugeordnet werden bzw. diesen in das literarische System integrieren. Weil in der Phase der Verbürgerlichung Weiblichkeit auf den privaten Raum festgeschrieben und als Natur definiert wird, ergibt sich eine Affinität schreibender Frauen zu denjenigen Gattungen, die Sujets des Privatlebens bevorzugen und als unverstellter, natürlicher Ausdruck gelten (vgl. Bovenschen 1979, S. 202).

Den Brief konzipieren bürgerliche Intellektuelle des 18. Jahrhunderts als ‚natürliche' Ausdrucksform, die sie gegen den prätentiösen Stil des Adels setzten. Der Brief und mit ihm eine intensive Epistolarkultur ermöglichen es – neben der Literatur und (Auto-)Biografie –, die eigenen Gedanken, Gefühle und Werte nicht nur selbstreflexiv einem anderen Ich mitzuteilen, sondern auch festzuhalten und zu ordnen – ein nicht zu unterschätzender Grund, weshalb freundschaftlicher Austausch und brieflicher Kontakt Mitte des 18. Jahrhunderts überaus populär werden (vgl. Kagel 2003, S. 327). Johann Christoph Gottsched betont in seinem damals bekannten Briefsteller *Praktische Abhandlung von dem guten Geschmacke in Briefen* (1751), der Regeln für gut formulierte und passende Briefe aufzustellen versucht, dass ein Brief das mündliche Gespräch vertrete und in der natürlichen Sprache des Herzens verfasst sein müsse (die ebenfalls rhetorischen Regeln folgt). Scheinen insbesondere Frauen über Natürlichkeit und Herz jenseits zivilisatorischer Zurichtungen zu verfügen – so behauptet es zumindest der bürgerliche Geschlechterdiskurs –, so eignen sie sich als Verfasserinnen gefühliger Briefe.

Ein bevorzugter Gegenstand des Briefes ist, so führt Bovenschen aus, der häusliche Erfahrungsraum, der bürgerlichen Frauen nolens volens vertraut ist. Allerdings achten (männliche) Intellektuelle, die die Definitionsmacht über ästhetische Produktionen für sich beanspruchen, darauf, dass weibliches Schreiben ein marginaler Zeitvertreib bleibt und die Hausarbeit nicht beeinträchtigt. Christian Fürchtegott Gellert zum Beispiel, ein populärer Autor der Empfindsamkeit, erklärt:

> Gelehrte Frauenzimmer braucht die Welt, denke ich, nicht sehr; aber ein Frauenzimmer, das gleich ihnen, das Herz und den Geschmack bildet, ist ihrem Hause, ihren Freunden, einem künftigen Manne, Vergnügen, Glück und Ruhe. Sie wird schreiben, ohne andere Pflichten zu vergessen, und dadurch, daß sie gut zu denken weis, wird sie ihren übrigen Verrichtungen,

auch den geringeren, noch einen gewissen Reiz, und ihren Tugenden eine größre Anmuth geben. (Gellert 1756, in: Bovenschen 1979, S. 209)

Der Brief gilt darüber hinaus als „Entree-Billett" zur Literatur (Bovenschen 1979, S. 212), denn er ist auf der Schwelle zwischen Gebrauchsliteratur und hochkulturellen ästhetischen Ausdrucksformen situiert. Eine Vielzahl von Frauen um 1800 bedient sich dieses Mediums: Luise Adelgunde Victorie Gottsched, Meta Klopstock, Elise Reimarus, Caroline Flachsland, Charlotte von Stein, Caroline von Humboldt, Caroline Schlegel-Schelling, Rahel Varnhagen, Henriette Herz und Bettina von Arnim, um nur einige zu nennen. Der Brief steht mit einer zentralen Gattung des ausgehenden 18. Jahrhunderts in enger Verbindung: mit dem Roman, der als Bildungsroman (der bekannteste ist Johann Wolfgang Goethes *Wilhelm Meisters Lehrjahre*, 1795/96) von der Entwicklung eines jungen Mannes erzählt, aber auch als monologischer Briefroman (wie Goethes *Werther*, 1774) oder dialogischer Briefroman (wie Sophie von La Roches *Geschichte des Fräuleins von Sternheim*, 1771) beliebt ist. Autorinnen kam darüber hinaus entgegen, dass dieses Genre im 18. Jahrhundert als recht minderwertig gilt, weil es keinem strengen formalen Regelkanon folgt.

Bovenschen vertritt in ihrer einflussreichen Studie *Die imaginierte Weiblichkeit* also die These, dass die Fixierung bürgerlicher Frauen um 1800 auf den Diskurs der Intimität Autorinnen auf privat codierte Gattungen wie Brief und Roman festlege. Das Drama, das nach Georg Wilhelm Friedrich Hegel einen Überblick über die historische Situation verlangt, und das Theater als öffentliche Institution bleibe Frauen hingegen weitgehend unzugänglich (vgl. Bovenschen 1979, S. 216–217). Dieser Zusammenhang von weiblicher Autorschaft und Privatheit besitzt selbst im 20. Jahrhundert noch Geltung, wie sich unter anderem an einer Tendenz zur Biografisierung weiblicher Texte in der Literaturwissenschaft zeigt. Literatur von Autorinnen wird häufig als authentischer Ausdruck der persönlichen Lebenssituation gelesen, nicht jedoch als ästhetisches Werk, wie sich an der Forschung zu Marieluise Fleißer, einer Dramatikerin der Neuen Sachlichkeit, also der ersten Hälfte des 20. Jahrhunderts, zeigen ließe. Die Dramen thematisierten, so die geläufige Meinung, ihre Situation im beengten Ingolstadt sowie das problematische Verhältnis zu Bertolt Brecht. Bei Schriftstellerinnen wird nicht immer zwischen Erzähler:in, Autorin und Person unterschieden, obgleich diese Differenzierung zum methodischen Rüstzeug der Literaturwissenschaft gehört.

5.2 Die Poetik des schielenden Blicks

Inge Stephan und Sigrid Weigel, zwei Pionierinnen der deutschsprachigen Frauenbildforschung, definieren in ihrem einschlägigen Sammelband *Die verborgene Frau. Sechs Beiträge zu einer feministischen Literaturwissenschaft* (1983) das Frauenbild als Gemisch aus realen Lebenszusammenhängen und mythischen Strukturen. Beide Autorinnen spüren einer genuin weiblichen Ästhetik nach, während Bovenschen betont, dass die Unterstellung eines authentischen weiblichen Ausdrucks grundsätzlich problematisch sei. Weigel entwirft das Konzept eines ‚schielenden Blicks', das den Widersprüchen zwischen weiblicher Existenz und topischen Frauenbildern Rechnung trägt und einer Tendenz der 1970er Jahre entspricht, Weiblichkeit als gebrochen und doppelt, als Nicht-Identität zwischen heterogenen Zuschreibungen und Praktiken zu begreifen.

Die problematische Situation von schreibenden Frauen lässt sich nach Weigel insbesondere am Beispiel der literarischen Romantik rekonstruieren, obgleich zu dieser Avantgarde zu Beginn des 19. Jahrhunderts sowohl berühmte Schriftstellerinnen als auch spektakuläre Biografien gehören. In den Salons und Debattierzirkeln vermögen sich auch Frauen zu profilieren; prominentes Beispiel ist die Jüdin Rahel Varnhagen, die Hannah Arendt und Marianne Schuller eindringlich als einer doppelten Minderheit (Frau und Jüdin) zugehörig beschreiben (vgl. Arendt 1959; Schuller 1994).

Ein genauer Blick lässt die prekäre Lage auch anderer romantischer Autorinnen in den Blick treten. Sophie Mereau, die als eine der ersten Berufsschriftstellerinnen gilt, weil sie von ihren Einnahmen lebt, veröffentlicht ihren ersten Roman *Blütenalter der Empfindung* (1794) anonym und wählt als ‚Maskerade' ihrer Autorschaft einen männlichen Protagonisten (vgl. Weigel 1983b, S. 93). Einige von Mereaus lyrischen Texten sind bis heute nicht veröffentlicht und liegen ungelesen in Archiven. Karoline von Günderrode, die sich in frühen Jahren das Leben nimmt, hadert mit ihrer Geschlechtsidentität und wird von den Queer Studies neu entdeckt (vgl. Runte 2006, S. 169–170) – Christa Wolf hat der romantischen Autorin in dem Roman *Kein Ort. Nirgends* (1979) ein Denkmal gesetzt. In einem Brief Karoline von Günderrodes heißt es:

> Warum ward ich kein Mann! Ich habe keinen Sinn für weibliche Tugenden, für Weiberglückseligkeit. Nur das Wilde, Große, Glänzende gefällt mir. Es ist ein unseliges, aber unverbesserliches Mißverhältnis in meiner Seele; und es wird und muß so bleiben, denn ich bin ein Weib und habe Begierden wie ein Mann, ohne Männerkraft. Darum bin ich so wechselnd und so uneins mit mir. (Günderrode 1801, in: Weigel 1983b, S. 97)

Caroline Schlegel-Schelling zieht sich aus Furcht vor der Öffentlichkeit in die Welt der Briefe zurück; sie schreibt: „Ein Stück meines Lebens gäb ich jetzt darum, wenn ich nicht auf immer, wenigstens in Deutschland, aus der weiblichen Sphäre der Unbekanntheit gerissen wäre." (Schlegel-Schelling 1803, in: Weigel 1983b, S. 89) Weiblichkeit und Öffentlichkeit scheinen sich für sie auszuschließen. Zudem hinterlässt die problematische Schreibsituation Spuren in der Literatur von Frauen.

Dass sich Frauen in der Romantik gleichwohl verstärkt literarisch zu artikulieren vermögen, führt Sigrid Weigel auf die zeitgenössische Poetik zurück, die sich durch Brüche, unendliche Reflexionsprozesse, Offenheit und Heterogenität auszeichne und damit einem weiblichen Schreiben entgegenkomme.

> Die Aufhebung des Nachahmungsprinzips, das Postulat des Fragmentarischen, die Auflösung des geschlossenen Werkes – überhaupt die Brüche in der Übereinstimmung von Wirklichkeits- und Erzählstruktur – öffnen den Frauen Türen, durch die sie in die Poesie eintreten können. Denn der *Rhythmus weiblicher Erfahrung* ist aus der gesellschaftlich sanktionierten Zeit- und Raumstruktur, aus der anerkannten Hierarchie von Themen und Empfindungen weitgehend ausgeschlossen. (Weigel 1983b, S. 92)

Propagiert die romantische Ästhetik offene Strukturen – die progressive Universalpoesie verlangt unabschließbare Reflexion und eine permanente Bewegung zwischen Idealität und Realität –, so scheint diese Offenheit einem gebrochenen weiblichen Schreiben entgegenzukommen, das über keine eigene Tradition verfügt, sondern mit Versatzstücken der etablierten (männlichen) Literatur experimentiert. Der Erfolg romantischer Autorinnen könnte jedoch auch darauf zurückgeführt werden, dass sich diese Epoche dezidiert als Avantgarde und Elite versteht, die mit herrschenden ästhetischen wie kulturellen Regeln bricht. In jüngster Zeit lässt sich ein aufkeimendes Forschungsinteresse an den Autorinnen der Romantik beobachten, wie die Workshop-Serie *Kalathiskos. Autorinnen der Romantik* (seit 2021) an der Universität Frankfurt nahelegt.

5.3 Frauenbilder und Faschismuskritik

Der psychoanalytisch arbeitende Literaturwissenschaftler Klaus Theweleit kann der Frauenbildforschung ebenfalls zugeordnet werden. In seiner Aufsehen erregenden, reich bebilderten Dissertation *Männerphantasien* (1977/78; Neuauflage 2019) untersucht er Weiblichkeitsimagines in autobiografischen Texten von Soldaten seit dem Ersten Weltkrieg. Er diagnostiziert massive Abwehrstrategien des Weiblichen, allem voran des Erotischen: „Die erotische Frau ist ein Kriegsschauplatz" (Theweleit 1977, S. 58). Die Schreibenden enterotisieren ihre eigenen Frauen zum Engel, zur Statue oder schönen Leiche, während sie die feindliche Frau zur sexualisierten, kastrierenden Kämpferin stilisieren. Dem weißen Engel bzw. der Krankenschwester, die das Erotische zur asexuellen Sorge transformiert und einer idealisierten Mutter gleicht, steht die rote Kämpferin, das Flintenweib, gegenüber, das über sexuelle Potenz und Aggression verfügt, zudem Hure und Proletarierin ist – Theweleit untersucht vornehmlich die Fantasien bürgerlicher Männer.

Die Binarität der weiblichen Imagines wehrt Auflösungs- und Zerstückelungsängste ab, von denen die Texte der Soldaten gleichfalls erzählen; sie artikulieren in obsessiver Manier die Furcht vor der Flut und dem Wasser – ein Motiv, das eng mit dem Weiblichen assoziiert ist und in der Nixe als Inkarnation des verschlingenden fluiden Elements seinen Ausdruck findet (vgl. Theweleit 1977, S. 236–237).

Die Angst, die eigenen Ich-Konturen zu verlieren, beschreibt Theweleit in Anlehnung an die Psychoanalytiker Sigmund Freud und Wilhelm Reich, der sich mit Abwehrstrategien des Menschen (wie Körperpanzerungen) beschäftigt. Die Angst vor der Ich-Auflösung lässt sich nach Theweleit nicht auf ein ödipales Schema zurückführen, sondern reicht in die Sphäre des Präödipalen, das heißt der dyadischen Einheit mit der Mutter hinein (→ **Kapitel 3.3**).

> Die Erscheinungen, die hier anstelle der ödipalen auftreten, die Angst vor Lust nach Verschmelzung, Zerstückelungsvorstellungen, Auflösung der Grenzen des Ich, verschwimmende Objektbeziehungen stammen nach den Erkenntnissen der neueren Psychoanalyse nicht aus dem ödipalen Dreieck, sondern aus einer Zweierbeziehung (Theweleit 1977, S. 211),

und zwar aus der Mutter-Kind-Beziehung.

Theweleit knüpft in diesem Zusammenhang an den Philosophen Gilles Deleuze und den Psychoanalytiker Félix Guattari an, die in ihren gemeinsamen Schriften Freuds Ödipus-Konstruktion als bildungsbürgerliche Verdrängungsstrategie kritisieren und die kindliche Fantasiearbeit mit Partialobjekten jenseits klarer Identitäten beschreiben. Die Fixierung auf Partialobjekte, die das Ich zerstückeln, dominiert auch die Soldatenbriefe und wird mit martialischen Abwehrstrategien beantwortet: mit der Panzerung des eigenen Körpers und seiner symmetrischen Ausrichtung im Heer.

Die Studie von Theweleit ist deshalb so provokant, weil er die Frauenbilder faschistischer Männer sowie ihre Gewalt- und Zerstückelungsfantasien als Kulminationspunkt eines (kapitalistisch geprägten) Patriarchats begreift. In einer nicht-faschistischen Gesellschaft, die an der Herrschaft des Mannes ausgerichtet ist, ließen sich nach Theweleit analoge Abwehrstrukturen auffinden, denn auch ‚normale‘ Männer in einer kapitalistischen Gesellschaft arbeiteten an der phantasmatischen Zurichtung des Weiblichen. Der Faschismus kann mithin „als ständig präsente oder mögliche Form der Produktion des Realen unter bestimmten Bedingungen auch *unsere Produktion sein*" (Theweleit 1977, S. 226). Seine Argumentation verbindet die eher individualistisch-ahistorische Psychoanalyse mit dem Kapitalismus, den Intellektuelle in den 1970er Jahren mit Nachdruck kritisieren.

Zusammenfassend lässt sich festhalten, dass sich die Frauenbildforschung mit binären Strukturen von Weiblichkeitsrepräsentationen in Kunst, Literatur und Alltagskultur beschäftigt, wobei die klaren Oppositionen (Hure / Heilige) den grundsätzlich imaginären Status der Bilder signalisieren. Diese Binarität (Krankenschwester, Mutter, Engel versus Flintenweib und Nixe) prägt auch die Soldatenbriefe, die Klaus Theweleit untersucht. Der Ansatz setzt sich darüber hinaus mit weiblicher Autorschaft auseinander: Autorinnen seien, so die Position von Silvia Bovenschen, in einem traditionsreichen Kosmos fremder Bilder (ihrer selbst) eingeschlossen, die sie notgedrungen aufrufen und durchkreuzen müssten (auch im Sinne von ‚durchqueren' und ‚durchstreichen') – Sigrid Weigel spricht deshalb von einer Poetik des ‚schielenden Blicks'. Wird die bürgerliche Frau zudem dem Raum der Intimität zugeordnet und als naturhaftes Wesen definiert, so stehen ihr vornehmlich privat codierte Gattungen wie Brief und Briefroman zur Verfügung, die einen scheinbar natürlichen Ausdruck verlangen.

Fragen und Anregungen

- Rekonstruieren Sie, was Sigrid Weigel unter der Poetik des schielenden Blicks versteht und diskutieren Sie, ob es authentische Ausdrucksformen von Frauen bzw. ein spezifisches weibliches Schreiben geben kann.
- Beschreiben Sie den reflexiven Aspekt der Frauenbildforschung, der die Weiblichkeitsbilder zum Ausdruck von ästhetischen Prozessen werden lässt.
- Warum besteht eine besondere Affinität zwischen weiblichem Schreiben und den Gattungen Brief, Roman und Autobiografie?
- Woran zeigen sich die problematischen Produktionsbedingungen von romantischen Autorinnen und warum begünstigt nach Weigel die romantische Poetik das weibliche Schreiben?
- Überlegen Sie, wo die Grenzen der Frauenbildforschung liegen und was dieser Ansatz ausspart.
- Lesen Sie Edgar Allan Poes Erzählung *Das ovale Portrait* (1842) und analysieren Sie das dort entwickelte Verhältnis von Weiblichkeit und Kunst.

Lektüreempfehlungen

Silvia Bovenschen: Die imaginierte Weiblichkeit. Exemplarische Untersuchungen zu kulturgeschichtlichen und literarischen Präsentationsformen des Weiblichen, Frankfurt a. M. 1979. *Grundlegende Studie der Frauenbildforschung, die die Sprach- bzw. Geschichtslosigkeit von Frauen profiliert und den Imagines im 18. Jahrhundert nachgeht.*

Hiltrud Gnüg / Renate Möhrmann (Hg.): Frauen Literatur Geschichte. Schreibende Frauen vom Mittelalter bis zur Gegenwart, Stuttgart 1989. *Der Sammelband entwirft ein historisches Panorama schreibender Frauen bis zum Film im 20. Jahrhundert.*

Max Horkheimer / Theodor W. Adorno: Dialektik der Aufklärung, Amsterdam 1947. *Die Autoren zeigen, dass der Ausschluss von Weiblichkeit konstitutiv für die Hervorbringung von (männlicher) Kultur ist.*

Marianne Schuller: Literarische Szenerien und ihre Schatten. Orte des ‚Weiblichen' in literarischen Produktionen, in: Ringvorlesung „Frau und Wissenschaft", Marburg 1979, S. 79 – 103. *Rekonstruiert den Zusammenhang von ästhetischer Produktion und Tod der Frau.*

Inge Stephan / Sigrid Weigel (Hg.): Die verborgene Frau. Sechs Beiträge zu einer feministischen Literaturwissenschaft, Berlin 1983. *Die einschlägigen Aufsätze entwickeln die Methode der Frauenbildforschung und verdeutlichen sie in Fallstudien.*

Klaus Theweleit: Männerphantasien, 2 Bde., München 1977/78 (Neuauflage 2019). *Beschreibt die binären Frauenbilder in Texten von Soldaten sowie deren Zerstückelungsfantasien.*

6 Die Écriture féminine und der dekonstruktive Feminismus

„Ah, mein Lieber, körperlich genommen, ist die Unbekannte von allen Frauen, die ich gesehen habe, dasjenige Wesen, das das am anbetungswüdigste Weib ist. Sie gehört jener weiblichen Spielart an, welche die Römer f u l v a , f l a v a nannten, Feuerweib [u]nd vor allem: was mir am meisten aufgefallen ist, wovon ich noch jetzt ganz berauscht bin, das waren zwei Augen, gelb wie Tigeraugen, ein goldenes Gelb, das leuchtet, lebendiges Gold, heissfühlendes Gold, Gold, das liebt – und durchaus in Deine Tasche gelangen will!" – „Oh, die kennen wir, mein Lieber! rief Paul. Sie kommt manchmal hierher, es ist das M ä d c h e n   m i t   d e n   G o l d a u g e n . Wir haben ihr diesen Namen gegeben. Es ist ein junges Frauenzimmer von ungefähr zweiundzwanzig Jahren, die ich zuerst gesehen habe, als die Bourbonen hier waren, aber mit einem anderen Weibe, das hunderttausendmal mehr wert ist als sie." – „Schweig, Paul! Es ist keiner Frau, wer sie auch immer sei, möglich, dieses Mädchen zu übertreffen. Dieses Mädchen gleicht einer Katze, die sich streichelnd an Deine Beine schmiegen will, dieses Mädchen ist weiss und hat aschfarbene Haare, sie erscheint zart und muss dennoch auf dem dritten Gliede ihrer Finger wollige Fäden und auf der Fläche ihrer Wangen einen hellen Flaum haben, dessen Linie, an schönen Tagen licht leuchtend, bei den Ohren beginnt und sich auf dem Halse verliert."
Honoré de Balzac: *Das Mädchen mit den Goldaugen* (2003 [1843]), S. 33–34.

In seiner Erzählung „Das Mädchen mit den Goldaugen" (1843) entwirft der französische Autor Honoré de Balzac Weiblichkeit als Fetisch, indem er sie mit dem begehrten Gold gleichsetzt bzw. das Gold zur Physiognomie macht. Die ominösen Goldaugen des Mädchens fungieren in dem Dreiecksverhältnis zwischen zwei Frauen und einem Mann, das die Geschichte entfaltet, als narzisstischer Spiegel: Im Auge der Geliebten erkennt sich der Protagonist Henri als ganze, geschlossene Gestalt – ein Vorgang, der sich in Anlehnung an die Studien des Psychoanalytikers Jacques Lacan beschreiben lässt. Dieser Akt der Spiegelung, der Idenität zu erzeugen scheint, unterläuft jedoch zugleich die Geschlechterordnung und damit die (geschlechtliche) Identität der Figuren: Henri erkennt im Verlauf der Geschichte, dass das Weibliche ein Teil seiner selbst ist, sodass die Grenzziehung zwischen weiblich und männlich infrage gestellt wird.

Den Irritationen der Geschlechterbinarität gehen poststrukturalistische Ansätze wie die französische Écriture féminine und der dekonstruktive Feminismus nach, die die Einheit des Subjekts – der Autorin:des Autors, der Protagonist:innen – und des Textes grundsätzlich infrage stellen. Der Zentralbegriff dieser Positionen ist ‚Differenz', die in der Psychoanalyse Jacques Lacans eine ebenso große Rolle spielt wie in der Dekonstruktion, die mit den Namen Jacques Derrida und Paul de Man verbunden ist. Im Folgenden werden zentrale Argumente Lacans und Derridas skizziert, um im Anschluss daran die Écriture féminine und den dekon-

https://doi.org/10.1515/9783110656541-006

struktiven Feminismus vorzustellen. Der Écriture féminine ist vornehmlich an einem Schreiben gelegen, das im weiblichen Körper seinen allegorischen Ausdruck findet, während der dekonstruktive Feminismus Weiblichkeit als Differenz begreift, die die symbolische Ordnung und ihre Binaritäten (wie Wahrheit / Lüge) zerstört.

6.1 Die Psychoanalyse Jacques Lacans

Jacques Lacan, dessen Seminare seit Mitte der 1960er Jahre in Buchform erscheinen und damit einer breiteren Öffentlichkeit zugänglich werden, ist ein schwer zu lesender Autor, unter anderem deshalb, weil sein Darstellungsverfahren seiner Theorie entspricht. Er verbindet die Psychoanalyse Sigmund Freuds mit der strukturalistischen Zeichentheorie des Sprachwissenschaftlers Ferdinand de Saussure, der für das sprachliche Zeichen die Inhaltsseite (Signifikat, das Bezeichnete) und Ausdrucksseite (Signifikant, das Bezeichnende) unterscheidet. Lacan begreift psychische Prozesse als zeichenhafte, als allegorische, das heißt er löst sie von konkreten körperlichen Merkmalen ab, sodass ein Reich sich verschiebender Zeichen entstehen kann. Der Phallus beispielsweise, der in Lacans Theorie (wie bei Freud) eine zentrale Stellung einnimmt, ist nicht mit dem Penis identisch, sondern ist das Zeichen für Differenz schlechthin, die die Sprache ebenso durchzieht wie die Psyche – Lacan kündigt, den poststrukturalistischen Tendenzen entsprechend, die aufklärerische Idee von einem autonomen Subjekt auf und versetzt das Ich in eine ständige Bewegung der Differenz und des Aufschubs (von Bedeutung).

Ähnlich wie Freud geht Lacan von einer imaginären präödipalen Phase aus (→ **Kapitel 3.3**), in der sich Kind und Mutter als symbiotische Einheit erfahren. Entscheidend für die Selbstwerdung des Ich ist der nächste Entwicklungsschritt, das sogenannte Spiegelstadium, das Lacan in seinem Aufsatz *Le stade du miroir comme formateur de la fonction du Je* (1949; *Das Spiegelstadium als Bildner der Ichfunktion*, 1973) beschreibt. Im Spiegelstadium erfährt sich das ohnmächtige, abhängige Kind als komplettes, autonomes Subjekt in seinem Spiegelbild. Dieses eröffnet einen Erfahrungsraum großer Fülle und – zeichentheoretisch gesprochen – ganzheitlicher Zeichen: Das Bild, das das Kind sieht, scheint seiner Bedeutung genau zu entsprechen, Signifikant und Signifikat fallen zusammen. Allerdings ergibt sich diese Einheit aus einer Fehlwahrnehmung; das Kind ist nicht mit seinem Bild identisch, weshalb diese Phase als imaginäre bezeichnet werden kann: „Das Imaginäre ist für Lacan genau dieses Reich der *Bilder*, mit denen wir uns identifizieren, um gerade dadurch zu Fehlwahrnehmungen und Fehlerkenntnissen von uns selbst geführt zu werden." (Eagleton 1994, S. 153) Das Kind agiert in dieser Phase als Signifikant, der sich ihm ähnliche Bedeutungen, Signifikate, zuweist. Lacan spricht deshalb von einem metaphorischen Zustand, denn Metaphern stehen zu ihrem Bildempfänger im Verhältnis der Ähnlichkeit.

Die Trennung von Zeichen und Bedeutung findet erst mit dem Auftritt des Vaters statt, der die imaginäre Einheit auflöst. Er ist der Vertreter des Gesetzes und bringt den Phallus als Generator von Differenzen (auch der Geschlechterdifferenz) ins Spiel. Sein Erscheinen stört die Einheit des Kindes mit der Mutter, etabliert das Inzest-Tabu und sorgt dafür, dass das unerfüllte Begehren (nach der Mutter) in das Unbewusste verschoben wird. Die Sprache, die der Vater repräsentiert, ist gewissermaßen eine poststrukturalistische (vgl. Eagleton 1994, S. 155), denn das Zeichen verweist innerhalb der symbolischen Ordnung, für die der Vater steht, auf etwas Abwesendes, artikuliert also einen permanenten Mangel und ist nie mit seiner Bedeutung identisch.

Die Sprache ist nach Lacan grundsätzlich leer, das heißt sie basiert auf Abwesenheit (des Signifikats) und Differenz (zwischen Zeichen und Bedeutung). Erwachsene Menschen bewegen sich unhintergehbar in einer Welt unaufhebbarer (Geschlechter-)Differenzen und können ihr unbewusstes Begehren lediglich umschreiben bzw. sich Ersatzobjekte für die verlorene Dyade mit der Mutter erschaffen. Auch das Unbewusste selbst gleicht einer chiffrierten Sprache (wie Sigmund Freud ebenfalls betont). Das Unbewusste schiebt gleitende Signifikanten vor das verstellte Signifikat, das damit in Verschiebungen und Verzerrungen (beispielsweise in Traumbildern) zum Ausdruck kommt. Speichert das Unbewusste also das tabuisierte Begehren, so ist das Ich immer schon auf sein Anderes, sein Verdrängtes, verwiesen und kann sich nicht von diesem ablösen. Deshalb ist das Subjekt prinzipiell gespalten, das heißt aus der Perspektive der Geschlechter: Der Mann trägt das Andere, das Weibliche, in sich und umgekehrt, wie auch in Balzacs Erzählung *Das Mädchen mit den Goldaugen* deutlich wird.

Die symbolische (Sprach-)Ordnung, die der Vater repräsentiert, ist also differenziell organisiert: Bedeutung entsteht durch den Aufschub und Signifikanten artikulieren per se eine Mangelerfahrung. Vor diesem Hintergrund ließen sich literarische Werke als Versuche beschreiben, das imaginäre Reich der Fülle während der Spiegelphase wiederherzustellen und durch ideale Bilder den vorsymbolischen Zustand zu simulieren. Gottfried Kellers Entwicklungsroman *Der grüne Heinrich* (1854/55) etwa entwirft einen Protagonisten, der sich über seine Gemälde – er will Maler werden – seine imaginäre Ganzheit anzueignen versucht, jedoch erkennen muss, dass er den spekularen ‚Abbildern‘ nicht entspricht.

Begreift Lacan den Phallus als Differenz, die Bedeutung erst entstehen lässt, und steht der Phallus außerhalb der symbolischen Ordnung, weil er ihre Bedingung ist, so lässt sich in einer zunächst überraschenden Wendung formulieren, dass die Frau der Phallus, die Differenz *sei* und der Mann den Phallus *habe*; auch in diesem Modell ist die Frau jenseits der symbolischen Ordnung lokalisiert. Ihre Funktion besteht darin, von der männlichen Ordnung zur Erzeugung von Bedeutung in Besitz genommen zu werden. Diese Gleichsetzung von Weiblichkeit und Differenz, wie sie Jacques Derrida ebenfalls vornimmt, wird aus feministischer Perspektive kritisiert, weil sie den Ausschluss der Frau aus dem herrschenden Gesellschaftssystem fortschreibt.

6.2 Écriture féminine

In intensiver Auseinandersetzung mit Jacques Lacan entsteht die französische Écriture féminine, zu der Theoretikerinnen und Schriftstellerinnen wie Julia Kristeva, Hélène Cixous, Luce Irigaray, Chantal Chawaf, Annie Leclerc, Sarah Kofman und Monique Wittig gehören. Auch wenn sich die einzelnen Positionen stark unterscheiden, ist ihnen doch der Angriff auf das ‚Gesetz des Vaters‘, auf die symbolische Sprache und den Logozentrismus gemein – dieser Begriff bezeichnet die Dominanz rationalistischer Verfahren und eines logisch strukturierten, definitorischen Sprechens, wie es in der aufklärerisch-idealistischen Philosophie vorherrscht. Die Écriture féminine ist hingegen auf der Suche nach einer anderen Sprache, einer Sprache jenseits der Logik und des Gesetzes, eigentlich also einer poetischen Sprache, die auf Rhythmus, Musikalität und das Agrammatische Wert legt und so zum Ausdruck des Anderen werden kann. Dieses Andere wird als weiblich bezeichnet, ist jedoch nicht mit dem biologischen Geschlecht identisch. Auch der Text eines männlichen Autors kann sich im Raum des ‚Semiotischen‘, wie es Julia Kristeva nennt, bewegen, kann die Regeln der Logik und Grammatik als Ausdruck der symbolischen (Vater-)Ordnung überschreiten.

Julia Kristeva unterscheidet in *La Révolution Du Langage Poétique* (1974; *Die Revolution der poetischen Sprache*, 1978) einen symbolisch-männlichen Bereich von einem semiotisch-anarchischen, der sprachliche Normierungen unterläuft und auf die mütterliche Dyade – auf die vordiskursive, präödipale Einheit von Mutter und Kind, auf die ‚chora‘ – zurückweist. Das Semiotische hat sich noch nicht von der Triebwelt gelöst und eröffnet einen Raum des Klangs, des Rhythmus und der Polyphonie. Insbesondere die Literatur vermag dieses semiotische Reich der klingenden Signifikanten in die starre symbolische Ordnung einzubringen und sie zu mobilisieren. Kristeva macht die semiotische Dimension der Sprache vor allem in avantgardistischen Texten von männlichen Autoren aus, während die Forscherin weibliches Schreiben eher als defizitär verwirft.

Hélène Cixous hingegen, die als Hauptvertreterin der Écriture féminine gilt und neben theoretischen Entwürfen Romane und Dramen vorlegt, ist dezidiert an einem weiblichen Schreiben interessiert, das sie als ‚Körper-Schreiben‘ eng an die

Physis bindet (vgl. Cixous 1976, S. 134–135). Sie ist auf der Suche nach Artikulationsformen, die das Fremde auszusprechen vermögen bzw. sich diesem annähern, ohne es zu fixieren und zu identifizieren. Weibliches Schreiben kann nach Cixous – anders als es männliche Fantasien vom Ende, von der Kastration und der Trauerarbeit nahelegen – Neuanfang, Wendung zum Anderen, Dialog und Bejahung sein.

Ein Beispiel dafür, dass die Ansätze der Écriture féminine Eingang in die literaturwissenschaftliche Interpretationspraxis gefunden haben, ist die Arbeit von Susanne Lackner (2003) mit dem Titel *Zwischen Muttermord und Muttersehnsucht*, die sich mit der literarischen Präsentation der Mutter-Tochter-Problematik im Kontext der Écriture féminine auseinandersetzt. Lackner untersucht insgesamt neun Romane und Erzählungen von Autorinnen aus den 1970er und 1980er Jahren, etwa Katja Behrens' *Die dreizehnte Fee*, Elfriede Jelineks *Die Klavierspielerin* (beide 1983) und Waltraud Anna Mitgutschs *Die Züchtigung* (1985) und liest sie mit dem theoretischen Rüstzeug der Écriture féminine, um „den Ablösungsprozess der Autorinnen beziehungsweise ihrer literarischen Tochterfiguren von der Mutter und die Suche nach dem Selbst der Tochter [zu] perspektivieren." (Lackner 2003, S. 281)

Weil sich Weiblichkeit aus psychoanalytischer Perspektive jenseits der Kastrationsangst und der Todesdrohung bewegt (die nach Freud zu kultureller Tätigkeit sublimiert werden können), besteht die Fähigkeit von Frauen darin, „den Verlust nicht zu ökonomisieren: Frauen, deren Verhältnis zur Kastration nicht existiert, finden sich in einem besonderen Maße fähig zu einem Verlust, der nicht wieder einholt, der Verschwendung ist, Gabe, Affirmation" (Gölter 2003, S. 60). Die Écriture féminine entwickelt, so führt Waltraud Gölter aus, eine Poetik der Gabe, ein Ja, das sich engagiert bzw. verpflichtet und sich den fixierenden Bedeutungszuweisungen durch ein tastendes synästhetisches Sprechen entzieht, das die separierten Sinne wieder in Kontakt bringt. Cixous bestimmt weibliches Schreiben als Überfluss von Signifikanten und als ‚Abfall' im Sinne einer Überschreitung von Syntax und Grammatik. Sie bindet weibliches Sprechen zudem eng an die dezentrierten Lustempfindungen von Frauen – nicht zuletzt deshalb wurde ihre Theorie als essentialistisch-biologische gelesen.

Auch Luce Irigaray arbeitet an einer weiblichen Poetik in Abgrenzung von einem männlichen Sprechen. In ihrer Dissertation *Speculum de l'autre femme* (1974; *Speculum. Spiegel des anderen Geschlechts*, 1980), die zu den kanonischen Texten der feministischen Literaturwissenschaft gehört, analysiert sie Theorien von ‚Meisterdenkern' wie Descartes, Hegel, Freud und Lacan, um Verdrängungen freizulegen und phallische Darstellungsformen kenntlich zu machen. Männliches Schreiben versuche, das Vieldeutige der Sprache (das Semiotische, um mit Kristeva zu sprechen) zu ignorieren, ohne es vollständig austreiben zu können. In den erstarrten Metaphern, die die männliche Theoriesprache trotz ihrer Rationalisierungsversuche durchziehen, konserviere sich das verdrängte Körperliche (des Mannes); Frauen hingegen seien von ihrem eigenen Unbewussten abgetrennt.

Für Irigaray spielen die unterschiedlichen Körpererfahrungen von Mann und Frau ebenfalls eine zentrale Rolle. Das weibliche Geschlecht ist ein *Geschlecht, das nicht eins ist* – so der Titel ihrer Aufsatzsammlung *Le sexe qui n'en est pas un* (1977; *Das Geschlecht, das nicht eins ist*, 1979). Dem weiblichen Geschlecht seien damit die (sprachlichen) Gesten der Berührung und des Flusses als Parler femme genuin, die eindeutige Aussagen und Identitätskonstruktionen unterliefen. Irigaray visioniert mithin eine ‚Körper-Sprache‘, die auch eine weibliche Genealogie stiften kann und das Gesetz der Trennung und der Abwesenheit bzw. die Vatersprache unterläuft:

> Genauso müssen wir die Worte, die Sätze finden, wiederfinden, erfinden, die die archaische und die aktuelle Beziehung zum Körper der Mutter, zu unserem Körper ausdrücken, die Sätze, die die Beziehung zwischen ihrem Körper, dem unseren, dem unserer Töchter zum Ausdruck bringen. Wir müssen eine Sprache entdecken, die sich nicht an die Stelle dieses Körperan-Körper-Seins setzt, wie es die Sprache des Vaters zu tun versucht, sondern die es begleitet, Worte, die das Körperliche nicht ausstreichen, sondern die körperlich sprechen. (Irigaray 1989, S. 42)

Aufgrund dieser und ähnlicher Aussagen diskutiert die Forschung, ob die Ansätze der französischen Theoretikerinnen, die die Differenz zwischen Mann und Frau über Körperbilder veranschaulichen, nicht dazu tendierten, das binäre Geschlechtersystem fortzuschreiben und zu essentialisieren.

6.3 Die Dekonstruktion Jacques Derridas

Die Dekonstruktion, die Ende der 1960er Jahre in Frankreich entsteht, attackiert – ähnlich wie Lacans Psychoanalyse – die Einheit des abendländischen Subjekts, der Sprache (wie sie die Hermeneutik unterstellt), der Geschichte und des männlich gedachten Autors. Jede Aussage sei ‚unentscheidbar‘, lasse sich weder als wahr noch falsch belegen. Jacques Derrida, der zentrale Vertreter der französischen Dekonstruktion, formuliert mithin eine harsche Wissenschaftskritik. Die Dekonstruktion entwickelt eine präzise Methode des Close reading und setzt sich intensiv mit dem Textmaterial auseinander; sie liest Buchstabe für Buchstabe und legt Widersprüche im Text frei.

Derrida beschäftigt sich in seinen frühen Studien mit dem Medium Schrift und kritisiert den Phonozentrismus der abendländischen Tradition. Gemeint ist damit die Vorstellung, das gesprochene Wort bringe die Seele zum Ausdruck und sei als Hauch, als Atem nicht materiell, wohingegen die Schrift (bereits seit der griechischen Antike und Plato) als abgeleitetes Medium begriffen wird. Derrida führt aus, dass diese Ursprungsgeschichte – das Wort geht der Schrift voraus – eine Fiktion sei und entwickelt eine Theorie der Differenz. Der von ihm einge-führte Neologismus der ‚différance' (statt ‚différence') bezeichnet das Phänomen, dass ein Wort nie ganz in seiner Bedeutung aufgeht, weil allein die unab-schließbare, unendliche Kette an Äußerungen Signifikanz generiert – eine post-strukturalistische Transformation von Ferdinand de Saussures Sprachtheorie. Derrida geht zwar wie der Strukturalist de Saussure davon aus, dass Bedeutung durch Differenz entsteht (durch linguistische Minimalpaarbildung, die bei-spielsweise *Tier* von *Bier* abgrenzt), doch für ihn ist das Sprachsystem prinzipiell offen, weil ständig neue Worte artikuliert werden. Ergibt sich die Bedeutung eines Signifikanten aus der Totalität aller Differenzen, so kann jene aufgrund des sich ständig erweiternden Sprachkosmos nicht fixiert werden.

Auch literarische Texte sind demnach in ständiger Bewegung und weisen gegensätzliche Bedeutungen auf bzw. nehmen Setzungen vor, denen auf anderer Ebene (durch die buchstäbliche Bedeutung eines Wortes zum Beispiel) wider-sprochen wird. Sucht Franz Kafkas Landvermesser K. aus dem Roman *Das Schloß* (1926) den „Hinweg" zum Schloss, so kann dieses Wort auch als „hinweg!" ge-lesen werden und artikuliert somit das Gegenteil der Annäherung. Texte gelten als grundsätzlich widersprüchliche Aussagengebilde – eine Position, wie sie auch der in Amerika lehrende Paul de Man vertritt, der in *Allegories of Reading* (1979; *Al-legorien des Lesens*, 1988) die Widersprüche zwischen metaphorischen und met-onymischen Lesarten untersucht.

Die Grundannahmen der Dekonstruktion unterminieren eindeutige Opposi-tionen der abendländischen Philosophie wie Wahrheit und Lüge: auch Wahrheit steht immer schon zu sich selbst in Differenz. Differenz aber setzt Derrida – ähnlich wie Lacan – mit Weiblichkeit gleich: Die Frau, die der Dekonstruktivist im Anschluss an Friedrich Nietzsche als Schauspielerin konzipiert, sei diejenige In-stanz, die das binäre System subvertiere. Sie lasse Wahrheit mit Maskerade zu-sammenfallen und setze als nicht-metaphysische Wahrheit relativierende An-führungszeichen um die Begriffe der abendländischen Philosophie (vgl. Derrida 1986, S. 135). Die Frau als ‚Wahrheit' firmiert mithin als Allegorie der Dekon-struktion selbst.

Dieses Modell bestätigt den prinzipiellen Ausschluss der Frau aus dem Identitätsdiskurs; wiederum gilt sie als das Andere, Fremde, Nicht-Identische, wie aus feministischer Perspektive kritisiert wird. Die Literaturwissenschaftlerin Lena Lindhoff referiert Derridas Nietzsche-Interpretation in ihrer *Einführung in die fe-ministische Literaturtheorie* (1995) wie folgt:

Die Frau verkörpere bei Nietzsche eine Wahrheit, die sich bewusst geworden sei, dass sie Nicht-Wahrheit sei. Diese Funktion der Frau, so Derrida weiter, leite sich her von ihrer ‚Kastration', die sie zu einer immerwährenden Verschleierung ihres zentralen Mangels zwinge. (Lindhoff 1995, S. 101–102)

Nach Lindhoff gibt Derridas Begrifflichkeit preis – er spricht von Stil, Stilett, Schreibfeder, Sporn und vom Dolch, der sich hinter dem weiblichen Hymen / Schleier verberge –, „worum es Derrida eigentlich geht: um den ‚weiblich' gewordenen Mann" (Lindhoff 1995, S. 103). Derridas Nietzsche-Lektüre, so moniert Lindhoff, verbleibe im Zirkel imaginierter Weiblichkeiten (→ **Kapitel 5.1**). Seine Ausführungen bestätigten den generellen Ausschluss der Frau aus dem Diskurs der Identität bzw. nutzten deren marginalisierte Position, um eine als statisch angenommene männliche Ordnung im Namen der (weiblichen) Differenz zu unterlaufen.

6.4 Dekonstruktiver Feminismus

Der amerikanische Feminismus übernimmt dekonstruktivistische Lektürepraktiken, wie sie die Écriture féminine entwickelt; der deutschsprachige Sammelband *Dekonstruktiver Feminismus. Literaturwissenschaft in Amerika* (1992) von Barbara Vinken wiederum macht den Ansatz aus den USA in Deutschland bekannt. Die Aufsätze rücken Verschiebungs- und Projektionsvorgänge zwischen den Polen der Geschlechterordnung, also die permanenten Aushandlungsprozesse zwischen den Geschlechtern in den Blick. Weiblichkeit und Männlichkeit werden in ihrem relationalen Gefüge untersucht, denn erst aus ihrem Zusammenspiel ergibt sich der Eindruck eines identifizierbaren Geschlechts, das dekonstruktivistische Lektüren als labile Fiktion ausweisen.

Barbara Vinkens Lesart von Sigmund Freuds berühmter Vorlesung *Die Weiblichkeit* (1933) zeigt, dass der Analytiker eine subjektive Wahrnehmung (der kleine Junge sieht das Geschlecht der Frau *nicht*) zu einer essentialistischen Aussage transformiert, indem er das weibliche Geschlecht zu *Nichts* erklärt – ein Akt der Verdrängung und Wesenszuschreibung. An Freuds Vorlesung lässt sich nach Vinken verdeutlichen, dass Geschlechtsdefinitionen immer schon Interpretationen entspringen. „Sexualität ist [...] nicht gegeben, sie wird in einem Akt der Interpretation konstruiert" (Vinken 1992, S. 12), der Männlichkeit als Essenz, Identität und Ganzheit behauptet, Weiblichkeit hingegen als Mangel.

Vinkens Argumentation folgt einer Struktur, wie sie die Aufsätze des Bandes grundsätzlich kennzeichnen: Das Weibliche des Mannes wird abgespalten, um so die Fiktion männlicher Identität zu etablieren. Versuchen Textualität und Sexualität diejenigen Momente, die (männliche) Identität infrage stellen, zum Verschwinden zu bringen, so hat eine dekonstruktivistische Lektüre die Aufgabe, diese Akte der Verdrängung sichtbar zu machen. Textualität und Sexualität produzierten – so Vinken in der Einleitung des Bandes – Sinn und Identität; die Lektüre müsste dieser Maskerade misstrauen und die (misslingenden) Kontrollstrategien des Textes freilegen. Vinken bezeichnet einen solchen Akt des Lesens als weiblich, ohne das biologische Geschlecht (der Leserin) zu meinen. Weibliches Lesen finde vielmehr immer dann statt, wenn die Verdrängung von Differenz aufgezeigt werde.

Dekonstruktivistische Prämissen setzt auch Shoshana Felman in ihrer Analyse von Honoré de Balzacs Erzählung *Das Mädchen mit den Goldaugen* (aus dem gleichen Sammelband) um. Felman zeigt, dass die binäre Geschlechterordnung durch die widersprüchliche Zuordnung von Attributen, durch Inkohärenzen zwischen Eigennamen und Geschehnissen sowie durch den Tausch von Positionen unterlaufen wird. Ihr Verfahren besteht darin, Brüche zwischen der textuellen Oberfläche der Erzählung und subtextuellen Einschreibungen nachzuweisen, die die behauptete Identität der Figuren zersetzen. Henri, der Protagonist Balzacs, ist von den Goldaugen einer jungen Frau fasziniert, weil sie als narzisstische Spiegel fungieren. Der Protagonist erscheint sich selbst in den glänzenden Augen als Ganzheit, sodass die Frau als Screen fungiert bzw. lediglich das ist, was der Mann in ihr sieht. Im Verlauf der Erzählung stellt sich heraus, dass die Begehrte, Paquita, zugleich die Geliebte der Schwester von Henri ist. Paquita ihrerseits ist fasziniert von der Ähnlichkeit Henris mit einer Frau (seiner Schwester), das heißt sie sieht den Mann als Metapher der Frau – eine Umkehrung, die die Frau zum Eigentlichen, den Mann zum Substitut werden lässt. In beiden Fällen wird das andere Geschlecht nach Maßgabe des eigenen wahrgenommen, weshalb die Erfahrung von Differenz unmöglich ist.

Felman arbeitet mit dem Konzept des Deckschirms – ein Begriff der Psychoanalyse, der die phantasmagorische Verschleierung von traumatischen Erfahrungen bezeichnet. Paquita fungiert in diesem Sinne als ‚Deck-Frau', denn sie verhüllt, dass die Erzählung von Balzac ein ganz anderes, tabuisiertes Verhältnis behandelt, nämlich den Inzest zwischen Bruder und Schwester. Insofern

> Paquitas goldene Augen bloß ein vermittelnder Spiegel sind, in dem Bruder und Schwester auf je eigene Weise ihr eigenes idealisiertes Spiegelbild erblicken und sich in ihre eigene Reflexion verlieben, ist es nur natürlich, daß sie desgleichen *ihr eigenes Bild* in jedem anderen begehren würden, wobei jedes die exakte *Reflexion* des anderen ist. (Felman 1992, S. 49)

Das inzestuöse Begehren von Bruder und Schwester wird durch die Figur des Vaters und dessen Inzest erweitert, wobei die Bezeichnung „Lord" (für den Vater) im Leitmotiv der Erzählung, im „or" (Gold), wiederkehrt. Dekonstruktivistische Analysen lesen auf der Ebene der Buchstaben, der Materialität des Textes, und gehen gleitenden Bedeutungen von Signifikanten nach.

Henri erkennt sich während des Mords an Paquita, auf den die Erzählung zuläuft, in seiner Schwester wieder und sieht sich in diesem Moment als das Andere, als weiblich, als nicht mit sich identisch, so dass die scheinbar strikte Opposition von Mann und Frau kollabiert:

> Männlichkeit, entdeckt Henri, ist keine Substanz, von der Weiblichkeit das *Gegenteil* wäre, d. h. *Mangel* und negative *Reflexion* zugleich. Da Henri selbst das Gesicht einer Frau hat, ist das Weibliche, entdeckt Henri, nicht *außerhalb* des Männlichen, ist es nicht sein versicherndes heimliches *Gegenteil*; es ist *innerhalb* des Männlichen, es ist dessen unheimliche *Differenz von sich selbst.* (Felman 1992, S. 57)

Das Weibliche fungiert in Felmans Lektüre, ähnlich wie bei Derrida, als Metapher für die Auflösung der Geschlechterordnung und weist auch Männlichkeitsentwürfe als Mangelkonstruktionen aus, stellt mithin den männlichen Identitätsanspruch infrage.

Die Psychoanalyse Lacans, die Écriture féminine und die Dekonstruktion Derridas führen – so lässt sich zusammenfassen – zu einer umfassenden Theoretisierung des Feminismus im Namen der Differenz, die binäre Systeme (Wahrheit / Lüge, Mann / Frau) infrage stellt und mit sich bringt, dass der eine Pol im jeweils anderen, oppositorischen, enthalten ist. Die Écriture féminine entwickelt, von einer fundamentalen Rationalitäts- und Subjektkritik ausgehend, Poetiken eines fluiden, beweglichen (weiblichen) Schreibens jenseits der (männlichen) Sprache der Abstraktion, ähnlich wie die Dekonstruktion und der dekonstruktive Feminismus die Identität von Subjekt, Geschlecht und Sprache unterlaufen. Auch Judith Butler, deren einschlägige Argumente im folgenden Kapitel vorgestellt werden, kritisiert (in Anlehnung an Michel Foucault) scheinbar selbstverständliche Identitätsmodelle, allerdings von anderen theoretischen Prämissen ausgehend.

Fragen und Anregungen

– Wie beschreibt Jacques Lacan die Spiegelphase und warum ist seiner Auffassung nach Sprache immer schon auf einen unaufhebbaren Mangel bezogen?

– Welche Funktion hat die Differenz in Jacques Derridas Sprachkonzept und warum kann sie weiblich konnotiert werden?

- Rekonstruieren Sie die feministische Kritik an dieser Funktion von Weiblichkeit.
- Wie sieht gemäß der Écriture féminine nach weibliches Schreiben aus?
- Wie definiert Barbara Vinken weibliches Lesen?
- Lesen Sie Balzacs Erzählung *Das Mädchen mit den Goldaugen* sowie Felmans Aufsatz und vollziehen Sie die Argumentation nach.

Lektüreempfehlungen

Hélène Cixous: Schreiben, Feminität, Veränderung, in: Das Lächeln der Medusa. Alternative 108 / 109 (1976), S. 134–154. *Skizziert die Poetik eines weiblichen Schreibens.*

Luce Irigaray: Speculum. Spiegel des anderen Geschlechts, Frankfurt a.M. 1980. *Die Dissertation begreift die männliche Theoriesprache als Verdrängung des Körperlichen.*

Julia Kristeva: Die Revolution der poetischen Sprache, Frankfurt a.M. 1978. *Trifft die zentrale Unterscheidung zwischen symbolischer und semiotischer Sprache.*

Jacques Lacan: Das Spiegelstadium als Bildner der Ichfunktion [1949/73], in: ders., Schriften I. Hg. von Norbert Haas, Weinheim / Berlin 1991, S. 61–70. *Beschreibt die Funktion der imaginären Spiegelphase zwischen Ganzheits- und Destruktionserfahrungen.*

Lena Lindhoff: Einführung in die feministische Literaturtheorie, Stuttgart 1995. *Setzt sich insbesondere mit den Ansätzen der Écriture féminine auseinander.*

Barbara Vinken (Hg.): Dekonstruktiver Feminismus. Literaturwissenschaft in Amerika, Frankfurt a.M. 1992. *Versammelt einschlägige Aufsätze von Drucilla Cornell, Shoshana Felman, Mary Jacobus, Eve Kosofsky Sedgwick, Bettine Menke, Toril Moi etc.*

7 Die Diskursanalyse und die Identitätskritik Judith Butlers

Auguste Leubelfing wirtschaftete hastvoll, wie berauscht in ihrer Kammer, packte einen Mantelsack, warf sich eilfertig in die Kleider ihres Vaters, die ihrem schlanken und knappen Wuchs wie angegossen saßen, und dann auf die Knie zu einem kurzen Stoßseufzer, um Vergebung und Begünstigung des Abenteuers betend. [...] Der in schwedische Uniform gekleidete Scheinjüngling neigte sich über die vertrocknete Hand des Alten, küßte sie zweimal mit Rührung und wurde von ihm dankbar gesegnet; dann aber plötzlich in eine unbändige Lustigkeit übergehend, ergriff der Page die Rechte des jungen Leubelfing, schwang sie hin und her und rief: „Lebt wohl, Junfger Base!" Der Kornett schüttelte sich vor Lachen.
Conrad Ferdinand Meyer: *Gustav Adolfs Page* (1929 [1882]), S. 13.

Die im Dreißigjährigen Krieg spielende historische Novelle „Gustav Adolfs Page" (1882) von Conrad Ferdinand Meyer handelt von einem Kleidertausch, von Crossdressing: Eine junge Frau schlüpft in die Uniform ihres Vaters und begleitet als Page den großen König Adolf. Die Erzählung versucht, das männliche Personal zu neuen / alten Werten zu erziehen – Auguste als ‚Scheinjüngling' lebt verloren gegangene ‚männliche Tugenden' wie Treue und Opferbereitschaft vor, die dem wenig mutigen jungen Leubelfing offensichtlich fehlen; er wird in ihren Abschiedsworten entsprechend verweiblicht. Die ‚poetische Gerechtigkeit' der Erzählung bestraft jedoch die Maskerade der jungen Frau – sie bezahlt ihren Geschlechterwechsel mit dem Tod –, denn ihre Travestie birgt subversives Potenzial, verunsichert die Geschlechterordnung und das Programm einer neuen Männlichkeit. Travestie lässt kenntlich werden, dass Männlichkeit und Weiblichkeit performativ, das heißt durch Kleider- und Bewegungscodes sowie sprachliche Akte, hervorgebracht werden – diese These entwickelt Judith Butler in einer Auseinandersetzung mit Michel Foucaults Diskursanalyse.*

Im folgenden Kapitel soll zunächst Michel Foucaults Diskursbegriff skizziert werden, da seine Argumentation für Judith Butlers Performanztheorie eine gewichtige Rolle spielt. Diskurse regeln nach Foucault, was wie gesagt werden kann, sind also normativ und generieren, sich selbst unkenntlich machend, die Fiktion eines autonomen Subjekts mit Wesenskern bzw. mit einer ausdifferenzierten psychischen Innenlandschaft sowie einer natürlichen Geschlechterdifferenz. Für Foucault ist es jedoch der Körper, der durch seine Disziplinierung oder auch Einschreibungen auf seiner Oberfläche, Seele und Innerlichkeit entstehen lässt. Butler definiert analog das (scheinbar wesenhafte) Geschlecht als Effekt äußerlicher Verhaltensweisen, von Kleidung, Gestik, Mimik etc., von Performanz also,

https://doi.org/10.1515/9783110656541-007

und verabschiedet die etwas früher etablierte Differenz von Sex und Gender, indem sie auch das anatomische Wissen als (Macht-)Diskurs auffasst.

7.1 Die Diskursanalyse Michel Foucaults

Michel Foucault geht in seinen Schriften den Entstehungsbedingungen des (bürgerlichen) Subjekts in der Phase der Individualisierung und Verinnerlichung um 1800 nach. Er untersucht, auf welche Weise die scheinbar selbstverständliche Einheit und Autonomie des Subjekts durch reglementierende Sprachformen hervorgebracht werden. Nach Foucault sind es diskursive Ordnungen, die das bürgerliche Individuum produzieren. Insofern bricht er mit der Grundannahme, es gäbe ein selbstbestimmtes Subjekt. Dieses ist nach Foucault vielmehr ein Produkt von Machtdiskursen, die ihrerseits kaum greifbar sind.

Nach Foucault definieren Diskurse, was als wahr / falsch, normal / wahnsinnig und sagbar / unsagbar gilt. Diskurse – die Bedeutung des Begriffs variiert in Foucaults Schriften – sind diejenigen Ordnungen, die einzelnen Aussagen zugrunde liegen, diese kontrollieren, selektieren und kanalisieren (vgl. Foucault 1974), zum Beispiel durch Verbote, wie sie die Rede über Sexualität organisieren. Weitere diskursive Strategien bestehen darin, Vernunft und Wahnsinn sowie Wahrheit und Falschheit gegenüberzustellen.

Ein Diskurs bezeichnet also die Möglichkeitsbedingungen von Aussagen, die zum Archiv einer Epoche zusammengestellt werden können – in der Renaissance beispielsweise herrschen andere Diskurse als in der bürgerlichen Moderne. Mögliche Untersuchungsfelder, die sich aus dem Diskurskonzept ergeben, wären – wie Foucault in seiner Vorlesung *L'ordre du discours* (1971; *Die Ordnung des Diskurses*, 1974) skizziert – Wahnsinn und Normalität in der Klassik, die Sprechverbote, die vom 16. bis zum 19. Jahrhundert die Sexualität reglementierten unter Berücksichtigung der Beichtpraxis, der Medizin und der Psychiatrie, das System der Strafjustiz sowie die Literaturkritik und Literaturgeschichte, die im 19. Jahrhundert die Persönlichkeit des Autors glorifizieren und das Werk auratisieren. Insbesondere die Epochenschwelle um 1800 ist für Foucault interessant, denn in diesem Zeitraum beginnen sich die Humanwissenschaften (Anthropologie, Medizin, Psychiatrie etc.) zu etablieren, die das bürgerliche Subjekt samt seiner ausdifferenzierten ‚Innenlandschaften' konstituieren.

Das bürgerliche Subjekt ist nach Foucault primär innengeleitet, das heißt es kontrolliert und überwacht sich selbst durch Verantwortungsgefühl und Gewissen (vgl. Kammler 1986, S. 140 – 141), wobei die Verfahren der Selbstorganisation über den Körper implementiert werden – dieser Gedanke ist für die Gender Studies zentral. Foucault geht laut Gunter Gebauer und Christoph Wulf davon aus, daß die Herrschaft des Subjekts über sich selbst vom Körper ausgeht, nicht von einem Willen, einem Ich oder einer anderen inneren Instanz. Der beherrschte Körper beherrscht sich selbst. Er ist, wie man im Sport sagt, ‚in Form'. Es gibt keine Priorität der Kontrolle von Denken, Willen oder eines abstrakten Personenkonzepts. Die Kontrollinstanzen sind über den ganzen Körper verteilt. (Gebauer / Wulf 1998, S. 53)

Im Zentrum von Foucaults Recherchen steht also der disziplinierte Körper bzw. „die körperliche Leistungskraft. Dieses Interesse ist eine Folge der veränderten Anforderungen, die an die Individuen als Produktivkräfte gestellt werden." (Marti 1988, S. 84) Der bürgerliche Mensch ist vor allem der arbeitende, dessen Organisation den Imperativen der Produktivität folgt.

Das Thema Körper behandelt Foucault unter anderem in seiner mehrbändigen Studie *Histoire de la sexualité* (1976–1984; *Sexualität und Wahrheit*, 1977–1986) – ein Gründungstext der Queer Studies (→ **Kapitel 8**) – und in der Untersuchung *Surveiller et punir. La naissance de la prison* (1975; *Überwachen und Strafen. Die Geburt des Gefängnisses*, 1976), die sich der ‚Kultur der Züchtigung' widmet und dafür die Strafsysteme der vorbürgerlichen Zeit mit modernen Überwachungsmethoden vergleicht. Die gesamte Ökonomie der Züchtigungen wird – so Foucaults Befund – innerhalb eines relativ kurzen Zeitraums umgestellt: Vollstreckt man Strafen zunächst in Form von körperlich-öffentlichen Schauspielen, deren Grausamkeit die Macht des Herrschers spiegeln, so wird die Bestrafung um 1800 in nichtöffentliche Bereiche wie Kolonien, Gefängnisse etc. verlagert und von Institutionen überwacht. Die Martern verschwinden zugunsten eines Strafsystems, das die Körper durch subtilere Methoden wie Blicke und Signale reglementiert. Auch literarische Texte dokumentieren diesen Paradigmenwechsel an der Schwelle zur bürgerlichen Moderne: Goethes Roman *Wilhelm Meisters Lehrjahre* (1795/96) beispielsweise erzählt von beiden Strafformen, der vorbürgerlich-körperlichen wie der bürgerlich-innerlichen (vgl. Kaiser / Kittler 1978), ebenso Kafkas Texte, insbesondere die Erzählung *In der Strafkolonie* (1919) und der Justizroman *Der Proceß* (1925).

Der reglementierende Umgang mit dem Körper findet – so führt Foucault in *Überwachen und Strafen* weiter aus – ein Pendant in der Pädagogik, die ihre Zöglinge über Signale abrichtet, ebenso in der Arbeitswelt, zum Beispiel in Fabriken. Foucault diagnostiziert in diversen Bereichen eine neue Präzision in der Zerlegung von Gesten und Bewegungen. Der Körper wird an zeitliche Imperative angepasst, die die Produktivität und Disziplin steigern; die Seele, das Innere des Menschen, ist ein Produkt dieser körperlichen Einschreibungen, wobei das so entstehende Innere das körperliche Verhalten seinerseits überwacht. Dieses Wechselverhältnis kehrt die platonische Rede vom Körper als Gefängnis der Seele um; Foucault erklärt:

Eine ,Seele' wohnt in ihm [dem Körper; F.S., L.W.] und schafft ihm eine Existenz, die selber ein Stück der Herrschaft ist, welche die Macht über den Körper ausübt. Die Seele: Effekt und Instrument einer politischen Anatomie. Die Seele: Gefängnis des Körpers. (Foucault 1976, S. 42)

Diese Argumentationsfigur, die das Innere (die Seele) aus dem gesellschaftlich reglementierten Äußeren (dem Körper) ableitet, greift Judith Butler auf, um Geschlechtlichkeit und anatomische Körperdiskurse als kulturell-performative Praktiken vorzuführen.

7.2 Die Performanztheorie Judith Butlers

Judith Butlers Untersuchung *Gender Trouble. Feminism and the Subversion of Identity* (1990; *Das Unbehagen der Geschlechter*, 1991) ist für die Gender Studies in Deutschland von grundlegender Bedeutung. Die Studie verabschiedet einschlägige feministische Annahmen wie die Trennung von Sex und Gender und ist zugleich ein zentraler Text der Queer Studies, da Butler an der Sichtbarkeit von verdrängtem homosexuellen Begehren gelegen ist und sie die ,Zwangsheterosexualität' der herrschenden Geschlechterordnung kritisiert.

Butlers Studie erteilt Identitätskonstruktionen eine Absage, und zwar auch denjenigen eines Feminismus, der die Frau als autonomes Subjekt gleichberechtigt in die männliche Ordnung zu integrieren versucht. Denn der Diskurs des (männlichen) Subjekts sei – so argumentiert Butler – grundsätzlich ein Ort der Macht, der Unterwerfung und Reglementierung. Das Subjekt ist für Butler unhintergehbar ein Produkt diskursiver Machtstrukturen, wie sie Michel Foucault beschreibt. Wollten Frauen zu Subjekten werden, so sei ihr Emanzipationsversuch bereits deshalb zum Scheitern verurteilt, weil Subjektsein prinzipiell Unterwerfung bedeute. „Meine These ist, daß die unterstellte Universalität und Integrität des feministischen Subjekts gerade von den Einschränkungen des Repräsentationsdiskurses unterminiert wird, in dem dieses Subjekt funktioniert." (Butler 1991, S. 20) Zudem würde die Teilnahme von Frauen am verbindlichen Subjektdiskurs einen wesentlichen Bestandteil dieser Ordnung bestätigen – die Heteronormativität, dass also Heterosexualität als exkludierende Begherensform gilt. Ähnlich wie Sigmund Freud ist Butler der Überzeugung, dass kulturelle Praktiken ein weitaus vielfältigeres Begehren kanalisieren und auf die Norm der Heterosexualität festlegen.

Butlers fundamentale Identitätskritik führt dazu, dass sie auch die Kategorie Sex (das biologische Geschlecht) infrage stellt. Kate Millett und der ältere Feminismus waren von einer Diskontinuität zwischen Anatomie und Geschlechtsidentität ausgegangen, sodass die soziale Geschlechtsidentität der biologischen Ausstattung nicht entsprechen muss (→ **Kapitel 4.1**). Eine Person, die anatomisch als Frau bezeichnet wird, muss in kulturell-sozialer Hinsicht nicht notwendigerweise weiblich agieren. Werden in dieser Argumentation Sex und Gender voneinander abgekoppelt, so lässt sich nach Butler kein Grund dafür anführen, warum es lediglich zwei Gender-Kategorien, männlich und weiblich, geben soll.

> Wenn wir [...] den kulturell bedingten Status der Geschlechtsidentität als radikal unabhängig vom anatomischen Geschlecht denken, wird die Geschlechtsidentität selbst zu einem freischwebenden Artefakt. (Butler 1991, S. 23)

Butler kritisiert das Konzept eines geschlechtlich determinierten Körpers als Bestandteil der abendländischen ‚Metaphysik der Substanz'. Auch biologisches Wissen sei eine kulturell-soziale Größe, das anatomische Geschlechterwissen eine gesellschaftliche Konstruktion, die Machtverhältnisse wissenschaftlich beglaubige. Butler fragt sich:

> Werden die angeblich natürlichen Sachverhalte des Geschlechts nicht in Wirklichkeit diskursiv produziert, nämlich durch verschiedene wissenschaftliche Diskurse, die im Dienste anderer politischer und gesellschaftlicher Interessen stehen? Wenn man den unveränderlichen Charakter des Geschlechts bestreitet, erweist sich dieses Konstrukt namens ‚Geschlecht' vielleicht als ebenso kulturell hervorgebracht wie die Geschlechtsidentität. Ja, möglicherweise ist das Geschlecht (*sex*) immer schon Geschlechtsidentität (*gender*) gewesen, so daß sich herausstellt, daß die Unterscheidung zwischen Geschlecht und Geschlechtsidentität letztlich gar keine Unterscheidung ist. (Butler 1991, S. 23–24)

Butler verabschiedet die Grundannahme einer Differenz zwischen Gender und Sex; vielmehr bringe das soziale Geschlechterwissen das anatomische hervor, das damit ebenfalls eine gesellschaftlich-historische Größe ist, gleichwohl als irreversible Naturbestimmung erscheint. Die Geschlechtsidentität (Gender) bringt also den Körper als scheinbar vordiskursive, natürliche Determinante hervor. „[Die] Produktion des Geschlechts *als* vordiskursive Gegebenheit muß umgekehrt als Effekt jenes kulturellen Konstruktionsapparats verstanden werden, den der Begriff ‚Geschlechtsidentität' (*gender*) bezeichnet." (Butler 1991, S. 24)

In Anlehnung an Foucault postuliert Butler, dass es keinen natürlichen Körper jenseits seiner zivilisatorischen Zurichtung gebe. Der geschlechtliche Leib sei eine gesellschaftliche Konstruktion, das anatomische Wissen ein Produkt von Machtdiskursen, die die Binarität zementierten und Überschreitungen sanktionierten.

Der herrschende (Identitäts-)Diskurs sorgt darüber hinaus für eine scheinbar selbstverständliche Kohärenz zwischen Sex, Gender und Begehren, die im Sinne der heterosexuellen Norm funktioniert und als natürlicher Zusammenhang behauptet wird. Das weibliche Geschlecht (Sex) scheint unweigerlich zu bestimmen, dass sich das Begehren auf einen Mann richtet. Auch diese ‚Gender coherence‘ entsteht jedoch – und damit kommt ein zentraler Begriff Butlers ins Spiel – durch Performanz, das heißt durch sich wiederholende Handlungen. Dieses Performanz-Konzept (vgl. Butler 1998) fußt unter anderem auf der Sprechakttheorie von John L. Austin, der bestimmte Sprechweisen als Handlungen beschreibt (etwa: „ich taufe dich") (vgl. Austin 1972) – maßgeblich für die Übernahme der linguistischen Sprechakttheorie in die Kulturwissenschaften ist die Debatte zwischen John R. Searle (Searle 1977) und Jacques Derrida (Derrida 1995) über Austins berühmte Schrift *How to do Things with Words* (1962; *Zur Theorie der Sprechakte*, 1972), die Sprechen als Handeln konzipiert.

Ähnlich wie Simone de Beauvoir in ihrem Klassiker *Das andere Geschlecht* (1949 → **Kapitel 3.4**) geht Judith Butler davon aus, dass Geschlecht ein Tun ist, oder anders formuliert, dass die scheinbar wesenhaft-innerliche Identität ein Effekt äußerlicher Verrichtungen ist – diese Argumentationsfigur erinnert an Foucault. Butler führt aus:

> In diesem Sinne ist die Geschlechtsidentität (*gender*) weder ein Substantiv noch eine Sammlung freischwebender Attribute. Denn wie wir gesehen haben, wird der substantivische Effekt der Geschlechtsidentität durch die Regulierungsverfahren der Geschlechter-Kohärenz (*gender coherence*) performativ hervorgebracht und erzwungen. Innerhalb des überlieferten Diskurses der Metaphysik der Substanz erweist sich also die Geschlechtsidentität als performativ, d. h. sie selbst konstituiert die Identität, die sie angeblich ist. In diesem Sinne ist die Geschlechtsidentität ein Tun, wenn auch nicht das Tun eines Subjekts, von dem sich sagen ließe, daß es der Tat vorangeht. (Butler 1991, S. 49)

Männlichkeit und Weiblichkeit ergeben sich demnach aus permanenten Wiederholungen kultureller Praktiken; Geschlecht ist „ein Werden und Konstruieren [...], von dem man nie rechtmäßig sagen kann, daß es gerade beginnt oder zu Ende geht. Als fortdauernde diskursive Praxis ist dieser Prozeß vielmehr stets offen für Eingriffe und neue Bedeutungen" (Butler 1991, S. 60) und damit für subversive Verschiebungen, die zum Beispiel ein verdrängtes homosexuelles Begehren manifest werden lassen. Vor dem Hintergrund des Performanz-Theorems wird das Verhältnis von Innen (Seele, Geist) und Außen (Körper) also neu überdacht.

Butler setzt sich in *Das Unbehagen der Geschlechter* neben Michel Foucault mit Theoretikerinnen der Écriture féminine wie Monique Wittig und Julia Kristeva auseinander, die ebenfalls davon ausgehen, „daß die Oberfläche des Körpers: die Haut, systematisch durch Tabus und antizipierte Übertretungen bezeichnet wird" (Butler 1991, S. 194). Die gesellschaftlichen Gebote und Verbote, die sich in den Körper einschreiben, lassen die Seele bzw. einen Ort entstehen, der als Gegenteil des Körpers, als Geist oder Psyche, definiert wird.

[D]ie Akte, Gesten und Begehren erzeugen den Effekt eines inneren Kerns oder einer inneren Substanz; doch erzeugen sie ihn *auf der Oberfläche* des Körpers, und zwar durch das Spiel der bezeichnenden Abwesenheiten, die zwar auf das organisierende Identitätsprinzip hinweisen, aber es niemals enthüllen. Diese im allgemeinen konstruierten Akte, Gesten und Inszenierungen erweisen sich insofern als *performativ*, als das Wesen oder die Identität, die sie angeblich zum Ausdruck bringen, vielmehr durch leibliche Zeichen und andere diskursive Mittel hergestellte und aufrechterhaltene Fabrikationen/Erfindungen sind. (Butler 1991, S. 200)

Die Performativität von Geschlecht lässt eine Figur in besonderem Maße erkennbar werden: der Transvestit bzw. die Transvestitin, deren Maskerade vorführt, dass Geschlecht durch Imitation entsteht, nicht aber Essenz ist. Der Transvestismus unterläuft die verbindliche Unterscheidung von Innen und Außen, indem die Geschlechtsidentität auf der Oberfläche des Körpers erzeugt wird. Marjorie Garber, die das Konzept Butlers in ihrer Studie *Vested Interests. Crossdressing and Cultural Anxiety* (1992; *Verhüllte Interessen. Transvestismus und kulturelle Angst*, 1993) an einer Vielzahl von Fallgeschichten illustriert, erklärt den Gestus des Transvestiten deshalb zur „Urszene von Kulturproduktion" (Liebrand 1999b, S. 25). Obgleich Transvestiten auf den ersten Blick Geschlechterrepräsentationen aufgreifen, die zu einer frauenverachtenden Kultur gehören, also ‚typische' Weiblichkeiten reproduzieren, werden die Stereotype „durch ihre parodistische Re-Kontextualisierung entnaturalisiert und in Bewegung gebracht. Als Imitationen, die die Bedeutung des Originals verschieben, imitieren sie den Mythos der Ursprünglichkeit selbst." (Butler 1991, S. 203) Der Transvestit wiederholt die kulturellen Geschlechterimagines *und* überschreitet sie durch seine imitatorischen Gesten.

Die emphatische Einschätzung des Transvestitischen wird in der lebhaften Diskussion, die Butlers Studie provoziert, kritisiert. Hilge Landweer beispielsweise betont, dass der Transvestit die Geschlechterbinarität trotz scheinbarer Überschreitung aufrecht erhalte: Sei das ‚Oben' (das Erscheinungsbild) anders organisiert als das ‚Unten', das soziale Geschlecht anders als das anatomische, so ergebe sich die Irritation durch einen Bezug zur Anatomie. Der Transvestismus brauche „ein Wissen oder die gezielte und gewollte Unsicherheit des Publikums hinsichtlich des anatomischen Geschlechts des/der Darstellenden [...], um den *performance*-Charakter der Situation überhaupt zur Geltung bringen zu können" (Landweer 1994, S. 144). Gegen Butlers Einschätzung werden zudem vordiskursive (weibliche) Körpererfahrungen ins Feld geführt. Die Historikerin Barbara Duden wirft Butler vor, eine „Frau ohne Unterleib" zu konstruieren, und hält ihrerseits an authentischen Leibeswahrnehmungen von Frauen fest, wie sie historische Texte dokumentieren (Duden 1993, S. 24). Isabell Lorey hält dagegen, dass Butlers Ausführungen dazu anregen wollten, Körperbilder und -erfahrungen als historisch codierte und diskursiv reglementierte wahrzunehmen (vgl. Lorey 1995). Evelyn Annuß hält zudem fest, dass die Kritik aus den Reihen deutscher Feminist:innen zum Teil auch auf die eigentliche Provokation Butlers reagiert, nämlich exkludierte Sexualitäten im Zentrum der Geschlechterordnung zu situieren; die queere Stoßrichtung ihrer Theorie sei in Deutschland vielfach ausgeblendet worden (1997). Forscher:innen monieren darüber hinaus Butlers Infragestellen eines weiblichen politischen Engagements bzw. die Absage an politisch agierende Subjekte, an ein (imaginiertes) Wir. Ihr Ansatz scheint Frauen die Teilnahme am (politischen) Identitätsdiskurs zu untersagen bzw. das Objekt des Begehrens, die Partizipation, zu verunmöglichen. Die US-amerikanische Professorin für politische Theorie Seyla Benhabib hält fest:

> Was aus einer solchen nietzscheanischen Position folgt, ist die Vorstellung vom Ich als maskiertem Darsteller, nur daß wir nun denken sollen, daß diese Maske gar kein Ich verbirgt. Wenn man davon ausgeht, wie zart und zerbrechlich das Selbstgefühl von Frauen in vielen Fällen ist und wie sehr sich ihre Kämpfe um Autonomie als Fehlschlag und Mißerfolg erwiesen haben, erscheint mir diese Reduzierung der weiblichen Handlungsfähigkeit auf ein ‚Tun ohne Täter' bestenfalls der Versuch, aus der Not eine Tugend zu machen. (Benhabib 1993, S. 15)

Butler wird in den Schriften, die auf *Das Unbehagen der Geschlechter* folgen, zwar nicht ihre Kritik an geschlechterbinären, heterosexuellen Identitätskonstruktionen aufgeben, wohl aber das Verhältnis von Affirmation und Subversion (in der Travestie) neu bestimmen.

7.3 Die Ambivalenz der Travestie

Bewertet Judith Butler Performanz in *Das Unbehagen der Geschlechter* als prinzipiell subversive Strategie, so nimmt sie diese Einschätzung in der sich anschließenden Studie *Bodies that Matter. On the Discursive Limits of „Sex"* (1993; *Körper von Gewicht. Die diskursiven Grenzen des Geschlechts*, 1995) zurück: Drag, also Travestie, könne „so gut im Dienst der Entnaturalisierung wie der Reidealisierung übertriebener heterosexueller Geschlechtsnormen stehen" (Butler 1995, S. 170). Ausgangspunkt dieser Untersuchung ist Louis Althussers Konzept der Anrufung, das die ambivalente Stellung des Subjekts zwischen Macht und Ohnmacht am Beispiel eines Polizisten illustriert, der jemanden auf der Straße anruft. Dieser Ruf konstituiert die angesprochene Person als Subjekt, indem sie auf staatlich-öffentliche Reglements bezogen wird. Diese Unterwerfung ermöglicht zugleich das Aufbegehren des Subjekts und versieht es mit Macht. Die Anrufung produziert also nicht nur Angst und Unterwerfung unter das Gesetz, sondern positioniert das Subjekt auch im sozialen Raum und eröffnet Handlungsspielräume, in denen das Gesetz verschoben wiederholt werden kann. Macht und Ohnmacht des Subjekts sind demnach unaufhebbar miteinander verklammert; die Erfüllung des Gesetzes kann seine Überschreitung bedeuten.

> Wo die Einheitlichkeit des Subjekts erwartet wird, wo die Verhaltenskonformität des Subjekts befohlen wird, könnte die Ablehnung des Gesetzes in Form einer parodistischen Ausfüllung der Konformität erzeugt werden, die die Legitimität des Befehls subtil fragwürdig macht, eine Wiederholung, die das Gesetz in die Übertreibung hineinzieht, eine Neuformulierung des Gesetzes gegen die Autorität desjenigen, der es hervorbringt. (Butler 1995, S. 166)

Das Gesetz muss, weil es auf Wiederholungen angewiesen ist, mit Fehlschlägen rechnen.

Vor dem Hintergrund dieses Modells ist ein ausschließlich subversives Konzept von Drag nicht denkbar. Das performative Spiel mit Geschlechtsidentitäten enthält notwendigerweise sowohl ein Moment der Anerkennung als auch der Überschreitung, wie Butler am Beispiel des Films *Paris is burning* (1991, Regie und Produktion Jennie Livingston) ausführt. Diese Dokumentation über Bälle von afroamerikanischen Transvestiten und Transsexuellen in Harlem legt das komplexe Zusammenspiel von Race und Gender frei, das ein Geflecht aus widersprüchlichen ethnischen und geschlechtlichen Zuschreibungen entstehen lässt. Spielt ein Latino eine weiße Frau aus der Upper Class, so verbindet sich eine Chiffre der Macht (weiße Haut) mit einem Zeichen der Ohnmacht (Frausein). „Das Subjekt ist [...] die inkohärente und mobilisierende Verzahnung von Identifizierungen" (Butler 1995, S. 177), wobei die sexuelle Differenz der ethnischen nicht vorausgeht. Der Film mache deutlich,

> daß die Ordnung der sexuellen Differenz gegenüber derjenigen von Rasse oder Klasse in der Subjektkonstitution nicht vorgängig ist: ja, daß das Symbolische tatsächlich zugleich auch in einer Anzahl rassisierender Normen besteht und daß die Normen der Echtheit, von denen das Subjekt hervorgebracht wird, rassisch geprägte Konzeptionen des ‚biologischen Geschlechts' sind (Butler 1995, S. 176).

Gender, Class und Race konstituieren gemeinsam das Subjekt als Knotenpunkt widersprüchlicher Zuschreibungen, was eine eindeutige Bestätigung oder Subversion der Normen unmöglich werden lässt (→ **Kapitel 9.1**).

Die Harlemer Bälle experimentieren darüber hinaus mit innovativen Familienordnungen, wie sie Butler in ihrer Studie *Antigone's Claim. Kinship between Life and Death* (2000; *Antigones Verlangen. Verwandtschaft zwischen Leben und Tod*, 2001) ausführlicher untersucht. Auch Verwandtschaft ist nach Butler keine natürliche unwiderrufliche Situation, sondern ein Bündel variierbarer kultureller Praktiken, zu denen auch das Inzest-Verbot gehört.

Judith Butlers Untersuchungen, die Philosophie, Rhetorik und Diskursanalyse verbinden, problematisieren also Identität und bestimmen das Subjekt als Knotenpunkt sich widersprechender reglementierender Praktiken. Die scheinbar natürliche Geschlechterordnung – Begehren und Geschlecht sind heterosexuell verknüpft und es gibt ein weibliches wie männliches ,Wesen' – ergibt sich aus disziplinierenden Zurichtungen des Körpers, die ein vielfältiges Begehren ,verknappen', wie es in der Sprache Foucaults heißen würde. Butler weist Sex grundsätzlich als Gender aus, Anatomie als (je historisches) Wissen und Geschlechtlichkeit als Produkt performativer Akte, die in ihren Wiederholungen die Norm sowohl bestätigen als auch unterlaufen können. Stellen Butlers Überlegungen insbesondere die Heteronormativität der geltenden Geschlechterordnung infrage und verweisen sie auf die Verdrängungsbemühungen einer heterosexuellen Kultur, so leisten sie einen gewichtigen Beitrag zur Queer Theory, die im Folgenden genauer vorgestellt wird.

Fragen und Anregungen

- Warum können Innerlichkeit und Seele als Produkte des Körpers beschrieben werden?
- Warum bringt Foucaults Diskursbegriff eine Absage an das autonome Subjekt mit sich?
- Beschreiben Sie die ,Selbstverständlichkeiten' der heterosexuellen Norm und stellen Sie die Einwände Butlers zusammen.
- Beschreiben Sie das Verhältnis von Subversion und Affirmation, wie es Butler in *Körper von Gewicht* entwickelt.
- Überlegen Sie, inwiefern Sex Gender sein kann, und diskutieren Sie diese Position.
- Schlagen Sie den Begriff Performanz nach und überlegen Sie, über welche alltäglichen Praktiken Gender hergestellt wird.

Lektüreempfehlungen

Seyla Benhabib / Judith Butler / Drucilla Cornell / Nancy Fraser: Der Streit um Differenz. Feminismus und Postmoderne in der Gegenwart, Frankfurt a. M. 1993. *Wichtige Kontroverse, die das politische Engagement von Frauen der dekonstruktivistischen Performanztheorie entgegensetzt.*

Judith Butler: Das Unbehagen der Geschlechter, Frankfurt a. M. 1991. *Gründungstext der deutschsprachigen Gender Studies, der eine subversiv orientierte Performanztheorie des Geschlechts entwickelt.*

Judith Butler: Körper von Gewicht. Die diskursiven Grenzen des Geschlechts, Berlin 1995. *Führt Subversion und Affirmation der Geschlechterperformanz zusammen.*

Michel Foucault: Die Ordnung des Diskurses, Frankfurt a. M. 1974. *Die Vorlesung beschreibt den Diskurs als verknappende und kontrollierende Strategie.*

Marjorie Garber: Verhüllte Interessen. Transvestismus und kulturelle Angst, Frankfurt a. M. 1993. *Untersucht in Anlehnung an Butlers Performanztheorie populäre Filme, Biografien von Transsexuellen, die Gleichsetzung von Weiblichkeit und Judentum etc.*

Hilge Landweer: Jenseits des Geschlechts? Zum Phänomen der theoretischen und politischen Fehleinschätzung von Travestie und Transsexualität, in: Institut für Sozialforschung Frankfurt (Hg.), Geschlechterverhältnisse und Politik, Frankfurt a. M. 1994, S. 139 – 167. *Kritisiert Butlers Analyse des Transvestitischen.*

8 Queer Studies

Abbildung 5: EVA & ADELE: *Close-Up* (1998).

EVA & ADELE sind ein in der internationalen Kunstszene bekanntes Paar, das mit seinen Auftritten in Alltagskontexten, also jenseits des begrenzten Bereichs Museum, die binäre Geschlechterordnung durchkreuzt. Meist gleich gekleidet, treten sie als ‚Serie', als Spiegelungen auf und unterlaufen so die Zuordnung männlich / weiblich. Geschlechtlichkeit wird offensiv als Maskerade ausgestellt und die Identifizierung eines ‚eigentlichen Wesens' unmöglich gemacht. Dieses queere Geschlechterspiel irritiert die von heterosexuellen Normen geprägte Alltagswahrnehmung und thematisiert deren Regeln.

Die Queer Studies setzen sich mit ‚schrägen' Formen des Begehrens jenseits der Heteronormativität auseinander und arbeiten an einer konsequenten Historisierung von Sexualität, wie es erstmals Michel Foucault in seiner Studie *Histoire de la sexualité I: La volonté de savoir* (1976; *Sexualität und Wahrheit. Der Wille zum Wissen*, 1977) unternommen hat. Hat Sexualität eine Geschichte, so ist sie nicht natürlich gegeben, sondern ein Produkt zivilisatorischer Zurichtungen bzw. der

https://doi.org/10.1515/9783110656541-008

Grenzziehungen zwischen ‚Normalität' und ‚Perversion'. Dabei zeichnet sich in den Queer Studies gleichfalls eine dekonstruktivistische Tendenz ab, wenn sie die Annahme schwuler / lesbischer Identitäten infrage stellen und vielfältige Subjektentwürfe sowie Formen des Begehrens wie Trans- und Bisexualität fokussieren. Die Queer Studies entwickeln darüber hinaus neue Lektüreverfahren (Queer reading) und nehmen eine Revision des literarischen Kanons vor, indem sie marginalisierte Texte berücksichtigen und hochkulturelle Werke mit Blick auf verdrängte Geschlechterentwürfe neu lesen. Darüber hinaus vernetzen sich die Queer Studies gegenwärtig mit Nachbardisziplinen wie den Disability Studies, die sich mit der kulturellen Konstruktion von Behinderung beschäftigen. Die Queer Disability Studies untersuchen die kategoriale Verschränkung und gegenseitige Beeinflussung von Heteronormativität, Geschlecht und Behinderung vor der Folie normativer Körperbilder.

8.1 Die Historisierung der Sexualität

Die Queer Studies, die Ausdrucksformen und Praktiken nicht-heteronormativer Sexualität untersuchen, entstehen zu Beginn der 1990er Jahre – Teresa de Lauretis gibt 1991 eine Ausgabe der Zeitschrift *differences* unter dem Titel *Queer Theory: Lesbian and Gay Sexualities* heraus. Dieser Ansatz lenkt „den Blick dahin, wo biologisches Geschlecht (*sex*), soziales Geschlecht (*gender*) und Begehren nicht zusammenpassen" (Jagose 2001, S. 15). Antke Engel versteht die Queer Theory deshalb „als eine Kritik an den definitorischen Grenzziehungen *jeglicher* Identitätsdiskurse und Identitätskonstruktionen" (Engel 2002, S. 41) – ähnlich wie Judith Butler die (Geschlechts-)Identität als ambivalente Fiktion beschreibt (→ **Kapitel 7.2**). Ziele der Queer Studies sind, so fasst Andreas Kraß zusammen,

> die Denaturalisierung normativer Konzepte von Männlichkeit und Weiblichkeit, die Entkoppelung der Kategorien des Geschlechts und der Sexualität, die Destabilisierung des Binarismus von Hetero- und Homosexualität sowie die Anerkennung eines sexuellen Pluralismus, der neben schwuler und lesbischer Sexualität auch Bisexualität, Transsexualität und Sadomasochismus einbezieht (Kraß 2003, S. 18).

Ein zentraler Untersuchungsgegenstand der inzwischen institutionalisierten Queer Studies, die mit ‚queer' das Schräge, das Verqueere, das die Norm Befragende bezeichnen und sich damit einen ehemals abwertenden Begriff angeeignet haben, ist Sexualität in ihrem historischen Wandel. In den Blick rücken sexuelle Praktiken bzw. wissenschaftlich-gesellschaftliche Diskurse und ihre (brüchige) Geschichte. Davon sollen auch die Erkenntnisse und Instrumente der eigenen Disziplinen nicht ausgenommen werden, wie die Herausgeber:innen des Sammelbands *Gender in Bewegung. Aktuelle Spannungsfelder der Gender und Queer Studies* hervorheben (Kleinau / Schulz / Völker 2013).

Maßgeblich für die Historisierung von Sexualität ist Michel Foucaults Untersuchung *Sexualität und Wahrheit. Der Wille zum Wissen* (1976). Die Studie geht davon aus, dass Sexualität kein naturhafter, triebgesteuerter Vorgang ist, sondern zu den Technologien des Selbst gehört, die ihrerseits mit politischen Reglements verknüpft sind. Sexualität ist – ähnlich wie Kate Millett betont (→ **Kapitel 4.1**) – von Macht durchsetzt, ist damit politisch und gehört zu den zentralen Strategien der (Selbst-)Regierung, durch die sich das Subjekt im Sinne der herrschenden Diskurse organisiert. In einer Studie des Bielefelder Interdisziplinären Frauenforschungs-Zentrums (IFF; seit 2016 Interdisziplinäres Zentrum für Geschlechterforschung [IZG]) heißt es entsprechend:

> Die Normierung von Sexualität war und ist Grundlage von Staat und Kultur; gesellschaftliche Institutionen, staatliche Politiken und kulturelle Symbolsysteme sind darauf ausgerichtet, Sexualität in spezifischer Weise zu kanalisieren und zu ritualisieren. (Schmerl / Soine / Stein-Hilbers / Wrede 2000, S. 11)

In *Sexualität und Wahrheit* weist Foucault zunächst die Repressionsthese zurück, die davon ausgeht, dass bürgerliche Institutionen das Schweigen über und die Ausgrenzung von Sexualität befördern. Seit dem 18. Jahrhundert seien vielmehr, so Foucault, polymorphe, also vielfältige, ja wuchernde Sprechweisen über Sexualität entstanden. In „den religiösen Institutionen, in den pädagogischen Maßnahmen, in den medizinischen Praktiken, in den Familienstrukturen" werde ein spezifisches Wissen über Sexualität generiert und tradiert (vgl. Foucault 1977, S. 7). Es herrsche ein hartnäckiger Wille zum Wissen, der Sexualität als Geheimnis behaupte, um es lustvoll zu enthüllen bzw. zum Sprechen zu bringen. Im Zentrum dieser verhüllend-enthüllenden Praxis stehe die Beichte, ursprünglich Teil religiöser Institutionen, die jedoch im 18. Jahrhundert von der Autobiografie, dem Brief und dem Roman abgelöst würde. Beichten spielen bis heute eine zentrale Rolle in polizeilichen Verhören, gerichtlichen Untersuchungen sowie medizinischen Kontrollen. Das Geständnis, das in hochkulturellen Texten, beispielsweise in der Autobiografie von Jean-Jacques Rousseau, *Les Confessions* (1782/88), ebenso zentral ist wie in zeitgenössischen Fernsehformaten, vervielfältigt das Sprechen über das ‚Geheimnis' Sexualität, das keines ist.

Die institutionell und wissenschaftlich reglementierte Form der Sexualität verknüpft das Selbst unhintergehbar mit Machtstrategien. Foucault prägt dafür sowohl den Begriff des Gouvernement, der die staatliche Regierung mit Selbstregulierungen in Beziehung setzt (vgl. Engel 2002, S. 56 – 57), als auch den Begriff der Biopolitik: Die Körper der Bürger:innen sind in der Moderne staatlichen

Eingriffen ausgesetzt, die das physische Leben, also Sexualität, Fortpflanzung und Gesundheit, regeln. Diese Verklammerung von Politik und Körper zeigt sich unter anderem an den umstrittenen staatlichen Maßnahmen gegen Aids, die die massiven Ängste der Öffentlichkeit vor gleichgeschlechtlichen Paaren evident werden lassen (vgl. Jagose 2001, S. 121–122).

Sexualität wird nach Foucault also institutionell kontrolliert, zudem Macht mit Begehren verbunden. Diese Konstellation, die Recht und Pornografie, Verbot und Lust verknüpft, lässt sich auch in Franz Kafkas Texten auffinden. Kafkas Roman *Der Proceß* (1925) verdeutlicht, dass das „Machtverhältnis [...] immer schon da [ist], wo das Begehren ist: es in einer nachträglich wirkenden Repression zu suchen ist daher ebenso illusionär wie die Suche nach einem Begehren außerhalb der Macht" (Foucault 1977, S. 101).

Die Institutionalisierung von Sexualität bedeutet nach Foucault deren Medizinisierung und Pathologisierung, was zum Ausschluss von scheinbar devianten Begehren und Identitätskonzepten führt. Diese Exklusion lässt sich nicht zuletzt am Umgang mit ‚Hermaphroditen‘, mit ‚Zweigeschlechtlichen‘ verfolgen, die im 19. Jahrhundert einer rigiden, medizinisch überwachten Prozedur der Vereindeutigung unterzogen wurden, während sie sich zuvor eigenständig für eine der Geschlechtsidentitäten entscheiden konnten. Foucault führt in seinem Nachwort zu den Erinnerungen des Hermaphroditen Herculine Barbin aus:

> Biologische Sexualtheorien, juristische Bestimmungen des Individuums und Formen administrativer Kontrolle haben seit dem 18. Jahrhundert in den modernen Staaten nach und nach dazu geführt, die Idee einer Vermischung der beiden Geschlechter in einem einzigen Körper abzulehnen und infolgedessen die freie Entscheidung der zweifelhaften Individuen zu beschränken. (Foucault 1998, S. 8–9)

Die von Foucault 1978 veröffentlichte und mit einem Dossier versehene Lebenserzählung von Herculine Barbin bzw. Alexina B. (1838–1868) führt die fatalen Konsequenzen der medizinischen Überwachung vor Augen; sie endet mit einem Selbstmord.

Die kulturelle Genese von Perversionen lässt sich darüber hinaus an der medizinischen Konstruktion der Homosexualität im 19. Jahrhundert ablesen. Wurde noch im 18. Jahrhundert von sodomitischen Praktiken gesprochen, ohne daraus eine Identität abzuleiten, so entwickelt sich im 19. Jahrhundert die Idee einer homosexuellen Persönlichkeit, die durch ihr sexuelles Begehren definiert wird. Den medizinischen Fachausdruck Homosexualität prägt 1869 der Schweizer Arzt Károly Mária Benkert (vgl. Kraß 2003, S. 14). Foucault führt über die früheren Strategien im Umgang mit homosexuellem Begehren aus:

Die Sodomie – so wie die alten zivilen oder kanonischen Rechte sie kannten – war ein Typ von verbotener Handlung, deren Urheber nur als ihr Rechtssubjekt in Betracht kam. Der Homosexuelle des 19. Jahrhunderts ist zu einer Persönlichkeit geworden, die über eine Vergangenheit und eine Kindheit verfügt, einen Charakter, eine Lebensform, und die schließlich eine Morphologie mit indiskreter Anatomie und möglicherweise rätselhafter Physiologie besitzt. Nichts von alledem, was er ist, entrinnt seiner Sexualität. (Foucault 1977, S. 58)

Ein Begehren wird zum Zentrum der gesamten Persönlichkeit erklärt und diese auf eine scheinbar ‚perverse' Sexualität festgelegt.

Die Erfindung der Homosexualität als Identitätskonstruktion lässt deutlich werden – darauf legen die Queer Studies ebenfalls Wert –, dass das Konzept der Heterosexualität ein abgeleitetes ist. Die scheinbaren Abweichungen generieren Normalität, die damit nicht das Ursprüngliche, sondern das Nachträgliche ist. Butler hält fest:

Das Original braucht seine Ableitungen, um sich als Original zu bestätigen, denn Originale sind nur insoweit sinnvoll, als sie sich von dem unterscheiden, was sie als Ableitungen produzieren. Wenn es also die Vorstellung der Homosexualität als Kopie nicht gäbe, dann hätten wir auch keine Konstruktion von Heterosexualität als Original. (Butler 2003, S. 157)

Dass das ‚Normale' ein Effekt des ‚Unnormalen' ist, zeigt sich nach Teresa de Lauretis bereits bei Sigmund Freud, der sich vornehmlich mit ‚abnormalen' sexuellen Praktiken, mit Perversionen, beschäftigt, um die Norm von ihren Rändern her zu definieren (vgl. Lauretis 1996, S. 45). Eine Grundbewegung der Queer Studies ist mithin, das Marginalisierte und Plurale in das Zentrum (der Geschlechternorm) einzutragen.

Werden sexuelle Praktiken von staatlichen sowie wissenschaftlichen Institutionen definiert und überwacht, so fordert Gayle Rubin eine „pluralistische sexuelle Ethik" (Rubin 2003, S. 46), weil Variation eine elementare Eigenschaft des Lebens sei. Gegenwärtig aber fungiere Sexualität als ‚Kampfplatz', um Macht und Ausschlüsse zu definieren:

Dem Bereich der Sexualität wohnen eine eigene Politik, eigene Ungerechtigkeiten und eigene Formen der Unterdrückung inne. Wie andere Aspekte menschlichen Verhaltens sind auch die konkreten institutionellen Formen der Sexualität zu jeder gegebenen Zeit und an jedem gegebenen Ort Produkte menschlichen Handelns. Sie sind von Interessenskonflikten und politischen Manövern durchdrungen, sowohl von bewußten als auch von zufälligen. In diesem Sinne ist Sex immer politisch. (Rubin 2003, S. 31)

Das Rechtssystem, das sexuelle Verkehrsformen auf minutiöse Weise regelt, ist nach Rubin legalisierter Rassismus: „Staatliche Verbote gegenüber gleichgeschlechtlichen Kontakten, Anal- und Oralverkehr machen Homosexuelle zu einer kriminellen Gruppe, der die Privilegien der uneingeschränkten Bürgerrechte abgesprochen werden." (Rubin 2003, S. 58) Empirische Studien belegen, dass Homosexuelle beispielsweise in der Asyl- und Einstellungspolitik weiterhin benachteiligt seien (vgl. Rubin 2003, S. 56–57). In den 1990er Jahren, in der sogenannten postfordistischen Ära, werden Queer People allerdings von der Kultur- und Kreativwirtschaft (engl. Creative Industries) entdeckt und Diversity (ein Sammelbegriff für die Anerkennung minoritärer Gruppen) zur Bedingung ökonomischen Erfolgs erklärt. Creative Industries profitieren maßgeblich von nicht-heterosexuellen Lebensformen in urbanen Zentren, wie Richard Florida in *The Rise of the Creative Class* von 2002 zeigt. Die Norm der hierarchisierten Zweigeschlechtlichkeit wird gleichwohl nicht aufgegeben; Volker Woltersdorff verweist auf die widersprüchliche Gleichzeitigkeit von stabilisierenden und flexibilisierenden Konstruktionen der Geschlechter, „mit der neoliberale Herrschaftsstrategien die Geschlechtssubjekte sowohl aktivieren als auch disziplinieren" (2008, S. 184).

8.2 Die Pluralisierung des Begehrens

Die Geschichte der Gay, Lesbian und Queer Studies ist von unterschiedlichen Allianzen und Zielen gekennzeichnet. Zu Beginn der lesbischen und schwulen Bewegungen ging es vornehmlich um kulturelle Sichtbarkeit und Identitätspolitik, für die ein historisches Ereignis von entscheidender Bedeutung war: Die Polizei führte im Sommer 1969 in dem Schwulenlokal *Stonewall Inn* in der Christopher Street (New York City) eine Razzia durch und provozierte durch ihr radikales Vorgehen einen Aufstand gegen die Diskriminierung von Schwulen und Lesben – am Jahrestag dieses Vorfalls, dem Christopher Street Day, finden noch heute weltweit Demonstrationen statt. Die Konfrontation mit der Staatsmacht führte zu einer Politisierung der schwulen Bewegung, die sich ausdrücklich von dem klinischen Begriff der Homosexualität distanzierte und Gaysein als Identitätspolitik definierte. Zu Beginn der 1990er Jahre vollzog sich jedoch – zumindest in der akademischen Diskussion – ein Paradigmenwechsel, der das essentialistische Konzept (Schwulsein als Identität) durch ein konstruktivistisches (Schwulsein als Performanz) ersetzte.

Auch das Verhältnis zwischen Feminismus und Queer Theory veränderte sich im Verlauf der letzten Jahrzehnte. Fand die radikalfeministische Theorie in den 1970er Jahren in lesbischen Identitäten ihre „symbolische Speerspitze" (Hark 1996, S. 107) und galten Lesben als Avantgarde des Neuen Feminismus, so orientieren sich lesbische Frauen seit den 1990er Jahren eher an den Minoritätserfahrungen von schwulen Männern. Es bilden sich ständig neue Allianzen von Minoritäten, die sich gegenseitig zu stabilisieren versuchen, obgleich die herrschenden Diskurse Solidarisierung systematisch erschweren.

Die Queer Studies reagieren also auch auf dekonstruktivistische Denkansätze und untersuchen beispielsweise die Paradoxien, die die Identitätszuschreibung „ich bin schwul / lesbisch" mit sich bringt (Butler 2003, S. 147). Das Coming-out, das Bekenntnis eines homosexuellen Begehrens, sei zwar einerseits eine Enthüllung (vgl. Jagose 2001, S. 55–56), andererseits eine Verhüllung, weil andere Formen des Begehrens (wie das heterosexuelle) verdrängt würden. Das Coming-out als sich ständig erneuernder Akt lässt nach Butler ausgeblendete Irritationen und Brüche in Identitätsbehauptungen erfahrbar werden, weil die Wiederholungen des Coming-out Differenzen und Verdrängungen produzieren. Die Identitäten von Schwulen und Lesben seien „Schauplätze der Störung, des Irrtums, der Verwirrung und des Unbehagens als Ansatzpunkt für einen gewissen Widerstand gegen Klassifizierung und gegen Identität an sich" (Butler 2003, S. 149). Nach Butler vermögen sich alternative Sexualitäten zwar nicht aus dem Feld der Macht zu verabschieden, jedoch die geltende Ordnung zu deplatzieren.

Die Infragestellung der heterosexuellen Norm eröffnet den Queer Studies das Untersuchungsfeld unterschiedlicher Formen des Begehrens, die grundsätzlich als autonome Praktiken verstanden werden. Das heißt, Forscher:innen beziehen das lesbische Begehren *nicht* auf das heterosexuelle System, bezeichnen eine lesbische Frau *nicht* als invertierten Mann und lesbische Liebe *nicht* als Imitation einer heterosexuellen Beziehung. Bisexualität gilt *nicht* als Kombination von weiblichen und männlichen Anteilen, sondern wird verstanden als „Mittel, um das gesamte *sex / gender*-System zu entnaturalisieren, auf dem nicht nur Heterosexualität, sondern auch gängige Auffassungen des Lesbischen Feminismus beruhen" (Jagose 2001, S. 92). Allerdings bringe der Sammelbegriff queer sowie sein liberaler Pluralismus mit sich, dass Differenzen zwischen Transsexualität, Homosexualität und Bisexualität unsichtbar würden (vgl. Jagose 2001, S. 141).

Dem Phänomen der Bisexualität widmet sich Marjorie Garber in ihrer Studie *Vice Versa* (1995; *Die Vielfalt des Begehrens. Bisexualität von der Antike bis heute*, 2000), die von der Verdrängung bzw. Stigmatisierung der Bisexualität ausgeht und die Vorbehalte benennt, die zuweilen auch Schwule und Lesben äußern (Bisexuelle würden nicht offen zu ihrer Homosexualität stehen). Garber versucht, dieser Marginalisierung durch Sichtbarkeit entgegenzuwirken – eine Strategie, die in den Queer Studies insgesamt Programm ist. Sie untersucht die Bohème-Kultur der Stadtviertel Bloomsbury / London und Harlem / New York, schreibt die Biografien bekannter Persönlichkeiten (von D. H. Lawrence, Oscar Wilde und Vita Sackville-West) zu bisexuellen Narrationen um und konturiert (Lebens-)Räume, die bisexuelle Begegnungen ermöglichen. Garber versteht Bisexualität als eine

Form von Sexualität, „welche die Kategorie der sexuellen Orientierung überhaupt aufhebt", „die einfachen Polaritäten von hetero und schwul, queer und ‚het' aus den Angeln hebt"; sie sei ubiquitär, also „überall und nirgends", denn „es gibt nichts Wirkliches daran" (Garber 2000, S. 81). Setzt Garber in ihrer vorangegangenen Studie *Verhüllte Interessen* (1993) den Transvestiten bzw. die Transvestitin mit dem Möglichkeitssinn der Kultur gleich, so verkörpert nun die Bisexualität als transkategoriale Praxis die (kulturelle) Fantasie schlechthin. Garber spricht von einer „bisexuelle[n] Mobilität der Phantasie" (Garber 2000, S. 37), weil sie die simultane Besetzung von diversen, ja widersprüchlichen Rollen ermögliche und keine festen Rollen zuweise. Bisexualität bedeutet mithin die Weigerung, sich auf eine Sexualität beschränken zu lassen, und lässt narrative Konzepte, Rollenwechsel und Fantasiespiele an die Stelle von Identitätskonstruktionen treten.

Seit Beginn der 1990er Jahre wird darüber hinaus Transsexualität verstärkt zum Thema (vgl. Runte 1996), die die irritierende Differenz zwischen Körper (zum Beispiel männlich) und Gefühl (weiblich) zu bewältigen hat. Die Soziologin Gesa Lindemann, die in der Studie *Das paradoxe Geschlecht* (1993) auf ihre Erfahrungen als Beraterin zurückgreift, betont, dass Transsexualität deshalb einen besonders eindringlichen Blick auf die normative Herstellung von Geschlecht ermögliche. Der Versuch, als anderes Geschlecht wahrgenommen zu werden, führe in drastischer Weise vor Augen, dass die ‚Darstellung' von Geschlecht kulturellen Regeln folge, die auch darüber entschieden, welche Akte eine Frau zur Frau, einen Mann zum Mann machen würden (vgl. Lindemann 1993, S. 24).

Lindemann beschreibt Transsexualität, die die Differenz von Begehren, Affekt und körperlicher Ausstattung ausagiert, vor dem Hintergrund der philosophischen Anthropologie Helmuth Plessners aus den 1920er Jahren. Lindemann übernimmt Plessners Trennung von Leib als affektiv-innerliche Erfahrung und Körper, der im sozialen Interaktionsraum als Symbol für Geschlecht und als geschlechtliches Ding wahrgenommen wird (vgl. Lindemann 1993, S. 36–37). Im öffentlichen Raum herrschen gesellschaftlicher Druck und soziale Kontrolle, denen auch die geschlechtlichen Darstellungen unterworfen sind – Lindemann betont stärker als zum Beispiel Butler die soziale Überwachung und die Grenzen geschlechtlicher Variabilität. In ihren Fallstudien zeichnet sich ab, dass das biologisch vorgegebene Geschlecht zunächst derealisiert wird (vgl. Lindemann 1993, S. 66–67), das heißt als fremd und unnormal erscheint – Voraussetzung dafür, dass die kulturellen Bedingungen geschlechtlicher Performanz kenntlich werden. Zuweilen erfolgt dann der operative, medizinisch überwachte Geschlechtswechsel und gegebenenfalls die Normalisierung des neuen Geschlechts. Das postoperative Geschlecht wird idealerweise als das ‚richtige' empfunden, das Körper und Leib im Sinne Plessners zur Deckung bringt.

Persson Perry Baumgartingers Studie *Trans Studies. Historische, begriffliche und aktivistische Aspekte* (2017) kann als erste Einführung in dieses Forschungsfeld im deutschsprachigen, insbesondere österreichischen Raum gelten. Baumgartingers Ausgangsthese lautet, dass auch in der Forschung ein Umdenken von Sex / Gender zu „trans-" nötig sei (vgl. Baumgartinger 2017, S. 29). Um Phänomenen der Grenzüberschreitung angemessen begegnen zu können, sei es zudem wichtig, stets „aus dem aktivistischen Blick zu forschen und nicht aus dem akademischen Standort ‚die Betroffenen'" zu analysieren (Baumgartinger 2017, S. 30). Baumgartinger definiert die Trans Studies mithin als engagierte Wissenschaft und „Teil eines politischen Projekts" gegen Diskriminierung (Baumgartinger 2017, S. 25 – 26).

Mit dem Verhältnis von Transgender (vgl. auch Stryker / Whittle 2006) und Intersexualität beschäftigt sich der interdisziplinäre Sammelband *Transgender and Intersex: Theoretical, Practical, and Artistic Perspectives* (2016) von Stefan Horlacher, der die Nähe bzw. Distanz beider Communities auslotet, strategische Allianzen zu entwickeln versucht und Repräsentationen im Populärdiskurs in den Blick nimmt. Es geht dabei sowohl um das Erfahrungswissen der Gruppen als auch um Darstellungen in Literatur, Film, Fotografie und Sport. Aktivist:innen aus der intersexuellen Szene betonen zudem das Menschenrecht auf einen unversehrten Körper; operative Geschlechtsangleichungen und -umwandlungen hingegen kritisieren sie als problematische Erzeugnisse eines auf geschlechtliche Eindeutigkeit festgelegten Gesellschaftssystems (vgl. von Wahl 2018, S. 130; zu aktuellen Forschungsbeiträgen der Trans und Inter Studies im deutschsprachigen Raum Mader / Gregor / Saalfeld u. a. 2021).

Zwei queere Ansätze, die in gewissem Sinne auch den kritischen Männerstudien zugerechnet werden können, entwickeln Lee Edelman und Judith-Jack Halberstam. Lee Edelman setzt sich in *No Future. Queer Theory and the Death Drive* (2004) mit dem ideologisch hoch aufgeladenen Bild des KINDES, einer symbolischen Verkörperung der Zukunft, auseinander. Das KIND stelle, so seine Analyse der (US-amerikanischen) Gesellschaft, die Grundlage jeglicher Politik dar, weil es die Zukunft, also Futurität verkörpere, die aus der Projektion einer imaginären Vergangenheit auf die Zukunft hervorgehe. Es gewährleiste damit gesellschaftliche Kontinuität bzw. die Inszenierung von Unsterblichkeit und der teleologischen (zielgerichteten) Entwicklung einer Gemeinschaft und legitimiere die gegenwärtige heterosexuelle Ordnung sowie den konstitutiven Ausschluss queerer Identitäten. Diese Futurität, die unterschiedlichste Narrationen beschwören, kann nach Edelman jedoch nie eintreten, da die Bedeutung nicht mit dem Zeichen zusammenfällt – Edelmann schließt unverkennbar an das dekonstruktivistische Modell Jacques Lacans an, das Aufschub und Mangel zu grundlegenden Erfahrungen erklärt. Die narrativ entwickelte Zukunft werde nie einer realen entsprechen, ebensowenig wie die imaginäre Identität eines Subjektes erreicht werden könne.

Die queere Haltung hingegen widersetze sich, so Edelman, der Futurität und entwerfe ein davon abweichendes Zeitkonzept, das sich hedonistisch, lustvoll und asozial auf die reine Gegenwart konzentriere, ohne sich der Reproduktion, der Aufrechterhaltung der menschlichen Gattung, zu verpflichten. Dem Queeren kommt also die Funktion zu, den reproduktiven Futurismus zu negieren. Ein möglicher Ausdruck von Queer sei die Ironie, die Narrationen vom zukünftigen Leben unterbreche und sprachliche Konstruktionen sichtbar mache.

Judith-Jack Halberstam untersucht in seiner Studie *Female Masculinty* (1998) diverse Spielarten weiblicher Maskulinität und versteht Männlichkeit ausdrücklich als soziales Phänomen und Maskerade. Er analysiert mit Blick auf Hoch- wie Unterhaltungskultur, also Comics, Filme und Performances, unterschiedliche Darstellungen weiblicher Männlichkeit wie Butch-Repräsentationen, Drag Kinging und Transgender-Existenzweisen, die Männlichkeiten als Inszenierungen kenntlich machen, weil sie vom anatomischen Geschlecht abgekoppelt sind; er unterscheidet auch Weiße von Schwarzen Männlichkeiten, berücksichtigt also Kategorien wie Race und Class. Wie sehr Alltagsroutinen und Institutionen die Bewegungsfreiheit von queerer Männlichkeit (und Weiblichkeit) einschränken, zeigt Halberstam am Beispiel von Damentoiletten, auf denen Female Masculinity als störendes Element wahrgenommen wird.

8.3 Queer reading

Die Queer Studies gehen davon aus, dass die heteronormative Kultur von verdrängten Formen des Begehrens durchzogen ist, und entwickeln innovative Lektüreverfahren, um verbotenen Begehrensströmen in (kanonischen) Texten nachzuspüren. Diese als Queer reading bezeichnete

> Leseweise fragt mit den methodischen Mitteln der Diskursanalyse, des Poststrukturalismus, der Psychoanalyse und der Dekonstruktion nach erotischen Subtexten und Schattengeschichten, die der heteronormativen Zeichenökonomie einer literarischen (bzw. filmischen) Erzählung zuwiderlaufen (Kraß 2003, S. 22; zum Queer reading als Filmanalyse → **Kapitel 11.4**).

Einschlägig ist in diesem Zusammenhang die Anthologie von Eve Kosofsky Sedgwick, *Novel Gazing. Queer Readings in Fiction* (1997), die Texte von Marcel Proust, Honoré de Balzac, Oscar Wilde, Henry James und anderen mit Blick auf queere Männlichkeitskonstruktionen neu liest (vgl. auch Sedgwick 1990). Sedgwick untersucht insbesondere männliche Seilschaften, das heißt das Male bonding in homosozialen Bünden. In ihrer Einleitung zu *Between Men. English Literature and Male Homosocial Desire* (1985) hält die US-amerikanische Forscherin fest, dass der Neologismus ‚homosozial' die sozialen Bindungen zwischen Personen desselben Geschlechts, genauer: die Aktivitäten des Male bonding bezeichne, die sich durch ihre Homophobie (die Angst vor Homosexualität) charakterisieren ließen. Basiert eine patriarchale Gesellschaft einerseits auf männlichen Pakten sowie der (erotischen) Nähe von Männern, so lehnt sie andererseits Homosexualität ab, weil das schwule Begehren die geheime Struktur homosozialer Männerbünde, also die libidinösen Energien zwischen Männern, erkennbar werden lässt. Ihre Lektüren versuchen, Männerbünde mit ihrem verdrängten erotischen Potenzial aufzuladen, das heißt Homosozialität und Homosexualität als Kontinuum sichtbar zu machen (vgl. Sedgwick 1985, S. 1–2). Sedgwick erklärt, dass die

> willkürliche und selbstwidersprüchliche Art und Weise, in der *Homosexualität* [...] in Bezug zum Rest des männlichen homosozialen Spektrums definiert wurde, ein äußerst potenter und kampffähiger Ort der Machtausübung gewesen ist; er kontrollierte den gesamten Bereich männlicher Bindungen und vielleicht gerade *die* Männer am wirkungsvollsten, die sich selbst gerade nicht als homosexuell, sondern als *gegen* das Homosexuelle definierten. (Sedgwick 1992, S. 250)

Männlichkeit bewegt sich damit prinzipiell in einem Double bind: Institutionen (wie Militär, Sport etc.) fordern die Nähe von Männern ein, die sie (als Homosexualität) verbieten.

Die engen Beziehungen zwischen Männern können durch Frauen verstärkt werden, die als ‚Copula', als Verbindungsglieder zwischen Männern, und als Symbole ihrer Macht fungieren. Diese Struktur zeigt sich beispielsweise in Franz Kafkas Romanen *Der Proceß* (1925) und *Das Schloß* (1926) sowie in Mary Shelleys Roman *Frankenstein* von 1819, an dem Sedgwick die Copula-Funktion des Weiblichen illustriert (vgl. Sedgwick 2003, S. 252). Anhand von Henry James' Erzählung *The Beast in the Jungle* (1903; *Das Tier im Dschungel*, 1958) untersucht sie die rhetorischen Figuren der Homosexualität (vgl. Sedgwick 2003, S. 262). Henry James verbirgt das unaussprechliche homosexuelle Begehren unter heterosexuellen Deckgeschichten, arbeitet vornehmlich mit Negationen und verdeutlicht unwillkürlich die Konsequenz der Verdrängung für die Protagonistin: Sie stirbt und wird zur klassischen schönen Leiche stilisiert (→ **Kapitel 4.4**). Allein die Anerkennung eines schwulen Begehrens ermöglicht Frauen Erfahrungen und nicht den Tod, so lässt sich aus Sedgwicks Lektüre schließen.

Neben einer Relektüre des klassischen Kanons versucht das Queer reading, maginalisierte lesbische und schwule Texte in den wissenschaftlichen Diskurs zu integrieren. Teresa de Lauretis zum Beispiel setzt sich mit der lesbischen

Schriftstellerin Gertrude Stein auseinander, deren experimentelles Erzählen aus der ersten Hälfte des 20. Jahrhunderts dem binären Geschlechterdiskurs zu entkommen trachtet und daran arbeitet, das Geschlecht

> zu leugnen, zu transzendieren oder exzessiv auszustellen und das Erotische in verschlüsselte, allegorische, realistische, campe [das heißt übersteigerte, travestierende Formen; F.S., L.W.] oder andere Formen der Repräsentation einzuschreiben (Lauretis 2003, S. 86).

Djuna Barnes Roman *Nightwood* (1936; *Nachtgewächs*, 1959), der über das offensive Versagen der Sprache sowohl die Grenzen der diskursiven Definitionsmacht signalisiert als auch das Unvermögen, eine lesbische Liebe zu artikulieren, wird ebenso zum Gegenstand literaturwissenschaftlicher Betrachtungen wie Radclyff Halls lesbischer Gründungstext *The Well of Loneliness* (1928; *Quell der Einsamkeit*, 1929) und Monique Wittigs Schriften zwischen Theorie und Prosa. Nach de Lauretis führen diese Texte vor, dass Repräsentation und Begehren nicht zur Deckung kommen können.

Auch deutschsprachige Untersuchungen widmen sich literarischen wie bildkünstlerischen Ausdrucksformen eines queeren Begehrens. Der Band *Über die Grenze* (2006) von Annette Runte zum Beispiel versammelt ihre Aufsätze über Varianten geschlechtlicher Entgrenzung wie Androgynie, Transsexualität und Travestie. Runtes theoretisch versierte Studien decken ein breites historisches Panorama ab und beschäftigen sich mit der barocken höfischen Kultur, der französischen Literatur des 19. Jahrhunderts sowie mit deutschen Texten zwischen Romantik (Karoline von Günderrode) und Jahrhundertwende (Hugo von Hofmannsthal), zudem mit dem Tanz (Vaslav Nijinsky) und der Malerei (Giorgio de Chirico), insbesondere der Popart (Andy Warhol), die an die Stelle der binären Geschlechtermatrix die serielle Wiederholung von Androgynie treten lässt.

Dass auch ostentativ queer anmutende Stoffe ihr dekonstruktivistisches Potenzial nicht immer ausschöpfen, zeigt Dirk Schulz (2020) in seiner queertheoretischen Analyse von Didier Eribons *Rückkehr nach Reims* (2009). In der autofiktionalen Herkunftsgeschichte (die auch als Bildungsroman oder Coming Out-Geschichte gelesen werden kann), erzählt Eribon vom gesellschaftlichen Ausschluss bzw. Rückzug im Zuge seines eigenen sozialen Aufstiegs. Schulz zufolge erscheinen dabei vor allem zwei Konfliktlinien zentral, wenn zum einen ‚schwule Identitätsfindung' gegen ‚provinzielle Herkunft' und zum anderen das Klassenmilieu der Arbeiter:innen gegen akademische Intellektuellenkreise gesetzt würden (vgl. Schulz 2020, S. 87). Während der Text zwar ausgesprochen reflektiert die durch diese Kategorien erzeugte Marginalisierung und den teils hohen Leidensdruck thematisiere, würden insbesondere durch die Erzählweise ebendiese kategorialen Zugehörigkeiten und die mit ihnen in Verbindung stehenden Hierarchien bestätigt, essenzialisiert und teilweise auch affirmiert – und gerade nicht als „Konstrukte in ihrer Kontingenz validiert" – werden (Schulz 2020, S. 88). Schulz kritisiert, dass Eribon so „bestehende Ideologien des gesellschaftlichen Aufstiegs als Intellektueller und der Selbstfindung im Coming Out als Schwuler" bewahre und bestätige (Schulz 2020, S. 90), wenn er auf das soziale Umfeld seiner Herkunft vor allem mit Scham herabblicke, es als Stigma auffasse und die Situation seiner gesellschaftlichen Ankunft insgesamt als positiv und erstrebenswert markiere.

Queere Lektüren präsentierte zudem von 1987 bis 2007 die Zeitschrift *Forum Homosexualität und Literatur*, die auch ‚schräge' Lesarten von ‚großen' Autor:innen der deutschen Literaturgeschichte veröffentlicht hat. Ergiebig ist das Thema Homosexualität bei Johann Wolfgang Goethe (vgl. Elsaghe 1995; Tobin 2000), zum Beispiel in seinen *Schweizer Briefen* und der berühmten Episode über den Fischerknaben aus *Wilhelm Meisters Wanderjahre* (1821/29); die Turm-Gesellschaft aus *Wilhelm Meisters Lehrjahre* (1795/96) lässt sich als homosozialer Männerbund beschreiben. Auch Adalbert Stifters Bildungsroman *Der Nachsommer* (1857) erzählt von Homosexualität (vgl. Morrien 2001), ebenso Kafkas Romane, die als präzise Studien über Male bonding gelesen werden können (vgl. Boa 1996). Das Studienbuch ‚*Queer' lesen: Anleitung zu Lektüren jenseits eines normierten Textverständnisses* (2019) von Katja Krauer trägt ebenfalls zur Erforschung kanonisierter Autor:innen bei und erweitert mit der Relektüre älterer und neuerer Werke wie Annette Kolbs *Die Schaukel* (1934) oder Charlotte Roches *Mädchen für alles* (2015) das Feld kritischer literaturwissenschaftlicher Analysen.

8.4 Disability im Kontext von Gender und Queer

Ähnlich wie in den Gender und Queer Studies spielen auch in den Disability Studies Körperdiskurse eine zentrale Rolle sowie das Anliegen, die Beschaffenheit gesellschaftlicher und kultureller Körperbilder und -politiken kritisch zu hinterfragen. Gender, Queer und Disability Studies können deshalb eine fruchtbare intersektionale Verbindung (→ **Kapitel 9.2**) eingehen. Gemeinsames Erkenntnisinteresse ist, wie gesellschaftliche Normen hergestellt werden und nach welchen Richtlinien und unter welchen Prämissen die Gesellschaft Normalitäten produziert (vgl. zu den Disability Studies auch Dederich 2007, S. 20). Im Folgenden werden zunächst die Disability Studies skizziert, um dann auf das Verhältnis von Gender Studies und Disability Studies sowie die zentralen Thesen der Queer Disability Studies einzugehen, die Heteronormativität, Geschlecht und Behinderung als gegenseitige Hervorbringungs- und Durchdringungsverhältnisse begreifen und zeigen, dass Identitätszuschreibungen auch im Kontext von Behinderung über die Achsen Geschlecht und Sexualität organisiert werden.

Disability Studies

Die Disability Studies entstehen in den späten 1970er Jahren in den USA und in Großbritannien im Kontext der politischen Behindertenbewegung (Disability Rights Movement). Für die deutschsprachigen Disability Studies gilt die Ausstellung *Der [im]perfekte Mensch* des Hygiene-Museums Dresden (2000 – 2001) als wesentlicher Impuls; in diesem Kontext entstanden die beiden Bände *Der (im-) perfekte Mensch. Vom Recht auf Unvollkommenheit* (2001) und *Der (im-)perfekte Mensch. Metamorphosen von Normalität und Abweichung* (2003). Mittlerweile hat sich ein internationales Netzwerk entwickelt, zu dem auch die deutschsprachige Forschung zählt, wenngleich die hiesigen Disability Studies noch im Aufbau begriffen sind. Einen guten Überblick über das weltweite Forschungsnetzwerk der Disability Studies (gegliedert nach geografischen Räumen, institutionellen Zusammenhängen und Personen) geben Werner Schneider und Anne Waldschmidt (2012, S. 134 ff.).

In der Literaturwissenschaft wurde Behinderung lange Zeit weitestgehend ignoriert. Obgleich sich in der Literatur- und Kulturgeschichte zahlreiche Figuren mit Behinderungen finden lassen (man denke unter anderem an Goethes Götz-Figur aus dem Drama *Götz von Berlichingen*, Richter Adam aus Kleists *Der zerbrochne Krug* oder auch Klara aus Johanna Spyris' Roman *Heidi*), bleibt Behinderung häufig ein Randthema. Erste erkenntnisreiche Studien, die – anders als ältere, motivgeschichtliche Arbeiten wie die von Hans-Jörg Uther (1981) oder Helmut Bernsmeier (1980) – den Begriff Behinderung nicht unreflektiert lassen, stammen aus den literatur- und kulturwissenschaftlichen Disability Studies des angloamerikanischen Raums. Auch in der germanistischen Literaturwissenschaft wird das Analyseinstrumentarium der Disability Studies vereinzelt auf die Literaturanalyse übertragen (u. a. Helduser 2016; Müller 2018; Luserke-Jaqui 2019). Die Verflechtungen von Behinderung und Geschlecht sind bislang jedoch nahezu ausgespart geblieben (vgl. jedoch Helduser 2020).

Die Disability Studies begreifen Behinderung grundsätzlich als kulturelles Phänomen, das gesellschaftlich hervorgebracht wird; sie bedienen sich eines kritischen dekonstruktivistischen Ansatzes und fragen danach, unter welchen Voraussetzungen, welchen Legitimierungsprozessen und mit welchem Interesse „– historisch, sozial und kulturell – ‚Andersheit' als Behinderung hergestellt, verobjektiviert und institutionalisiert [wird]" (Schneider / Waldschmidt 2012, S. 129). Während im deutschsprachigen Raum der Begriff Behinderung als Sammelbezeichnung für körperliche und geistige Beeinträchtigung fungiert, wird im angloamerikanischen Sprachraum zwischen Beeinträchtigung und Behinderung differenziert: ‚impairment' meint „die funktionale Einschränkung einer Person aufgrund einer körperlichen, geistigen oder psychischen Schädigung", ‚disability' umfasst hingegen den „Verlust oder die Beschränkung von Möglichkeiten, am Leben in der Gemeinschaft gleichberechtigt teilzunehmen aufgrund räumlicher und sozialer Barrieren" (Köbsell 2010, S. 19). Ähnlich wie die Gender Studies Kritik an der Differenzierung zwischen Sex / Gender (biologisches / soziokulturell konstruiertes Geschlecht) üben, kritisieren die Disability Studies die Natur- / Kultur-Binarität, die die Unterscheidung von impairment und disability zementiert. Vor allem der Begriff impairment (im Sinne von körperlicher Beeinträchtigung) halte an einem essentialistischen Körperbild fest. Diesem Essentialismus setzen die Disability Studies ein kulturelles Modell entgegen, das um die Jahrtausendwende im angloamerikanischen Raum entsteht und ab den frühen 2000er Jahren auch im deutschsprachigen Raum an Bedeutung gewinnt (vgl. hierzu Waldschmidt 2005, S. 24 ff.). In poststrukturalistischer Tradition und im Anschluss an den Linguistic und Cultural Turn arbeitet das kulturelle Modell „die Untrennbarkeit unseres Denkens über den Körper von ästhetischen, moralisch-normativen, sozialen, medizinischen Vorstellungen heraus" (Dederich 2007, S. 58), die diskursiv in die Körper eingeschrieben sind.

Geschlecht und Behinderung als interdependente Kategorien: Körperdiskurse

Gender Studies und Disability Studies begegnen sich bereits dort, wo das Männliche zum ‚neutralen' Geschlecht stilisiert und historisch als das ‚Allgemeinmenschliche' ausgeflaggt wird – im androzentrischen Diskurs (→ **Kapitel 2**). Dieser installiert in der westlichen Kulturgeschichte den weißen männlichen nicht-behinderten Körper als Norm, während der weibliche wie der beeinträchtigte, behinderte Körper zum Gegenpart bzw. zum ‚anderen' Körper erklärt wird. Rosemarie Garland-Thomson, deren Buch *Extraordinary Bodies* (1997) zu den Standardwerken der feministischen Disability Studies zählt, macht auf die Ähnlichkeiten zwischen behinderten und weiblichen Körpern aufmerksam:

[B]oth the female and the disabled body are cast within cultural discourse as deviant and inferior; both are excluded from full participation in public as well as economic life; both are defined in opposition to a valued norm which is assumed to possess natural corporeal superiority. (Garland-Thompson 1997b, S. 279)

Sie bezieht sich auf die aristotelische Lehre der Körperformen: Aristoteles entwickelt Vorstellungen vom Normalen und Abnormalen, wobei er den männlichen
Körper, in hierarchischer Abstufung zu anderen Körpern, als das Generische, als
die Norm etabliert. Diesem Konzept nach stellt der weibliche Körper als „muti-
lated male" (Garland-Thompson 1997b, S. 280), als ‚verstümmelte Männlichkeit',
eine erste Devianzstufe dar. Auch der von Aristoteles berücksichtigte ‚monströse'
Körper, der den behinderten Körper symbolisiert, wird am männlichen Normbild
gemessen und als deviant untergeordnet (vgl. Raab 2010, S. 78). Auf diese Weise
wird „der Grundstein eines bis in die Gegenwart hineinwirkenden Diskurses
[gelegt], der Weiblichkeit und Behinderung durch eine hierarchische somatische
Ordnung der Differenz miteinander verkoppelt" (Raab 2010, S. 78–79). Zugleich
wird in der intersektional argumentierenden Studie Thomsons deutlich, dass die
Kategorie Behinderung weitere Ungleichheiten mit sich bringt; so dient die Figur
der behinderten Frau als „normative Abgrenzungsfolie gegenüber normalen
weiblichen und männlichen Körpern" (Raab 2010, S. 79).

Weiblichkeit und Behinderung sind darüber hinaus in besonderem Maße mit
gesellschaftlicher Verfügungsgewalt und Objektifizierung konfrontiert, allerdings
auf unterschiedliche Weise, wie sich an der medialen Repräsentanz ablesen lässt.
Der Omnipräsenz eines weiblichen objektifizierten (Ideal-)Körpers steht die mediale und öffentliche Unsichtbarkeit von Menschen mit Behinderung konträr
gegenüber (vgl. Raab 2010). Während der nicht-behinderte weibliche Körper allgegenwärtig ist, wird der behinderte Körper nur selten gezeigt, und wenn, dann
gemäß „stereotypen Mustern und [...] in der Regel abwertend. D. h. diese Körper
werden mit ‚anderen' Blicken bedacht als diejenigen, die nicht offensichtlich
‚anders' sind." (Köbsell 2010, S. 24) Nach Swantje Köbsell sind mit der Kategorie
Behinderung Zuschreibungen wie „Abnormalität, Unfähigkeit, Abhängigkeit,
Unattraktivität und Passivität" verbunden (Köbsell 2010, S. 18; vgl. weiter Johnstone 2001, S. 17). „Frauen werden zum Sexualobjekt gemacht, ‚mit Blicken
ausgezogen'; behinderte Menschen werden angegafft und mit großer Selbstver-
ständlichkeit danach gefragt, was sie denn ‚gemacht' hätten, was ihnen zuge-
stoßen sei" (Köbsell 2010, S. 24).

Eine intersektionale Analyse lässt also die parallelen Hierarchisierungsraster
von Geschlecht und Behinderung deutlich werden. Beide Bewertungsskalen
„werden im Alltag mit anderen Menschen und Instituten ständig hergestellt.
Gender und Behinderung haben mit den gleichen Themen zu tun: dem Körper, der
Ungleichheit der Identität und der Sexualität." (Köbsell 2010, S. 21) Dabei dient
die Reglementierung der ‚anderen', nicht männlich-normativen Körper – sei es
der idealisierte weibliche oder der marginalisierte behinderte Körper – der Disziplinierung des ‚Anderen' im Allgemeinen, wodurch sich die Machtstrukturen
einer Gesellschaft deutlich intensivieren (vgl. Wille 2019b).

Queer Disability Studies

Dass auch die Queer Studies und Disability Studies eng miteinander verwoben sind, verdeutlicht ein Blick auf die Analogien zwischen Homosexualität und Behinderung, die, wie Heike Raab bilanziert, auf das nur allzu Bekannte rekurrieren: „nämlich, dass Homosexualität die längste Zeit als Krankheit bzw. im Falle von Transsexuellen als psychische Störung galt." (Raab 2010, S. 79) Diesen Analogien widmen sich die Queer Disability Studies genauer. Als wichtiger Mitbegründer gilt der US-Amerikaner Robert McRuer, der sich in *Crip Theory* (2006) mit der kulturellen Genese von Queerness und Behinderung befasst; die englische Bezeichnung Crip wird im Deutschen mit dem – ebenfalls abschätzigen – Begriff Krüppel übersetzt. Ähnlich wie in der Queer Theory geht es auch in der Crip Theory darum, dass sich die als Crippled Bezeichneten den Begriff Crip aneignen und für sich reklamieren, um die Deutungshoheit zurückzugewinnen (ähnlich wie feministische Kreise mit den Begriffen Slut und Bitch umgehen – zu denken wäre an die Protestmärsche Slutwalks oder Bücher wie Laurie Pennys *Bitch Doktrin*, 2017). In *Crip Theory* verbindet McRuer die Queer Theory mit den Disability Studies, indem er unter anderem (Hetero-)Sexualität und (Nicht-)Behinderung verknüpft. Er rekonstruiert die Geschichte der Heterosexualität wie die des nicht-behinderten Körpers und betont, dass der gesellschaftliche Zwang zur Heterosexualität und die Norm eines leistungsfähigen, nicht-behinderten Körpers zusammengedacht werden müssen. Diese „compulsory able-bodiedness" und „compulsory heterosexuality" (McRuer 2006, S. 10) bringen im Gegenzug Queerness und Behinderung als gesellschaftliche Anormalität hervor.

Heike Raab greift die intersektionalen Ansätze von Rosemarie Garland Thomson und Robert McRuer auf und kritisiert vor diesem Hintergrund das Konzept der verqueerenden Körperpolitiken von Judith Butler als zu kurzschlüssig und begrenzt. Ihrer Beobachtung nach funktioniere die heteronormative Geschlechterordnung nicht nur entlang der Kategorien Sexualität und Geschlecht; ebenso notwendig sei es, die Kategorie Behinderung miteinzubeziehen. Denn Behinderung konstituiere sich ebenfalls mit und durch die heteronormative Geschlechterordnung – jedoch so, dass mit dem Merkmal Behinderung die Positionierung als nicht-sexuell (Asexualität) und nicht-geschlechtlich (Ageschlechtlichkeit) einhergehe (vgl. Raab 2010, S. 81). Mit anderen Worten:

> Heteronormativität unterstellt demnach nicht nur heterosexuelles Begehren als ‚normal'. Heteronormativität ist zugleich an ganz bestimmte performative Verkörperungen von Geschlechterdifferenz und Begehren geknüpft, die eine deutlich erkennbare Position in der Geschlechterordnung repräsentieren. (Bereswill 2020, S. 263)

In diesem Fall wäre Behinderung

> möglicherweise nicht in die heteronormative Matrix eingetragen, sodass das Moment des heteronormativen Zwangs nicht dadurch zur Geltung gelangt, dass nur binäre Geschlechterkodierungen zur Verfügung stehen, sondern vielmehr dadurch, dass diese Kodierungen nicht zur Verfügung stehen, dadurch Zwang entfaltet wird und damit Menschen aus der heteronormativen Ordnung ‚herauszufallen' drohen. (Bereswill 2020, S. 263)

Das heißt, dass von dem Moment an, in dem eine Beeinträchtigung vorliegt, „das Merkmal ‚behindert' so dominant [wird], dass Geschlecht oftmals kaum oder keine Berücksichtigung findet." (Köbsell 2010, S. 20) Dass vor allem bei Frauen und Mädchen die Kategorie Behinderung mit einem Absprechen von Weiblichkeit und sexuellem Begehren einhergeht, liegt an den normierten Weiblichkeitsvorstellungen, die mit Sexualität und körperlichen Reizen eng verbunden sind.

Zugleich eröffnet die Einsicht in die Normierungsprozesse, die sich über die Achsen Heteronormativität, Geschlecht und Sexualität organisieren und den behinderten Körper ausgrenzen, aber auch die Möglichkeit, die vorgeschriebenen Identitätszwänge zu unterlaufen, „indem angeblich ontologische Fixierungen von Identitäten und Körpern verschoben, überschritten oder auch betont reinszeniert werden" (Bereswill 2020, S. 263; vgl. dazu Raab 2010).

Zusammenfassend lässt sich festhalten, dass sich die Queer Studies mit Lebensweisen und kulturellen Ausdrucksformen jenseits der Heterosexualität beschäftigen, wobei die Identitätspolitik von Schwulen und Lesben seit den 1990er Jahren zumindest im akademischen Feld von (de-)konstruktivistischen Ansätzen abgelöst wird. Queeres Begehren lässt sich als ambivalente Performanz beschreiben, die die Bedingungen der heterosexuellen Ordnung sichtbar macht und diese grundiert. Entsprechend legt das Queer reading das Kontinuum von Homosozialität und Homosexualität in literarischen Texten frei und macht die Grenzen der sprachlichen Ordnung kenntlich, die auf die Artikulation von queerem Begehren mit narrativen Brüchen reagiert. Die intersektionale Erweiterung der Queer Studies kann durch die Kategorie Behinderung zudem neue Perspektiven auf Normierungsprozesse von Körper, Geschlecht und Sexualität eröffnen, indem mit den Queer Disability Studies die kategoriale Verschränkung von Heteronormativität, Geschlecht und Behinderung vor dem Hintergrund normativer Körperbilder untersucht wird.

Fragen und Anregungen

- Kommentieren Sie die These Michel Foucaults, die Redeweisen über Sexualität hätten sich seit dem 18. Jahrhundert vervielfältigt.
- Über welche Praktiken und Gesetze sind Ihrer Wahrnehmung nach Sexualität und politische Macht verklammert?
- Warum nimmt die Beichte eine zentrale Stellung in Foucaults Argumentation ein und wo wird sie heute (in säkularisierter Form) praktiziert?
- Warum macht Transsexualität die (repressiven) Mechanismen der Geschlechterordnung in besonderer Weise erfahrbar?
- Rekonstruieren Sie den Zusammenhang von Homosozialität und Homosexualität, wie ihn Eve Kosofsky entwickelt.
- Lesen Sie Kafkas Roman *Der Proceß* und beschreiben Sie die Funktion der Frauen im männlichen Machtgefüge.
- Überlegen Sie, welche Figuren Sie aus der Literatur mit dem Merkmal Behinderung kennen und wie diese geschlechtlich markiert sind.

Lektüreempfehlungen

Anna Babka / Gerald Posselt: Gender und Dekonstruktion. Begriffe und kommentierte Grundlagentexte der Gender- und Queer-Theorie. Unter Mitarbeit von Sergej Seitz und Matthias Schmidt, Stuttgart 2016. *Umfassender Band mit historisch systematischer Hinführung, Begriffsglossar und kommentierter Bibliografie zu den Grundlagen der Gender- und Queer-Theorie.*

Nina Degele: Gender/Queer Studies. Eine Einführung, Paderborn 2008. *Gibt einen guten Überblick über die Verflechtungen von Gender und Queer Studies anhand von Geschichte, Theorie, Methodologie und Anwendungsfeldern.*

Michel Foucault: Sexualität und Wahrheit, Bd. 1: Der Wille zum Wissen, Frankfurt a. M. 1977. *Der Gründungstext der Queer Studies rekonstruiert die wissenschaftliche Genese von 'Perversionen' im 19. Jahrhundert.*

Marjorie Garber: Die Vielfalt des Begehrens. Bisexualität von der Antike bis heute, Frankfurt a. M. 2000. *Entwirft eine heterogene Geschichte der Bisexualität als Ausdruck einer grenzüberschreitenden Kultur- und Fantasieproduktion.*

Sabine Hark (Hg.): Grenzen lesbischer Identitäten, Berlin 1996. *Einschlägiger Sammelband der Queer Studies, der die Geschichte schwuler / lesbischer Emanzipation sowie ihre Differenzen rekonstruiert.*

Annamarie Jagose: Queer Theory. Eine Einführung, Berlin 2001. *Die 1996 entstandene, inzwischen als Standardwerk geltende Einführung stellt theoretische Modelle sowie historische Entwicklungen vor.*

Andreas Kraß (Hg.): Queer Denken. Gegen die Ordnung der Sexualität. Queer Studies, Frankfurt a. M. 2003. *Sammelband mit einschlägigen Aufsätzen von Judith Butler, David M. Halperin, Teresa de Lauretis, Gayle S. Rubin, Eve Kosofsky Sedgwick, etc.*

9 Intersektionalität und Postcolonial Studies

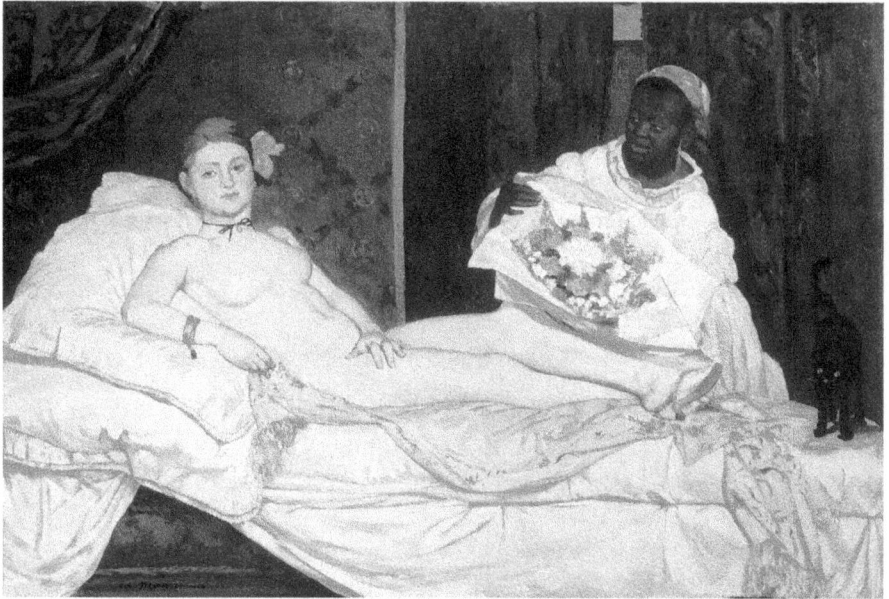

Abbildung 6: Edouard Manet: *Olympia* (1863).

Edouard Manet inszeniert auf seinem Gemälde, das Mitte des 19. Jahrhunderts einen Skandal auslöst, die nackte weiße Frau als Fetisch, wobei das Geschlecht, einer Darstellungskonvention gemäß, ausgespart bleibt. Als geheimer Fluchtpunkt der voyeuristischen Blicke lässt dieses unsichtbare Zentrum Substitute entstehen und erscheint verschoben in der schwarzen Katze am Fußende des Bettes. Auch das Schwarze Dienstmädchen verweist auf das verborgene Geschlecht der weißen Frau, denn der rassistische Diskurs sexualisiert Schwarze Frauen und Männer.

Afroamerikanische Frauen verweisen bereits früh auf den diskriminierenden Zusammenhang von Ethnizität und Gender; Schwarz- und Frausein zugleich führe zu gesellschaftlichen Ausgrenzungen und besonderer Vulnerabilität, wie die Black Theory festhält; die Erfahrungen Schwarzer Frauen seien ganz andere als die weißer Mittelklassefrauen. Um diese Differenzen und Komplexitäten zu erfassen, sollte Gender in Verbindung mit Klassenzugehörigkeit und Ethnie beschrieben werden, also in der Trias Class, Race und Gender (wobei auf den deutschen Begriff ‚Rasse' aufgrund seiner problematischen Geschichte zu ver-

https://doi.org/10.1515/9783110656541-009

zichten ist). Auch die Intersektionalitätsforschung betont, dass erst die Kopplung mehrerer Kategorien wie Klasse, Alter, Geschlecht, Behinderung, Religionszugehörigkeit und Ethnie über soziale Ungleichheit bzw. gesellschaftliche Ein- und Ausschlüsse entscheidet.

In diesem Kapitel wird zunächst die Verknüpfung von Geschlecht und Race im Vordergrund stehen, also die Beziehungen zwischen Postcolonial und Gender Studies. Einschlägige postkoloniale Studien werden ebenso vorgestellt wie zentrale Untersuchungsgegenstände; auch die Intersektionalitätsforschung, die in den letzten Jahren zunehmend Beachtung gefunden hat, wird eingehend erläutert. Darüber hinaus stellt das Kapitel Forschungsarbeiten vor, die sich mit Kolonialismus und Exotismus in der Literatur auseinandersetzen und problematischen Verschränkungen aus interkultureller bzw. postkolonialer Perspektive nachspüren. Im Anschluss daran wird die Entwicklung von der sogenannten ‚Migrationsliteratur‘ zur ‚postmigrantischen‘ Literatur nachgezeichnet, die besonders für die Literaturwissenschaft von Bedeutung ist.

9.1 Gender, Race und Class

Zu Beginn der 1980er Jahre monieren Afroamerikanerinnen, dass sie in der verallgemeinernden Kategorie ‚die Frau‘ des weißen Feminismus nicht repräsentiert seien; diese werde ausschließlich über die Lebensbedingungen von weißen Mittelklassefrauen definiert. Sie fordern eine Berücksichtigung von Schwarzen Frauen und Women of Color sowie die ausdrückliche Anerkennung ethnischer Differenzen (vgl. Bhavnani 2001, S. 3); Rafia Zakaria erneuert diese Kritik an einem weißen Feminismus in ihrer Studie *Against White Feminism. Wie weißer Feminismus Gleichberechtigung verhindert* von 2022. Der rassistische Blick der weißen Frauenbewegung reproduziere, so der Vorwurf, Stereotype wie beispielsweise die Überzeugung, dass in afroamerikanischen Familien besonders patriarchale Strukturen herrschten, Schwarze Männer sexuell besonders aktiv und Schwarze Frau besonders stark seien. Diese Kritik an einem weißen Feminismus verstärken weitere minoritäre Stimmen, beispielsweise von ‚Native Americans‘ (die indigene amerikanische Bevölkerung), ‚Chicanas‘ (Frauen mexikanischer Herkunft), ‚Asian-Americans‘, ‚Pacific-Americans‘ und von amerikanischen Jüdinnen wie der prominenten Schriftstellerin und Theoretikerin Adrienne Rich.

Eine der bekanntesten Vertreterinnen der Black Theory, Bell Hooks, hält fest, dass sich der weiße bürgerliche Feminismus über die Ausgrenzung von Frauen aus dem Globalen Süden und von Afroamerikanerinnen zentralisiert und als Einheit formiert habe (vgl. Hooks 1990, S. 21). In ihrer einschlägigen Studie *Feminist Theory: From Margin to Centre* (1984) führt Hooks darüber hinaus aus, dass die amerikanische Klassengesellschaft die Vorherrschaft der Weißen zementiere und dass Schwarze Frauen sexistischen, rassistischen und ökonomischen Repressionen ausgeliefert seien. Anders als Weiße und Schwarze Männer verfügen Schwarze Frauen nach Hooks nicht über einen institutionalisierten Anderen, den sie ausgrenzen, um ihre Identität zu stabilisieren. Zwar werden Schwarze Männer vielfach zum Opfer von Rassismus, doch der herrschende Sexismus führt dazu, dass sie ihrerseits als Ausbeuter (von Frauen) agieren. Weiße Frauen sind, so Hooks, ebenfalls Opfer *und* Täterinnen zugleich, denn auch sie können sich über einen rassisierten Anderen stellen. Diese ambivalente Position zwischen Opfer und Täter steht Schwarzen Frauen nicht zur Verfügung; sie besetzen jenseits dieser identitätsbildenden Strategien (durch hierarchisierende Ausgrenzung) ausschließlich die Opferposition. Darüber hinaus erschwerten die herrschenden Systeme die Solidarisierung von Minoritäten durch grassierenden Sexismus, Nationalismus und Patriarchalismus (vgl. Hooks 1990, S. 39, 36, 17).

Hooks verweist ebenfalls auf das topische Zusammenspiel von Ethnie und Sexualität: Sexualität stelle ‚gendered metaphors‘, also geschlechtlich semantisierte Metaphern für einen kolonialistischen Diskurs der Stigmatisierung bereit, der Unterworfene sexualisiere und effeminiere, sprich verweibliche. ‚Der Schwarze‘ (wie auch ‚der Jude‘) firmiere in symbolischen Repertoires der Abwertung als Frau und werde mit besonderer Potenz ausgestattet. Zugleich artikuliere sich die Macht in der Herrschaft über die Frauen der Anderen. Sexualität (das heißt vielfach Vergewaltigung) und Imperialismus bzw. Kolonialismus bilden demnach *einen* machtpolitischen Zusammenhang (vgl. Hooks 1981, S. 15–16); Sexismus ist eine, wenn nicht *die* Strategie rassistischer Macht.

Dass die Kopplungen von Rassismus und Sexismus als topische Konfiguration den Feminismus in eine prekäre Lage bringen können und entsprechende Denkanstrengungen verlangen, verdeutlichen die von Sabine Hark und Paula-Irene Villa Braslavsky untersuchten Ereignisse rund um die Silvesternacht in Köln 2015, in der nicht-deutsche Männer und Migranten Frauen sexuell belästigten. Dieses medial breit verhandelte Geschehen verschärfte den nationalistischen Diskurs in Deutschland im Namen der zu schützenden Frauen und aktivierte ein rassistisch grundiertes, dehumanisierendes Alltagsbewusstsein (Stuart Hall) (vgl. Hark / Villa 2017, S. 36), das sich vor allem gegen Muslime richtete und rassistische Stereotype bediente. Feminismus gehe (wie etwa auch die migrations- und islamkritischen Äußerungen Alice Schwarzers im Zusammenhang mit der Kölner Silvesternacht zeigten) in diesem Fall eine prekäre Allianz mit dem Nationalismus ein, wie Hark und Villa Braslavsky in *Unterscheiden und herrschen. Ein Essay zu den ambivalenten Verflechtungen von Rassismus, Sexismus und Feminismus in der Gegenwart* (2017) ausführen. Zugleich werde die Sexualpolitik für eine rassistische, antimuslimische Wahrnehmungsproduktion genutzt (vgl. Hark / Villa 2017,

S. 20). Die binären Diskurse Fremdes / Eigenes, Schwarz / Weiß, Mann / Frau hätten also zu einer massiven Komplexitätsreduktion der Situation geführt (vgl. Hark / Villa 2017, S. 11). Was die Autorinnen dagegensetzen, ist eine Absage an Binaritäten, der Versuch einer Dekolonialisierung des Feminismus (vgl. Hark / Villa 2017, S. 80) sowie eine grundlegende Reflexion über Feminismus und seine politisch rechten Spielarten. Allein die Berücksichtigung der dicht gewobenen Bezüge zwischen Gender und anderen Kategorien wie Race ermögliche eine angemessene Analyse konkreter historischer Situationen (vgl. Hark / Villa 2017, S. 95).

9.2 Intersektionalitätsforschung

Nicht nur die Verknüpfungen von Gender-, Race- und Class-Zuordnungen entscheiden über gesellschaftliche Ein- und Ausschlüsse bzw. Hierarchien, sondern beispielsweise auch das Alter oder die Religionszugehörigkeit. Zudem wirken Diskriminierungspotenziale oft als ‚Konfigurationen', das heißt sie verhalten sich interdependent zueinander (vgl. Rodríguez 1996; Walgenbach 2012, S. 19).

Diese Erkenntnis ist nicht neu. Bereits im frühen 19. Jahrhundert kritisierten Schwarze Frauen ihre mehrdimensionale, gesellschaftliche Exklusion als Angehörige gleich mehrerer Minderheiten (vgl. Degele 2018, S. 2). Besondere Bekanntheit erlangte die Schwarze Sklavin Sojourner Truth 1851 mit ihrer rhetorischen Frage „Ain't I a woman?" bei einem Treffen der *Women's Rights Convention* in Ohio. Truths Äußerung, die auf die Klassismen und Rassismen eines frühen weißen Feminismus hinweist, kann laut Katrin Meyer als „Geburtsstunde intersektionaler Theorie *avant la lettre*" verstanden werden (Meyer 2017, S. 9). Erst über ein Jahrhundert später wächst im Zuge der US-amerikanischen Bürgerrechtsbewegungen ein gesamtgesellschaftliches Interesse an Fragen der Mehrfachdiskriminierung, was den Weg für eine intersektionale Forschung ebnet.

Dass Ungleichheit schaffende Kategorien nicht einfach addiert werden können (wie etwa, dass eine Person als Frau [1] *und* als Women of Color [2] *und* als Erwerbslose [3] diskriminiert wird), sondern vielmehr miteinander in Wechselwirkung stehen – sich also gegenseitig abschwächen, negieren, relativieren oder bestätigen sowie verstärken können – und somit komplexe Unterdrückungsstrukturen hervorbringen, betont die US-amerikanische Juristin Kimberlé W. Crenshaw in ihrem 1989 erschienenen Artikel *Demarginalizing the Intersection of Race and Sex*. In ihrem Text widmet sich Crenshaw bestimmten Gerichtsfällen, bei denen Women of Color durch das Rechtssystem systematisch marginalisiert wurden und sich Diskriminierungsmechanismen ausgesetzt sahen, für die weder Justiz noch Staat und Gesellschaft sensibilisiert waren. Bei den betroffenen

Frauen führte die Überkreuzung verschiedener Kategorien wie Hautfarbe, Geschlecht und soziale Schicht zu multiplen Ungleichheits- und Unterdrückungsverhältnissen, die nicht allein an die Kategorie Geschlecht gekoppelt waren. In diesem Kontext prägt Crenshaw die häufig zitierte Metapher einer Straßenkreuzung, einer ‚intersection‘, an der unterschiedliche Machtachsen zusammenlaufen und so eine Mehrfachdiskriminierung produzieren (vgl. Crenshaw 1989, S. 149).

In der Folge entwickelt sich in Anlehnung an Crenshaw die Intersektionalitätsforschung zu einem wichtigen Feld, das als produktive Erweiterung der Gender Studies gilt. Im deutschsprachigen Raum prägen vor allem die Soziologie und die Gender Studies den Intersektionalitätsdiskurs (Knapp 2005; Walgenbach / Dietze / Hornscheidt u. a. 2007; Klinger / Knapp 2008; Winker / Degele 2009; Lutz / Vivar / Teresa u. a. 2010; Waldschmidt 2012; Smykalla 2013; Hess / Langreiter / Timm 2014), wobei eine zunehmende Relevanz auch in den Kultur- und Literaturwissenschaften zu verzeichnen ist (Klein / Schnicke 2014; Bedekovic / Kraß / Lembke 2014; Schul / Böth / Mecklenburg 2017; Wille 2019b, 2021b; Henke 2020).

Die Soziologinnen Gabriele Winker und Nina Degele beispielsweise konzentrieren sich in ihrer einschlägigen Studie *Intersektionalität. Zur Analyse sozialer Ungleichheiten* auf vier Kategorien: auf Klassismus, das heißt diejenigen Abwertungen, die mit der Klassenzugehörigkeit verbunden sind (insbesondere der Arbeiterklasse und prekären Existenzweisen gegenüber), auf Heteronormativität, die zum Beispiel Queer People diskriminiert, sowie auf Rassismus und Bodyismus (vgl. Winker / Degele 2009, S. 38). Sie berücksichtigen also auch den Körper als soziale Konstruktion, in den sich gesellschaftliche Herrschaftsverhältnisse einschreiben. Diese Kategorien können, so Winker und Degele, auf drei Ebenen untersucht werden: auf der Makroebene – das heißt in Institutionen und Organisationen –, auf individueller Ebene, die Lebensläufe in den Blick nimmt, und auf der Ebene symbolischer Repräsentationen, die sich auf Ideologien und kulturelle Äußerungen bezieht. Welche Kategorien relevant und dominant sind (zum Beispiel Alter, Geschlecht und Religion), ergebe sich jeweils, so die Autorinnen, aus der konkreten historischen Situation. Durch diese werde greifbar, welche Abwertungen und Aufwertungen vorgenommen würden und auf welche Weise sich Kategorien überschnitten bzw. verstärkten oder entkräfteten. Der Forderung nach kategorialer Offenheit wird dabei auch auf der Ebene des Individuums Rechnung getragen; der Intersektionalitätsansatz müsse „die Anzahl der für die Analyse zur Verfügung stehenden und erforderlichen Kategorien [...] prinzipiell offenhalten", was „durch ein induktives Vorgehen im Sinne gegenstandsbezogener Theoriebildung (*Grounded Theory*) möglich" sei (Winker / Degele 2007, S. 11). Einen Vorschlag, wie das Mehrebenenmodell empirisch umzusetzen sei, macht die Studie *Intersektionale Sozialforschung* (2020) von Kathrin Ganz und Jette Hausotter, die auch die kapitalismuskritischen Prämissen teilt. Die Autorinnen

Heike Mauer und Johanna Leinius stellen darüber hinaus in dem Sammelband *Intersektionalität und Postkolonialität. Kritische feministische Perspektiven auf Politik und Macht* (2020), ausgehend von den jüngsten globalen Krisen wie der COVID-19-Pandemie und der Tötung des Afroamerikaners George Floyd durch einen weißen Polizeibeamten, die 2020 zur weltweiten #Black-Lives-Matter-Bewegung geführt hat, Analysen zusammen, die die Effekte von Macht und Herrschaft aus intersektional-postkolonialer Perspektive transparent machen. Der Mehrwert intersektional arbeitender Ansätze liegt also in der Multiperspektivität, dass also Diskriminierung nicht eindimensional begriffen wird. Eine grundlegende Schwierigkeit des intersektionalen Ansatzes, der diverse Kategorien analytisch zu erfassen sucht, besteht darin, die relevanten Kategorien auszumachen und zu begrenzen sowie die komplexen Überlagerungen, ihre ‚Kreuzungen', genau zu bestimmen (vgl. Winker / Degele 2009, S. 15 – 18). Die lebhafte Diskussion über diese Probleme verweist auf die hohe Selbstreflexivität einer Forschung, die auch das heuristische Potenzial der eigenen Sprache hinterfragt und kritisiert. So sei etwa fraglich, ob und inwiefern die Verwendung von Residualkategorien (‚etc.', ‚usw.') zulässig sei und die Betroffenen marginalisiere (vgl. Butler 1991, S. 210; Klinger 2012, S. 3; Walgenbach 2012, S. 21– 22). Auch sei diskutabel, inwiefern die ‚Lineaturen-Metapher', die das Forschungsfeld sprachlich prägt (‚Verschränkungen', ‚Überkreuzungen', ‚Überschneidungen', ‚Schnittpunkte', ‚Achsen'), zur Beschreibung von komplexen und interdependenten Machtverhältnissen geeignet sei, da diese den Eindruck kategorialer Entitäten entstehen lassen könne (vgl. Walgenbach 2012, S. 16 – 21).

Kritisch positioniert sich die Intersektionalitätsforschung auch zum Kategorie-Begriff selbst. Durch die Verwendung von analytischen Kategorien werden einerseits bestehende Herrschaftsverhältnisse und soziale Ungleichheiten sichtbar, andererseits aber auch gruppenbezogene Machtpotenziale erst nutzbar (vgl. Meyer 2017, S. 141). Die von Forschungsinteressen geleitete Reduzierung und Differenzierung sozialer Komplexität bringt immer auch die Gefahr performativer Wiederholung, Fortschreibung und Verstärkung der Kategorien mit sich (vgl. Scherr 2012; zum Umgang mit intersektionaler Komplexität vgl. McCall 2005).

Als Beispiel für eine Herangehensweise, die auch das Verfahren der Kategorialisierung überdenkt und innovativ damit umgeht, kann Jasbir K. Puars Studie *Terrorist Assemblages. Homonationalism in Queer Times* genannt werden, die unter anderem muslimfeindliche Tendenzen in der LGBTQI+-Bewegung fokussiert und zeigt, dass eine zentrale Leistung von Intersektionalitätsanalysen gerade auch in der Ausarbeitung neuer Analysekategorien (wie ‚Homonationalismus') besteht (vgl. Meyer 2017, S. 140).

Die Notwendigkeit, einem stets konstruierten Gegenstand selbstkritisch entgegenzutreten und ein Bewusstsein für die Situiertheit der eigenen (Forschungs-)

Position auszubilden bzw. zu bewahren, ist vielfach betont worden (vgl. Haraway 1995; Meyer 2017, S. 151–153). Die Frage, inwiefern Intersektionalität vor allem als politische Haltung und schlagkräftiges „Buzzword" (Davis 2008) zu sehen ist, das über Fächer- und Wissenschaftsgrenzen hinaus aufrütteln und sensibilisieren soll, oder aber als vollwertige Theorie betrachtet werden kann, wird gegenwärtig ebenso diskutiert wie die Frage nach der Selbstverortung zwischen kritischem Engagement und neutraler Wissensarbeit (vgl. Degele 2018, S. 2; Meyer 2017, S. 18–19).

Kontrovers debattiert wird darüber hinaus über das Schlagwort ‚Identitätspolitik', das seine Plausibilität aus der Kategorienzentriertheit des Forschungsansatzes erhält, kategorienbezogene Erkenntnisse essenzialisiert und zu Ermächtigungsstrategien ausbaut. Im Sinne der herrschaftskritischen Wurzeln intersektionaler Forschung muss es jedoch nach Katrin Meyer um die Historisierung und Überwindung von Kategorien gehen:

> *Transformativ* wird der Gebrauch der Identitätskategorien in dem Moment, in dem sich anhand der Intersektionalitätsanalysen die Erkenntnis aufdrängt, dass die bestehenden Kategorien selber neu oder komplexer zu verstehen sind. Identitätskategorien können dadurch ein heuristisches Werkzeug zur Analyse von Intersektionalität sein und der politischen Mobilisierung als provisorische Referenz dienen, ohne eine essenzialistische Identitätspolitik oder umgekehrt eine radikale Dekonstruktion jeder kollektiven Identität zu betreiben. (Meyer 2017, S. 151–152)

Meyer plädiert daher für eine stärkere Integration (selbst-)kritischer Perspektiven zugunsten von Offenheit und Vielfalt sowie für eine produktive Dekonstruktion der analytischen Kategorien:

> Um diese Offenheit im Umgang mit Identitätskategorien zu bewahren, ist es sinnvoll, kritische Perspektiven miteinander zu verbinden und ineinander zu übersetzen, statt sie starr voneinander abzuheben. [...] Der von McCall als antikategorial bezeichnete dekonstruktivistische Zugang zur Intersektionalität ist daher nicht einfach einzuhegen und stillzulegen, sondern sollte in jeden Intersektionalitätsansatz selbstreflexiv integriert werden. (Meyer 2017, S. 152)

Vorläufigkeit und Kontingenz sozialer Zugehörigkeiten thematisiert auch Stefan Hirschauer (2014), wenn er über die performative (Re-)Produktion von Kategorien nachdenkt.

Wie die Gegenwartsliteratur identitätspolitische Themen verhandelt, zeigt beispielsweise Mithu Sanyals Roman *Identitti* (2021), der um Identitäts- und Zugehörigkeitskategorien, Rassismus und weiße Vorherrschaft kreist. Der Roman handelt von der Ich-Erzählerin und Person of Color Nivedita, die unter dem Pseudonym ‚Mixed-Race-Wonder-Woman' über Rassismus und Weißsein bloggt und Intercultural Studies / Postkoloniale Theorie bei der renommierten Professorin Saraswati studiert. Der Roman gräbt sich tief in identitätspolitische Fragestellungen ein, als Saraswati als Schwindlerin entlarvt wird und sich dem Vorwurf der kulturellen Aneignung stellen muss, da sie nur vorgegeben hat, eine Person of Color zu sein – in Wirklichkeit ist sie weiß, heißt Sarah Vera Thielmann und stammt aus gutbürgerlichen Karlsruher Verhältnissen. In *Identitti* setzen dieser Skandal und die Argumentationen Saraswatis weitere Überlegungen in Gang, die über den Vorwurf der kulturellen Aneignung hinausgehen: Wenn es möglich sei, Geschlecht als soziale Konstruktion zu begreifen, warum könne dies nicht auch für die eigene Herkunft und die Kategorie Race gelten? Warum könne nicht auch transracial möglich sein? Zugleich spielt der Roman mit Fakt und Fiktion, wenn Sanyal echte Tweets für die Darstellung ihres fiktiven Skandals integriert und so einen direkten Zugang zur aktuellen Debatte herstellt.

Da für die Verteilung von Macht im gesellschaftlichen Gefüge die Überkreuzungen von Geschlechterdiskurs und Ethnizität eine besondere Rolle spielen, sollen im Folgenden Ansätze der Postcolonial Studies samt ihren Anschlüssen zur Geschlechterforschung genauer vorgestellt werden.

9.3 Postkoloniale Theorien

Berücksichtigen die Gender Studies zunehmend den Zusammenhang von Ethnizität und Geschlecht, so setzen sie sich intensiv mit den Postcolonial Studies auseinander (vgl. Schößler 2006a, S. 140 – 141). Diese zeichnen sich durch eine ähnliche Streitkultur und methodische Vielfalt aus wie die Geschlechterforschung und stehen der Interkulturalitätsforschung nahe, die sich ebenfalls mit komplexen Verhandlungen zwischen Kulturen beschäftigt; entsprechend kommt es zu Rivalitäten und Abgrenzungsversuchen. Auch der Begriff Postkolonialismus selbst ist umstritten: Bezeichnet die postkoloniale Situation auf den ersten Blick die historische Epoche nach dem Kolonialismus, so gehen Gayatri Spivak und Bill Ashcroft, Gareth Griffiths sowie Helen Tiffin in dem wichtigen Sammelband *The Empire Writes Back* (1989) von der Gleichzeitigkeit von Kolonialismus und Postkolonialismus aus. Die kolonialen Strukturen hätten unauslöschliche Spuren hinterlassen und seien weiterhin präsent; Ziel sei die therapeutische Aufarbeitung der Unterdrückung, also Erinnerung (vgl. Gandhi 1998, S. 10 – 11).

Die postkoloniale Situation beschreibt darüber hinaus den aktuellen Globalisierungsprozess, also Massenmigration sowie die globale Zirkulation von Waren, Dienstleistungen, Zeichen und Informationen.

> Postkolonialismus bedeutet zunehmende Unabhängigkeit von direkter postkolonialer Herrschaft, Bildung neuer Nationalstaaten, von heimischem Kapital gespeiste ökonomische Entwicklung, neokoloniale Abhängigkeiten, Heranwachsen einer mächtigen lokalen Elite, die die widersprüchlichen Effekte der Unterentwicklung managt. Dabei bleiben Effekte der Kolonialisierung wirksam, indem sie sich von der Achse zwischen Kolonisierern und Kolonisierten weg in Richtung interner Differenzen innerhalb der entkolonisierten Gesellschaft selbst verlagern. (Bronfen / Benjamin / Steffen 1997, S. 9–10)

Auch deshalb sind die Postcolonial Studies nicht nur für Länder mit signifikanter kolonialer Vergangenheit wie England und Spanien interessant, sondern auch für Deutschland, dessen koloniale Aktivitäten seit einigen Jahren verstärkt aufgearbeitet werden (vgl. Honold / Scherpe 2004; Heyn 2018; Splettstößer 2019; Terkessidis 2019; Ebert 2021), und zwar auch aus Gender-Perspektive. Die Forschung hat unter anderem die widersprüchliche Rolle von Frauen in den Kolonien als Krankenschwestern, Missionarinnen, Vertreterinnen deutschnationaler Interessen sowie feministischer Ideen untersucht (vgl. Wildenthal 2001; 2003, S. 172–173).

Vertreter:innen der Postcolonial und Gender Studies debattieren wiederholt über diverse Themen: Gestritten wird zum Beispiel über das Verhältnis von feministischer und kolonialer Emanzipation, also über Prioritäten und die Dringlichkeit der Aufklärung. Zudem sei zu befürchten, dass zwischen Frauen aus dem Globalen Norden und Süden hierarchisch unterschieden würde und dass ‚die Frau‘ der kolonialisierten Welt als homogene Kategorie erscheine (vgl. Gandhi 1998, S. 81–82). Darüber hinaus ignorierten die einschlägigen postkolonialen Konzepte von Edward W. Said, Homi K. Bhabha und Frantz Fanon die spezifische Situation kolonialisierter Frauen, so die Kritik. Die postkolonialen Theoreme sind allerdings für die Gender Studies in verschiedener Hinsicht anschlussfähig, wie im Folgenden verdeutlicht werden soll.

Als kanonischer Gründungstext der Postcolonial Studies gilt Edward W. Saids Untersuchung *Orientalism* (1978; *Orientalismus*, 1981), die sich methodologisch an Michel Foucault orientiert (→ **Kapitel 7.1**). Said geht davon aus, dass der Orientalismus weit mehr über den Westen und dessen Institutionen aussagt als über die Länder, die unter diesen Begriff subsumiert werden. Der ‚Orient‘ spielt also eine wesentliche Rolle für die Selbstdefinition des Westens, hilft „Europa (oder dem Westen), sich als dessen kontrastierendes Bild, Idee, Persönlichkeit, Erfahrung zu definieren" (Said 1981, S. 8). Ursprung des Orientalismus ist der akademische Diskurs, der für Said ein Netzwerk aus unterschiedlichen Verfahren und Diskursen bildet. Diese generieren gemeinsam die Bedeutung eines imaginären Orients, produzieren Normalität und disziplinieren Subjekte; Said hält fest:

> Es ist für mich entscheidend, daß man, ohne den Orientalismus als einen Diskurs zu
> überprüfen, unmöglich verstehen kann, durch welche enorme systematische Disziplin die
> europäische Kultur fähig war, den Orient politisch, soziologisch, militärisch, ideologisch,
> wissenschaftlich und imaginativ während der Zeit nach der Aufklärung zu leiten – und
> selbst zu produzieren. (Said 1981, S. 10)

Der westliche Orientalismusdiskurs kann geschlechtlich ausdifferenziert werden
– Said berücksichtigt diesen Aspekt nicht –, zum Beispiel mit Blick auf den beliebten Topos orientalischer Weiblichkeit, zu dem auch das Stereotyp der schönen
Ostjüdin gehört (vgl. Krobb 1993). Theodor Fontanes Romane etwa greifen die
stereotype Verbindung von stigmatisierter Frau und imaginärem Osten wiederholt
auf. In *Cécile* (1887) wird die schöne Protagonistin gleich mehrfach als Fremde
markiert: Im protestantischen Preußen ist sie Katholikin und verweist als ehemalige Fürstengeliebte auf eine vergangene Epoche. Der Ingenieur Gordon stilisiert Cécile aufgrund dieses minoritären Status zur verführerischen Orientalin. In
Fontanes Roman *Die Poggenpuhls* (1896) droht die Heirat mit einer reichen
schönen Jüdin den Abstieg der verarmten adeligen Familie zu besiegeln. Der Sohn
stabilisiert sich im Angesicht dieses Identitätsverlustes über eine stereotype
Wahrnehmung des afrikanischen, ‚dunklen‘ Kontinents, den er zum Gegenstand
diffuser Machtfantasien macht. Auch Heinrich Manns Satire *Im Schlaraffenland*
(1900), ein antisemitischer Text über einen jüdischen Börsianer (vgl. Schößler
2009, S. 68–102), greift grassierende Fantasien über den orientalisch-sinnlichen
Weiblichkeitstypus auf. Es kann mithin zwischen weiblichen und männlichen
Orientalismen unterschieden werden, wie Herbert Uerlings unterstreicht (vgl.
Uerlings 2001, S. 33).

Ein weiterer Theoretiker der Postcolonial Studies ist Homi K. Bhabha, der,
anders als Said, dekonstruktivistisch arbeitet, also (koloniale) Identitäten auflöst.
In seinen Essays, die 1994 unter dem Titel *The Location Of Culture* (*Die Verortung
der Kultur*, 2000) erscheinen und als sein Hauptwerk bezeichnet werden können,
begreift er den Fremden als ebenso erregende wie versagende Instanz. Sowohl das
herrschende als auch das beherrschte Subjekt zeichnen sich nach Bhabha durch
ihre Gespaltenheit aus, können also nicht auf *eine* ethnische Position festgelegt
werden. Der Andere ist kein stereotypes Gegenüber, sondern Teil des Subjekts,
das sein Anderes auszugrenzen versucht – mit diesem Modell arbeiten auch die
psychoanalytisch argumentierenden Gender Studies (→ **Kapitel 4**). Der Andere ist
ein ‚Unheimlicher‘ im Sinne Sigmund Freuds, der das ‚Heim‘ des Ich besetzt.

Um das prekäre System der kolonialen Abhängigkeiten zu präzisieren, bezieht sich Bhabha auf den Psychiater und Revolutionär Frantz Fanon, der als
Vordenker der Entkolonialisierung den Kolonialismus als neurotisches Spiegel-
verhältnis beschreibt. Schwarze und weiße Personen, so verdeutlicht Fanon und

präzisiert Bhabha in Anlehnung an Jacques Lacan, sind durch einen Spiegelblick miteinander verbunden, der Selbst und Anderes überlagert.

> Die ambivalente Identifikation der rassistischen Welt [...] basiert auf der Idee vom Menschen als seinem entfremdeten Bild; nicht Selbst und Anderer, sondern die Andersheit des Selbst, die in das perverse Palimpsest der kolonialen Identität eingeschrieben ist. (Bhabha 2000, S. 65)

Das Selbst gleicht einem Vexierbild und kann sich nicht als geschlossene Repräsentation wahrnehmen, sondern sieht im eigenen Spiegelbild immer auch das Fremde. Entsprechend ist der Fremde sowohl ein Gegenstand des Abscheus als auch der Faszination (als Teil des Selbst).

Bhabha beschreibt das Verhältnis zwischen Ich und Anderem, zwischen Kolonisiertem und Kolonialisator zudem als Mimikry, als Imitation. Die herrschende Kultur nähere sich dem Fremden an, hebe die Differenz jedoch nicht völlig auf, sodass er dem Bekannten ähnlich, nicht aber mit ihm identisch werde. Diese koloniale Mimikry entspricht, so Bhabha, dem „Begehren nach einem reformierten, erkennbaren Anderen als dem Subjekt einer Differenz, das fast, aber doch nicht ganz dasselbe ist" (Bhabha 2000, S. 126). Die Assimilation ermöglicht zweierlei: eine Normalisierung, das heißt die Annäherung des Fremden an vertraute gesellschaftliche Praktiken *und* seine (possenhafte) Distanzierung, denn er gleicht dem herrschenden Subjekt nur teilweise. Die partielle Übereinstimmung zwischen dominierender Kultur und Fremdem ermöglicht jedoch auch die Subversion der herrschenden Ordnung, denn Mimikry verzerrt diese zur Karikatur und ironisiert sie. Bhabha beschreibt damit eine ähnliche Subversionsbewegung wie Judith Butler: Etabliert sich das Machtsystem über performative, sich wiederholende Akte, so vermögen diese imitierenden Wiederholungen gesellschaftliche Praktiken zu verschieben und zu unterlaufen (→ **Kapitel 7.2**). Bhabha beschäftigt sich, ähnlich wie Edward Said, auch mit Literatur – er untersucht Texte von Toni Morrison, Nadine Gordimer, John Coetzee, Richard Rive und Bessie Head, um postkoloniale Strukturen zu konkretisieren.

Sein Ansatz eignet sich ebenfalls für eine gendersensible Erweiterung. So kann die sogenannte ‚Migrationsliteratur' (→ **Kapitel 9.5**), wie sie verstärkt seit der zweiten Hälfte des 19. Jahrhunderts entsteht (vgl. Arnold 2006) und in der deutschtürkischen Literatur seit den 1970er Jahren bis heute einen markanten Ausdruck findet (vgl. Hofmann 2006, S. 195–196), mit Bhabhas Modell unter Berücksichtigung von Gender-Aspekten gelesen werden. Feridun Zaimoglu Interviews mit Deutschtürk:innen beispielsweise, *Kanaksprak. 24 Mißtöne vom Rande der Gesellschaft* (1995) und *Koppstoff. Kanaka Sprak vom Rande der Gesellschaft* (1998), differenzieren unterschiedliche geschlechtliche Erfahrungen von Migration aus; ähnlich verfahren die Romane von Ermine Sevgi Özdamar (*Das Leben ist eine Karawanserei, hat zwei Türen aus einer kam ich rein aus der anderen ging ich raus*, 1999; *Die Brücke vom Goldenen Horn*, 2002).

Gayatri Spivak, ebenfalls eine wichtige postkoloniale Denkerin, arbeitet wie Homi K. Bhabha dekonstruktivistisch – sie ist die englische Übersetzerin von Jacques Derridas Studie *Grammatologie*. Spivak kombiniert Marxismus, Feminismus und Subaltern Studies, also die Beschäftigung mit Unterdrückten, und stellt die Denksysteme durch ihre Konfrontation infrage. Aus Gender-Perspektive ist brisant, dass Spivak ein bestimmtes weibliches Sprechen als möglichen Einspruch gegen den westlichen globalen Diskurs konzipiert. Dieses Sprechen verkörpert die mythische Figur Echo, die lediglich die letzten Worte des Gehörten zu wiederholen vermag, ohne über eine eigene Sprache zu verfügen. Spivak deutet die Gestalt, die ihres intentionalen Sprechens völlig beraubt ist, als „unvorhergesehene [...] Möglichkeit des Auftauchens einer Art zufällige[n] Wahrheit" (Spivak 1996, S. 72–73). Echo steht für ein dekonstruktivistisches intervenierendes Sprechen, das auf das Begehren des Anderen zu antworten vermag. Dieses Sprechen wiederhole sich, verfehle sich und reagiere so auf die Dilemmata der feministischen wie postkolonialen Ziele:

> Konfrontiert mit unterschiedlichen, vom Kolonialismus übernommenen Strukturen, die keine Alternative offen lassen, notwendigerweise dafür kämpfend, den Körper in normative, privative und rationale Abstraktionen eines einheitlichen Bürgerrechts einzuschreiben anstatt in einen kulturell vererbten imperial festgesetzten Privatkodex, ist der Körper, ‚der Stimme beraubt', ein Stein (Spivak 1996, S. 88),

der sich jenseits der herrschenden Ordnungen artikuliert.

Spivak überträgt die Dekonstruktion also auf den Feminismus und Marxismus, um eine Kritik am Humanismus als Selbstverständnis des imperialen (männlichen) Subjekts zu formulieren. Sie attackiert entsprechend auch die juristische Norm der Gleichheit, weil diese ausschließlich nach Maßgabe der herrschenden Klassen ausgelegt sei, lehnt eurozentrische Beschreibungen kolonialisierter Gruppen ab und spürt den Ausdrucksformen fremder Stimmen nach (unter anderem durch eigene Übersetzungen).

Gegenwärtig wird in starkem Maße um die Bedeutung des Ökonomischen für (post-)koloniale Analysen gerungen; Vivek Chibber profiliert in *Postkoloniale Theorie und das Gespenst des Kapitals* (2018) die Bedeutung des Marxismus für postkoloniale Ansätze und die Subaltern Studies, da sich kapitalistische Ausbeutungsverhältnisse flexibel an unterschiedliche lokale Bedingungen anzupassen vermögen. Achille Mbembe trägt in *Kritik der schwarzen Vernunft* (2017) die Figur des Schwarzen Sklaven in das Herz der westlichen Fortschritts- und (ökonomischen) Modernisierungsnarrative ein, rückt also den ausgebeuteten Marginalisierten ins Zentrum einer Aufstiegs- und Identitätsgeschichte. Umstritten ist Mbembes Haltung zum Judentum und zu Israel; seine antirassistischen Texte scheinen ihrerseits blinde Flecken aufzuweisen.

Wird Gender aus ethnischer Perspektive ausdifferenziert, so verliert auch Weißsein (ähnlich wie Männlichsein) seinen Status als unmarkierte, neutrale Position (vgl. Hill 1997). Die Critical Whiteness Studies gehen den ethnischen Bedingungen von Weißsein nach, das heißt den kruden oder auch subtilen Abgrenzungsversuchen von einem stigmatisierten unterlegenen Anderen. Whiteness ist das historische Produkt einer kolonialen Politik sowie des Nationalismus und verändert unablässig seine Definitionen, ist also eine flexible, performative Kategorie (vgl. Delgado / Stefancic 1997, S. XVII; vgl. auch Babka 2017, S. 111–112). Mit Weißsein verbunden sind zahlreiche spezifische Privilegien, die jedoch selten als solche wahrgenommen werden (vgl. McIntosh 1989; Röggla 2012, S. 61ff.). Im deutschsprachigen Raum lässt sich ab etwa 2004 im Anschluss an die Veröffentlichung der beiden Sammelbände *Weiße Blicke. Geschlechtermythen des Kolonialismus*, herausgegeben von Viktoria Schmidt-Linsenhoff, Karl Hölz und Herbert Uerlings (2004) sowie *Mythen, Masken und Subjekte. Kritische Weißseinsforschung in Deutschland*, herausgegeben von Maureen Maisha Eggers, Grada Kilomba, Peggy Piesche u. a. (2005), eine verstärkte Auseinandersetzung mit Weißsein beobachten. Zentral sind etwa Fragen zum Verhältnis von Sprache und Gesellschaft (Sonderbeilage Analyse und Kritik 2013), Analysen deutscher Identitätsarbeit (Torenz / Gerbing 2007; Lemme 2020) oder Überlegungen zu Möglichkeiten eines antirassistischen Umgangs mit Fremdheit (Röggla 2012). Aus der Perspektive der Critical Whiteness Studies erscheinen darüber hinaus bestimmte kulturelle Äußerungen in neuem Licht, vor allem dann, wenn sie signifikante Farbattribute verhandeln wie der Film noir (vgl. Lott 1997, S. 81–82).

9.4 Kolonialismus und Exotismus in der Literatur

Bieten die englischen, französischen und spanischen Literaturen reichhaltiges Material für postkoloniale Lektüren, so scheint die deutschsprachige Literatur weniger ergiebig (vgl. dazu auch Bay 2017, S. 324). Die germanistische Literaturwissenschaft fokussierte zudem primär den Holocaust als größtes Verbrechen gegen ‚Fremde', während die deutsche Kolonialgeschichte lange Zeit unberücksichtigt blieb (vgl. Friedrichsmeyer / Lennox / Zantop 1998, S. 6). Die Forschung widmet sich jedoch gegenwärtig verstärkt Sujets, die eine interkulturelle bzw. postkoloniale gendersensible Perspektive verlangen und liest kanonische Texte neu. Goethes klassisches Drama *Iphigenie auf Tauris* (1779) beispielsweise lässt kenntlich werden, dass der „so anspruchsvoll inszenierte Gleichheitsanspruch" durch „eine Tiefenstruktur beschädigt wird, die die Frau (Iphigenie) und den edlen Wilden (Thoas) der Subjektposition (Orest) unter- und funktional zuordnet" (Uerlings 2001, S. 29). Magdalena Kißling analysiert Goethes Text in ihrer Studie *Weiße Normalität. Perspektiven einer postkolonialen Literaturdidaktik* (2020) ebenfalls mithilfe von rassismustheoretischen Ansätzen sowie der postkolonialen Diskursanalyse und legt sowohl für *Iphigenie* als auch für weitere kanonische Texte wie Theodor Fontanes *Effi Briest* (1894) und Wolfgang Koeppens *Tauben im Gras* (1951) Neuinterpretationen vor. Dabei konzentriert sie sich auf die Frage, inwiefern die „Ästhetiken der Texte [...] ein kulturelles Wissen über Weißsein [produzieren, stabilisieren und subvertieren], das zugleich durch interferierende vergeschlechtlichte und klassistische Diskurse gebrochen wird" (Kißling 2020, Klappentext). Die Arbeit leistet zugleich einen gewichtigen Beitrag für die Gestaltung und Konzeption einer rassismussensiblen Literaturdidaktik (→ **Kapitel 14.3**).

Literarische Texte führen vielfach vor, wie sich Gender und Ethnie gegenseitig metaphorisch umschreiben, um Hierarchien zu produzieren. Bereits Max Horkheimer und Theodor W. Adorno verweisen in ihrer berühmten Schrift *Dialektik der Aufklärung* (1947), die den Ursachen des Nationalsozialismus nachspürt, auf die Analogisierung von Frauen und Wilden. Der ‚Wilde' werde verweiblicht, um seine Unterlegenheit zu markieren, und Frauen der eigenen Ethnie gälten als ‚Wilde', um ihre ‚Kindlichkeit' und ‚Unberechenbarkeit' zu suggerieren. Frauen seien Fremde in der Nähe, wie Sigrid Weigel in ihrer Auseinandersetzung mit Adorno / Horkheimer ausführt (vgl. Weigel 1990, S. 121). Oder umgekehrt: Kulturelle Andersheit wird über die Geschlechterordnung beschrieben, wobei das Verhältnis von ethnischen und sexuellen Differenzen historisch variiert und unterschiedliche Funktionen erfüllt. Stereotypisierungen zeichnen sich grundsätzlich durch Instabilität, Ambivalenzen und Widersprüche aus. Wird der Andere verabscheut *und* begehrt, wie Bhabha ausführt, so entstehen ambivalente Bilder, die den historischen Situationen flexibel angepasst werden können (vgl. Bhabha 2000, S. 97–98).

Aufschlussreich für eine gendersensible postkoloniale Literaturwissenschaft sind beispielsweise diejenigen Texte, die sich mit der Entdeckung der neuen Welt beschäftigen wie die Chroniken von Kolumbus, Cortés und Las Casas (vgl. Uerlings 2001, S. 26–27). Im 18. Jahrhundert entwerfen zahlreiche deutschsprachige Texte koloniale Fantasien, die die Erfindung der bürgerlichen Geschlechtscharaktere mit der wissenschaftlichen Konstruktion von Fremdheit verknüpfen.

Geschichten aus dem 18. Jahrhundert betonen nicht nur den Geschlechtscharakter der Herr-Sklave-Beziehungen, sondern den Rassecharakter häuslicher Arrangements, wenn sie Frauen und Kolonisierte als unmündige ‚Kinder' definierten, die ihrem Herrn und Vater in unverbrüchlichem Gehorsam unter- und zugetan waren, oder wenn sie Frauen als wilden ‚schwarzen Kontinent' bezeichneten, der noch der Domestizierung, Zivilisierung und Kolonialisierung harrte. (Zantop 1999, S. 15)

Auch wenn Deutschland lediglich zwischen 1884 und 1919 als Kolonialmacht agiert, kommt es bereits im 18. Jahrhundert zu einer regen Debatte über mögliche Kolonialisierungen. Literarische Texte und Reiseberichte vermitteln bzw. erfinden Informationen über paradiesische Länder, sodass selbst derjenige, der keine Kolonie besitzt oder bereist, zum Experten werden kann. Rassistische Fantasien dieser Art haben nach Susanne M. Zantop das Terrain für diejenigen Ideologien bereitet, die in der zweiten Hälfte des 19. und im 20. Jahrhundert fatale Folgen zeitigen.

Exotismus und koloniale Fantasien verbreiten insbesondere Reisebeschreibungen, die sich zwischen 1770 und 1800 verfünffachen.

> Indem sie ihre Leser mit den Mitteln versehen, ihre kulturelle Überlegenheit gegenüber anderen Kulturen abzumessen, nehmen Reiseberichte und andere ‚wissenschaftliche' Schriften teil an einer Art intellektuellem Kolonialismus: der schrittweisen Aneignung und Ausbeutung bisher fremder Welten durch Einordnung in europäische Denkmuster. (Zantop 1999, S. 59)

Im zerrissenen, in Kleinstaaten aufgeteilten ‚Deutschland' dieser Zeit findet Kolonialisierung also im (Fantasie-)Raum des Wissens statt, in dem auch Sexualität eine zentrale Rolle spielt.

> In der Tat überschneiden und überlappen sich Rasse- und Sexual-Stereotypen in der kolonialistischen Imagination. Erst ihre Kombination bringt die für kolonialistisches Denken so typische Spannung zwischen Anziehung und Ablehnung hervor, die Bhabha und andere bemerkt haben. (Zantop 1999, S. 14)

Die Überkreuzung von ethnischen und sexuellen Diskursen zeigt sich beispielsweise in der erfolgreichen Nachahmung von Daniel Defoes *Robinson Crusoe* durch Joachim Heinrich Campe, *Robinson der Jüngere: Ein Lesebuch für Kinder* (1779/80), ebenso in den populären Dramen von August von Kotzebue wie *Die Indianer in England* (1790) – beides Texte über Südamerika, die ein relationales Geflecht von ethnischen Positionen entwerfen und diese gegeneinander ausspielen. Sie allegorisieren das fremde Land zur ebenso verlockenden wie bedrohlichen Weiblichkeit, die einerseits kindlich ist und somit erzogen werden muss, andererseits als unzähmbares Stück Natur gilt.

Konzentriert sich Susanne M. Zantop auf Südamerika-Fantasien im 18. Jahrhundert, so geht Herbert Uerlings kolonialen Haiti-Bildern in deutschsprachigen Texten vom 18. bis zum 20. Jahrhundert nach (vgl. Uerlings 1997) – der Kolonialismus prägt den Primitivismus der vorletzten Jahrhundertwende (1900) ebenso wie den Expressionismus und Surrealismus, der den afrikanischen Kontinent als ‚authentischen' Erfahrungsraum jenseits repressiver westlicher Kulturen entdeckt. Er wird zudem in der Nachkriegs- und Gegenwartsliteratur thematisiert, zum Beispiel in Ingeborg Bachmanns Roman-Fragment *Das Buch Franza* (1979), das Kolonial- und Geschlechtergeschichte als zwei Seiten eines patriarchalen Herrschafts- bzw. Ausbeutungsverhältnisses deutet und mit der Judenvernichtung verbindet (vgl. Uerlings 2006, S. 116–117).

Die kulturwissenschaftliche Beschäftigung mit Minoritäten lässt darüber hinaus die Gruppe der Sinti und Roma als innere Andere in den Blick treten (vgl. Breger 1998; Kugler 2004; Bogdal 2011). Diese ausgeschlossenen Gemeinschaften spielen für die Einheitsfantasie der Nation, die grundsätzlich auf Akten der Ausgrenzung basiert, eine konstitutive Rolle (Uerlings / Patrut 2008; Patrut 2014). Für die Kopplung von Gender und Race ist unter anderem der Topos der schönen ‚Zigeunerin' (Romni) einschlägig (vgl. Hille 2005, wobei auf den Begriff ‚Zigeunerin' aufgrund seines rassistischen Gehalts grundsätzlich zu verzichten ist), den Goethes Bildungsroman *Wilhelm Meisters Lehrjahre* (1795/96) ebenso aufruft wie Eduard Mörikes Roman *Maler Nolten* (1832) (vgl. Bogdal 1993), um zwei Beispiele zu geben.

9.5 Von der ‚Migrationsliteratur' zur ‚postmigrantischen' Literatur

Die Literatur von in Deutschland lebenden Autor:innen mit Migrationsbezug wurde in der Vergangenheit unterschiedlich benannt. Mit Beginn der Arbeitsmigration der im Ausland angeworbenen ‚Hilfskräfte' seit den 1960er Jahren (im öffentlichen Diskurs ‚Fremd-' oder ‚Gastarbeiter' genannt) war die germanistische Literaturwissenschaft um eine angemessene Kategorisierung bemüht, die zu verschiedenen Bezeichnungen geführt hat. Klassifizierungen wie „‚Literatur der Fremde' (Sigrid Weigel), ‚Interkulturelle Literatur' (Th. Wägenbaur) und ‚Migranten- oder Migrationsliteratur' (H. Rösch)" belegen den Versuch, „eine Geschichte literarischer Werke von Autorinnen und Autoren verschiedenster nationaler Herkunft zu benennen" (Opitz / Opitz-Wiemers 2019, S. 766). Zugleich bringen diese Etikettierungen Probleme mit sich, die der in jüngster Zeit aufkommende Begriff des Postmigrantischen zu überwinden versucht.

‚Gastarbeiter-' und ‚Migrationsliteratur'

Bekannte Texte nicht-deutschsprachiger Autor:innen, die der ‚Gastarbeiterliteratur' oder ‚Literatur der Fremde' zugeordnet werden, sind unter anderem Antonio Hernandos Roman *Im neuen Land* (1980), der die Lebenssituation in der Bundesrepublik thematisiert, José F. A. Olivers Gedicht *Zwischen Fabrik und Bahnhof* (1981), das sich mit dem Verhältnis zum Herkunftsland auseinandersetzt, oder auch die in der Reihe *Südwind-Gastarbeiterdeutsch* erschienene Anthologie *Annäherungen*, herausgegeben von Franco Biondi, Jusuf Naoum und Rafik Schami, die sich mit Fragen der Integration befasst (vgl. Bay 2017, S. 326). Von Beginn an sind zusammen mit diesen Genrebezeichnungen Gegenstimmen laut geworden, die sich kritisch mit den Etikettierungen von Migration auseinandersetzen – so etwa Franco Biondi und Rafik Schami in ihrem 1981 veröffentlichten Aufsatz *Literatur der Betroffenheit. Bemerkungen zur Gastarbeiterliteratur*. Während die sogenannte ‚Gastarbeiterliteratur' in den 1970/80er Jahren noch als Nischenphänomen behandelt wird, entsteht in den 1990er Jahren „eine neue, ebenfalls von AutorInnen ‚mit Migrationshintergrund' getragene, aber genuin transkulturell ausgerichtete Literatur, die in ganz anderer Weise öffentliche Anerkennung erhielt" (Bay 2017, S. 323; vgl. auch Chiellino 2007). Mit dem Cultural Turn und unter dem Einfluss der Postcolonial Studies entwickelt sich die Kategorie der ‚interkulturellen Literatur', die von der Idee der Gleichwertigkeit der Kulturen geprägt ist (vgl. Warakomska 2016, S. 208). Die interkulturelle Forschung tritt der ‚Migrationsliteratur', so der neue Begriff, mit einer veränderten, wertschätzenden Haltung gegenüber und entdeckt nicht nur „die biographischen Chancen von Migrationserfahrungen und die ästhetischen Potenziale des Themas", sondern akzentuiert auch „die öffnende Wirkung von Migrationsbewegungen, die epistemologischen Vorteile eines fremden Blicks und die befreienden Effekte des Sprachwechsels." (Bay 2017, S. 327) Vor allem aber, so Hansjörg Bay, „verbindet sie ein Bekenntnis zu kultureller Hybridität mit der Entwicklung entsprechender Schreibweisen" (Bay 2017, S. 327).

Die Zuschreibungen und Klassifizierungsversuche jener Literatur, die sich mit Migrationserfahrungen auseinandersetzt, hat seit jeher auch die literaturwissenschaftliche Kritik auf den Plan gerufen. Moritz Schramm führt aus, dass einerseits zwar die Sichtbarkeit der literarischen und künstlerischen Produktionen von Menschen mit ‚Migrationshintergrund' erhöht werde, andererseits aber „zugleich eine Außenseiterfunktion der ‚Migrationsliteratur' [bestätigt werde], die von der traditionellen ‚deutschen Literatur', die von Migrationsbewegungen scheinbar nicht beeinflusst ist, abgetrennt wird" (Schramm 2018, S. 85). Entsprechend bemängeln Michael Opitz und Carola Opitz-Wiemers, dass diese Literatur immer noch als ‚andere' und ‚erweiterte' deutsche Literatur bezeichnet und damit eine seit nunmehr sechs Jahrzehnten andauernde Zugehörigkeit zur deutschsprachigen Literatur negiert werde (vgl. Opitz / Opitz-Wiemers 2019, S. 766). Dadurch werde auch die Literaturgeschichte verkürzt, die „im Zeichen der Migrationsprozesse der letzten Jahrzehnte nicht einfach nur um eine weitere Sparte ‚bereichert‘“ worden sei, sondern sich durch die neuen Texte auch qualitativ verändert habe (Bay 2017, S. 324). Ein weiterer Kritikpunkt betrifft den Rekurs auf die Biografie und den sogenannten Migrationshintergrund der Autor:innen: Der Fokus auf deren Lebens- und Familiengeschichte gehe nicht nur mit „Erwartungen biographischer Authentizität und kultureller Alterität“ (Bay 2017, S. 324) einher, sondern könne mitunter auch stigmatisierende Effekte haben – etwa dann, wenn den Texten ein Mangel an literarischer Qualität attestiert werde.

Die Literaturwissenschaft reproduziert mit einem Label wie ‚Migrationsliteratur‘ mithin gesellschaftliche Ausschlüsse, die ihrerseits kenntlich machen, dass Migration nicht als Normalität erkannt ist, obgleich Gesellschaften „immer schon von früheren und zeitgenössischen Migrationsbewegungen geprägt“ sind (Schramm 2018, S. 85). Aufgrund dieser problematischen Aspekte wird in jüngster Zeit versucht, durch das Konzept des Postmigrantischen eine neue Perspektive auf Migration und Diversität zu entwickeln.

Der postmigrantische Diskurs

Die Tatsache, dass Migrationsbewegungen seit jeher Gesellschaften prägen und in der heutigen, global vernetzten Welt auch zukünftig ein konstitutiver Bestandteil sein werden, scheint im öffentlichen Bewusstsein immer noch kaum von Bedeutung zu sein (vgl. Yildiz 2021, S. 21). Mit dem Terminus ‚Postmigration‘ bzw. ‚postmigrantisch‘, der seit der Jahrtausendwende und insbesondere im deutschsprachigen Raum entwickelt wurde, soll diesem Umstand Rechnung getragen werden: ‚Postmigrantisch‘ meint eine von Migration geprägte Gesellschaft, in der vergangene und bestehende Migration als Normalfall angesehen werden. Dabei bezieht der Begriff auch die Perspektiven und Geschichten der zweiten und dritten Generation mit ein, also derer, „die nicht selbst migriert sind, diesen sogenannten Migrationshintergrund aber als persönliches Wissen und kollektive / familiale Erinnerung mitbringen“ (Schmidt / Thiemann 2021, S. 12).

Dieser neue Umgang mit Migration wurde insbesondere vom postkolonialen Diskurs beeinflusst, wie der Soziologe und Erziehungswissenschaftler Erol Yildiz festhält. Dabei wird das Präfix ‚post-‘ – ähnlich wie im Postkolonialismus – nicht einfach als ein chronologisches ‚danach‘ bzw. ‚nach der Migration‘ verstanden (vgl. Yildiz 2021, S. 19), sondern der Gesamtzusammenhang, in den der Migrationsdiskurs eingebettet ist, soll neu gedacht werden (vgl. Hill / Yildiz 2018, S. 2).

Die postmigrantische Perspektive ist nach Yildiz eine politische Geisteshaltung, „die auch subversive, ironische Praktiken einschließt und in ihrer Umkehrung provokant auf hegemoniale Verhältnisse wirkt" (Yildiz 2015, S. 23, zit. nach Schmidt / Thiemann 2021, S. 12).

Die Politik- und Sozialwissenschaftlerin Naika Foroutan hat den Begriff des Postmigrantischen darüber hinaus als Analyseinstrument für die sozialwissenschaftliche Ungleichheitsforschung nutzbar gemacht (Foroutan 2019); in den öffentlichen Diskurs eingebracht hat ihn die Theaterschaffende Shermin Langhoff. Der Sammelband *Postmigrantisch gelesen. Transnationalität, Gender, Care* (2020) setzt die postmigrantische Perspektive in Bezug zu feministischen, intersektionalen, rassismuskritischen, postkolonialen und transnationalen Theorien und geht den Anfängen der Verknüpfung von Geschlechter-, Migrations- und Rassismusforschung nach; er stellt die Frage, was eine postmigrantische Perspektive hinzufügen könne und solle (vgl. Huxel / Karakayalı / Palenga-Möllenbeck u.a. 2020, S. 22).

Postmigrantische Perspektiven in der germanistischen Literaturwissenschaft

Während Hansjörg Bay vermutet, dass „der zuletzt aufgekommene Begriff des ‚Postmigrantischen'" mit Blick auf die bereits zuvor erprobten Bezeichnungen wie ‚Gastarbeiter- oder ‚Migrationsliteratur' „wohl allenfalls zur komplementären Ergänzung" (Bay 2017, S. 323) in Betracht käme, messen jüngere literaturwissenschaftliche Publikationen (Geiser 2015; Schramm 2018; Schmidt / Thiemann 2021) dem Konzept eine weitaus größere Bedeutung bei und argumentieren sogar für einen Postmigrant Turn (vgl. Cramer / Schmidt / Thiemann 2021). Seit 2000 finden sich zunehmend literaturwissenschaftliche Arbeiten, die sich mit der ‚Literatur der Postmigration' auseinandersetzen. 2007 spricht Tom Cheesman in *Novels of German Turkish Settlement* von einer Literatur der Zugehörigkeit, die von den literarischen Verarbeitungen der „German-born and / or German sozialized ‚postmigrants'" geprägt sei (Cheesman 2007, S. 17, zit. nach Schramm 2018, S. 85); Laura Peters (2011) verwendet den Begriff ‚Literatur der Postmigration' in Abgrenzung zu „‚Gastarbeiter'-, ‚interkulturelle' oder ‚Migrantenliteratur'" als „eine relativ wertneutrale Beschreibung" für die Literatur jener Autor:innen, „deren Leben und Schreiben auf eine nicht genauer definierte Weise zeitlich nach einer Migrationserfahrung situiert ist." (Peters 2011, S. 501) Der Terminus ‚postmigrantisch' soll darüber hinaus zu einem literaturwissenschaftlichen Konzept entwickelt werden, das einen spezifischen Erfahrungsraum von Nachkommen von Zugewanderten charakterisieren soll, die selbst keine Migrationserfahrung haben, die aber von den in der Familie vorliegenden Migrationserfahrungen und von den verbreiteten Fremdzuschreibungen als ‚Ausländer' oder ‚Migrant' geprägt sind (Schramm 2018, S. 83).

Inwiefern besonders die Intersektionalitätsforschung innerhalb des Themenkomplexes ‚Postmigration' eine Rolle spielt, führt der Sammelband *Reclaim!* (2021) von Jara Schmidt und Jule Thiemann vor Augen, der unterschiedliche Beiträge aus der Soziologie, der Kultur- und Literaturwissenschaft sowie dem Kulturbetrieb vereint, die auf kritische Stimmen und widerständige Praxen aufmerksam machen. Diese wenden sich gegen Normierung, Diskriminierung und Marginalisierung aufgrund von Gender, Race, Class sowie anderen intersektionalen Kategorien und sprechen sich für gesellschaftliche Diversität aus (vgl. Schmidt / Thiemann 2021, S. 11). Im Zentrum des Bandes steht die Praxis der (Wieder-)Aneignung, das „(Re-)Claiming als feministischer wie politischer Aktivismus", das „zumeist von marginalisierten Personen oder Bevölkerungsgruppen initiiert wird und Forderungen nach gesellschaftlicher Partizipation betrifft" (Schmidt / Thiemann 2021, S. 11). Allerdings sei auch diese Kategorie nicht davor gefeit, der postmigrantischen Literatur eine Sonderrolle zuzuschreiben und sie damit erneut „vom Korpus der ‚normalen' deutschen Literatur auszugliedern" (Schramm 2018, S. 83).

Postmigrantische Gegenwartsliteratur

Jene literarischen Arbeiten, die sich mit Migrationsphänomenen und -erfahrungen auseinandersetzen, gehören mittlerweile zu den „produktivsten Tendenzen der deutschsprachigen Gegenwartsliteratur" (Bay 2017, S. 323). Seit der Jahrtausendwende lässt sich ein Wandel ausmachen, der „das Feld einschlägiger Texte nicht nur rasant vergrößert, sondern auch weiter ausdifferenziert" (Bay 2017, S. 323). In diesem Zusammenhang sind jüngere literarische und publizistische Projekte zu erwähnen wie *Wir neuen Deutschen* (2012) von Alice Bota, Khuê Pham und Özlem Topçu, Max Czolleks *Desintegriert Euch!* (2018) und *Gegenwartsbewältigung* (2020), Reyhan Şahins (bekannt als Dr. Bitch Ray) *Yalla, Feminismus!* (2019), der Essayband *Eure Heimat ist unser Albtraum* (2019) von Fatma Aydemir und Hengameh Yaghoobifarah oder Kübra Gümüşays *Sprache und Sein* (2020). Jara Schmidt sieht in diesen Texten

eine Frustration darüber, immerzu das eigene Dasein erklären oder sogar rechtfertigen zu müssen, beispielsweise die Herkunft bzw. Abstammung oder die Religion betreffend. Dieser

Zustand des Sich-Erklären-Müssens und die Diskriminierungen, die mit ihm einhergehen, münden in ein geradezu kollektives Gefühl: Wut (Schmidt 2020b).

Als Grund für die anwachsende Zahl von Publikationen junger Menschen mit mehrheimischen und postmigrantischen Bezügen identifiziert Anita Rotter deren erfolgreiche Einbindung in den öffentlichen Diskurs: Es werde nicht mehr nur über sie gesprochen, sondern auch mit ihnen; „sie sind Teil des Diskurses sowie der Debatte und machen das auch sichtbar" (Rotter 2021, S. 138). So heißt es beispielsweise in *Wir neuen Deutschen:*

> Heute wird wieder über das deutsche Selbstbild verhandelt, aber diesmal ist es auch unsere Debatte. Menschen wie wir, mit Bindestrich-Identitäten, verkörpern ein neues Deutschland und eine neue Haltung zu dem Land. (Bota / Pham / Topçu 2012, S. 18, zit. nach Rotter 2021, S. 138)

Darüber hinaus fällt auf, dass viele der hier genannten Autor:innen wie Fatma Aydemir, Hengameh Yaghoobifarah oder Kübra Gümüşay aktiv als feministische Blogger:innen und Netzaktivist:innen in Erscheinung treten und in der deutschsprachigen Kulturlandschaft in hohem Maße sichtbar sind (→ **Kapitel 15**).

Auch in der Romanproduktion ist ein deutlicher Anstieg an postmigrantischen Autor:innen zu verzeichnen, die mittlerweile in großen Verlagshäusern publiziert und im Kulturbetrieb diskutiert werden. Prominente Beispiele wären Fatma Aydemirs *Ellbogen* (2017), Selim Özdoğans *Der die Träume hört* (2019), Deniz Ohdes *Streulicht* (2020), Olivia Wenzels *1000 Serpentinen Angst* (2020) und Hengameh Yaghoobifarahs *Ministerium der Träume* (2021).

Wie eine postmigrantische literaturwissenschaftliche Lektüre aussehen kann, die im Kontext von Gender-, Rassismus- und Migrationsforschung situiert ist, zeigt Jara Schmidt in ihrer Analyse von Fatma Aydemirs *Ellbogen*. In dem Debütroman der Autorin geht es um Hazal Akgündüz und deren „perspektivloses Dasein" (Schmidt 2020a, S. 251) als Deutschtürkin in Berlin Wedding. Schmidt arbeitet die Ohnmachtserfahrungen der Protagonistin im Kontext von intersektionaler struktureller Diskriminierung heraus, „die in unserer postmigrantischen Gesellschaft all jene betrifft, die Nicht-Deutsch/Nicht-Weiß sind" (Schmidt 2020a, S. 252). Im Zentrum steht Hazals anschwellende und sich schließlich artikulierende Wut, die dazu führt, dass sie im Affekt einen Totschlag an einem weißen, sie und ihre Freundin sexuell belästigenden Studenten begeht (im Roman Stellvertreter der patriarchalen deutschen Mehrheitsgesellschaft) und nach Istanbul flüchtet. Wut lässt sich entsprechend als kollektives Gefühl und ‚Basisemotion' (Schmidt 2020b) diskriminierter, marginalisierter Personen identifizieren, das auch die Autor:innen Alice Bota, Khuê Pham und Özlem Topçu als Impuls für ihr

Buchprojekt *Wir neuen Deutschen* in Anschlag bringen: Auslöser sei die Wut darüber gewesen, „in einer Gesellschaft zu leben, in deren Selbstverständnis wir nicht vorkommen" (Bota / Pham / Topçu 2012, Klappentext). Besonders Frauen würde das Gefühl von Wut sowie der Zustand des Wütend-Seins abgesprochen und untersagt; wütende Frauen würden als unattraktiv, selbstsüchtig, irrational oder sogar hysterisch stigmatisiert (vgl. Schmidt 2020b).

Um den Erfahrungen in diversen (kolonialen oder migrantischen) Unterdrückungskontexten Rechnung zu tragen, wird also die universalisierende Kategorie ‚die Frau', so ließe sich das Kapitel zusammenfassen, ausdifferenziert und es werden Kategorien wie Race und Class berücksichtigt. Die Gender Studies interessieren sich deshalb auch für die Postcolonial Studies und knüpfen an die Theoreme von Said, Bhabha und Spivak an, um gendersensible Ethnizitätsanalysen zu entwickeln. Die Literaturwissenschaft untersucht vor diesem Hintergrund die Überschneidungen von Ethnie und Gender, beispielsweise im Rahmen der topischen schönen Romni, der wilden Frau und der schönen Jüdin, wobei keine statischen Bilder, sondern performativ-intersektionale Aushandlungsprozesse zwischen ethnischen und geschlechtlichen Positionen im Zentrum stehen. Die intrikate Kopplung von Gender und Race bettet die Intersektionalitätsforschung, die in den letzten Jahren deutlich an Profil und Dynamik gewonnen hat, in weitere Kontexte ein, indem sie diverse Ungleichheit produzierende Kategorien wie Alter, Religionszugehörigkeit und Körper in den Blick nimmt. Es enstehen damit neue intersektionale Sichtweisen auf Kolonialismus, Sexismus- und Rassismuserfahrungen. Zudem setzen sich in der Kultur- und Literaturszene neue Begrifflichkeiten wie das Postmigrantische durch, die vergangene und bestehende Migration als gelebte Normalität in der Gesellschaft kenntlich machen. Die literaturwissenschaftliche Forschung lässt sich davon inspirieren und überdenkt etablierte Termini wie Migrationsliteratur, die gesellschaftliche Ausschlüsse reproduzieren.

Fragen und Anregungen

– Rekonstruieren Sie die Kritik von Schwarzen Frauen am weißen Feminismus.
– Warum trifft der Orientalismus im Wesentlichen Aussagen über den Westen und was heißt es, wenn Edward Said den Orientalismus als Diskurs bezeichnet?
– Skizzieren Sie das Mimikry-Konzept von Homi K. Bhabha und überlegen Sie, warum die Wiederholung kultureller Praktiken zur Unterminierung derselben beitragen kann.

- Welche Vorstellungen sind gemeinhin mit dem Stereotyp der schönen Jüdin und der schönen Romni verbunden? Recherchieren Sie diese Topoi (in Motivgeschichten, Lexika etc.).
- Welche Effekte hat es, wenn Fremde verweiblicht und Frauen als Fremde bezeichnet werden?
- Lesen Sie Heinrich von Kleists Novelle *Die Verlobung in St. Domingo* (1811) und rekonstruieren Sie die verweiblichende Sexualisierung der Fremden.
- Arbeiten Sie heraus, welchen Vorteil eine postmigrantische Perspektive mit sich bringen kann und wie eine postmigrantisch geprägte literaturwissenschaftliche Interpretationspraxis aussehen könnte.

Lektüreempfehlungen

Homi K. Bhabha: Die Verortung der Kultur. Mit einem Vorwort von Elisabeth Bronfen, Tübingen 2000. *Auf ein instruktives Vorwort folgen zentrale Aufsätze des psychoanalytisch argumentierenden Theoretikers, die sich mit Hegels Herr / Knecht-Modell, mit Frantz Fanon sowie mit literarischen Texten beschäftigen.*

Dirk Göttsche / Axel Dunker / Gabriele Dürbeck (Hg.): Handbuch Postkolonialismus und Literatur, Stuttgart 2017. *Bietet einen umfassenden interdisziplinären Überblick über die postkoloniale Theorie und Forschung in den Literatur- und Kulturwissenschaften.*

Birthe Kundrus (Hg.): Phantasiereiche. Zur Kulturgeschichte des deutschen Kolonialismus, Frankfurt a. M. / New York 2003. *Einschlägige Aufsätze zu den kolonialen Aktivitäten von Frauen.*

Maria do Mar Castro Varela / Nikita Dhawan: Postkoloniale Theorie. Eine kritische Einführung, Bielefeld 2005. *Stellt die zentralen postkolonialen Theoreme vor.*

Julia Reuter / Alexandra Karentzos (Hg.): Schlüsselwerke der Postcolonial Studies, Wiesbaden 2012. *Bespricht die zentralen Werke und Autor:innen der Postcolonial Studies und zeichnet die Rezeptionsgeschichte postkolonialer Perspektiven nach.*

Edward W. Said: Orientalismus, Frankfurt a. M. / Berlin / Wien 1981. *Die wichtige Studie gilt als kanonischer Gründungstext der Postcolonial Studies und legt die Projektionsstruktur des Orientalismus frei.*

Herbert Uerlings: Poetiken der Interkulturalität. Haiti bei Kleist, Seghers, Müller, Buch und Fichte, Tübingen 1997. *Die Lektüren gehen den ethnischen wie geschlechtlichen Zuschreibungspraktiken in literarischen Texten der bürgerlichen Moderne nach.*

Susanne M. Zantop: Kolonialphantasien im vorkolonialen Deutschland (1770 – 1870), Berlin 1999. *Rekonstruiert das metaphorische Wechselspiel zwischen Fremdheit und Weiblichkeit in Kolonialtexten über Südamerika.*

10 Men's Studies

„Es ist eine schöne Empfindung, liebe Mariane, versetzte Wilhelm: wenn wir uns alter Zeiten und alter unschädlicher Irrtümer erinnern, besonders wenn es in einem Augenblicke geschieht, da wir eine Höhe glücklich erreicht haben, von welcher wir uns umsehen und den zurückgelegten Weg überschauen können. Es ist so angenehm, selbstzufrieden, sich mancher Hindernisse zu erinnern, die wir oft mit einem peinlichen Gefühle für unüberwindlich hielten, und dasjenige, was wir jetzt entwickelt s i n d , mit dem zu vergleichen, was wir damals unentwickelt w a r e n" [...]. Durch den Druck seines Armes, durch die Lebhaftigkeit seiner erhöhten Stimme war Mariane erwacht, und verbarg durch Liebkosungen ihre Verlegenheit: denn sie hatte auch nicht ein Wort von dem letzten Teile seiner Erzählung vernommen, und es ist zu wünschen, daß unser Held für seine Lieblingsgeschichten aufmerksamere Zuhörer zukünftig finden möge.
Johann Wolfgang Goethe: *Wilhelm Meisters Lehrjahre* (1988 [1795/96]), S. 16 – 17, 33.

Goethe schildert in seinem Bildungsroman „Wilhelm Meisters Lehrjahre" (1795/96) die Geschichte eines jungen Mannes aus dem Bürgertum, der sich zur gebildeten Persönlichkeit zu entfalten versucht. In der autobiografischen Erzählung, die er der Geliebten anvertraut, inszeniert er sein Leben als stufenhafte, auf ein Ziel hin orientierte Entwicklung. Der Roman Goethes verdeutlicht jedoch, dass die Konstruktion eines aufstrebenden, homogenen Lebensganges ein männlich-bürgerliches Projekt und monologisch-selbstzentriertes Unternehmen ist – die Geliebte Wilhelms, die als Schauspielerin gesellschaftlich unter ihm steht, schläft während des Berichts wiederholt ein und verfügt ihrerseits nicht über eine eigene Lebenserzählung. Der biografisierende Bildungsroman als dasjenige Genre, das zum Ende des 18. Jahrhunderts den bürgerlichen Menschen mit seinen facettenreichen Innenlandschaften ins Zentrum stellt, produziert – so signalisiert Goethes Text – vor allem männliche Identitätsnarrationen. Der Bildungsroman bzw. die Biografie besitzt mithin ein Geschlecht und bringt Ausschlüsse (unter anderem des Weiblichen sowie anderer Klassen) mit sich.

Im folgenden Kapitel werden die in den 1960er Jahren entstehenden Men's Studies vorgestellt, die die scheinbare Neutralität der männlichen Position infrage stellen und Männlichkeit dezidiert als Geschlechtsrolle markieren. Das Kapitel rekonstruiert die Geschichte der Men's Studies in unterschiedlichen Disziplinen wie Soziologie sowie Geschichts- und Literaturwissenschaft und präsentiert einschlägige Konzepte wie das der hegemonialen Männlichkeit. Für die Literaturwissenschaft ist unter anderem die Idee männlicher Maskerade interessant, die an eine Argumentation der Psychoanalytikerin Joan Riviere anschließt, sowie die Auffassung, Männlichkeit sei als Ensemble heterogener Narrationen, mithin als brüchige Entwicklungsgeschichte, zu beschreiben. Auch die kritische Männlichkeitsforschung arbeitet an einer intersektionalen Pluralisierung männlicher Ge-

https://doi.org/10.1515/9783110656541-010

schlechterrollen und fokussiert beispielsweise Schwarze Männlichkeit ebenso wie prekarisierte bzw. subalterne Männlichkeit.

10.1 Geschichte und Themen

Gilt Männlichkeit seit dem aufklärerischen Projekt als allgemeinmenschliche Position, wie der Soziologe Georg Simmel um 1900 ebenfalls unterstreicht (vgl. Simmel 1998, S. 64–65), so kritisieren die Men's Studies die Gleichsetzung von Mann und Mensch, die komplexitätsreduzierenden Geschlechtscharaktere, die Männlichkeit aus dem Reich der Affekte ausschließen, und markieren Mannsein ausdrücklich als Geschlechtsrolle (das Modell der Geschlechtscharaktere identifiziert ausschließlich die Frau mit einem geschlechtlichen Körper). Das binäre Geschlechtermodell führt auch für Männlichkeitsentwürfe zu starken Einschränkungen und Verhaltensregulierungen sowie Verboten. Die Forschung hält zudem fest, dass Männer einem weitaus größeren Identitätszwang unterlägen als Frauen (vgl. Axeli-Knapp 1995). Die Männerforschung fragt also

> nach dem, was bei der Verallgemeinerung von Mann zu Mensch verloren geht und versucht, Männer nicht als geschlechtslose (Normal-)Menschen, sondern als geschlechtliche Wesen mit spezifischen Erfahrungen und Identitäten zu erforschen. Männer und Männlichkeiten werden dabei als historisch, kulturell und sozial variierende und konstruierte Phänomene betrachtet. (BauSteineMänner 1996, S. 6)

Dieser Ansatz, der von Beginn an politisch interessiert ist und das Machtgefälle zwischen Männern und Frauen kritisiert, entsteht in den USA in den späten 1960er Jahren, unter anderem als Reaktion auf die Neue Frauenbewegung. In den 1970er und 1980er Jahren etabliert er sich an den Hochschulen – 1976 wird die wissenschaftliche Beschäftigung mit Männlichkeit erstmals in das Curriculum der Universität Berkeley aufgenommen. In Deutschland ist die frühe Männerforschung ebenfalls politisch engagiert (vgl. Martschukat / Stieglitz 2005, S. 51): Die Mitglieder des zwischen 1985 und 1993 bestehenden *Arbeitskreises Antisexistische Männerstudien* argumentieren profeministisch und diskutieren, ob es primär um die Unterstützung von Frauen im Kampf gegen Sexismus gehe oder aber um die Sensibilisierung für die eigene Unterdrückung (beispielsweise von Emotionen) (vgl. Walter 1996, S. 18).

Fraglich wird damit auch, wie das Verhältnis von Gender und Men's Studies zu bestimmen ist, das beispielsweise Judith Kegan Gardiner als produktive Ergänzung beschreibt. Beide Ansätze könnten voneinander profitieren, denn die Männerforschung lasse Lücken der Feminist Studies in Erscheinung treten, wenn sie das brisante Forschungsfeld der Heterosexualität in den Blick rücke und dafür sorge, dass soziale Determination sowie ökonomische Produktionsverhältnisse stärker berücksichtigt würden (vgl. Gardiner 2002, S. 9). Die Gender Studies hingegen fokussierten eher private Praktiken von Männern und schlössen damit eine Forschungslücke der Men's Studies (vgl. Gardiner 2002, S. 9).

Die Men's Studies haben auch Kritik auf den Plan gerufen, denn der Fokus auf Männlichkeit scheint männliche Herrschaft sowie ihre Dominanz im akademischen Diskurs fortzuschreiben. „Wozu Männerforschung? Ist nicht alles, was nicht Frauenforschung ist, Männerforschung?" (BauSteineMänner 1996, S. 5). Zudem führt die verstärkte Thematisierung von Männlichkeit, die als Krise eines Dominanzanspruchs wahrgenommen wird, zu dem Ruf nach einer starken Männlichkeit, wie sie beispielsweise Robert Bly in seinem viel diskutierten Text *Eisenhans. Ein Buch über Männer* entwirft (Bly 1991). Der Feminismus provoziert einerseits (als Gegenbewegung zur Reflexion von Geschlechtlichkeit) maskulinistische Impulse wie die Forderung nach einer aggressiven, machtvollen Männlichkeit (Bruns 2008). Andererseits bringen sich verstärkt seit Beginn der 2000er Jahre in der Sach- und Populärliteratur Positionen zu Gehör, die alternative Männerbilder propagieren und Gefahren ‚toxischer Männlichkeit' thematisieren (vgl. Knaup 2015). Toxische Männlichkeit ist ein zentraler Begriff des gegenwärtigen Genderdiskurses, mit dem eine gesellschaftliche Vorstellung von hegemonialer Männlichkeit (als schädlich und destruktiv) bezeichnet wird. Dabei stehen sowohl Machtstrukturen als auch männliches Verhalten und Selbstbilder im Fokus der Kritik. So beschäftigt sich der britische Autor Jack Urwin in *Boys don't cry* (2016, dt. 2017) mit toxischer Männlichkeit sowie normativen Männlichkeitsbildern und hinterfragt gegenwärtige Identitätsangebote für Männer, die auf die Attribute „stark, unbesiegbar, wild" (Urwin 2017, Klappentext) abzielen und dazu führen, dass Männer ein Leben lang in diesen Fantasien gefangen bleiben. Auch JJ Bola (ebenfalls ein britischer Autor und Aktivist) legt mit *Sei kein Mann. Warum Männlichkeit ein Alptraum für Jungs ist* (2020; *Mask off. Masculinity Redefined*, 2019) ein auch in der deutschsprachigen Kulturlandschaft wahrgenommenes Buch vor; der für die deutsche Übersetzung geschriebene Klappentext führt explizit die rechtsextremen Terroranschläge in Halle (2019) und Hanau (2020) an und verbindet so das Problemfeld toxischer Männlichkeit unmittelbar mit der deutschen Gegenwart: „In der Ära von Trump, #MeToo und Attentätern wie in Halle und Hanau ist Männlichkeit kein positiver Begriff mehr." (Bola 2020, Klappentext). Auch Bola setzt sich für eine konstruktiv geführte Debatte über normierende Männlichkeitsbilder ein. Zugleich jedoch signalisiert die Aufzählung im Klappentext das Ausmaß einer toxischen Männlichkeit, die mit Gewalt, Sexismus und Populismus assoziiert ist und eine Krise der Männlichkeit dokumentiert.

Krisenhaftigkeit bildet dabei einen wesentlichen Bestandteil gegenwärtiger Männlichkeitstheorien. Männlichkeitsentwürfe seien zerrissen zwischen traditionellen Vorstellungen von Stärke und Durchsetzungskraft auf der einen und Inkaufnahme und Affirmation von Effimierung und Werteverlust auf der anderen Seite; die Verhandlung dieser Männlichkeitsimagines werde zudem vielfach populistisch geführt. So steht auch die Einleitung des interdisziplinären Männlichkeit-Handbuchs (vgl. Horlacher / Jansen / Schwanebeck 2016a) ganz im Zeichen der ‚Männlichkeitskrise'. Problematisch an dieser ‚medial obsessiv' geführten Debatte sei jedoch, „dass das geradezu inflationäre Postulieren einer Krise implizit die Idee einer nicht-krisenhaften, nämlich starken Männlichkeit als ‚normal' befördert und somit nicht selten traditionell hegemoniale Strukturen weiter verfestigt." (Horlacher / Jansen / Schwanebeck 2016b, S. 2)

Insgesamt lässt sich eine zunehmende Sensibilisierung für die Gefahren traditioneller Männlichkeitsentwürfe wahrnehmen (vgl. auch von Heesen 2018), der sich – jenseits der Geistes- und Kulturwissenschaften – etwa auch die Medizin und Gesundheitswissenschaft annehmen. Diese Disziplinen entwickeln seit geraumer Zeit ein Interesse an Krankheitsbildern, die auf einen ‚männlichen' Lebensstil zurückzuführen sind (inkl. früherer Sterblichkeit) (vgl. die Ausführungen zu ‚Männergesundheit' bei Faltermaier 2018; zu Geschlecht und Gesundheit Maschewsky-Schneider 2018).

10.2 Pluralität, Relationalität und Prozess

Die kritische Männerforschung pluralisiert, ähnlich wie die Gender und Queer Studies, männliche Geschlechterrollen und verortet sie in einem Geflecht aus sozialen Positionen. Gesprochen wird nicht mehr von ‚der Männlichkeit', sondern von relational definierten Männlichkeiten (vgl. Erhart / Herrmann 1997, S. 25; Connell 2005, S. XII), die sich primär über die Abgrenzung von weiblichen Identitätsentwürfen definieren – das hieße auch, dass Männergeschichte kein Konkurrenzunternehmen zur Frauengeschichte darstellt, sondern sich beides ergänzt (vgl. Kühne 1996, S. 11). Dabei geht es primär um Konzepte und soziale Rollen, nicht um Personen, wie Walter Erhart und Britta Herrmann betonen. Es ließe sich über Männlich- und Weiblichkeiten nachdenken, ohne dass von Männern und Frauen die Rede sein müsste (vgl. Erhart / Herrmann 1997, S. 25). Darüber hinaus definieren sich Männlichkeitsrollen in Abgrenzung von anderen männlichen Identitätsentwürfen sowie durch intersektionale Überkreuzungen von Class und Race (→ **Kapitel 9.1**), zumal weitere Kategorien wie Religion oder Alter Relevanz besitzen können.

Wird also Männlichkeit durch Männlichkeiten ersetzt, so ergibt sich ein weites Feld für historische, soziologische und literaturwissenschaftliche Untersuchungen – der Familienvater, der wehrhafte Mann, der Turner etc., sie alle können zum Gegenstand der Men's Studies werden. Dabei sei grundsätzlich die Entwicklung von Männlichkeit zu berücksichtigen; sie entfalte sich „über viele Stationen – von der frühkindlichen Ablösung und Differenzierung über die adoleszente Vater-, Mutter- und Selbstabgrenzung bis zur sexuellen Orientierung im Erwachsenenalter" (Erhart / Herrmann 1997, S. 9). Insbesondere der Bildungs- und Entwicklungsroman – neben Goethes Klassiker beispielsweise Gottfried Kellers *Grüner Heinrich* (1854/55) und Adalbert Stifters *Nachsommer* (1857) – führt die Genese von Männlichkeit als Abfolge heterogener Narrationen vor Augen.

Vor dem Hintergrund dieses dynamisch konzipierten Mannwerdens lässt sich eine frühere Studie kritisieren: Klaus Theweleits *Männerphantasien* (1977/78; Neuauflage 2019), die nicht nur der Frauenbildforschung zugerechnet werden kann, sondern auch als Gründungstext der Männerstudien gilt. Theweleit analysiert, wie an früherer Stelle ausgeführt wurde (→ **Kapitel 5.3**), die Frauenbilder in Briefen von Soldaten und entwirft ein psychoanalytisches Modell von Männlichkeit. Identität entstehe durch die Abwehr der zugleich ersehnten Verschmelzung mit der Mutter, sodass Männlichkeit das Produkt einer Negation sei, wie Theweleit in seinen späteren Schriften ebenfalls ausführt. Dieses eher monokausale und statische Modell ersetzen neuere Untersuchungen der Men's Studies durch prozessuale Konzepte, die der Entwicklung von Männlichkeit Rechnung tragen.

10.3 Männlicher Habitus und hegemoniale Männlichkeit

Zwei soziologische Theorien sind für die Männlichkeitsforschung besonders relevant: die Ansätze von Pierre Bourdieu und Raewyn Connell (die zunächst unter dem Namen Robert W. Connell publiziert).

Pierre Bourdieu, dessen Ansatz in der Männlichkeitsforschung breit rezipiert wird (vgl. u. a. Gildemeister / Hericks 2012, S. 242; Tunç, 2012), beschäftigt sich in seinen ethnologischen Studien der 1960er Jahre zur kabylischen Gesellschaft in Algerien mit männlicher Herrschaft und der Naturalisierung von Macht bzw. symbolischer Gewalt. Im Zentrum steht der Begriff des Habitus (vgl. Brandes 2001/02), der unbewusste Verhaltensdispositionen bezeichnet; diese verklammern gesellschaftliche Regeln und (Macht-)Positionen mit Gesten, Bewegungen und Lebensstilen, also auch mit körperlichen Ausdrucksformen. Der Habitus inkorporiert gesellschaftliche Hierarchien und lässt damit vergeschlechtlichte Wahrnehmungs- und Bewertungskategorien entstehen (Bourdieu, 1997a, S. 167).

Darüber hinaus dissimuliert er seine gesellschaftlich-historische Genese, sodass Frau- und Mannsein als natürliche Gegebenheiten erscheinen. Männliche Herrschaft resultiert nach Bourdieu mithin aus der Verkörperung von gesellschaftlichen Herrschaftsverhältnissen im Habitus (Bourdieu, 2005, S. 45); die Legitimität der männlichen Herrschaft ergibt sich daraus, dass der Herrschaftsbeziehung eine biologische Natur eingeschrieben ist, „die selbst eine naturalisierte soziale Konstruktion ist" (Bourdieu, 1997b, S. 94).

Männliche Macht resultiert zudem aus der Unterdrückung von Frauen und anderen Männern – Macht ist immer die Ohnmacht eines Anderen. Männliche Macht speise sich aus der „systematische[n] Aneignung weiblicher Reproduktionskapazitäten [...] entlang von vier institutionellen Achsen [...]: Zwangsheterosexualität und Vaterschaft in einem eher privaten, wissenschaftliche und staatliche Reproduktionskontrolle in einem öffentlichen Rahmen" (Martschukat / Stieglitz 2005, S. 55).

Auf Macht konzentriert sich auch das Konzept der hegemonialen Männlichkeit von Raewyn W. Connell, deren Studie *Masculinities* von 1995 (2005; *Der gemachte Mann: Konstruktion und Krise von Männlichkeiten*, 1999) breite Aufmerksamkeit gefunden hat. ‚Hegemonial' ist ein Begriff des italienischen Marxisten Antonio Gramsci und bezeichnet eine Form von Macht, die sich nicht nur als staatlich-politische, sondern auch als kulturelle Kontrolle äußert:

> Zentrale Merkmale moderner hegemonialer Männlichkeit sind etwa die Biologisierung von Geschlechterunterschieden sowie die heterosexuelle Dominanz, entscheidende Stützen des Konzepts sind neben der Fortschreibung der Institution Ehe in erster Linie homosoziale, ‚männerbündische' Zusammenschlüsse. (Martschukat / Stieglitz 2005, S. 57)

Connell unterscheidet vier Typen von Männlichkeit: Neben der hegemonialen nennt sie komplizenhafte Männlichkeit, die an der ‚patriarchalen Dividende', also dem Anerkennungssystem einer Gesellschaft partizipiert, untergeordnete Männlichkeit (dazu rechnet sie Homosexuelle) und subalterne bzw. marginalisierte. Es stellt sich vor diesem Hintergrund die Frage, ob auch von einer hegemonialen Weiblichkeit gesprochen werden könnte (Scholz 2010; vgl. zu einer Kritik Stückler 2013). Männlichkeit werde dabei vornehmlich, so Connell, in Zeiten der Krise wahrnehmbar, in denen sich in der Regel drei entscheidende Faktoren des Männlichkeitsdiskurses veränderten: die Machtbeziehungen, die wirtschaftlichen Produktionsbedingungen und die emotionalen Dispositionen, das heißt die kulturell entworfenen Gefühlswelten von Männlichkeit (vgl. Connell 2005, S. 84). Dieses Krisenkonzept kann nach Connell genutzt werden, „um Verschiebungen von Männlichkeitsentwürfen und Geschlechterbeziehungen in den Griff" zu bekommen (Martschukat / Stieglitz 2005, S. 82).

Connell geht in ihren neueren Texten den Konsequenzen der Globalisierung, der geschlechtlichen Semantisierung von internationalen Arbeitsbeziehungen und dem Typus des Managers nach (vgl. Connell 2005, S. XX–XXI). Sie begreift den Typus des Geschäftsmannes als eine transnationale Männlichkeit, die sich durch einen individualistischen Lebensstil, sexuelle Liberalität sowie Marktmacht auszeichne.

10.4 Themen und Modelle in den Disziplinen

In den Geschichtswissenschaften stellen die Men's Studies das traditionsreiche Konzept einer ‚großen Geschichte' infrage – die Historiografie erzählt bekanntlich von Königen und Kaisern und verliert sowohl den ‚kleinen Mann' als auch Frauen aus den Augen. Die Historikerin Ute Frevert beispielsweise, die einschlägige Untersuchungen zum Militär, zur Wehrpflicht und zum Duell vorlegt, bricht mit diesem Konzept, indem sie Männer und Frauen als komplementär Handelnde begreift. Ihre Ergebnisse sind auch für die Literaturwissenschaft von Bedeutung: Freverts Untersuchung *Ehrenmänner. Das Duell in der bürgerlichen Gesellschaft* (1991) rekonstruiert die für einen bestimmten Männertypus konstitutive Duell-Praxis des 19. Jahrhunderts. Frevert fokussiert zudem Militär und Wehrpflicht, die die Zugangsbedingungen für Staatsbürgerschaft und politische Partizipation regeln und als primär männliche Institutionen Frauen tendenziell von politischen Geschäften ausschließen (vgl. Frevert 1996, S. 84). Die historische Männerforschung setzt sich darüber hinaus mit Körperlichkeit auseinander, nicht zuletzt weil geschlechtliche Körperbilder als Metaphern für Gemeinschaften (zum Beispiel der Staat als Leib) eng mit politischen Fragestellungen verknüpft sind (vgl. Schmale 1998, S. 20 – 21).

Beliebte historische, soziologische wie literaturwissenschaftliche Themen der Men's Studies sind Militär, Kriegskameradschaft oder auch Turnvereine, die sich durch ähnliche Organisationsstrukturen auszeichnen: durch den Männerbund. Nicolaus Sombart analysiert die homosozialen Bünde um den Dichter Stefan George sowie im politischen Kreis um Wilhelm II. und betont als konstitutives Moment die Ausgrenzung von Weiblichkeit:

In seinen Lebensformen ist der ‚Männerbund' karg, asketisch, zölibatär; er definiert seine Einstellung dem Leben gegenüber in radikaler Abgrenzung gegen alles Weiche, Liebliche, Anmutige, Weibliche; er grenzt sich ab gegen alles, was mit dem Weibe zu tun hat: seine Gefahren, seine Schrecken und seine Verlockungen. (Sombart 1996, S. 141)

Kennzeichnend für den Männerbund seien zudem Idealismus, das Charisma des Führers und das Opfer:

> Die Mitgliedschaft [im Männerbund; F.S., L.W.] ist mit der Anerkennung von oft hochge-
> steckten Werten und Idealen verbunden, charakteristisch ist eine gewisse Aura des Ge-
> heimnisvollen, ein Aufnahmeritus, eine hierarchische Struktur und häufig die dominierende
> Stellung einer charismatischen Führerpersönlichkeit. Immer wieder tauchen zwei Kardi-
> naltugenden auf, die den emotionalen Zusammenhang des Bundes gewährleisten sollen: die
> absolute Treue zum Führer des Bundes und den Bundesgenossen sowie die Bereitschaft zum
> Opfer. (Widdig 1997, S. 236)

In Goethes Roman *Wilhelm Meisters Lehrjahre* wird Wilhelm in den letzten beiden Büchern mit einem Männerbund konfrontiert, der in diesem Sinne über einen charismatischen Führer verfügt und sich über die Ausgrenzung von Weiblichkeit sowie das Opfer konstituiert.

Die Literatur- und Filmwissenschaft arbeitet vielfach mit psychoanalytischen und performativen Konzepten, die Männlichkeit als Maskerade und Doing gender beschreiben (vgl. Kaltenecker 1996). Geschlechtlichkeit als Maskerade aufzufassen, kann auf die Psychoanalytikerin Joan Riviere zurückgeführt werden, die dieses Modell in den 1920er Jahren (in der Auseinandersetzung mit weiblichem Verhalten) entwickelt. Riviere beschreibt in einer Fallstudie eine intellektuelle Frau, die nach ihren wissenschaftlichen Vorträgen ein besonders weiblich-unterwürfiges Verhalten an den Tag legt – so, als wolle sie sich für die Anmaßung, das Wort ergriffen zu haben, entschuldigen. Hat sie sich, psychoanalytisch gesprochen, mit dem Wort den Phallus (die Macht) angeeignet, so maskiert sie sich nach diesem Akt der Aneignung als ‚Weibchen‘, um den ‚Übergriff‘ zu verbergen.

Riviere leitet aus diesem Verhalten ab, dass Weiblichkeit grundsätzlich Maskerade sei:

> Weiblichkeit war daher etwas, das sie [die Patientin; F.S, L.W.] vortäuschen und wie eine
> Maske tragen konnte, sowohl um den Besitz von Männlichkeit zu verbergen als auch um der
> Vergeltung zu entgehen, die sie nach der Entdeckung erwartete – ähnlich wie ein Dieb, der
> seine Taschen nach außen kehrt und durchsucht zu werden verlangt, um zu beweisen, daß er
> die gestohlenen Dinge nicht hat. Der Leser mag sich nun fragen, wie ich Weiblichkeit defi-
> niere und wo ich die Grenze zwischen echter Weiblichkeit und der ‚Maskerade‘ ziehe. Ich
> behaupte gar nicht, daß es diesen Unterschied gibt; ob natürlich oder aufgesetzt, eigentlich
> handelt es sich um ein und dasselbe. (Riviere 1994, S. 38 – 39)

Diese Definition von Weiblichkeit als Maskerade übernehmen die Men's Studies und differenzieren sie mit Blick auf Sigmund Freud und Jacques Lacan aus. Männlichkeit vermag beispielsweise weibliche Maskeraden zu übernehmen und durch forcierte Männlichkeitsinszenierungen wiederum zu maskieren (vgl. Benthien / Stephan 2003, S. 55–56). Auch Männlichkeit ist ein Effekt heterogener Zuschreibungen und Maskierungen, wobei die Literaturwissenschaft „die Prozesse verfolgen und offen legen [kann], mit denen solch unterschiedliche Männlichkeiten durch Zeichen, Symbole, Erzählungen und Inszenierungen hergestellt werden" (Erhart / Herrmann 1997, S. 16).

Die Men's Studies haben sich darüber hinaus mit dem ‚Chefdenker' der Geschlechterdifferenz im 20. Jahrhundert, mit Sigmund Freud, auseinandergesetzt und dessen Ansatz historisiert bzw. psychoanalytisch gegen den Urheber gewendet. Nach Paul Smith verschiebt Freud störende Aspekte der Männlichkeitsentwicklung auf das Weibliche und blendet so Irritationen aus der Genese des Mannes aus (vgl. Smith 1997). Sander L. Gilman betont, dass Freuds Theorien auf die in seiner Zeit gängigen rassistischen Stereotypien vom minderwertigen Juden reagieren: Das Herzstück des Freud'schen Konzepts, die Kastrationsdrohung, könne auf die jüdische Praxis der Beschneidung zurückgeführt werden. Die Abwertungen des rassistischen Diskurses verschwinden nach Gilman jedoch zunehmend aus Freuds Texten und kehren verschoben als Deformation des Weiblichen wieder (vgl. Gilman 1994, S. 67).

Walter Erhart, dessen Arbeiten für die literaturwissenschaftliche Männerforschung einschlägig sind, knüpft ebenfalls an die Psychoanalyse als Meistererzählung über Familie und Geschlecht an und historisiert die Wissenschaft. Er betont, dass sich Männlichkeit nur als Geschichte erzählen lasse, genauer: als Abfolge heterogener Narrationen sowohl auf makrohistorischer wie auf individueller Ebene. Eine zentrale Instanz, die Männlichkeit im 19. Jahrhundert formiere, sei die Familie:

> Die moderne Familie spielt zunächst (seit dem 18. Jahrhundert) eine neue und ganz entscheidende Schlüsselrolle am Ursprung der männlichen Subjektivität, und sie prägt darüber hinaus auch die Art und Weise, wie sich Männer in modernen Gesellschaften selbst verstehen, behaupten und konstruieren: als Familienmänner, die zuerst überwiegend von Müttern erzogen und später als Söhne und als Väter ihren Mann zu stehen haben. (Erhart 2001, S. 8)

In der Herkunftsfamilie bilde sich zwar die Geschlechtlichkeit des Mannes aus, doch auch die neu zu gründende Zeugungsfamilie verlange Männlichkeitsentwürfe. Erhart stellt in diesem Zusammenhang auch die Grundannahme der Familienforschung infrage, die bürgerliche Gesellschaft habe seit dem 18. Jahrhundert eine klare Trennung von Öffentlichkeit und Privatheit durchgesetzt. Männer hätten zudem in beiden Sphären agiert und verfügten deshalb über multiple Verhaltensmodelle.

Aus psychoanalytischer Perspektive lässt sich nach Erhart ein fundamentaler Widerstreit in bürgerlichen Männlichkeitsentwürfen ausmachen: Dem Wunsch des Mannes nach Regression in den präödipalen Bereich, wie ihn Klaus Theweleit ebenfalls beschreibt, steht der Wunsch nach der Abgrenzung von der Mutter gegenüber. Aufgrund dieser widersprüchlichen Tendenzen kommt es im Verlauf eines männlichen Lebens wiederholt zu Umdeutungen, vor allem dann, wenn die mutterzentrierte Narration durch einen Männlichkeitsentwurf ersetzt wird, der die Grenze zum Weiblichen betont. Die zahlreichen genealogischen Familienromane des 19. Jahrhunderts lassen die konfliktreiche Konstellation männlicher Identität als Geschichte instabiler Männlichkeitsentwürfe, als Ensemble von Performances und heterogenen Narrationen, in Erscheinung treten:

> Männlichkeit als eine geschlechtsspezifische Kategorie [...] besitzt eine narrative Struktur, und dies ganz besonders in der Moderne, in der sich die Geschichte der Männlichkeit in Form von Familiengeschichten beschreiben lässt. (Erhart 2001, S. 9)

Läuft diese Geschichte, literaturhistorisch betrachtet, auf den Verfall der bürgerlichen Familie zu, wie ihn Thomas Manns Roman *Buddenbrooks* (1901) schildert, so verhandeln bereits Texte des frühen 19. Jahrhunderts Krisen von Familie und Männlichkeit – häufig parallel zu ihrer Idealisierung.

Die Men's Studies definieren, so sollten die vorangegangenen Ausführungen verdeutlicht haben, Männlichkeit ausdrücklich als Geschlecht und widersprüchliches Rollenensemble, das durch Determinanten wie Weiblichkeit, Klasse, Ethnie, Religion, Alter etc. bestimmt wird. Sie nehmen dabei ein Entwicklungsmodell in Anspruch, während Weiblichkeit – so betont die Frauenbildforschung – häufig auf statische Bildlichkeit fixiert bleibt. Zu überlegen wäre, ob die Gender Studies dieses narrative Modell für die Beschreibung von Weiblichkeit übernehmen könnten. Die Men's Studies fokussieren Themen wie Macht, Arbeitsverhältnisse (in der globalen Welt), Männerbünde, Militär, Familie sowie Vaterschaft und erweitern den Fokus der Gender-Forschung durch die Berücksichtigung von öffentlichen und ökonomischen Vorgängen. Zudem lenken sie, ähnlich wie die Queer Studies, den Blick auf Heterosexualität, die aus einem ‚ethnografischen' Blickwinkel als fremde Landschaft mit eigentümlichen Riten erscheint.

Fragen und Anregungen

– Stellen Sie die Kritikpunkte an den Men's Studies zusammen und versuchen Sie diese zu entkräften.
– Überlegen Sie, welche Ähnlichkeiten zwischen den Men's Studies und den Gender Studies bestehen und wo markante Unterschiede auszumachen sind.
– Rekonstruieren Sie die Argumentation von Joan Riviere und überlegen Sie, inwiefern sich Männlichkeit als Maskerade beschreiben lässt.
– Warum ist es produktiv, Männlichkeit (und Weiblichkeit) im Anschluss an Walter Erhart als Narrationen (nicht als Bilder) zu begreifen?
– Lesen Sie Goethes *Wilhelm Meisters Lehrjahre* und analysieren Sie die Inklusions- wie Exklusionsstrategien des Männerbundes um Lothario.

Lektüreempfehlungen

Claudia Benthien / Inge Stephan (Hg.): Männlichkeit als Maskerade. Kulturelle Inszenierungen vom Mittelalter bis zur Gegenwart, Köln / Weimar / Wien 2003. *Die Aufsätze beleuchten die Mythisierung des Männlichen sowie Inversionen und Krisenfiguren.*

Walter Erhart: Familienmänner. Über den literarischen Ursprung moderner Männlichkeit, München 2001. *Untersucht die widersprüchlichen Identitätsentwürfe bürgerlicher Männer in Familienromanen des 19. Jahrhunderts.*

Walter Erhart / Britta Herrmann (Hg.): Wann ist der Mann ein Mann? Zur Geschichte der Männlichkeit, Stuttgart 1997. *Überblicksaufsätze aus verschiedenen Disziplinen stehen neben Fallstudien, zum Beispiel zu Heinrich von Kleist, zu den Männerbünden um 1900, zu Western-Helden etc.*

Stefan Horlacher / Bettina Jansen / Wieland Schwanebeck (Hg.): Männlichkeit. Ein interdisziplinäres Handbuch, Stuttgart 2016. *Erstes Überblickswerk zur Männlichkeitsforschung im deutschsprachigen Raum.*

Jürgen Martschukat / Olaf Stieglitz: „Es ist ein Junge!". Einführung in die Geschichte der Männlichkeit in der Neuzeit, Tübingen 2005. *Die soziologische Einführung bündelt wesentliche Strömungen.*

Joan Riviere: Weiblichkeit als Maskerade [1929], in: Liliane Weissberg (Hg.), Weiblichkeit als Maskerade, Frankfurt a. M. 1994, S. 34 – 47. *Die psychoanalytische Fallstudie entwickelt das für die Gender wie Men's Studies einschlägige Maskerade-Konzept.*

11 Gender und Film Studies

Abbildung 7: Filmstill aus *Gladiator* (2000).

Der Blockbuster „Gladiator" (2000) von Ridley Scott verbindet das Genre des Sandalen-Films mit Elementen des Science-Fiction- sowie des Fantasy-Films und entwirft – wie das abgebildete Filmstill kenntlich werden lässt – eine heroische Narration von Männlichkeit, die zugleich Aufschluss über die Funktion des Weiblichen gibt. Eine zentrale Szene zeigt den Krieger inmitten eines reifen Kornfeldes, das als ‚Mutter Erde' zum Substitut der ermordeten Ehefrau stilisiert wird. Die Fantasie des Gladiators kreist obsessiv um die Heimat und die (verlorene) Frau, offensichtlicher Fluchtpunkt seiner Heldentaten. Der Film verhandelt die Geschlechteropposition also über den Topos der Heimaterde (als Pendant des weiblichen Schoßes) und den Typus des heroischen Kämpfers, unterläuft diese Binarität jedoch zuweilen durch einen Kamerablick, die Männlichkeit fetischisiert.

https://doi.org/10.1515/9783110656541-011

In Filmen verknüpfen sich Aussagen über Geschlechtlichkeit grundsätzlich mit Blickkonstellationen. Der Sandalen-Film etwa setzt auf offensive Weise Männlichkeit als Körperlichkeit (in homosozialen Verbänden) in Szene und macht die männlichen Protagonisten zu fetischisierten Objekten des Zuschauer:innenblicks. Die seit den 1960er Jahren entstehenden psychoanalytisch orientierten Film Studies beschäftigen sich deshalb mit Geschlecht und Voyeurismus, zudem mit den Aktivitäten der Fantasie – die Leinwand gilt als Projektionsfläche unbewusster Wünsche, die über Rollenwechsel befriedigt werden können. Die Film Studies setzen sich sowohl mit dem Hollywood-Film als auch mit dem Independent- und Arthouse-Kino auseinander, das weit eher als die Populärkultur alternative Begehrensformen zum Thema macht. Sie greifen die vielfältigen Ansätze der Geschlechterforschung wie Men's, Gender, Queer und Postcolonial Studies auf – queere Filmanalyse zum Beispiel entschlüsselt verborgene Begehrensstrukturen und eröffnet neue Denkräume.

11.1 Theorien des Zuschauens

Dass sich Forscher:innen mit populärkulturellen Filmen beschäftigen, ist nicht zuletzt den Cultural Studies zu verdanken, auf die sich genderorientierte Filmanalysen häufig beziehen. Die Cultural Studies entstehen in den 1960er Jahren in Birmingham am Centre for Contemporary Cultural Studies (CCCS) und erobern in den 1980er Jahren die amerikanische Universitätslandschaft. Die frühe Birmingham School konzentriert sich vornehmlich auf die Kultur der Arbeiterklasse und die Funktion von Massenmedien, die nicht als manipulatives Instrumentarium der Kulturindustrie verstanden werden, sondern als komplexe Symbolsysteme, denen auch die Pädagogik Rechnung tragen sollte. Die Untersuchung *The Popular Arts* (1964) von Stuart Hall und Paddy Whannel, der von 1968 bis 1979 das Zentrum für Cultural Studies in Birmingham leitet, wertet Medien wie den Film und den Jazz auf, die eine konservative Schulpolitik ausgeschlossen und diffamiert hatte (vgl. Hall / Whannel 1964). Ziel der Autoren ist ein kreativdidaktischer Umgang mit Massenkultur, wie sie den Alltag von Schüler:innen zunehmend dominiert. Hall und Whannel entsprechen damit der Forderung, dass die medialen Kompetenzen an der Schule zu vertiefen seien. Die Deutschdidaktik hat sich entsprechend zu einer Medienkulturdidaktik erweitert (vgl. Staiger 2007) (→ **Kapitel 14**).

Eine Verwissenschaftlichung des Mediengebrauchs ist nach Hall und Whannel deshalb möglich, weil sich Mainstream-Produktionen im Fernsehen und Kino (wie Arthouse-Filme) als ästhetische Artefakte beschreiben lassen, also Formalisierungen aufweisen und mit verdichtenden Symbolisierungen arbeiten.

Auch Mainstream-Filme sind komplex codiert, knüpfen an kulturelle Traditionen an, um sie umzuschreiben, und überlagern Genres, wie Hall und Whannel anhand des Westerns, des Melodrams und des Blues zeigen. Die Cultural Studies nobilitieren mithin die populäre Filmkultur zum wissenschaftlichen Gegenstand und integrieren dabei auch feministische Fragestellungen:

> Seit den späten 60er Jahren trugen von der so genannten zweiten Frauenbewegung inspirierte Filmwissenschaftlerinnen – darunter Molly Haskell, Marjorie Rosen, Joan Mellen – feministische Fragestellungen in den Bereich der Film Studies. Sie fragten nach der Repräsentation von Frauen im Film, untersuchten die kinematographische voyeuristische Konstellation und analysierten den Zusammenhang von Gender und Genre. (Liebrand 2003, S. 10)

Die Film Studies heben grundsätzlich die Grenze zwischen High und Low Culture auf – Mieke Bal führt den Erfolg der Film Studies auf die Dekonstruktion dieser Trennlinie zurück (vgl. Bal 1991). Der kassenfüllende Blockbuster wird in Anlehnung an die Cultural Studies nicht als Teil einer manipulativen Kulturindustrie bewertet, sondern gilt als hybrides Artefakt vielfältiger ideologischer Verhandlungen, wie sich am Beispiel der beliebten James-Bond-Filme ebenso verfolgen lässt (vgl. Bennett / Woollacott 1987) wie an Filmen des 1990er-Jahre-Kinos, die die „Gender-Implikationen verschieben, verkehren und durchkreuzen, [...] traditionelle Gender-Topiken einspielen und in Bewegung setzen" (Liebrand 2003, S. 17). Anhand von Anthony Minghellas Film *The English Patient* (1996; *Der englische Patient*) beispielsweise geht Claudia Liebrand den geschlechtlichen Semantisierungen der Topografie nach (Wüste, Meer, Luftraum) und beschreibt die Umkehrung von traditionsreichen Codierungen, die die Wüste mit dem weiblichen Körper gleichsetzen. Am Beispiel von *Pearl Harbor* von Michael Bay (2001) und *Anna and the King* von Andy Tennant (1999; *Anna und der König*) lassen sich intersektionale Kopplungen von Gender und Race verfolgen. Ihren Erfolg verdanken Blockbuster, so Liebrands Ausgangsthese, nicht zuletzt den Ambivalenzen ihrer geschlechtlichen und ethnischen Verhandlungen.

Widmen sich die frühen genderorientierten Filmanalysen vor allem Weiblichkeitsikonen, den Stars und Diven, so stellt Laura Mulveys vieldiskutierter Aufsatz *Visual Pleasure and Narrative Cinema* (1975; *Visuelle Lust und narratives Kino*, 1980) einen Wendepunkt dar. Mulvey nutzt die Psychoanalyse, die für die Filmtheorie insgesamt zentral ist, als politisches Instrumentarium, um die verborgenen Geschlechterimplikationen des Kinos freizulegen, und argumentiert wie folgt: Das Kino bediene sich der Skopophilie (der Schaulust) des Menschen. Die Dunkelheit des Kinosaals schaffe die Illusion voyeuristischer Distanz und produziere den Eindruck eines geschlossenen privaten Raums, in dem sich die Lust der Beobachtenden entfalten könne. Das narzisstische Moment dieser Schaulust werde dadurch gefördert, dass das auf der Leinwand Sichtbare als Ähnliches wiedererkannt werde: „Das erkannte Bild erscheint als der reflektierte Körper des Selbst." (Mulvey 1994, S. 53) Dieses Selbstbild ist nach Mulvey paradoxal angelegt, denn es bedeutet sowohl einen Verlust des Egos als auch eine Stärkung. Die Selbstvergessenheit des Ich (Schwächung) ist Kehrseite der Identifikation mit Ich-Idealen (Stärkung), die insbesondere das Starsystem, der Auftritt von glamourösen Diven, ermöglicht. Diese spannungsreiche Verbindung von Distanz und Nähe, Trennung und Identifikation, Ego und Libido produziert nach Mulvey Lust. Oder anders formuliert: Der gesamte Kino-Apparat ist darauf ausgerichtet, Begehren herzustellen, das jedoch auf seinen traumatischen Ursprung bezogen bleibt – auf den Kastrationskomplex, den nach Sigmund Freud die Frau verkörpert (→ **Kapitel 4**).

Der Darstellung von Weiblichkeit auf der Leinwand kommt damit eine bestimmte Funktion zu, über die Mulvey festhält:

> In einer Welt, die von sexueller Ungleichheit bestimmt ist, wird die Lust am Schauen in aktiv / männlich und passiv / weiblich geteilt. Der bestimmende männliche Blick projiziert seine Phantasie auf die weibliche Gestalt, die dementsprechend geformt ist. In der Frauen zugeschriebenen exhibitionistischen Rolle werden sie gleichzeitig angesehen und zur Schau gestellt, ihre Erscheinung ist auf starke visuelle und erotische Ausstrahlung zugeschnitten, man könnte sagen, sie konnotieren ‚Angesehenwerden-Wollen'. (Mulvey 1994, S. 55)

Dass das Weibliche primär Objekt des Blicks ist, zeigt sich unter anderem daran, dass der spektakuläre Auftritt der Frau den narrativen Kontext des Films durchbricht und sich das schöne Bild des Stars verselbstständigt. Es wird noch dazu durch den männlichen Blick, beispielsweise durch zerstückelnde Nahaufnahmen, fragmentarisiert. Die Handlung des Films hält hingegen eine männliche Figur in Gang, mit der sich die Zuschauenden identifizieren, unterstützt durch eine unsichtbare Kamera und die „aktive Macht des erotischen Blicks" (Mulvey 1994, S. 57).

Markiert in der Psychoanalyse die Frau den permanenten Mangel des Mannes, die Kastration, so kann das männliche Unbewusste auf diese Bedrohung auf zweifache Weise reagieren: Es kann das Trauma erneut durchleben und die weibliche Figur abstrafen wie im Film noir, oder aber es kann die Kastration durch Fetischisierung ignorieren. Die Frau wird damit zum Star, ihre Schönheit zum Fetisch, prototypisch zum Beispiel in den Filmen von Alfred Hitchcock. Mediale Voraussetzung dieser Fetischisierung ist eine unsichtbare Kamera, die die Identifikation der Zuschauenden mit dem männlichen Helden bzw. mit seinem Blick auf die schöne Frau ermöglicht. Mulvey schlägt deshalb vor, die Filmkonvention der unsichtbaren Kamera, die im klassischen Hollywood-Kino nahezu verbindlich ist und die das Medium, die Kamera, zum Verschwinden bringt, zu verabschieden, um das asymmetrische (Blick-)Verhältnis zwischen Frau und Mann zu durchbrechen. Sie fordert, ähnlich wie Judith Butler in *Körper von Gewicht* (1995; (→ **Kapitel 7.3**), eine sichtbare Kamera, die die hegemoniale Geschlechterordnung stört, den Blick der Beobachtenden thematisiert und so das reibungslose Ineinander von Distanzierung und Identifikation verhindert. Eine sichtbare Kamera (beispielsweise durch den Gebrauch von Handkameras) thematisiert das Subjekt des Blicks, verweist also auf die Perspektivität eines nicht mehr allmächtigen Beobachters und markiert ihn gegebenenfalls geschlechtlich.

Laura Mulveys Definition von Weiblichkeit als Objekt und Männlichkeit als Subjekt des Blicks wurde unter anderem deshalb kritisiert, weil sie weibliche Blickkonstellationen ignoriere (vgl. Gamman / Marshment 1988, S. 5–6). Steve Neale begreift zudem auch den männlichen Schauspieler als Objekt des kinematografischen Voyeurismus (vgl. Neale 1993, S. 9–10). Mary Ann Doane entwickelt darüber hinaus in Anlehnung an das Maskerade-Konzept von Joan Riviere (→ **Kapitel 10.3**) eine Theorie der Zuschauerin und konzipiert den weiblichen Blick als gespaltenen und maskierten. Doane geht ebenfalls davon aus, dass der Film Weiblichkeit zum bevorzugten Gegenstand seines voyeuristischen und fetischistischen Interesses mache, als autonomes Subjekt jedoch ausschließe. Entscheidend für die Rolle der Zuschauenden sei dabei die Nähe und Distanz zum Filmbild, denn der ‚Spanner' gewinne seine Lust aus dem Abstand zum Objekt. Damit aber wird die Position der Frau, die das Filmbild in obsessiver Weise repräsentiert, also in die Nähe rückt, problematisch bzw. ambivalent.

> Für die Zuschauerin besteht eine gewisse Über-Gegenwärtigkeit des Bildes, denn sie *ist* das Bild. Vor dem Hintergrund dieser engen Beziehung kann das Begehren des weiblichen Zuschauers nur als eine Art Narzißmus beschrieben werden – der weibliche Blick verlangt, dieses Bild zu werden. (Doane 1994, S. 72)

Die Frau bewegt sich also zwischen Nähe (sie wird auf der Leinwand repräsentiert) und Ferne (als Beobachterin) und kann deshalb als Transvestitin bezeichnet werden, die sowohl die (männliche) Distanz (als Zuschauer) als auch die (weibliche) Nähe (als Filmbild) kennt.

Doane spricht aus diesem Grund von „sexuelle[r] Mobilität" (Doane 1994, S. 77): Die Frau versuche einerseits mit dem Filmbild identisch zu werden, sich die gezeigte Weiblichkeit anzueignen, adaptiere andererseits (als Maskerade) den männlichen Blick. „Die Wirksamkeit von Maskerade liegt genau in ihrem Vermögen, eine Distanz zum Bild herzustellen, eine Ungewißheit zu erzeugen, in der das Bild manipulierbar, produzierbar und für Frauen lesbar gemacht wird." (Doane 1994, S. 86)

Die Zuschauerin übernimmt also den männlichen Blick der Distanz als Maskerade und positioniert sich zwischen Identifikation und Beobachtung.

Doanes Ansatz verdeutlicht, dass Blicke, wie sie Filme in zentraler Weise verhandeln – oft in zweiter Potenz, indem die Zuschauenden beobachten, wie die Figuren andere Figuren beobachten –, generell geschlechtlich codiert sind. Blick und Geschlecht bilden eine komplexe Einheit, wie E. Ann Kaplan ebenfalls betont. In ihrem einschlägigen Aufsatz *Is the Gaze Male?* (2000) diskutiert die Filmwissenschaftlerin am Beispiel des Western genretypische Blickordnungen, also diejenigen voyeuristischen Konstellationen, die das Genre Western konstituieren.

11.2 Kino und Fantasie

Die Nähe von Film und Psychoanalyse, die sich in den eben vorgestellten Filmtheorien vom Zuschauen abzeichnet, lässt sich historisch begründen: Der frühe (Stumm-)Film und Sigmund Freuds Theorie des Unbewussten entstehen nahezu zeitgleich. Das Kino setze, so hält die Gender- und Filmwissenschaftlerin Elisabeth Bronfen fest, „die Metaphern der Freudschen Schriften in eine Filmsprache um" (Bronfen 1999, S. 77), weil es die visuellen Repräsentationen grundsätzlich auf Triebe und Wünsche zurückführe. Der psychoanalytische Film *Geheimnisse einer Seele* (1926) von Georg Wilhelm Pabst zum Beispiel, der zunächst als Lehrfilm in Zusammenarbeit mit Sigmund Freud geplant ist, demonstriert die Affinität von Traumwelt, Fantasie und Kino auf eindrückliche Weise: Die Leinwand produziert, ähnlich wie der Traum, Wunschbilder und macht das Unbewusste zugänglich.

Der Film als kollektives Medienereignis artikuliert in chiffrierter Form Triebregungen und Begehren, reproduziert aber auch die Verdrängungen, die das Gesetz aufrechterhalten (vgl. Bronfen 1999, S. 80). Filmbilder lassen sich deshalb zumindest doppelt lesen: Sie transportieren neben der offensichtlichen Narration, die Bronfen als Deckfantasie bezeichnet und die normativen Regeln folgt, Erzählungen über die verbotenen Wünsche der Figuren. Die Zuschauenden im Kino gleichen damit dem Subjekt der Fantasie, wie es die Psychoanalyse seit Freud wiederholt beschrieben hat, wobei auch Frauen das Subjekt dieses fantasmatischen Blicks sein können, wie in feministischen und queeren Independent-Filmen deutlich wird – Teresa de Lauretis analysiert in diesem Zusammenhang beispielsweise *She Must Be Seeing Things* (1987; *Die Last der Gefühle*) von Sheila McLaughlin (vgl. Lauretis 1996, S. 113–114).

Das Verhältnis von Leinwand und Zuschauenden kann darüber hinaus mithilfe von Jacques Lacans Spiegelmodell beschrieben werden, das die fantasierte

Ganzheit des Ich mit Destruktionserfahrungen zusammenfallen lässt: Erfährt sich das Kind im Spiegel ‚jubilatorisch' als ganzheitliches, nimmt es seine gespiegelte Kontur als geschlossene wahr, so zerbricht dieses Bild wieder und erscheint nachträglich als Fehldeutung (→ **Kapitel 6.1**). Diese ambivalente Erfahrung von Ganzheit und Zerstörung ermöglicht auch das Bild auf der Leinwand (vgl. Kaltenecker 1996, S. 13), das Geschlechtlichkeit auf diese Weise als Prozess, als krisenhafte Entwicklung zwischen widersprüchlichen Imagines kenntlich macht. Ist das Subjekt nach Lacan durch einen unaufhebbaren Mangel gekennzeichnet, weil es nicht mit sich identisch werden kann, so verschieben männlich zentrierte Filmnarrationen diesen Mangel gemeinhin auf die Frau, um den männlichen Protagonisten als autonomes Subjekt erscheinen zu lassen – ein ähnliches Modell entwirft Laura Mulvey. Auch der Film führt Geschlecht mithin als relationales Konstrukt vor (vgl. Kaltenecker 1996, S. 17), das unablässig neu konfiguriert wird und dessen narrativ-performative Strukturen beschrieben werden können (zu den Repräsentationsformen von Weiblichkeit im klassisch-narrativen Kino vgl. König 2004).

Diejenigen Filmstudien, die an alternativen Geschlechterverhältnissen interessiert sind, analysieren bevorzugt Arthouse-Produktionen und Independent-Filme, die dem ästhetisch-ideologischen Apparat von Hollywood in geringerem Maße unterworfen sind und beispielsweise mit einer sichtbaren Kamera arbeiten. Diese lässt das Subjekt des Blicks in Erscheinung treten und ist Zeichen einer avancierten Filmpraxis, die nicht auf Illusionismus und Identifikation setzt. Für die Produktionen des klassischen Hollywood-Kinos gilt hingegen die ästhetische Norm der unsichtbaren Kamera, die den (geschlechtlichen) Blick nicht markiert (vgl. Bordwell / Staiger / Thompson 1985). Neben Avantgarde-Filmen interessiert sich die Forschung für die Gender-Konfigurationen während der Entstehungsphase des Kinos, weil die Hinwendung zu narrativen Formen um 1910 mit der Genese eines weiblichen Publikums und dessen Vorlieben für das Melodram verbunden ist (vgl. Schlüpmann 1990).

Mittlerweile lässt sich mit Blick auf die Forschungsarbeiten der feministischen Film Studies feststellen, dass sich der Schwerpunkt von der Theoretisierung auf die konkrete Analyse von Film- und TV-Produktionen verschoben hat. Wie Heike Klippel ausführt, gibt es Studien zu Filmproduktionen weiblicher Regisseurinnen (Ramanathan 2006; Tay 2009; Columpar / Mayer 2009) sowie Analysen, die Blick- und Begehrensordungen hinterfragen (Block 2008; Gorton 2008). Überdies geht es um eine feministische Rezeption der Filmgeschichte (Callahan 2010; Knight / Gledhill 2015) und Formen von Männlichkeitsrepräsentationen (Grant 2011; einen Forschungsüberblick zu Männlichkeit und Film gibt Fenske 2008, 2016). Die Forschung verlässt zudem die Grenzen der westlichen Kinoproduktion und untersucht auch nicht-heterosexuelle Repräsentationen (vgl. Klippel

2021, S. 117). Einen Überblick über aktuelle Themen feministischer Filmkritik sowie exemplarische Filmanalysen gibt der Sammelband *Feminism at the Movies. Understanding Gender in Contemporary Popular Cinema* (2011) von Hilary Radner und Rebecca Stringer. Dass in jüngster Zeit alternative Geschlechterrepräsentationen weniger in einem ‚Gegen-Kino', sondern zunehmend in digitalen Medien verhandelt werden, darauf macht Laura Mulvey in dem von ihr und Anna Backman Rogers publizierten Sammelband *Feminisms* (2015) aufmerksam (Mulvey 2015, S. 29). Mulvey plädiert in diesem Kontext dafür, „die nach wie vor einflussreichen Ansätze der feministischen Filmtheorie neu zu denken und angesichts der gegenwärtigen Situation Neu-Formulierungen zu unterziehen." (Klippel 2021, S. 102)

Die feministischen Film Studies berücksichtigen dabei auch den konstitutiven Zusammenhang von Gender und Genre, denn es ist nicht zuletzt das Genre, das die internen wie externen Blickkonstellationen und die damit verbundenen Geschlechterrepräsentationen vorgibt. Für das Genre des Film noir, das in den 1980er und 1990er Jahren eine hohe Attraktivität besitzt (vgl. Bronfen 2004, S. 91–92), ist beispielsweise die Figur der Femme fatale (als Subjekt des Blicks) einschlägig und damit verbunden eine spezifische Narration, die auf die Auslöschung ihres Blicks (im Tod) zuläuft. Gender-Konstellationen und Genres definieren sich wechselseitig, vermögen sich gegenseitig zu verschieben und konstituieren auf diese Weise Traditionen. Steve Neale schlägt deshalb eine poststrukturalistische Definition von Genre vor: Genre ergebe sich aus der jeweiligen Produktion, die die Tradition rückwirkend definiere, indem sie einen definitorischen Blick auf Vorgänger werfe. Es sei der gegenwärtige Film, der die Tradition des Genres produziere, je neu und je anders. Neale betont zudem, dass jeder Film mehrere Genres kombiniere und hybridisiere, wie sich insbesondere im Hollywood-Film der 1990er Jahre zeige (vgl. Neale 2000, S. 219). Ridley Scotts *Gladiator* (2000) zum Beispiel nimmt Elemente des Fantasy- und des Science-Fiction-Films auf, der Science-Fiction-Film *Terminator II* (1991) von James Cameron Elemente des Western. Jeder Film verbindet Genres und setzt auf diese Weise ein komplexes Spiel zwischen Gender und Genre in Gang. Bezeichnenderweise gehen beide Begriffe etymologisch auf das lateinische ‚genus' (Gattung, Geschlecht), also auf die gleiche Sprachwurzel zurück (vgl. Liebrand / Steiner 2004, S. 7). Der Band *Gender Meets Genre in Postwar* (2012) von Christine Gledhill untersucht Genre- und Genderkonzepte aus einem transnationalen Blick, der neben Hollywood-Filmen auch Produktionen aus Europa und Asien miteinbezieht.

Mit dem Verhältnis von Gender und Genre beschäftigt sich darüber hinaus die 2008 erschienene Studie *Remake / Premake. Hollywoods romantische Komödien und ihre Gender-Diskurse, 1930 – 1960* von Katrin Oltmann, die sich aus Gender-

Perspektive dem Phänomen des Remaking widmet, indem sie die Differenzen und komplexen Verhandlungen zwischen ‚Original' (dem Vorgängerfilm) und dem Remake als darauf bezogene Neuinterpretation untersucht. Das Remake als ‚Rewriting' eines kulturellen Textes aktualisiert seinen Vorgängerfilm, wobei er ihn affirmieren oder subersiv unterlaufen kann:

> Durch den zeitlich und kulturell veränderten Kontext eröffnen Remakes neue Blickwinkel auf ihre Vorgängerfilme; der zweite Film fungiert dabei als Kontrastfolie, auf der sich das (kulturell oder historisch) Spezifische der früheren Produktion präzise konturieren lässt (und vice versa) (Oltmann 2008, S. 13).

Besonders für die Untersuchungen von Gender-Verhandlungen erweisen sich Remakes als fruchtbarer Untersuchungsgegenstand, da sie – wie Oltmann zeigt– „auf der Folie des jeweils anderen Films die – ebenfalls auf Wiederholung und Imitation basierenden – filmischen Gender-Repräsentationen diskursivieren und rekonstruieren" (Oltmann 2008, S. 302).

11.3 Männlichkeit und Fremdheit im Film

Die Film Studies orientieren sich nicht nur an der feministischen Theorie und den Gender Studies, sondern auch an den Men's, Queer und Postcolonial Studies (vgl. Brauerhoch u. a. 1994). Zunehmend wird das lange Zeit unmarkierte Zentrum der Blicke berücksichtigt, also Männlichkeit, um deren Instabilität wie Historizität sichtbar zu machen. Amerikanische Untersuchungen fokussieren beispielsweise das kineastische Männerbild während der Präsidentschaft Ronald Reagans in den 1980er Jahren (vgl. Jeffords 1994). Gilt in dieser Phase der ‚harte Körper', der phallische Mann und Kämpfer, als vorbildlich, so entwickeln die Protagonisten in den 1990er Jahren die Fähigkeit zu Kooperation und Familienbildung. In dem Science-Fiction-Film *Terminator II: Judgment Day* (James Cameron, 1991) ist der Terminator nicht nur Kampfmaschine, sondern er vertritt auch die Mutter (vgl. Tasker 1993).

Die voyeuristische Blickordnung, der ein Film nicht entkommen kann, bringt es zudem mit sich, dass auch Männlichkeit zum Fetisch wird. In *Gladiator* zum Beispiel ist der Protagonist Maximus während seiner Kämpfe in der Arena internen wie externen Beobachtenden ausgeliefert; er ist Blickobjekt der Massen und besetzt damit eine Position, die die ältere Filmtheorie als weiblich semantisiert hatte. Diese voyeuristische Konstellation kann als generelles Problem des Sandalen-Films gelten (vgl. Hark 1993, S. 151), der den männlichen, nahezu nackten Körper in ostentativer Weise ausstellt. Tragen die Gladiatoren während ihrer

Kämpfe zudem Masken und Uniformen, so entsteht nach John Ellis ein Zusammenhang zwischen Männlichkeit, Fetischisierung und Theatralität (vgl. Ellis 1982).

Der Erotisierung des männlichen Körpers können zwei Strategien entgegenwirken: forcierte Enterotisierung (vgl. Neale 1993, S. 19) sowie ein spezifisches narratives Schema: Suggeriert werden könne, dass der Protagonist lediglich aufgrund ungerechter politischer Verhältnisse zum Opfer und zum Blickobjekt des Publikums geworden sei. Meist stellten die Filmschlüsse die patriarchale Autorität wieder her und löschten den Gegenspieler aus.

Die Film Studies berücksichtigen dabei auch die ethnischen Markierungen der Blickkonstellationen in ihrem Zusammenspiel mit Gender. Der männliche Blick falle häufig mit einem imperialen zusammen, wie E. Ann Kaplan in ihrer Untersuchung zu alternativen Reisefilmen betont (vgl. Kaplan 1997). Dieses Genre eignet sich deshalb für postkoloniale Analysen, weil es von Begegnungen mit Fremden erzählt und die nationale Herkunft zum Gegenstand der Reflexion macht. Meist dominiert der westliche weiße Mann die Blickordnung, wie Frantz Fanon ebenfalls betont (→ **Kapitel 9.3**); die schwarze Identität hingegen zersplittert unter dem Blick des weißen Mannes, ohne jenen zurückgeben zu können.

Ähnliches gilt für die Schwarze Frau, die sich in noch stärkerem Maße als die weiße in einem sexualisierten Panoptikum bewegt, ohne über einen eigenen Blick zu verfügen. Kaplan geht allerdings von einer dynamischen, umkehrbaren Relation zwischen tabuisierten und hegemonialen Blicken aus, was sie an Avantgarde-Filmen von vietnamesischen, indischen und australischen Frauen vorführt. Die postkoloniale Perspektive ist auch für den Blockbuster ergiebig; das Hollywood-Kino, das sich als globales Medium versteht, macht Globalisierung zum Sujet und bringt dadurch unbewusste imperiale Imaginationen zur Anschauung (vgl. Kaplan 1997, S. 61).

11.4 Queerness in Film- und Serienproduktionen

Die interdisziplinären Queer Media Studies interessieren sich für die medialen Darstellungsweisen von Geschlecht und Sexualität und untersuchen die Mechanismen, die „Geschlechternormen und normative Vorstellungen von Sexualität und Begehren" produzieren (Köppert 2019, S. 4). Zwischen Queer Theory und Filmtheorie ist es aus folgenden Gründen zu einem fruchtbaren Austausch gekommen:

> Weil queere Theorien geschlechtliche und sexuelle Phänomene über die sozialen Normen hinaus betrachten und Filmtheorien den technisch-medialen Blick durch die Kamera re-

flektieren, teilen beide fundamentale Fragen der Darstellung, Sichtbarmachung und Geschichtsschreibung sowie Fragen nach den genormten, unbewussten Strukturen von Wahrnehmungen und Körperbildern (Tedjasukmana 2021, S. 612).

Insbesondere die queer-theoretischen Arbeiten von Lauren Berlant, Leo Bersani, Judith Butler, Douglas Crimp, Lee Edelman und Teresa de Lauretis haben wegweisende Impulse für eine queere Filmanalyse geliefert (vgl. Tedjasukmana 2021, S. 612).

Auf welche Weise queere Identitäten und Lebensmodelle im Kino verhandelt werden, variiert in der Geschichte des Films. Wie Vera Cuntz-Leng ausführt, reichen die Möglichkeiten von der „Unbefangenheit [im Umgang] mit gleichgeschlechtlicher Intimität" (Cuntz-Leng 2015, S. 57), wie sie beispielsweise der frühe US-amerikanische Film *The Gay Brothers* (1895) von Thomas Edison zeigt, bis zu Appellen „an ein Ende der Diskriminierung non-heteronormativer Begehrensformen" (Cuntz-Leng 2015, S. 57), wie sie in der Weimarer Republik in Filmen wie Leontine Sagans *Mädchen in Uniform* (1931) oder Georg Wilhelm Pabsts *Tagebuch einer Verlorenen* (1929) artikuliert werden. Gleichwohl gibt es auch eine Periode der Unsichtbarkeit und der „dämonisierenden Darstellung homosexueller Filmmonstren und triebgesteuerter Queers", die in den USA mit einer rigiden Filmzensur (dem sogenannten Hays Code) in den 1930er bis 1960er Jahre einhergeht (Cuntz-Leng 2015, S. 57–65). Seit Mitte der 1980er Jahre lässt sich eine (durch die damalige AIDS-Krise ausgelöste) vermehrte Repräsentation homosexueller Figuren besonders in US-amerikanischen Fernsehfilmen und Serienproduktionen beobachten (Hieber / Villa 2007). Die 1985 entstandene (und bis heute aktive) medienkritische Organisation GLAAD (Gay and Lesbian Alliance Against Defamation) macht zudem auf die diffamierenden und diskriminierenden Darstellungsweisen lesbischer und schwuler Menschen in den Medien aufmerksam und wirbt für eine Sensibilisierung und positive Umcodierung von Queerness (vgl. Hohenberger 2011, S. 3).

Der Filmhistoriker Vito Russo setzt sich mit der (Nicht-)Darstellung von Schwulen und Lesben in der Filmgeschichte auseinander, seine (mittlerweile mehrfach überarbeitete) Studie *The Celluloid Closet* (1981) gilt bis heute als Standardwerk. Parallel zur zunehmenden Professionalisierung der Queer Studies in den 1990er Jahren entsteht das New Queer Cinema (Rich 2013; Ahn / Himberg / Young 2014) sowie das ‚Gay TV', das Ron Becker (2006) beschreibt (vgl. Tedjasukmana 2021, S. 612). Mit dem New Queer Cinema wird eine Phase in den frühen 1990er Jahren bezeichnet, in der es (vorwiegend im US-amerikanischen Raum) zu einer intensiven Produktion von Independent-Filmen kommt, die Queerness zum zentralen Gegenstand machen (einführend zum New Queer Cinema vgl. Aaron 2004b); die Bezeichnung ‚New Queer Cinema' prägt 1992 die Filmwissenschaftlerin B. Ruby Rich (Rich 2005; Rich 2013). Wie Chris Tedjasukmana anmerkt, entspricht das New Queer Cinema dem

> Wunsch vieler Lesben und Schwulen nach gesellschaftlicher Integration und positiver Selbstrepräsentation in den Massenmedien. Dabei setzten die Filmer:innen auf eine ebenso radikale wie verspielte Formensprache: durch Stilimitationen des Genrekinos (Todd Haynes, Gus van Sant), durch Aneignung der homophoben Figur des queeren Schurken (Gregg Araki, Tom Kalin) oder durch einen lyrischen audiovisuellen Rhythmus (Sadie Benning, Marlon Riggs). (Tedjasukmana 2021, S. 618)

Die filmischen Beispiele reichen von Jennie Livingstons *Paris is Burning* (1990; *Paris brennt*) über Gus van Sants *My Own Private Idaho* (1991; *Das Ende der Unschuld*) bis hin zu Tom Kalins *Swoon* (1992).

Die Filmproduktionen des New Queer Cinema, die sich zu Beginn konsequent als ‚Gegen-Kino' zum Mainstream verstehen, führen zur Erneuerung der filmischen Darstellung von Queers und verhelfen queeren Menschen und Lebensformen zu mehr Sichtbarkeit. Die darauf aufbauende Bemühung Hollywoods, „die Bewegung [des New Queer Cinema; F.S., L.W.] dem Massengeschmack anzupassen und vermarktbar zu machen, fiel zum großen Teil in die alten, stereotypen Muster queerer Repräsentationen im Mainstreamkino zurück." (Cuntz-Leng 2015, S. 72) Seit den 1990er Jahren fänden nicht nur vermehrt queere Randfiguren Eingang in den Mainstream, Hollywood sei zudem bestrebt, „Filme mit queeren Protagonisten zu produzieren, zu denen ein heterosexuelles Publikum ebenfalls leichten Zugang finde[t]" (Centz-Lung 2015, S. 72).

Als Beispiel für eine gelungene filmische Adaption von Queerness gilt das breit rezipierte Melodram *Brokeback Mountain* (2005) des taiwanischen Regisseurs Ang Lee. Der Film, der auf der gleichnamigen Kurzgeschichte (1997) der Schriftstellerin Annie Proulx beruht, erzählt von der (lebenslangen) Liebe zwischen den bisexuellen Cowboys Jack und Ennis. Im Film wird die „Einsamkeit der Wildnis" zum authentischen Ort (sexueller) Freiheit stilisiert, an dem sich die beiden Männer „abseits von jeglicher Zivilisation" näherkommen können (Cuntz-Leng 2015, S. 74). Wie Cuntz-Leng bemerkt, kann „nur die wilde, freie Natur [...] die Natur dieser Männer offenbaren, die von der homophoben Zivilisation unterdrückt wird. Nur in ihr kann wiederum diese Liebe ausgelebt werden." (Cuntz-Leng 2015, S. 74) *Brokeback Mountain* gelingt es, Fragen sexueller Identität zwischen Hetero-, Bi- und Homosexualität filmisch zu verhandeln und im Mainstreamkino zu platzieren; gleichwohl ruft der Film bei seiner Veröffentlichung homophobe Gegenreaktionen auf – nicht zuletzt, weil die sich im Film outenden Cowboys einen ur-amerikanischer Mythos von Männlichkeit demontieren (vgl. Benshoff 2009, S. 229; zit. nach Cuntz-Leng 2015, S. 75).

Filmhistorische Arbeiten zur Geschichte des queeren Kinos, die eine queere Perspektive einnehmen (Aaron 2004; Benshoff / Griffin 2004; Mennel 2012), konzentrieren sich Uta Fenske zufolge

> auf die unterschiedlichen Repräsentationen Schwuler und Lesben in ihrem jeweiligen gesellschaftlichen, kinematographischen und historischen Kontext sowie auf queere Figuren, Codierungen und Lesarten – kurzum darauf, dass queerness nicht auf Genres oder Motive zu reduzieren ist, sondern immer auch in der dispositiven, apparativen Anordnung der Zuschauer liegt. (Fenske 2016, S. 238)

In diesem Zusammenhang findet die dekonstruktivitische Methode des Queer reading nach Sedgwick (→ **Kapitel 8.3)** ihre Anwendung. Bereits 1988 hat Teresa de Lauretis in ihrem Aufsatz *Sexual Indifference and Lesbian Representation* auf eine dem Queer reading von Sedgwick vergleichbare Filmrezeptionspraxis hingewiesen (vgl. Halperin 2003, S. 339 – 341, zit. nach Cuntz-Leng 2015, S. 54). Für die methodische Anwendung des Queer reading auf den Film liefern die Studien von Alexander Doty *Making Things Perfectly Queer* (1997) und *Flaming Classics* (2000) zudem zentrale Impulse. Wird Queer reading als Filmanalyse betrieben, besteht das Hauptziel „in der aktiven Entkleidung eines Medientextes; das bedeutet, ihn von den festgelegten Strukturen und interpretatorischen Mustern, in denen er gefangen ist, abzulösen." (Cuntz-Leng 2015, S. 54) Durch Queer reading können also, ähnlich wie durch postkoloniale, marxistische oder feministische Lesarten, in einem Medientext (wie einem Film) weitere Bedeutungsebenen freigelegt werden (vgl. Cuntz-Leng 2015, S. 54). Selbst zunächst unkonventionell (im Sinne von nicht-queer) anmutende Hollywood-Produktionen wie *Harry Potter* (2001–2011) bringen durch Queer reading fruchtbare Erkenntnisse zu Tage, wie die Studie *Harry Potter que(e)r* (2015) von Cuntz-Leng zeigt.

Überdies diskutieren die Queer Media Studies einen ‚Transgender Gaze', der binäre Zweigeschlechtlichkeit und Heteronormativität zu überwinden versucht (vgl. Halberstam 2001, zit. nach Lünenborg / Maier 2013, S. 53), und definieren das Genre des Transgender-Films, wie in der Studie *Trans*Gender im Film* (2018) von Annette Raczuhn, die den Transgender-Film in Crossdressing-Filme, Filme über Transsex und Dokumentationen über Transgender unterteilt. Besonders Crossdressing-Filme wie *Tootsie* (1982), *Some like it hot* (1959; *Manche mögen's heiß*) etc. verhandeln queeres Begehren, das sich in diesen Erzählungen hinter den heterosexuellen Narrationen verdeckt. So sehr sich

> die dominante Fiktion der Cross-dressing-Komödie um selbstbewußte Repräsentationen bemüht, so sehr bildet die transvestitische Diskursivierung heterosexueller Männlichkeit eine Art von Maske, unter der feminine, homosexuelle oder masochistische Begehrensformen wuchern. (Kaltenecker 1996, S. 20)

Diese Filme bearbeiten über das Motiv der Maskerade meist historische Traumata (in *Tootsie* grassiert die Arbeitslosigkeit), die sie als ‚body trauma' reflektieren – ein Begriff von Kaja Silverman, die sich mit marginalisierter Männlichkeit in Filmen beschäftigt, beispielsweise mit dem Kino Rainer Werner Fassbinders, das für alternative Männlichkeitskonstruktionen einschlägig ist (vgl. zu Fassbinder Elsaesser 2012). Auch Silverman geht davon aus, dass die kineastische Fantasie ersehnte Identitätsentwürfe des (männlichen) Ich zum einen fixiert, zum anderen unterläuft, indem sie verbotene Begehrensformen wie den Masochismus in die Filmbilder einspeist (vgl. Silverman 1992, S. 7–8).

Überdies finden sich Untersuchungen, die queere Männlichkeit in deutschen Kino- und Fernsehproduktionen analysieren. Christopher Treiblmayr etwa spürt den Repräsentationen männlicher Homosexualität im deutschen Kino der 1990er Jahre nach und fasst dabei „männliche Homosexualitäten als alternative Männlichkeiten" auf, „die jedoch nur im Kontext hegemonialer Männlichkeitskonzepte verstehbar sind" (Treiblmayr 2015, S. 12). Die medienkulturgeschichtliche Studie *Performative Figuren queerer Männlichkeit* (2020) von Christiane König legt den Fokus auf die deutsche Kino- und Filmhistorie von den 1890er Jahren bis 1945 und untersucht queere Männlichkeit im Kontext der diskursiven Verhandlungen von Geschlecht und Sexualität in Filmproduktionen aus der Zeit des Wilhelminismus, der Weimarer Republik und dem Nationalsozialismus. König zeigt, wie im neuen Medium Film „Körper, Begehren und Identitäten durch Differenzbildungen ständig remodelliert" werden (König 2020, Klappentext). Dabei wird männliche Queerness nicht als „Repräsentation männlicher Homosexualität" gelesen, sondern als „dynamisches Ergebnis komplexer medialer Prozesse", die mit „Affekten und (Selbst-)Erkenntnissen auf und vor der Leinwand" in Verbindung stehen (König 2020, Klappentext).

Zunehmend entdecken auch Serienproduktionen das Thema Queerness für sich, wie etwa *The L-Word* (2004–2009; *The L Word – Wenn Frauen Frauen lieben*), *Queer as Folk* (2000–2005) und *Six Feet Under* (2001–2005; *Six Feet Under – Gestorben wird immer*) (vgl. Bender 2009, S. 50; S. 144 ff.; Strasser 2011, S. 101). Darüber hinaus spielt Diversität in Film und Fernsehen eine immer größere Rolle, wie der Sammelband *Vielfalt und Diversität in Film und Fernsehen* (2017) von Julia Ricart Brede und Günter Helmes zeigt, der den Schwerpunkt auf die Kategorien Behinderung und Migration legt (zum Themakomplex Medien, Diversität und Ungleichheit vgl. zudem Wischermann / Thomas 2008).

Eine medienwissenschaftlich informierte Literatur- und Kulturwissenschaft kann, so sollte deutlich geworden sein, die komplexen Symbolisierungen des Films zum Untersuchungsgegenstand machen, wobei sowohl Avantgarde-Filme als auch Hollywood-Produktionen reiches Material für Gender-Analysen bieten. Die Filmtheorie lässt sich von der Psychoanalyse Freuds und Lacans inspirieren und entwickelt differenzierte Modelle für gegenderte Blickkonstellationen. Die Leinwand gleicht dabei einem Spiegel, in dem sich die Zuschauenden idealisiert und zugleich verzerrt wahrnehmen und das Kino ähnelt dem mobilen Bilderarsenal der Fantasie bzw. dem chiffrierten Unbewussten. Gilt anfänglich Weiblichkeit als reines Blickobjekt, so weist die neuere Filmforschung darauf hin, dass auch Männlichkeit zum Gegenstand des fetischisierenden Voyeurismus der Kamera wird und den kineastischen Blick als heterogene Maskerade bestimmt. Überdies erhält das Themenspektrum Queerness zunehmend Eingang auch in Mainstream-Produktionen, wodurch queere Lebens- und Begehrensformen eine höhere Sichtbarkeit erlangen. Mithilfe der Methode des Queer reading als gezielte ‚Relektüre' lassen sich in Filmen heteronormative Einschreibungen überwinden und verborgene Bedeutungsebenen freilegen, die die Relationen von Geschlecht, Körper und Begehren erkennbar machen.

Fragen und Anregungen

– Rekonstruieren Sie die Ausführungen von Laura Mulvey über das Kino, die Schaulust, die Funktion von Männlichkeit / Weiblichkeit sowie die Rolle der Femme fatale und kommentieren Sie ihre Position.
– Warum bezeichnet Mary Ann Doane den weiblichen Blick als gespaltenen und in welcher Weise setzt sie Joan Rivieres Modell der Maskerade um?
– Auf welche Problematik kineastischer Männlichkeitsdarstellung macht die neuere Filmforschung aufmerksam?
– Überlegen Sie, wie eine sichtbare Kamera funktioniert und warum sie von Vertreter:innen der Gender Studies gefordert wird.
– Warum eignet sich das Spiegelmodell von Jacques Lacan für die Filmanalyse und wie lässt sich die Verbindung von Film und Unbewusstem denken?
– Beschreiben Sie für eine Szene aus einem Hollywood-Blockbuster die Kameraführung, die immanenten Blickordnungen sowie die Geschlechterkonstellationen.
– Analysieren Sie in Tom Hoopers Film *The Danish Girl* (2015) kritisch die Darstellungsweisen von Transgender.

Lektüreempfehlungen

Annette Brauerhoch / Gertrud Koch / Renate Lippert/ Heide Schlüpmann: Ethnos und
    Geschlecht (Frauen und Film 54 / 55), Frankfurt a. M. 1994. *Die Aufsatzsammlung
    untersucht Gender und Ethnizität im Film.*
Elisabeth Bronfen: Heimweh: Illusionsspiele in Hollywood, Berlin 1999. *Die psychoanalytisch
    ausgerichteten Analysen zwischen Weimarer Kino und Gegenwart gehen
    Entortungserfahrungen und Deckfantasien nach.*
Siegfried Kaltenecker: Spiegelformen. Männlichkeit und Differenz im Kino, Basel 1996.
    *Untersucht nach einer Rekapitulation der psychoanalytischen Film Studies Männlichkeit
    als Maskerade in unterschiedlichen Genres.*
Claudia Liebrand: Gender-Topographien. Kulturwissenschaftliche Lektüren von
    Hollywoodfilmen der Jahrhundertwende, Köln 2003. *Liest Hollywood-Filme der 1990er
    Jahre mit Bezug auf Race und Gender.*
Laura Mulvey: Visuelle Lust und narratives Kino, in: Liliane Weissberg (Hg.), Weiblichkeit als
    Maskerade, Frankfurt a. M. 1994, S. 48 – 65. *Beschreibt Weiblichkeit als Objekt des
    Blickes, Männlichkeit als Subjekt.*
Steve Neale: Masculinity as Spectacle. Reflections on Men and Mainstream Cinema, in: Steven
    Cohan / Ina Rae Hark (Hg.), Screening the Male. Exploring Masculinities in Hollywood
    Cinema, London / New York 1993, S. 9 – 20. *Überträgt das Maskerade-Konzept Joan
    Rivieres auf Männlichkeit.*
Kathrin Peters / Andrea Seier (Hg.): Gender und Medien-Reader, Zürich / Berlin 2016. *Stellt
    einschlägige Texte aus Feminismus, Gender und Queer Studies zum Wechselverhältnis
    von Geschlecht und Medien zusammen.*

12 Gender und das literarische System

Abbildung 8: Albert Edelfeldt: *Lady Writing a Letter* (1887).

Das impressionistische Gemälde des finnischen Malers Albert Edelfeldt zeigt eine Frau, die sich selbstversunken mit einem Brief befasst. Diese Art von Textproduktion gilt als private Aktivität, weil der Brief meist den häuslichen Alltag zum Gegenstand hat und keine Kunst sein will. Darüber hinaus wird die Schreibende durch ihre Garderobe wie das weit ausgeschnittene Dekolletee sexualisiert. Das Bild verdeutlicht, dass auch Schreiben geschlechtlich semantisiert ist und dass das ‚Geistige' des Schreibaktes (wie auch der Lektüre) für Frauen eher nicht gilt. Seit dem 18. Jahrhundert werden vielmehr der Rausch, die Ekstase und das Fantasmatische eines weiblichen Lesens und Schreibens betont. Der ‚Krankheit' der Lesewut, wie sie um 1800 grassiert, fallen nahezu ausschließlich Leserinnen zum Opfer.

Das vorliegende Kapitel will zeigen, dass das literarische System geschlechtlich organisiert ist, also Produktions- wie Rezeptionsprozesse über Gender(-Meta-

https://doi.org/10.1515/9783110656541-012

phern) definiert und auf diese Weise Zugangsbedingungen zur Literatur geregelt werden. Zentrale Leitdifferenzen des ästhetischen Systems seit 1800 wie Hochkultur / Populärkultur, Elite / Masse, natürliche Sprache / kunstvoller Ausdruck nehmen Ausschlüsse vor und hierarchisieren Ausdrucksformen sowie Genres, wie im Folgenden für die Gattungen Roman und Drama gezeigt wird. Die Narratologie, die vor allem Prosatexte fokussiert, beschreibt die geschlechtliche Codierung von Erzählstrukturen. Für das Drama / Theater können die Schnittstellen Theatralität, (Geschlechter-)Performanz und Maskerade untersucht werden.

12.1 Rezeption und Produktion

Nicht nur die Inhalte von Literatur sowie ihre Poetiken (vgl. für die Phase um 1900 Helduser 2005), sondern auch Produktionsprozesse und Distributionsverfahren bedienen sich des Geschlechterdiskurses, um Grenzen und Hierarchien zu etablieren (und zu naturalisieren). Die Höhenkammliteratur zum Beispiel definiert sich über ihre Unterscheidung von massenmedialer Kommunikation, das heißt über die Leitoppositionen Genie / Dilettant:in, Kunst / Unterhaltung, die durch den bürgerlichen Geschlechterdiskurs gestützt werden. Demnach sind der ‚Leserausch' – ein Begriff des 18. Jahrhunderts, der das Konsumieren von populären Romanen bezeichnet –, die Institution der Leihbibliothek sowie Zeitschriften, also all das, was das Lesen der Massen ermöglicht, weiblich konnotiert (vgl. Vellusig 2000, S. 7). Hochkultur hingegen wird mit unmarkierter Männlichkeit assoziiert; die Literaturwissenschaftlerin Manuela Günter spricht von der „Basisfiktion" der „Geschlechtsneutralität" sowie der „Medienvergessenheit" der Hochkultur (Günter 2006, S. 326). Im Verlauf des 19. Jahrhunderts verstärkt sich die Kopplung von Weiblichkeit, Unterhaltung und Masse:

> Mit wachsender Anonymisierung gewinnt [...] das Publikum als Kollektiv überhaupt weibliche Züge – ein Vorklang der feminisierten modernen Massenformationen. Die Leserin, an die sich der Autor adressiert, ist [...] eine Singularbildung seines ‚an sich' weiblichen Publikums. (Koschorke 1998, S. 594)

Über die Kategorie Gender differenziert sich das literarische System also in Hoch- und Populärkultur, in Kunst und Unterhaltung, in Elite und Masse aus.

Entsprechend werden unterschiedliche männliche und weibliche Typen von Lesenden entworfen: Männliches Lesen scheint im ausgehenden 18. Jahrhundert nicht primär rauschhafte, sondern revolutionäre Impulse freizusetzen – Lektüre ist in dieser Zeit, in der bürgerliche Intellektuelle um gesellschaftliche Anerkennung ringen, eine Chiffre für Umsturz und Herrschaftsansprüche. Der adelige

Ferdinand aus Friedrich Schillers bürgerlichem Trauerspiel *Kabale und Liebe* (1784) zum Beispiel eignet sich seine emphatischen bürgerlichen (Liebes-)Fantasien und seinen Wunsch, Klassengrenzen zu sprengen, durch seine Lektüre an. Gräfin Orsina aus Gotthold Ephraim Lessings Trauerspiel *Emilia Galotti* (1772) und Evchen aus Heinrich Leopold Wagners Drama *Die Kindermörderin* (1776) hingegen fallen aufgrund ihrer intensiven Lektüre – den zeitgenössischen medizinischen Schriften entsprechend – der Melancholie anheim.

Weibliches Lesen zeichnet sich dabei scheinbar durch besondere Nähe, Hingabe und Identifikation aus und wird zuweilen zum erotischen Selbstgenuss stilisiert, dem ein geistiges, körperloses Lesen des Mannes gegenübersteht. Im Verlauf des 19. Jahrhunderts radikalisiert sich die Grenzziehung zwischen weiblichen und männlichen Lesepraktiken und der gesamte belletristische Markt richtet sich auf Frauen sowie Mädchen aus (vgl. Günter 2006, S. 232, 284).

Nicht nur Definitionen von ‚realen‘ Lesenden geben Auskunft über Gender-Implikationen des literarischen Systems, sondern auch die Figur des impliziten Lesers. In den 1970er Jahren weist die Rezeptionsästhetik der Konstanzer Schule um den Romanisten Hans Robert Jauß und den Anglisten Wolfgang Iser darauf hin, dass jeder literarische Text das Bild eines idealtypischen Lesers entwirft, mit dem die tatsächlich Lesenden in Interaktion treten. Auch der implizite Leser ist geschlechtlich codiert, wie Claudia Liebrand am Beispiel der männlich semantisierten Leseransprachen in E.T.A. Hoffmanns Novelle *Der goldne Topf. Ein Märchen aus der neuen Zeit* (1814) zeigt. Die lesende Frau vermöge jedoch in einer transvestitischen Maskerade die männliche Position zu adaptieren, so Liebrands These. Weil die Leserin nicht gemeint sei, vermöge sie den Text ‚quer‘ im Sinne von ‚queer‘ zu lesen. Leserinnen seien in der Lektüre frei, sich „unterschiedlicher Maskierungen zu bedienen, unterschiedliche Positionen einzunehmen" (Liebrand 1999a, S. 398). Mary Ann Doane hält in einer ähnlichen Argumentation für die Rezeption von Filmen fest, dass die Frau den männlichen Blick imitieren könne (→ **Kapitel 11.1**).

Aufschlussreich für die geschlechtliche Organisation der ästhetischen Ordnung sind neben den Rezeptionsbedingungen die in literarischen Texten verhandelten Produktionsfantasien, also diejenigen Szenen, die das Schreiben, seine materiellen Bedingungen, seinen Status und seine Effekte immanent zu definieren versuchen. Tritt beispielsweise in Romanen eine Künstlerfigur auf, so bestimmt diese die Poetologie mit, also die Aussagen eines Textes darüber, was Kunst und Schreiben sei. Diese reflexive Strategie (in dem Sinne, dass Literatur über sich selbst nachdenkt) gilt seit der Romantik und der Verabschiedung normativer Poetiken als verbindlich und gibt Auskunft über geschlechtlich semantisierte Produktionskonzepte. In der Regel wurde Autorschaft als männliche Schöpfung imaginiert und über traditionsreiche Topoi verklärt, wie beispielsweise die Anrufung der Musen, die den männlichen Autor inspirieren. In E.T.A. Hoffmanns Kunstmärchen *Der goldne Topf* gelingt dem Kopisten Anselmus das Abschreiben verschlungener Zeichen lediglich deshalb, weil ihm die ,Schlangenfrau' und Muse Serpentina, die die ,Rundheit' der Schrift verkörpert, die Worte ins Ohr flüstert. Die Frau ist Anlass des Schreibens, der Mann jedoch Schöpfer und Vollender der Kunst, der den flüchtigen akustischen Ausdruck zu dauerhafter Schrift werden lässt.

Männliches Schreiben wird zudem vielfach mit einer Geburt verglichen, durch die sich der androgyne Dichter veräußert (und verewigt). Walter Benjamins Denkbild *Nach der Vollendung* (1980) entwickelt ein Modell schöpferischer Androgynie, das Lena Lindhoff wie folgt zusammenfasst:

> [E]in ,Weibliches' in ihm [dem Autor; F.S., L.W.] ,empfängt' die Idee zum Kunstwerk, während eine ,männliche' Meisterschaft, die den ,wahren' Künstler ausmacht, das Empfangene zum Werk vollendet. Der Produktionsprozeß gipfelt in einer Vernichtung des ,Weiblichen' im Künstler (Lindhoff 1995, S. 22).

Der Autor erlebt – so suggeriert diese Produktionsfantasie – eine (männlich-autonome) Selbstschöpfung aus dem Geist der Schrift, die das Faktum der Geburt (durch die Mutter) durchstreicht. Dieser Konfiguration folgt beispielsweise auch Max Frischs Roman *Stiller* (1954, vgl. Schößler 2004b, S. 70 – 71): In seinen Träumen imaginiert sich der Protagonist als Schöpfer seiner selbst, als sein eigener Vater und sein Sohn, sodass Stillers Sehnsucht nach vollkommener Autonomie erfüllt zu werden scheint. Diese Unabhängigkeit (von der Mutter) manifestiert sich vornehmlich in der Schrift, in Stillers Tagebuch, in dem sich die Auslöschung der Frau (diesmal seiner Exfrau Julika) wiederholt.

Die Rivalität zwischen weiblichen und männlichen Produktionsformen, die diese Schöpfungsidee zum Ausdruck bringt, kann zum Gegenstand des Erzählens werden, wie sich prototypisch in Goethes Märchen *Die neue Melusine* aus dem Roman *Wilhelm Meisters Wanderjahre* (1829) zeigt, das von der Begegnung eines weiblichen Fabelwesens mit einem Menschen erzählt. Bevorzugt die Frau bei Goethe die Musik, so der Mann die Schrift, in der der Text selbst überliefert ist. Bei dieser (Medien-)Rivalität gehe es „um die Gegenüberstellung zweier unterschiedlicher Formen des Wissens; um eine untergründige, geheime, geradezu magische Weisheit auf der einen, um die männliche Erkenntnis auf der anderen Seite" (Lubkoll 1991, S. 56).

Jenseits dieser gegenderten Medienfantasien können die realen Produktionsbedingungen von Literatur auf den Gender-Diskurs bezogen werden, wie es Klaus Theweleit (1988/94) und Friedrich A. Kittler (1986) unternehmen: Stellen Mann und Frau (als Paar) häufiger gemeinsam Texte her, so fungiert er gemeinhin als der ‚Schöpfer', sie hingegen als materialisierendes Medium bzw. als Sekretärin oder Schreibkraft, die der poetischen Imagination Dauer verleiht. In Franz Kafkas Briefen an die Prokuristin Felice Bauer zum Beispiel zeigt sich die Faszination des Autors für eine Frau, die Texte vervielfältigt und Manuskripte abschreibt.

Weil in diesem Produktionsdiskurs weibliche Autorschaft kaum vorgesehen ist, haben sich Autorinnen vielfältigster Taktiken und Umwege bedient. Zu diesen Listen gehören anonyme Veröffentlichungen oder solche unter einem männlichen Pseudonym sowie die Vormundschaft eines männlichen Autors (der das Vorwort schreibt und den Text herausgibt, wie etwa Christoph Martin Wieland den Briefroman *Geschichte des Fräuleins von Sternheim* [1771] von Sophie von La Roche; vgl. hierzu auch die Ausführungen zur ‚Muse' La Roche und dem ‚Kunstrichter' Wieland von Becker-Cantarino 1984). Nach Virginia Woolf hat die soziale Situation von Frauen noch dazu formale Konsequenzen, denn weibliches Schreiben tendiere aufgrund von Zeit- und Raummangel zum relativ formlosen Roman – ein Genre, das Unterbrechungen verträgt (→ **Kapitel 3.4**). Diese poetologischen Überlegungen Woolfs haben mit Anke Stellings Prekariatsroman *Schäfchen im Trockenen* (2018) in der Gegenwartsliteratur Eingang gefunden. Stellings Protagonistin, die Schriftstellerin Resi, sieht sich gleichfalls der Situation ausgesetzt, nur zwischendurch oder erst nach Abschluss der alltäglichen (hier mütterlichen) Pflichten zum Schreiben zu kommen, was die Romanform reflektiert. Resis Situation steht in einem unmittelbaren Bezug zu Viriginia Woolfs Forderungen auch dann, wenn ihr lediglich eine Nische in der Abstellkammer als Arbeitsplatz dient und sie kein eigenes Zimmer für sich beanspruchen kann (→ **Kapitel 16.3**). Es besteht mithin generell ein enger Zusammenhang zwischen sozialer Situation, Gender und Genre (vgl. Hahn 1991; 1994). Verbirgt beispielsweise die Erlebnisdichtung ihre rhetorische Finesse, um als authentischer Ausdruck einer emphatischen Subjektivität zu gelten, so ermöglicht diese Genre-Definition weibliche Autorschaft. Ähnliches gilt für den Brief und Gelegenheitsgedichte, die im familiären Kreis produziert werden. Die Kehrseite dieser Integration in das literarische System ist, dass Frauen die Begabung zu wahrer, hoher Kunst abgesprochen wird. Friedrich Schiller und Johann Wolfgang Goethe entwickeln ihre einflussreiche Kategorie des Dilettantischen vornehmlich an weiblich codierten Genres (vgl. Bürger 1990). Die Literaturwissenschaftlerin Hannelore Schlaffer bestimmt zudem die Novelle, eine kleine Form und Ausdruck eines geselligen Erzählens, als weibliches Genre (vgl. Schlaffer 1993). Das Drama hingegen, das im 18. und 19. Jahrhundert die Spitze der Gattungshierarchie besetzt, wird für gewöhnlich als männliche Ausdrucksform definiert, denn es verlangt die Kenntnis historischer Zusammenhänge und dringt (als Theater) in den öffentlichen Raum ein. Der Roman, der aufgrund seiner Formlosigkeit als mittlere Gattung gilt, scheint beiden Geschlechtern zugänglich zu sein; allerdings werden Texte von Frauen vielfach der Unterhaltungsliteratur zugeordnet und damit abgewertet. Daher plädiert Sabine Koloch auch in der Forschung für eine geschlechterdifferenzierende Terminologiearbeit und fordert die Überarbeitung des *Reallexikons der deutschen Literaturwissenschaft* (1997–2003), das auf das generische Maskulinum zurückgreift und somit Schriftsteller:innen exkludiert.

12.2 Narratologie

Ähnlich wie in den Film Studies ist es auch für die literarische Analyse sinnvoll, die Gender-Konstellationen eines Textes eng auf das Genre und seine formalen Vorgaben zu beziehen. Das konstitutive Zusammenspiel von Gattung und Gender in der Literaturwissenschaft untersucht insbesondere die Narratologie, die Elemente epischen Erzählens wie Plot, Raum, Zeit, Figur und Erzählhaltung ausdrücklich mit Gender verbindet und auch audiovisuelle Medien (wie Film, Computerspiele und Fernsehsendungen) berücksichtigt. Grundannahme dieses Ansatzes ist, dass sich Gender und Erzählen strukturell ähneln, dass Erzählen „eine Form des *doing gender*" ist, „das medienübergreifend in verschiedenen Diskursen" herrscht (Nieberle / Strowick 2006, S. 7).

In den Raumdarstellungen von Romanen zum Beispiel dominieren häufig topische, binär organisierte Orte wie Stadt / Land und Heimat / Fremde – Orte, die aufgrund ihrer semantischen Offenheit variabel für die Organisation von Geschlechterverhältnissen eingesetzt werden können (vgl. Nünning / Nünning 2004, S. 49–50). Auch topologische Konfigurationen wie der Blick durch das Fenster, der Garten, die Großstadt, die Arbeitswelt etc. besitzen in der Regel einen Geschlechterindex, wobei literarische Texte eindeutige Fixierungen (etwa: der Mann gilt als städtisch, die Frau als ländlich) häufig unterlaufen (vgl. zu Geschlecht und Raumtheorie Postl 2010).

Bezogen auf die Zeitstruktur könnte ein lineares Zeitmodell, das wie im Bildungsroman organologische Entwicklungen der Figuren suggeriert, einer weiblichen Temporalität entgegengesetzt werden, die auf Augenblicklichkeit, Bruch, Simultaneität und Verräumlichung von Zeit setzt (vgl. Nünning / Nünning 2004, S. 72–73). Darüber hinaus weisen das Emplotment (der Gang der Handlung) und die Schlussgebung von Texten Gender-Semantisierungen auf, ebenso die Erzählfunktion: In dem strukturalistischen narratologischen Entwurf, den Ansgar und Vera Nünning in ihrem Sammelband *Erzähltextanalyse und Gender Studies* (2004) vorstellen, gilt das auktoriale, allwissende Erzählen als männlich, das polyperspektivisch-subjektivierende als weiblich. Allerdings sperren sich moderne Erzählverfahren gegen diese Zuordnung und setzen auf Heterogenität sowie Polyperspektivität.

Der narratologische Ansatz legt vielfach binäre Strukturen zugrunde, die literarische Texte allerdings durchkreuzen können. Er integriert die Genderforschung wie auch den intersektionalen Ansatz, wie jüngst die Studie von Ina Henke (2020) gezeigt hat. Henke erweitert den genderorientierten Blick um eine intersektionale Perspektive, indem sie weitere „Ausgrenzungskategorien wie Alter, Klasse, Ethnizität u. a." berücksichtigt (Henke 2020, S. 2). Ihr Erkenntnisinteresse gilt den Weiblichkeitsdarstellungen in E.T.A. Hoffmanns Erzählungen *Rat Krespel* (1818), *Das öde Haus* und *Das Gelübde* (beide 1817), sowie der Frage, inwiefern „intersektional konstruierte und zumeist stereotype Weiblichkeitsimagines des zeitgenössischen Geschlechterdiskurses in den Texten Hoffmanns (mit-) erzeugt und tradiert" werden (Henke 2020, S. 2). Mit Blick auf die narrativen Darstellungsverfahren des unzuverlässigen und metafiktionalen Erzählens, die für die Romantik und insbesondere für Hoffmann konstitutiv sind, nutzt die Arbeit zudem das Verfahren des Queer Reading (→ **Kapitel 8.3, 11.4**). Das Queer reading legt offen, „wie die intersektional hergestellten Weiblichkeitsimagines ‚mittels verborgener, verdeckter Textebenen' [Blödorn 2006, S. 134] immer auch aufgebrochen und subvertiert werden." (Henke 2020, S. 6)

12.3 Drama und Theater

Die neuere Gender-Forschung bedient sich – so sollten die vorangegangenen Ausführungen deutlich gemacht haben – eines Vokabulars des Theatralischen, um die performative Herstellung von Geschlechtlichkeit zu beschreiben: Geschlecht gilt als Performance, als Darstellung, als Maskerade. Damit könnte sich das Theater als besonders tauglicher Ort erweisen, um Geschlechtlichkeit in ihren Konstitutionsmechanismen vorzuführen. Als plurimediales Medium (vgl. Pfister 1982, S. 24–25) kombiniert eine Aufführung akustische mit visuellen Ausdrucksformen bzw. Zeichen und stellt Körper leibhaftig auf die Bühne. Im sinnlichen Spielraum der Bühne können damit Verhaltensnormen (des Alltags) wiederholt und in ihre Facetten (Gang, Stimme, Körperhaltung etc.) zerlegt sowie reflektiert werden. Das Theater stellt mithin einen multimedialen Anschauungsraum für Geschlechterexperimente bereit, der gegebenenfalls alle Sinne anspricht, ähnlich wie die Performanz von Geschlecht plurimedial angelegt ist, das heißt Stimme, Aussehen, Geruch etc. umfasst. Lea Schiehl (2020) zeigt beispielsweise in ihrer Arbeit über die Inszenierung des Öbszönen im Theater, dass (Live-)Sex-Performances, wie sie in Deutschland mittlerweile verboten sind, sowohl bestehende Normen unterlaufen als auch reproduzieren können – Sex stellt also immer eine Performance dar, die sich auf gesellschaftliche Zusammenhänge bezieht.

Aus Gender-Perspektive können sowohl Theatertexte (vgl. zur Dramenanalyse Schößler 2017b), Inszenierungen und die institutionellen Arbeitsbedingungen am Theater als auch die Interferenzen zwischen diesen Feldern untersucht werden (Bergmann 2018). Mit Blick auf die Institution ist beispielsweise aufschlussreich, welche Positionen wie besetzt und bezahlt werden, wer Prinzipal:in und wer Schauspieler:in ist und welche Mitspracherechte sie haben (vgl. Möhrmann 2000; Haunschild / Schößler 2010) und wie sich die institutionellen Bedingungen zusammen mit der Etablierung der bürgerlichen Geschlechtscharaktere verändern. Seit Beginn der 1990er Jahre, bezeichnenderweise eine Krisenzeit des deutschen Theaters nach der Wende, behaupten sich zunehmend Intendantinnen, nachdem erfolgreiche Prinzipalinnen nach 1750 systematisch verdrängt wurden.

Aufschlussreich ist desgleichen, welche Geschlechter auf der Bühne zugelassen sind. Noch im Shakespeare-Drama dürfen Frauen die Bühne nicht betreten, weil sie dem religiösen Diskurs nach als anstößig und verführerisch, ja als Boten des Bösen gelten (vgl. Möhrmann 2000, S. 10 – 11). Eine erste Ausnahme dieser Praxis bringt die Commedia dell'Arte mit sich, die eine bestimmte Frauenfigur ohne Maske zeigt und diese so auf das natürliche Gesicht als Markenzeichen festlegt (vgl. Hecker 2000, S. 33 – 34). Spielen bis dahin Männer die weiblichen Figuren, so ergeben sich aus dieser Aufführungspraxis zahlreiche Travestie- und Maskeradeeffekte. Auf der Shakespeare-Bühne geben androgyne Boy-actors die jungen Frauen, wobei die Dramen die Maskerade verdoppeln bzw. verdreifachen. In Shakespeares *As you like it* (1623; *Wie es Euch gefällt*) spielen Männer Frauen, die sich dem Dramentext nach wiederum in Männer verwandeln. Theatertext und Theaterpraxis bilden mithin einen sich kommentierenden und verstärkenden Zusammenhang (vgl. Lehnert 1997, S. 58 – 59).

Eine markante Schnittstelle zwischen Drama / Theater und Gender-Forschung stellt die Maskerade dar, die nach Judith Butler und Joan Riviere jegliche Geschlechterinszenierung kennzeichnet und Geschlechtlichkeit als kulturell-performativen Akt auffasst (→ **Kapitel 7.2, 10.3**). Umgekehrt besitzt nach der Theaterwissenschaftlerin Erika Fischer-Lichte jede Theateraufführung neben einem illustrativen einen performativen Aspekt (vgl. Fischer-Lichte 2004), der reflexiv für Geschlechterinszenierungen genutzt werden kann. Oder grundsätzlicher: Die Bühne stellt einen geschlechtlich codierten, performativen Raum bereit, in dem geschlechtliche Körper durch Kostüm und Rolle generiert und so die Konstitutionsbedingungen von Geschlecht überdacht werden können. Geschlecht auf der Bühne ist per se Maskerade, auch wenn die binäre Geschlechterordnung reproduziert wird und die Rolle das ‚biologische' Geschlecht der Darstellenden wiederholt, wie bevorzugt im bürgerlich-illusionistischen Theater.

Allerdings berücksichtigt das deutschsprachige Theater, das bis heute in vielerlei Hinsicht eine männlich dominierte Institution darstellt und als Residuum feudaler Herrschaftsverhältnisse kritisiert wird, erst seit den 2000er Jahren asymmetrische Geschlechterverhältnisse sowohl in seinen Produktionen als auch in der Beschäftigungspolitik – Vorreiter ist das Maxim Gorki Theater in Berlin, das zusammen mit virulenten Gender-Themen wie Queerness und Homosexualität (vgl. Sasha Marianna Salzmann und Falk Richter) der postkolonialen Situation Rechnung trägt und verstärkt Schauspieler:innen mit (dem sogenannten) Migrationshintergrund einstellt; symptomatisch für den Umbruch ist zudem die seit 2012 in der deutschen Theaterszene intensiv geführte Blackfacing-Debatte.

Die Bezeichnung Blackfacing (‚Gesichtsschwärzung') stammt aus den USA und geht auf die Minstrel Shows zurück, die es als Musik- und Unterhaltungsveranstaltung im 18. und 19. Jahrhundert zu großer Popularität brachten und bei der sich ein weißer Mensch das Gesicht schwarz bemalte, um in stereotypisierter, abwertender Form einen Schwarzen Menschen auf der Bühne zu karikieren (‚Minstrel' bedeutet im Englischen ‚kleiner Diener'). Diese bis heute auch an deutschen Theaterhäusern übliche Praktik wird als rassistisch eingestuft und mittlerweile stark kritisiert (zum Verlauf der Debatte vgl. Voss 2014). Blackfacing wird als eine Form kultureller Aneignung angesehen, wie die Journalistin und Autorin Alice Hasters in ihrem Buch *Was weiße Menschen nicht über Rassismus hören wollen, aber wissen sollten* (2019) ausführt.

Über das Thema der kulturellen Aneignung wird in jüngster Vergangenheit intensiv debattiert, da es ein ganzes Spektrum an unterschiedlichen Rassismus- und Diskriminierungsaspekten zusammenführt. Die Beispiele reichen von der unreflektieren Kostümierung als ‚Indianer' an Fasching bis hin zur Ausstellung von kolonialer Raubkunst in deutschen Museen, wie der Sozialwissenschaftler Lars Distelhorst in seiner Studie *Kulturelle Aneignung* (2021) zeigt.

Lassen sich Gender-Implikationen von Aufführungspraktiken und Stücken untersuchen, so bietet die Institution Theater aus sozialgeschichtlicher Perspektive ebenfalls Material für Geschlechteranalysen. Insbesondere das im 19. Jahrhundert mythisch aufgeladene Verhältnis von Regisseur und Schauspielerin folgt geschlechtlich codierten Schöpfungsfantasien: Der Regisseur lässt (scheinbar) das geistige Wort des Dichters im Körper der Schauspielerin ‚Fleisch' werden. Bis heute ist die Schauspielerin ein beliebtes Objekt des Begehrens; sie wird sexualisiert und der Prostitution nahe gerückt (vgl. Möhrmann 2000, S. 292–293), wie sich unter anderem in Heinrich Manns Roman *Professor Unrat oder das Ende eines Tyrannen* zeigt (1905; mit Marlene Dietrich als *Der blaue Engel* von Josef von Sternberg 1929 erfolgreich verfilmt). Autoren partizipieren an dieser Produktionsfantasie, indem sie ihre Dramen begehrten Schauspielerinnen förmlich auf den Leib schreiben, wie zum Beispiel Gerhart Hauptmann sein neuromantisches Märchendrama *Und Pippa tanzt!* (1906) der Schauspielerin Ida Orloff. Die Avantgarde-Dramatikerin Elfriede Jelinek wehrt sich in ihren Texten gegen diese geschlechtlich semantisierte Schöpfungsvision – der Regisseur haucht dem Wort und der Schauspielerin Leben ein –, indem sie Untote, Gespenster und Vampire auftreten lässt (vgl. Schößler 2006b, S. 46–47).

Seit 1900 stellt sich die Frage nach Gender im Theatersystem neu, weil sich im Zuge der historischen Avantgarden das Verhältnis von Dramentext und Inszenierung nachhaltig verändert. Die Bühne wird als autonomer Kunstraum entdeckt und retheatralisiert, das wortorientierte Literaturtheater hingegen verabschiedet (vgl. Fischer-Lichte 1997). Die Bühne gilt nicht mehr als Medium, das das dichterische Wort verlautbaren lässt, sondern als eigenständige Kunstform mit autonomer Bühnensprache (aus Licht, Farben, Klängen etc.). Inszenierung und Theatertext treten damit in ein Rivalitätsverhältnis, das für Gender-Fragen bedeutsam ist, denn die Inszenierung kann die vom Text vorgegebenen Geschlechterkonstellationen – durch das neue ästhetische System beglaubigt – dekonstruieren und kommentieren. Zudem fordert das Avantgarde-Theater eine Verbannung der Schauspielenden als (geschlechtlich definierter) ‚Natur' von der Bühne; man arbeitet mit geometrischen Formen (Oskar Schlemmer) und Masken (Hugo Ball), artifizialisiert die Körper also. Um 1900 entstehen diejenigen postdramatischen Rahmenbedingungen, die es ermöglichen, Geschlechtlichkeit in offensiver Weise als Kostüm und Travestie erscheinen zu lassen und den Körper als soziale Konstruktion.

An die Avantgarde-Experimente knüpft in den 1960er Jahren die Performance an, die Körperlichkeit (als Ort geschlechtlicher Zuschreibungen) zum Gegenstand von Schmerz- und Tranceerfahrungen macht. In der gleichen Zeit entsteht das Regietheater, das sich ebenfalls vom Text löst und postdramatische Formen entwickelt (vgl. Lehmann 1999). Insbesondere das postdramatische Theater, das für die zeitgenössische Bühnenkunst paradigmatische Bedeutung besitzt, stellt neue Möglichkeiten der Geschlechterrepräsentation bereit (vgl. Birkner / Geier / Helduser 2014). Gelten die Schauspielenden im bürgerlichen Illusionstheater, wie es Denis Diderot und Gotthold Ephraim Lessing im 18. Jahrhundert wirkmächtig etablieren, als psychisch organisierte und geschlechtlich eindeutige Figuren, so verabschiedet das postdramatische Theater diese Größe, indem es zentrale dramatische Einheiten wie Fabel, Figur etc. auflöst. Geschlecht ist in dieser Theaterform vielfach ein Spracheffekt und verhandelbar.

Seit Mitte der 1990er Jahre erobern darüber hinaus Dramatikerinnen die deutschsprachigen Bühnen (unter anderem Sybille Berg, Gesine Danckwart, Dea Loher und Theresia Walser) – ein ergiebiges Thema für eine gendersensible Theater- und Literaturwissenschaft. Zuweilen rezipieren die international wahrgenommenen Dramatikerinnen die feministische Theorie, wie Elfriede Jelinek und Marlene Streeruwitz (vgl. Schößler 2004b, S. 104–105). Die Theatertexte der 2004 mit dem Nobelpreis gekrönten Autorin Elfriede Jelinek zum Beispiel, die Einzelsprecher:innen verabschieden und den Text von den Körpern ablösen, führen vor, dass kulturelle Zuschreibungen den stummen Körper der Frau als begehrenswerte Ware produzieren, dass sich (Sprach-)Bilder an den weiblichen Körper heften, um ihn zum Objekt von Gewalt und Zurichtung zu machen (Bloch 2011; vgl. zur Autorin insgesamt den *Interuniversitären Forschungsverbund Elfriede Jelinek der Universität Wien und der Musik und Kunst Privatuniversität der Stadt Wien*). Die postdramatische Trennung von Sprache und Körper lässt Zuschreibungsprozesse kenntlich werden, die normierte Weiblichkeit generieren.

Das literarische System ist also in vielerlei Hinsicht eng mit der Geschlechterordnung verknüpft und bedient sich der stereotypen Geschlechtscharaktere, um seine Binnenoppositionen wie Populärkultur / Hochkultur, Unterhaltung / Kunst etc. zu stabilisieren. Auch das Gattungssystem, die Produktionsbedingungen, die in immanenten Poetologien reflektiert werden können, sowie die Rezeption werden über binäre Geschlechterdifferenzen semantisiert. Auf diese Weise reproduziert die (scheinbar autonome) Kunst als hegemoniale kulturelle Macht den Geschlechterdiskurs, was literarische Texte ebenso wie Inszenierungen reflektieren, kommentieren und kritisieren können.

Fragen und Anregungen

–   Rekapitulieren Sie, inwieweit die Geschlechterordnung für die Trennung von Hoch- und Massenkultur maßgeblich ist.
–   Welche Vorstellungen werden mit dem weiblichen Lesen verbunden und in welcher Weise lässt sich die Gender-Forschung auf das Modell des impliziten Lesers anwenden?
–   Skizzieren Sie den Zusammenhang von Gattungen und Gender am Beispiel der narratologischen Forschung.
–   Auf welchen Ebenen kann Geschlecht im Theatertext und im Theater thematisiert werden?
–   Inwieweit lassen sich (männliche) Schöpfungsfantasien insbesondere auf der bürgerlichen Bühne des Illusionstheaters umsetzen?
–   Warum bietet das Avantgarde-Theater neue Spielräume für die Inszenierung von Geschlecht auf der Bühne?

Lektüreempfehlungen

Franziska Bergmann: Drama und Geschlecht, in: Andreas Englhart / Franziska Schößler (Hg.), Grundthemen der Literaturwissenschaft: Drama. Unter Mitarbeit von Andreas Grewenig und Hannah Speicher, Berlin / Boston 2019, S. 356–371. *Perspektiviert den Zusammenhang zwischen Gender und Theater anhand zentraler Untersuchungsfelder der genderorientierten Dramen- und Theaterforschung.*

Claudia Liebrand: Als Frau lesen?, in: Heinrich Bosse / Ursula Renner (Hg.), Literaturwissenschaft. Einführung in ein Sprachspiel, Freiburg 1999, S. 385–400. *Entwickelt ein queeres Konzept der Leserin.*

Renate Möhrmann (Hg.): Die Schauspielerin. Zur Kulturgeschichte der weiblichen Bühnenkunst, Frankfurt a. M. / Leipzig 2000. *Die Aufsätze des Sammelbandes rekonstruieren die sich wandelnden Funktionen von Frauen in der Institution Theater und im Starsystem des Kinos.*

Sigrid Nieberle / Elisabeth Strowick (Hg.): Narration und Geschlecht. Texte – Medien – Episteme, Köln / Weimar / Wien 2006. *Untersucht in verschiedenen Aufsätzen die theoretischen Schnittstellen zwischen Narratologie und Gender und legt Fallstudien für den Film, das Fernsehen und die Malerei vor.*

Vera Nünning / Ansgar Nünning (Hg.): Erzähltextanalyse und Gender Studies, Stuttgart / Weimar 2004. *Verbindet die strukturalistische Narratologie mit Gender-Ansätzen.*

Uwe Wirth (Hg.): Performanz. Zwischen Sprachphilosophie und Kulturwissenschaften, Frankfurt a. M. 2002. *Versammelt einschlägige Aufsätze zur Performanztheorie.*

13 Gender und Erinnerungskulturen

Friedrich Schiller zeigt in seiner berühmten Rede „Was heißt und zu welchem Ende studiert man Universalgeschichte?" (26. Mai 1789 in Jena), wie wir alle auf den Schultern unserer Vorfahren stehen. Selbst in den alltäglichsten Verrichtungen des bürgerlichen Lebens können wir es nicht vermeiden, die Schuldner vergangener Jahrhunderte zu werden. Daraus leitet er nicht allein die Notwendigkeit ab, die Geschichte zu kennen, deren vorläufiges Endprodukt wir sind, sondern auch die Verpflichtung, unseren Nachkommen diese Kenntnis zu überliefern. [...] Viele Traditionslinien sind unterbrochen, der europäische Bildungskanon existiert, wie Manfred Fuhrmann in seinen jüngsten Büchern gezeigt hat [...], nur noch in Restbeständen. Die Ökonomisierung der Gesellschaft hat auch die Schulen ergriffen. Sie beugen sich nolens volens dem Druck, führen die Schüler ins Internet, bieten Berufskunde und Wirtschaftslehre an und unterrichten grundlegende Fächer wie Geschichte und Erdkunde auf Englisch. Dagegen wäre wenig zu sagen, wenn nicht bei all diesem Anpassungseifer die Kenntnis der deutschen Sprache und Literatur ins Hintertreffen geriete.

Ulrich Greiner: Die ZEIT-Schülerbibliothek. Weshalb wir einen literarischen Kanon brauchen (Die Zeit 42 / 2002)

In Feuilletons wird mit großer Regelmäßigkeit darüber debattiert, ob es einen Kanon für Studierende oder Schüler:innen geben sollte. 2002 beispielsweise erstellt eine Kommission für die Wochenzeitung „Die Zeit" einen (bis heute nicht aktualisierten) literarischen Schüler-Kanon mit 50 Titeln, die das kulturelle Gedächtnis der deutschen Gesellschaft zu repräsentieren beanspruchen. Die getroffene Auswahl verdeutlicht die Selektionspraktiken eines Kanons, der die Rezeptions- und Publikationskontexte von Literatur beeinflusst. Der Schüler-Kanon der „Zeit" kennt keine Weltliteratur, sondern ausschließlich deutschsprachige Texte; vertreten ist ausnahmslos ,Höhenkammliteratur', über die sich ein (bildungs-)bürgerliches Publikum definiert – die Kunst der Arbeiterklasse und die (Post-)Migrantische Literatur werden ebenso wenig repräsentiert wie Texte von Frauen (sechs von insgesamt 50 Titeln).

Feministische Forscher:innen gehen seit den 1970er Jahren der Frage nach, welche Texte von Autorinnen tradiert bzw. kanonisiert werden. Sie verweisen auf massive Ausgrenzungen besonders während des 19. Jahrhunderts und arbeiten an der Rekanonisierung vergessener Schriftstellerinnen. Die Gender Studies schließen darüber hinaus an einschlägige Gedächtnistheorien an, beispielsweise von Sigmund Freud, Aby Warburg und Maurice Halbwachs, um die Relevanz von Gedächtnis und Erinnerung für Geschlechterfragen und die Bedeutung von Gender für die Geschichtsschreibung (als kollektive Form der Erinnerung) zu untersuchen.

https://doi.org/10.1515/9783110656541-013

13.1 Kanon und Archiv

Gender ist ein Produkt kultureller Erinnerung und Traditionsbildung; *Gender* wird konstruiert, indem es sowohl individuell als auch kollektiv erinnert und erinnernd reartikuliert oder auch ‚iteriert', d. h. (immer zugleich verändernd) wiederholt wird. Und Erinnerungen sind ‚gendered' [...]. (Penkwitt 2006, S. 1)

Aus diesem Grund gehört nach Inge Stephan die Frage, wer, wie, was, wozu, warum und für wen erinnert (wird), zu den wichtigsten Gegenständen der Gender Studies überhaupt (vgl. Stephan 2000, S. 84). Die feministische Forschung setzt sich seit den 1970er Jahren eindringlich mit diesem Thema auseinander, zunächst mit einem männlich zentrierten literarischen Kanon, der über das Gedächtnis einer Kultur entscheidet und erinnerungswerte von weniger relevanten Texten abtrennt.

Das Sujet Kanon rückt grundsätzlich die institutionellen und lebensweltlichen Kontexte von Literatur in den Blick, wie Aleida Assmann, eine der wichtigsten Gedächtnisforscher:innen, unterstreicht (vgl. Assmann 1998, S. 50). Literatur fungiere aus der Perspektive der Kanonbildung als gesellschaftliches Macht- und Distinktionsverfahren und ermögliche Elitebildung sowie Identitätskonstruktionen. Ein Kanon stelle autorisiertes Wissen bereit, lasse „an herrschenden Lebensstilen [...] partizipieren" und bilde „Formen sozialer Distinktion heraus [...], die gesellschaftliche Einfluss- und Machtsphären symbolisch markieren" (Korte 2002, S. 63). Ein Kanon versieht bestimmte Gruppen mit Leit- bzw. (geschlechtlich semantisierten) Identitätsbildern und gibt Maximen des Handelns vor.

Das Konzept einer Kanonisierung entsteht um 1800, das heißt in einer Phase, in der der Geltungsanspruch der traditionsreichen religiösen Auslegungspraxis zurückgedrängt wird und Friedrich Schleiermacher eine säkulare Hermeneutik entwickelt. Seitdem kann jeder Text interpretiert werden, ohne dass es verbindliche Leseanweisungen gäbe. Voraussetzung für die Entstehung des modernen Kanons ist mithin die Autonomisierung der Kunst, wie sie sich seit 1800 insbesondere mit der Romantik vollzieht: Literatur wird zu einem eigenständigen Feld, das sich keinen fremden Ansprüchen (didaktischer oder religiöser Natur) mehr zu unterwerfen hat und sich deshalb selbst organisiert, beispielsweise über Leseempfehlungen. Im 19. Jahrhundert ist der Kanon primär Ausdruck und Instrumentarium der herrschenden Nationalkultur, also mit der „innere[n] Geschichte der Nationenbildung" (Korte 2002, S. 63) eng verknüpft. Seit dem Zweiten Weltkrieg und verstärkt seit den 1970er Jahren zeichnet sich ein massiver Geltungsverlust der Literatur und des verbindlichen Kanons ab – auch deshalb wird seine Notwendigkeit in Feuilletons wiederholt diskutiert. Gliedert sich die deutsche Gesellschaft seit den 1970er Jahren in unterschiedliche Milieus auf, so bilden sich entsprechende Milieukanones heraus, die an diverse Lebensstile gekoppelt sind. Zudem wären heutige Kanones „unter den Bedingungen der Mediengesellschaft" (Korte 2002, S. 68) neu zu entwerfen.

In den 1970er Jahren setzt, von dem Geltungsverlust des herrschenden Kanons profitierend, mit der Frauenbewegung eine Revision aus weiblicher Perspektive ein. Die Frauenforschung entwickelt sich zum ‚Erinnerunsprojekt', dessen Ziel die Sichtbarmachung von Frauen ist, um sie „als Akteurinnen in die Geschichte einzuschreiben und damit Genealogien selbstbewusster und handelnder weiblicher Subjekte zu etablieren"; gleichzeitig ist damit eine „‚Wiederentdeckung' verschütteter oder verschwiegener weiblicher Denk- und Ausdrucksweisen" verbunden (Lenz 2010, S. 320).

In der Folge kommt es zu zahlreichen (Wieder-)Entdeckungen von Autorinnen sowie zu Neueditionen von schwer zugänglichen Texten. Es entstehen Überblicksdarstellungen und Lexika (vgl. zum Beispiel Gnüg / Möhrmann 1985; Stephan / Venske / Weigel 1987; Brinker-Gabler 1988; Hechtfischer / Hof / Stephan / Veit-Wild 1998; Lehmstedt 2001) – eine Entwicklung, die Gudrun Loster-Schneider und Gaby Pailer in ihrem *Lexikon deutschsprachiger Epik und Dramatik von Autorinnen (1730 – 1900)* (2006) reflektieren. Die beiden Herausgeberinnen konstatieren die bereits stattgefundene (Re-)Kanonisierung von Autorinnen – dazu gehören unter anderem Therese Huber, Caroline von Wolzogen, Sophie Mereau, Caroline de la Motte-Fouqué, Louise Aston, Johanna Schopenhauer, Luise Mühlbach, Louise Otto-Peters, Louise von François und Helene Böhlau. Jedoch seien Nachschlagewerke und literaturhistorische Überblicke auch heute noch vielfach männlich zentriert. Das Lexikon von Loster-Schneider und Pailer dokumentiert also einerseits den „erheblichen sozialen wie epistemischen Akzeptanzgewinn" sowie einen „beträchtlichen Erkenntniszuwachs genderorientierter Literaturwissenschaft" (Loster-Schneider / Pailer 2006, S. VI) und versucht andererseits, weiterhin bestehende Defizite auszugleichen. Es kündigt beispielsweise die Konvention auf, Darstellungen zu Autorinnen eher an Lebensdaten als an Werkdaten zu orientieren (zur Kanonkritik und Kanonbildung in den Gender Studies vgl. auch Bidwell-Steiner / Wozonig 2006; zur englischen Literaturgeschichte des 20. Jahrhunderts aus Gender-Perspektive Schabert 2006).

Diese Konvention fußt auf einer zuvor dominanten Biografieforschung, die mit der Wiederentdeckung und Sichtbarmachung von Frauen – und Frauenbiografien – einhergeht (vgl. dazu weiter Lenz 2010, S. 321– 322). Inwiefern sich ein Blick auf die Biografieforschung lohnt, zeigt Claudia Lenz, die anhand von zwei repräsentativen Projekten in den frühen 2000er Jahren den Übergang von der Frauen- zur Geschlechterforschung nachzeichnet. 2001 wird die Datenbank *FemBio – Frauen. Biographieforschung* von Luise F. Pusch ins Leben gerufen, die über 30.000 biografische Datensätze bekannter Frauen bereitstellt, von denen knapp ein Drittel online verfügbar ist (http://www.fembio.org/biographie.php). Während es in diesem Projekt darum geht, „Frauen qua Frausein in Erinnerung zu rufen", sind die Initiatorinnen der 2005 durchgeführten Tagung *Biographieforschung im sozialwissenschaftlichen Diskurs* (der im selben Jahr eine Publikation folgt; Völter / Dausien / Lutz / Rosenthal 2005), daran interessiert, „wie biographische Erinnerungen vergeschlechtlichte Sozialisations- und Identitätsbildungsprozesse widerspiegeln." (Lenz 2010, S. 323) Ihr Erkenntnisinteresse richtet sich auf die „kulturell vorherrschende[n] ‚Geschlechtererzählungen'"; gemeint sind damit „jene Skripte, an denen entlang sich Geschlechteridentitäten im Rückgriff auf vergangene individuelle Erfahrungen sowie auf kulturell gespeichertes und zirkulierendes ‚Geschlechtswissen' formieren." (Lenz 2010, S. 323) Darüber hinaus dient der hier zugrunde gelegte intersektionale Ansatz dazu, „individuelle Erinnerungen analytisch als Brenngläser gesellschaftlicher Herrschaftsverhältnisse [zu] begreifen" (Lenz 2010, S. 323).

Dass das Internet neben und in Kombination mit der traditionellen Buchpublikation zunehmend als wichtiges Speicher- und Informationsmedium dient, dokumentiert auch das großangelegte Forschungs- und Vernetzungsprojekt *biografiA*, das rund 6.500 Biografien österreichischer Frauen zusammenträgt, die sowohl in dem vierbändigen *Lexikon österreichischer Frauen* (2016; herausgegeben von Ilse Korotin) als auch (mit fortschreitenden Eintragungen) in der dazugehörigen Online-Datenbank zugänglich sind (www.biografia.at/).

Seit den 1990er Jahren besitzt die Debatte über den Kanon eine „gesteigerte kulturpolitische Aktualität", weil die Gender und Postcolonial Studies ihre Kritik verstärken und theoretisch präzisieren (Assmann 1998, S. 47, vgl. dazu auch Rippl / Straub 2013). Neben dem Ausschluss von Autorinnen wird der Eurozentrismus des Kanons moniert, also der Fokus auf eine europäisch-westliche weiße männliche Literatur. Diese Kritik geht von drei Einsichten aus, wie Aleida Assmann herausstreicht:

> (1) die in den lebenswichtigen Zusammenhang von kultureller Überlieferung und kollektiver Identität, (2) die in die Vielheit, Verschiedenheit und gegenseitige Ausschließlichkeit kultureller Identitäten und (3) die in die Entwertung weiblicher Kulturpotentiale durch männliche Dominanz sowie in die Zerstörung indigener Traditionen durch koloniale Herrschaft. (Assmann 1998, S. 48)

Der Kanon wird also zunehmend für diejenigen zum Thema, die das kulturelle Steuerungsinstrument und Gedächtnismedium ausschließt:

> Viele finden sich in ihm nicht (mehr) wieder, die durch ihn über Jahrhunderte vertreten wurden: allen voran Frauen und Angehörige sozialer und kultureller Minderheiten. Die Kanondebatte hat sich damit grundsätzlich dezentriert; sie wird zunehmend von Stand-

punkten aus diskutiert, die außerhalb der europäischen Mitte und jenseits des Zentrums dominanter Kulturen und Gesellschaftsschichten liegen. (Assmann 1998, S. 48)

In den Blick rücke zudem, dass die im Kanon gesicherte Literatur als kulturelle Identitätskonstruktion ein „Medium geschlechts- und schichtenspezifischer Sozialisation" sei (Assmann 1998, S. 53). Kanonbildung habe, so Aleida Assmann, unmittelbare Konsequenzen für Lebenspraktiken und Selbstbilder; Lektüre beeinflusse und fixiere geschlechtliche und schichtspezifische Lebensformen (zu postkolonialer Literatur und ihre Auseinandersetzung mit dem Kulturellen Kanon vgl. Reif-Hülser 2006).

Einer kritischen Revision wird darüber hinaus das Konzept der Nationalliteratur unterzogen, das neben dem individuellen auch das kollektive Erinnern prägt und über zwei Jahrhunderte hinweg mit dem Kanon eng assoziiert war. Institutionalisiertes Erinnern und Gedenken sind auch im Kontext des Nationalen in hohem Maße geschlechtlich organisiert, wie Nira Yuval-Davis in ihrer Arbeit *Gender & Nation* (1997) zeigt. „Die Konstruktion des Nationalen und nationaler Identitäten und damit auch die Konstruktion nationaler Traditionen und kollektiven Gedenkens [ist] eng mit der Durchsetzung der bürgerlichen Geschlechterordnung verbunden" (Lenz 2010, S. 324). Dabei seien die im nationalen Gedenken repräsentierten Figuren ‚männlich' oder ‚weiblich' gegendert und mit ihnen würden gesellschaftliche Ordnungsmodelle verknüpft. In nationale Monumente und Rituale des Gedenkens seien entweder männliches Heldentum oder weibliche Mütterlichkeit und Opferbereitschaft eingeschrieben, die „die Aufteilung in einen aktiv und männlich konnotierten öffentlichen Raum und eine passiv und weiblich konnotierte Privatsphäre" (Lenz 2010, S. 324) widerspiegelten, wie Kathrin Hoffmann-Curtius in ihrem Aufsatz *Feminisierte Trauer und aufgerichtete Helden* (2002) aufzeigt.

Für die Gestaltung eines Kanons jenseits des Nationalitätsdiskurses hat Gisela Brinker-Gabler einschlägige Richtlinien entwickelt: Sie leitet Identität nicht aus nationaler Zugehörigkeit ab, sondern aus einer gemeinsamen politischen Praxis, das heißt aus dem Status als Bürger:in, über den unterschiedliche ethnische Gruppen verfügen können. An die Stelle einer nationalen Kultur träte damit eine politische, an die Stelle eines xenophoben Nationalismus ein „konstitutioneller Patriotismus" (Brinker-Gabler 1998, S. 92). Ein Kanon, der diesen Partizipationsregeln folgt, würde diverse ethnische Kulturen repräsentieren: „Eine postnationale radikale Politik der Differenz mit Rücksicht auf ‚andere Orte subalterner Bedeutung' wird anstelle einer Vielfalt die Vielfalt verschiedener paralleler Traditionen setzen." (Brinker-Gabler 1998, S. 94) Gleichzeitig müssten diejenigen ästhetischen Wertmaßstäbe überwunden werden, die die ausgrenzenden Kanones legitimierten – vor dem Hintergrund einer männlichen weißen Stilnorm erscheinen weibliche und ethnisch markierte Texte häufiger als ästhetisch fragwürdig (vgl. Heydebrand 1998, S. 613–614; Heydebrand / Winko 1995). Es geht also um eine Neukonstruktion von Kanones, die das theoretische Wissen über geschlechtliche und ethnische Exklusionsverfahren berücksichtigt. Zur Disposition steht die Zentrierung des Kanons auf männliche, weiße und westliche Kunst, auf den Nationaldiskurs sowie auf bürgerliche Höhenkammliteratur.

13.2 Gedächtnistheorien

Nach Jan Assmann, der die Gedächtnisforschung in Deutschland wesentlich initiiert hat, sind Kanones eng mit der Frage nach dem Gedächtnis verbunden, die seit den 1980er Jahren Konjunktur hat und in diversen disziplinären Feldern bearbeitet wird, in der neurobiologischen Gedächtnisforschung ebenso wie in der Kognitionswissenschaft und der Psychologie. Die kulturwissenschaftlichen Gedächtnistheorien konzentrieren sich vornehmlich auf die sozialen und ästhetischen Aspekte von Erinnerung, die auch in geschlechterpolitischer Hinsicht relevant sind. Jan Assmann begreift in seiner Studie *Das kulturelle Gedächtnis. Schrift, Erinnerung und Identität in frühen Hochkulturen* (1992) Erinnerung als Grundlage eines kollektiven Gedächtnisses, das die Kontinuität und Identität einer Kultur garantiert – eine Auffassung, die aus poststrukturalistischer Sicht nachhaltig infrage gestellt wurde. Warum sich Memoria – ein Sammelbegriff für Gedächtnis und Erinnerung, der in der Literaturwissenschaft „nicht auf das bloße Memorieren eines bereits Vorhandenen" hinweist, sondern auch „die Basis für die Erzeugung neuer Literatur" darstellt (Erll 2017, S. 63–64) – seit den 1980er Jahren als attraktiv erwiesen hat, führt Jan Assmann im Vorwort seiner Untersuchung auf drei zeitgeschichtliche Gründe zurück:

1. Die elektronischen Medien vergrößern die Speicherkapazitäten in unüberschaubarer Weise, sodass das Verhältnis von individueller Erinnerung und kollektiven Speicherformen überdacht werden muss.

2. Man scheint sich im Zustand einer ,Nach-Kultur' zu befinden, die der französische Philosoph Jean-François Lyotard auf das Verschwinden großer Erzählungen (wie die der Aufklärung) zurückführt – nach Lyotard gibt es im 20. Jahrhundert keine umfassenden Erklärungsmodelle für Ereignisse und historische Entwicklungen mehr. Für diese ,Nach-Kultur' ist Erinnerung, also die Rückwendung auf Traditionen im Zeichen des Verlustes zentral.

3. Zum Ausgang des 20. Jahrhunderts verändert sich die Erinnerung an den Holocaust. Die überlebenden Zeitzeug:innen der Judenvernichtung sterben, sodass an die Stelle individueller Erinnerungen eine medial vermittelte Form von Memoria treten muss. Dieser neuartige Umgang mit Auschwitz lässt sich bei-

spielsweise an Hollywood-Produktionen wie dem Spielfilm *Schindlers Liste* (1993) von Steven Spielberg ablesen, die die Vergangenheit in fiktionaler Form vergegenwärtigen und das Darstellungsverbot, das Claude Lanzmann in seinem berühmten Film *Shoah* (1985) noch befolgt, übertreten.

Anders als Jan Assmann, dem vor allem an kultureller Identitätsbildung liegt, betonen dekonstruktivistische Arbeiten wie die von Astrid Erll (2017 [2005]; 2008 gemeinsam mit Ansgar Nünning), dass Erinnerung eine Konstruktion ist, die eher Aussagen über die Gegenwart als über die vergangenen Ereignisse trifft: Erinnerungen sind „subjektive, hochgradig selektive und von der Abrufsituation abhängige Rekonstruktionen. Erinnern ist eine sich in der Gegenwart vollziehende Operation des Zusammenstellens (*re-member*) verfügbarer Daten." (Erll 2017, S. 6) In diesem Zusammenhang spricht Erll auch von Erinnerungskultur*en*, die den Untersuchungsgegenstand von Analysen des kollektiven Gedächtnisses bilden (vgl. Erll 2017, S. 6). Wenn Erinnerung also in gewissem Sinne Fiktion und verändernde Wiederholung ist, lässt sich aus dieser Perspektive eine Nähe zu den Gender Studies ausmachen, denn ähnlich wie sich Erinnerung aus transformatorischen Erinnerungsakten generiert, entsteht Geschlecht aus wiederholten Darstellungsakten. Erinnerung und Geschlecht sind performative Prozesse (→ **Kapitel 3.4, 7.2**), das Doing gender gleicht dem Doing memory (vgl. Fischer-Lichte / Lehnert 2000, S. 14). Allerdings wäre die Reichweite dieser Analogie genauer auszuloten.

Iteration (also Wiederholung) und Performativität gehören auch für die Queer Theory zum zentralen theoretischen Rüstzeug. Sowohl die Iteration als auch die Performativität berühren „das Problem von Erinnerung und Gedächtnis" (Lenz 2010, S. 324), was Anne Enderwitz in ihrem Aufsatz *Ereignis und Wiederholung als Koordinaten von Geschlecht und Gedächtnis* (2008) genauer ausführt. Besonders in der Figur der Wiederholung zeigt sich eine Verbindung mit Gedächtnis und Erinnerung:

> Denn in gewisser Weise ‚schöpft' sich Geschlechtlichkeit also stets aus dem Material vergangener Geschlechtsdiskurse und -praktiken. Statt jedoch deshalb die Vergangenheit zu einer identitätsstiftenden Referenz werden zu lassen[,] wird sie zum Gegenstand permanenter Dekonstruktion. Die Annahme der stetigen performativen Generierung von Geschlecht reduziert das Erinnern auf den Akt der Wiederholung selbst. Vorstellungen von Genealogie oder Traditionsbildung sind stets dem Verdacht normativer und normalisierender Engführung ausgesetzt. (Lenz 2010, S. 325)

Eine genderorientierte Gedächtnistheorie könnte darüber hinaus an den Erinnerungsmodellen von Sigmund Freud, Maurice Halbwachs und Aby Warburg ansetzen, die um 1900 Gedächtnis als kollektiven Prozess neu denken. Der Kulturtheoretiker und Kunsthistoriker Aby Warburg, der in den 1920er und 1930er Jahren in Hamburg tätig ist und dort eine berühmte Bibliothek anlegt, initiiert den Iconic Turn in den Kulturwissenschaften, das heißt er legt die Grundlagen für die wissenschaftliche Beschäftigung mit Bildern, die er als Medien der Erinnerung konzipiert (vgl. Gombrich 1992). Warburg überführt damit die traditionelle Kunstgeschichte in eine Kulturtheorie des Gedächtnisses (vgl. Zumbusch 2004; Forster 2017; Erll 2017). Er beschreibt seine Hamburger Bibliothek als Versuch, „auf die Funktion des europäischen Kollektivgedächtnisses als stilbildende Macht hinzuweisen, indem sie die Kultur des heidnischen Altertums als Konstante nimmt" (Warburg 1928, in: Gombrich 1992, S. 359). Im Zentrum seiner Gedächtnisarbeit steht das Bild, das widersprüchliche Kräfte zu vereinigen und zu transformieren vermag. Bilder als Fundament des sozialen Gedächtnisses spielen dabei sowohl in der Inszenierung von politischen Auftritten eine Rolle – Warburg analysiert die Ausdrucksformen des italienischen Faschismus – als auch im Sport, dessen Bewegungen Warburg als Sublimierung ekstatischer Gebärden begreift.

Die Bilder, für die sich Warburg interessiert, vergegenwärtigen vielfach Pathosformeln, das heißt Ausdruckschiffren – Gebärden oder Bewegungen –, die sich in künstlerischen Darstellungen verschiedenster Epochen auffinden lassen und auf das Repertoire der heidnischen Antike zurückgeführt werden können. Pathosformeln entstehen nach Warburg, weil sie die Angst vor unbekannten Mächten kanalisieren. Sie artikulieren und übermitteln die emotionalen Erlebnisse von Kunstschaffenden im Angesicht einer bedrohlichen Wirklichkeit, bändigen und distanzieren die irritierenden Eindrücke jedoch auch. Warburg geht davon aus, dass im Verlauf der Kulturgeschichte eine Befreiung von diesen ursprünglichen heidnischen Ängsten möglich sei, weil Pathosformeln die menschliche Angst humanisierten. Die Kunst konserviere diese archetypischen Formeln und fungiere damit als soziales Erinnerungsorgan. Warburg greift dabei zeitgenössische biologistische Erinnerungskonzepte auf, die das Gedächtnis als Energiespeicher begreifen. Insbesondere diejenigen kulturellen Symbole, die aus intensiven Urerlebnissen stammen, konservieren Energien, wie Warburg in der Einleitung zu seinem großen, fragmentarisch gebliebenen Bilderatlas *Mnemosyne* (ab 1924; herausgegeben von Warnke 2000) ausführt. In diesem Werk dokumentiert er die Wiederkehr bestimmter Symbole über die Epochen hinweg, wobei die ekstatische Gebärde der Mänade, der rauschhaft verzückten Frau, eine besondere Rolle spielt.

An diesen Gedanken knüpfen die Gender Studies an: Pathosformeln sind in hohem Maße geschlechtlich organisiert, das heißt sie fixieren Weiblichkeits- und Männlichkeitsbilder, die in modifizierter Form wiederkehren und die kulturellen Repräsentationen einer Epoche bestimmen. Signifikant ist zum Beispiel, dass sich Warburg insbesondere für die Mänade, für die ekstatische Frau, interessiert, ähnlich wie der gängige Hysteriediskurs um 1900 Weiblichkeit mit Expressivität

verbindet (→ **Kapitel 3.1)**. Warburgs Studien verdeutlichen, dass das Bildge-
dächtnis als Bedingung von Geschichte und kultureller Kontinuität prinzipiell
geschlechtlich organisiert ist. „In historischer Hinsicht bezeugen Warburgs
Bilderreihen, dass sich Geschlechterverhältnisse bzw. geschlechtsspezifisches
Erinnern in die Pathosformeln der jeweiligen Epochen eingeschrieben haben."
(Öhlschläger 2005, S. 254)

Steht die Gebärde im Zentrum von Warburgs Bildersammlung, so untersucht
eine gendersensible Gedächtnisforschung auch den Zusammenhang von Körper
und Gedächtnis bzw. die geschlechtliche Spezifik von Körpergedächtnissen. Die
vergangene Geschichte eines Menschen – so die Grundannahme – präge sich in
den Körper ein und zeige sich gestisch, affektiv wie mimisch. „Sowohl physische
wie psychische Erfahrungen hinterlassen ihre Spuren, die in Form von Körperzeichen lesbar werden. Und diese Körperzeichen sind unweigerlich geschlechtlich
codiert." (Öhlschläger 2005, S. 249)

Allerdings geben Körperzeichen Traumata und Erlebnisse nicht unmittelbar
preis, sondern ähnlich wie im Traum finden Entstellungen und Überlagerungen
statt. Das Körpergedächtnis, das auch literarische Texte beschreiben können,
bedarf einer sorgfältigen Decodierung, die der von Texten gleicht.

Der Sammelband *Bilder des kulturellen Gedächtnisses* (1994) von Sigrid Wei-
gel geht dem Thema Gedächtnis, Körper und Trauma nach und legt damit den
Grundstein für eine psychoanalytische und kulturwissenschaftliche Theoretisie-
rung des Körpergedächtnisses. Er kommt zu dem Ergebnis, dass sich in den
Texten von Ingeborg Bachmann und Christa Wolf verdrängte Traumata als kör-
perliche Symptome und als Materialität des Textes zeigten, der entsprechend mit
Leibmetaphern durchsetzt sei und so von körperlichen Erfahrungen spreche. Die
Annahme eines spezifisch weiblichen Körpergedächtnisses wiederholt allerdings
die geläufige Gleichsetzung von Weiblichkeit und Körper, die die Frau aus dem
Reich der symbolischen Sprache ausschließt (→ **Kapitel 2.3)**.

Ein weiterer für eine genderorientierte Gedächtnistheorie einschlägiger
Denker ist Maurice Halbwachs. Der Soziologe und Philosoph entwickelt seit den
1920er Jahren die Idee einer Mémoire collective, eines kollektiven Gedächtnisses.
Seiner Auffassung nach bewegt sich jeder Erinnerungsakt innerhalb eines sozialen Rahmens und ist Bestandteil eines kollektiven Gedächtnisses.

> Im Vordergrund des Gedächtnisses einer Gruppe stehen die Erinnerungen an Ereignisse und
> Erfahrungen, die die größte Anzahl ihrer Mitglieder betreffen und die sich entweder aus
> ihrem Eigenleben oder aus ihren Beziehungen zu den ihr nächsten, am häufigsten mit ihr in
> Berührung kommenden Gruppen ergeben. (Halbwachs 1967, S. 25)

Diejenigen Erinnerungen, zu denen der einzelne Mensch mühelos Zugang hat, sind Gemeingut eines oder mehrerer Milieus – man ist meist Mitglied verschiedener Gruppen. Erinnerung ist nach Halbwachs also ein soziales Phänomen und wird durch verbindliche Rahmungen (‚cadres') mit unterschiedlichen Reichweiten organisiert – Halbwachs spricht von einem Familiengedächtnis, vom Kollektivgedächtnis religiöser Gruppen oder gesellschaftlicher Klassen und von einem Gedächtnis der Nation. Diese Rahmungen vermitteln dem individuellen Akt der Erinnerung seine Bedeutung und intersubjektive Relevanz. „Es gibt kein mögliches Gedächtnis außerhalb derjenigen Bezugsrahmen, deren sich die in der Gesellschaft lebenden Menschen bedienen, um ihre Erinnerungen zu fixieren und wiederzufinden." (Assmann 1992, S. 35)

Die individuelle Erinnerung konfiguriert ihrerseits die Gruppenmemoria auf spezifische Weise:

> Wir würden sagen, jedes individuelle Gedächtnis ist ein ‚Ausblickspunkt' auf das kollektive Gedächtnis; dieser Ausblickspunkt wechselt je nach der Stelle, die wir darin einnehmen, und diese Stelle selbst wechselt den Beziehungen zufolge, die ich mit anderen Milieus unterhalte. (Halbwachs 1967, S. 31)

Der Eindruck einer unhintergehbar persönlichen Erinnerung ergibt sich allein aus dem Umstand, dass die einzelne Person die zahlreichen Determinanten der sich überschneidenden kollektiven Erinnerungen nicht überschaut.

Der Ansatz von Maurice Halbwachs hat den Vorzug, dass er – anders als es die Gehirnforschung unterstellt – von gemeinschaftlichen Erinnerungsformen ausgeht, die auch geschlechtlich organisiert sein können. Die Geschlechtszugehörigkeit wie auch das Begehren bilden kollektive bzw. Gruppengedächtnisse, die die individuellen Erinnerungen und die Identität rahmen. Diese Gruppengedächtnisse sind hierarchisch organisiert, unterscheiden also minoritäre von hegemonialen Erfahrungen. Auch die Tätigkeiten des Erinnerns und Vergessens selbst (als Bedingung von Geschichte) sind den Geschlechtern arbeitsteilig zugeordnet, wie Aleida Assmann betont. Frauen seien weit eher mit Erinnerungen belastet und sorgten für das Andenken, wie sich im Umgang mit Kriegsgeschehnissen und Trauer zeigen lasse. Die überlebenden Frauen konservierten, so Assmann, den Ruhm der gefallenen Männer, während männliche Tatkraft mit Vergessen verknüpft sei. Der ‚aktive Mann' müsse seine Erinnerungen ausblenden, um handeln zu können, wie bereits Goethe und Nietzsche wussten. Stellt man allerdings die Frage, wer erinnert wird, so kehren sich die Verhältnisse um: Während Weiblichkeit meist aus der historischen wie literarischen Erinnerung ausgeschlossen sei, bestimmten männliche Taten die Erinnerungslandschaft (vgl.

Assmann 2006, S. 37–38). Das Kriegsdenkmal der trauernden, den Sohn beweinenden Mutter führt diese Arbeitsteilung der Erinnerung prototypisch vor Augen.

13.3 Genres und Geschichte(n)

Genres, die die Verschriftlichung von Erinnerung organisieren, besitzen ebenfalls einen geschlechtlichen Index (vgl. Erll / Seibel 2004, S. 191) und generieren spezifische Erinnerungsformen. So stehen Memoiren, die sich im Rahmen der ‚großen Geschichte‘ bewegen, eher Männern zur Verfügung, während Frauen auf das privat gehaltene Tagebuch verwiesen sind.

Die Literaturwissenschaftlerin Martina Wagner-Egelhaaf betont, dass auch das Genre der Autobiografie eher männlich codiert sei und zahlreiche weibliche Autobiografien aus dem 17. und 18. Jahrhundert in Vergessenheit geraten seien (vgl. Wagner-Egelhaaf 2006, S. 49, 53). Das weibliche autobiografische Erinnern bedient sich zudem, so Wagner-Egelhaaf, narrativer Strategien, die sich von männlichen Schreibverfahren zumindest teilweise unterscheiden. Viele der Texte zeichnen sich durch einen dialogischen Stil aus, der die Lesenden berücksichtigt, sowie durch zirkuläre Strukturen, die der Linearität männlicher Entwicklungsgeschichten entgegenstehen. Auch Genres als Verfahren kultureller Kontinuierung, die Geschichte(n) organisieren, reproduzieren also die Geschlechterordnung und differenzieren sie aus.

Der Sammelband *Geschlechtergedächtnisse. Gender-Konstellationen und Erinnerungsmuster in Literatur und Film der Gegenwart* (2010) von Ilse Nagelschmidt, Inga Probst und Torsten Erdbrügger untersucht das Verhältnis von Geschlecht und Erinnerung ebenfalls. Die Autor:innen begreifen Geschlechtergedächtnisse als diskursive Praktiken, als „Interdependenzgeflecht von Gender-Konstellationen des Erinnerns und Vergessens", die sowohl Geschlechterrollen als auch Erinnerungsmuster umfassen (Nagelschmidt / Probst / Erdbrügger 2010, S. 9). Anhand von Texten wie Günter Grass' *Im Krebsgang* (2002) und Jenny Erpenbecks *Heimsuchung* (2008) oder Filmen wie *Waltz with Bashir* (2008) von Ari Folman werden literarische und filmische Inszenierungen von erinnerndem und erinnertem Geschlecht sowie verkörperten Erinnerungsstrukturen vorgestellt. Dass sich der Film als ein wichtiges Erinnerungsmedium und fruchtbarer Untersuchungsgegenstand erweist, zeigen insbesondere biografische Spielfilme wie das Biopic (biographical pictures), in dessen Zentrum die Vermittlung vom Leben und Schaffen eines Künstlers oder einer Künstlerin steht. Wie Doris Berger ausführt, werden in Biopics besonders häufig Genderkonstruktionen reproduziert, wobei „die geschlechtlich codierte Darstellung von Künstlerinnen von großer, jedoch oft unreflektierter Bedeutung ist." (Berger 2010, S. 37) Mit Blick auf die

Kategorie Geschlecht lässt sich nicht nur ein quantitativer Unterschied feststellen – einer Vielzahl an Biopics über männliche Künstler, die seit den 1930er Jahren gedreht werden, steht eine vielfach geringere Anzahl an Biopic-Produktionen über weibliche Künstlerinnen gegenüber, die erst mit der Frauenbewegung in den 1980er Jahren einsetzen (vgl. Berger 2010, S. 38). Erkennbar sind überdies qualitative Unterschiede: In Künstlerinnen-Biopics lasse sich oftmals ein einflussreicher Künstler im Umfeld der porträtierten Künstlerin beobachten (wie zum Beispiel der Ehemann), es fänden sich zudem geschlechtsspezifische Topoi. Ein Beispiel wäre die gegenderte Inszenierung von künstlerischer Meisterschaft als männliche Gabe, der die weibliche Kreativität (meist mit Reproduktion verknüpft) gegenübergestellt werde (vgl. Berger 2010, S. 38–39). Diese Perspektivierung beziehe ihre Vorbilder aus der Kunstgeschichte; so habe bereits Vasari in seinen Künstlerviten der Künstlerin „aufgrund ihrer ‚natürlichen‘ Nähe zur ‚Natur‘ eine reproduktive Kunstproduktion" zugeschrieben (Christadle 1997, S. 43, zit. nach Berger 2010, S. 39). Darüber hinaus kann auch ein Blick auf die Titelgebung aufschlussreich sein und geschlechterspezifische Unterschiede markieren, etwa bei der filmischen Inszenierung und Ästhetisierung von literarischer Autorschaft (zu literarhistorischen Filmbiografien vgl. Nieberle 2008; zur verfilmten Autorschaft Hoffmann / Wohlleben 2020). Während Biopics über männliche Schriftsteller mehrheitlich den Nachnamen anführen – man denke an Produktionen wie *Capote* (2005), *Schiller* (2008), *Goethe!* (2010) oder *Tolkien* (2019) –, wird bei weiblichen Schriftstellerinnen der Vorname adressiert wie in den Filmen *Iris* (2001; über Iris Murdoch), *Geliebte Jane* (2007; über Jane Austen) oder *Violette* (2013; über Violette Leduc). Mit der Verwendung des Nachnamens wird eine individuelle Persönlichkeit angesprochen und Autonomie sowie Souveränität vermittelt, die Ansprache über den Vornamen suggeriert hingegen Intimität und Nähe und evoziert eine mit Weiblichkeit verbundene Vertrautheit sowie Sensibilität. Die Differenz zwischen weiblicher und männlicher Autorschaft, wie sie etwa auch in dem literarhistorischen Biopic *Die geliebten Schwestern* (2014) von Dominik Graf auszumachen ist, untersucht Jana Piper in ihrer Studie *Goethe und Schiller in der filmischen Erinnerungskultur* (2019) genauer. Der Film Grafs behandelt die Ménage à trois von Friedrich Schiller und den Schwestern Caroline und Charlotte von Lengefeld, wobei er des Öfteren, wie Piper ausführt, den Dualismus von (männlicher) Produktion und (weiblicher) Reproduktion in Szene setze – so etwa nach einer Liebesnacht zwischen Caroline und Schiller, die zu einer unausgesprochenen Schwangerschaft Carolines führt. Während mit dem Geschlechtsakt für die Frau die biologische Reproduktion einhergehe (wenige Sekunden später sieht das Publikum die schwangere Charlotte), kulminiere er für den Mann im fertigen Druck der von Schiller herausgegebenen Literaturzeitschrift *Die Horen* – der Geschlechtsakt stellt also „für den Mann primär die kulturelle

Produktion dar" (Piper 2019, S. 144). Diese Sequenz markiert zudem eine Differenz zwischen weiblicher und männlicher Autorschaft:

> Caroline verarbeitet die Liebesnacht psychologisch-affektiv in ihrem Werk *Agnes von Lilien*, wobei wiederum die Relation Gender und Genre aufgerufen wird und das subjektive und emphatische Empfinden der Frau für die literarische Produktion herausgestellt werden. (Piper 2019, S. 144)

Carolines Roman wird später von Schiller (der wiederholt als Lehrerfigur auftritt) publiziert. Damit vollzieht Schiller „in der gemeinsamen Nacht nicht nur eine biologische Insemination, sondern auch eine geistige, indem er die Vaterschaft über den anonymen und von ihm in den *Horen* publizierten Roman übernimmt." (Piper 2019, S. 144)

Die Geschichtswissenschaft setzt sich ebenfalls mit geschlechtlich semantisierten Erinnerungsformen auseinander, und zwar auch deshalb, weil sie zunehmend von der narrativen Verfasstheit der Historiografie ausgeht (vgl. White 1986, 1991; Cheauré / Paletschek / Reusch 2013). Auch Geschichte ist Narration und wird von Geschlechterbildern bestimmt, wie sich etwa am Umgang mit dem Holocaust zeigen lässt (vgl. Eschebach / Jacobeit / Wenk 2002, S. 13): Die Wahrnehmungen, Beschreibungen und Bewertungen des Genozids reproduzieren traditionelle Geschlechterdifferenzen; einschlägige Metaphern und topische Geschlechterbilder geben die Argumentation vor, wenn beispielsweise Täterinnen (in Konzentrationslagern) sexualisiert werden – als Perverse scheinen sie die Norm nicht zu repräsentieren –, oder wenn das jubelnde Publikum bei Hitlers Auftritten feminisiert wird und das deutsche Volk als Opfer, als verführte, berauschte (weibliche) Masse, erscheint. Zentral für die Erinnerungskultur ist bis heute die Ikone der Mutter, die meist zur Pietà, zur trauernden Gottesmutter stilisiert wird und ein traditionsreiches Weiblichkeitsbild festschreibt. Diese historiografisch reproduzierten Geschlechterbilder haben insgesamt die Funktion, Geschichte zu naturalisieren, mithin als natur- und schicksalhaften Ablauf zu behaupten, wobei die Faktizität der Geschichte umgekehrt die Unveränderlichkeit der Geschlechterordnung impliziert. (Erzählte) Geschichte und das Geschlechtersystem (als Natur) stabilisieren sich gegenseitig. Die Gender Studies arbeiten vor diesem Hintergrund daran, die vergeschlechtlichten Metaphern kultureller Gedächtnisse freizulegen (Guggenheimer / Isop / Leibetseder / Mertlitsch 2013) und gegenkulturelle Archive zu untersuchen bzw. anzulegen. *Das Digitale deutsche Frauenarchiv* (DDF) beispielsweise macht Dokumente der Frauenbewegung und ihrer Geschichte zugänglich. Zudem reflektiert die Forschung den Einfluss neuer Medien auf gegendertes Erinnern und untersucht digitale Technologien, Globalisierung und Erinnerung als ‚globital memory' sowie die Möglichkeiten eines digitalen Theaters feministischer Erinnerungen (Reading 2016).

Ein weiteres zu berücksichtigendes Feld im Kontext von Erinnerungskulturen stellt die Tradierungsforschung dar, die sich unter anderem mit der Analyse familiärer Erinnerung beschäftigt. Auch hier zeigt sich, „dass in der öffentlichen Erinnerung entlang geschlechtsspezifischer Muster reguliert wird, wer etwas Relevantes, Wahres und Legitimes zur Verhandlung der Vergangenheit beizutragen hat" (Lenz 2010, S. 324). Mit der Konzentration auf die Unterscheidung von öffentlicher und privater Erinnerung rückt vor allem die Familie ins Zentrum der Aufmerksamkeit, die „als soziale Erinnerungsgemeinschaft eine besondere Scharnierstelle" (Lenz 2010, S. 234) zwischen diesen Dimensionen einnimmt, wie Claudia Lenz und Harald Welzer in *Opa in Europa. Erste Befunde einer vergleichenden Tradierungsforschung* (2007) betonen. Dabei zeigt eine gendersensible Analyse von familieninterner Kommunikation über die Vergangenheit, „dass es hier, ebenso wie im öffentlichen Raum, autorisierte SprecherInnenpositionen und ‚männliche' bzw. ‚weibliche' Zuständigkeiten gibt" (Lenz 2010, S. 234; vgl. auch Bjerg / Lenz 2008). In diesem Zusammenhang würde weiblichen Erfahrungen (und Erinnerungen) häufig ein subjektiver Charakter, männlichen ein objektiver Charakter zugesprochen werden (vgl. Lenz 2010, S. 234 sowie Schraut / Paletschek 2008).

Mirjam Bitter untersucht in ihrer Arbeit *Gedächtnis und Geschlecht. Darstellungen in der neueren jüdischen Literatur in Deutschland, Österreich und Italien* (2016) die Zusammenhänge zwischen Gedächtnisdarstellungen und Geschlechternormen. Die Studie geht davon aus, dass „Prozesse des Erinnerns und Vergessens [...] als geschlechtertypisch inszeniert" werden; überdies produzieren „Gedächtnismetaphern sowie Sexualisierungen als Tabubruchstrategie [...] Geschlechtercodierungen der so dargestellten Gedächtnisse", sodass geschlechtertypische Erfahrungen „zu unterschiedlichen Auswirkungen der erinnerten Vergangenheit auf die Gegenwart der Figuren" führen (Bitter 2016, Klappentext). Bitter leuchtet die Funktion und Auswirkung von restriktiven Geschlechterrollen auf Erinnerungsprozesse aus, denen sie in Erzähltexten jüdischer Autor:innen der Gegenwart nachgeht. Sie widmet sich Romanen wie Doron Rabinovicis *Ohnehin* (2004), Robert Schindels *Gebürtig* (1992), Gila Lustigers *So sind wir* und Eva Menasses *Vienna* (beide 2005). In diesen Texten herrsche eine sensible Aufmerksamkeit für Familiengedächtnisse und die Dichotomie von öffentlicher versus privater Erinnerung werde infrage gestellt (vgl. Bitter 2016, S. 15; zu Erinnerung und Geschlecht in deutschsprachigen Familien- und Generationenromanen vgl. auch Rutka 2011, zur NS-Erinnerung im Familienroman Geier 2014).

Die Gender Studies schließen mithin, so ließe sich das Kapitel zusammenfassen, an die kulturwissenschaftliche Gedächtnisforschung an, markieren die

Lücken in Erinnerungstheorien und erweitern das eigene Untersuchungsfeld. Sie partizipieren an der virulenten Kanon-Debatte, indem sie auf die Exklusion von weiblichen, aber auch nicht-weißen Schreibenden hinweisen und die etablierten ästhetischen Wertmaßstäbe infrage stellen. In der Auseinandersetzung mit den Theorien von Aby Warburg und Maurice Halbwachs wird die Geschlechtsspezifik von Pathosformeln und kulturellen Gedächtnissen profiliert, ebenso von Autobiografie und Historiografie. Die erinnerungskulturelle Analyse von literarhistorischen Filmen wie dem Biopic lassen weitere erhellende Verflechtungen wie etwa die geschlechtlich codierte Darstellung von Künstler:innen sichtbar werden, die sich im Kontext von Gender und kulturellem Gedächtnis bewegen.

Fragen und Anregungen

- Diskutieren Sie, was für und gegen einen Kanon verbindlicher Werke spricht und überdenken Sie den Zusammenhang von Kanon und ästhetischen Maßstäben.
- Stellen Sie spontan 20 Werke für einen Kanon zusammen und reflektieren Sie in einem zweiten Schritt Ihre Auswahl.
- Rekonstruieren Sie den Ansatz von Aby Warburg und beschreiben Sie die Anknüpfungspunkte für die Gender Studies.
- Skizzieren Sie die Argumentation von Maurice Halbwachs und diskutieren Sie die Leistungen, aber auch Probleme eines identitätsstiftenden kollektiven Gedächtnisses.
- Beschaffen Sie sich Zeitungsausschnitte, die sich mit dem Berliner Denkmal für verfolgte Schwule während der NS-Zeit beschäftigen und analysieren Sie die Argumentationen in Bezug auf Gender und kollektive Erinnerung.
- Lesen Sie Ruth Klügers Autobiografie *weiter leben* (1992) und beschreiben Sie die dort vorgenommene Differenzierung von (weiblichem und männlichem, aber auch kindlichem und erwachsenem) Erinnern.
- Stellen Sie eine Liste mit literarhistorischen Biopics über Autoren und Autorinnen zusammen und untersuchen Sie die einzelnen Filmplakate auf geschlechterstereotype Analogien. Wie werden die Autoren und Autorinnen dargestellt?

Lektüreempfehlungen

Aleida Assmann: Kanonforschung als Provokation der Literaturwissenschaft, in: Renate von Heydebrand (Hg.), Kanon Macht Kultur. Theoretische, historische und soziale Aspekte ästhetischer Kanonbildung, Stuttgart 1998, S. 47–59. *Einschlägiger Aufsatz zu Kanon, Erinnerung und Gender.*

Astrid Erll / Klaudia Seibel: Gattungen, Formtraditionen und kulturelles Gedächtnis, in: Vera Nünning / Ansgar Nünning (Hg.), Erzähltextanalyse und Gender Studies, Stuttgart / Weimar 2004, S. 180–208. *Verbindet die Narratologie, die kontinuitätsbildende Erzählformen untersucht, mit der Gedächtnisforschung.*

Insa Eschebach / Sigrid Jacobeit / Silke Wenk (Hg.): Gedächtnis und Geschlecht. Deutungsmuster in Darstellungen des nationalsozialistischen Genozids, Frankfurt a. M. / New York 2002. *Der Sammelband analysiert die Geschlechterbilder in der geschichtswissenschaftlichen Analyse des Holocaust.*

Ernst H. Gombrich: Aby Warburg. Eine intellektuelle Biographie, Hamburg 1992. *Die anschauliche Biografie stellt die Erinnerungskonzeption Warburgs vor.*

Claudia Lenz: Geschlechterforschung, in: Christian Gudehus / Ariane Eichenberg / Harald Welzer (Hg.), Gedächtnis und Erinnerung. Ein interdisziplinäres Handbuch, Stuttgart / Weimar 2010, S. 319–326. *Informativer Handbuchartikel zur Geschlechterforschung im Kontext von Erinnerung und Gedächtnis.*

Claudia Öhlschläger: Gedächtnis, in: Christina von Braun / Inge Stephan (Hg.), Gender@Wissen. Ein Handbuch der Gender-Theorien, Köln / Weimar / Wien 2005, S. 239–260. *Stellt die Ansätze von Halbwachs, Freud sowie Warburg vor und zeigt die Anknüpfungspunkte für die Gender Studies auf.*

Meike Penkwitt (Hg.): Freiburger Frauenstudien 19 / 20 (2006/07). Erinnern und Geschlecht, 2 Bde., Freiburg 2006, 2007. *Interdisziplinäre Beiträge zu Geschlecht und Erinnerung in Theorie, Literatur, Philosophie, Film etc.*

Anja Schwarz / Sabine Lucia Müller (Hg.): Iterationen: Geschlecht im kulturellen Gedächtnis. Querelles. Jahrbuch für Frauen- und Geschlechterforschung 13, Göttingen 2008. *Der Sammelband diskutiert eine Neuorientierung der Gender Studies durch die Gedächtnisforschung.*

14 Gender in Schule und Didaktik

Jeden Morgen wacht A in einem anderen Körper auf, in einem anderen Leben. Nie weiß er vorher, wer er heute ist. A hat sich an dieses Leben gewöhnt und er hat Regeln aufgestellt: Lass dich niemals zu sehr darauf ein. Falle nicht auf. Hinterlasse keine Spuren. Doch dann verliebt A sich unsterblich in Rhiannon. Mit ihr will er sein Leben verbringen, für sie ist er bereit, alles zu riskieren – aber kann sie jemanden lieben, dessen Schicksal es ist, jeden Tag ein anderer zu sein? Wie wäre das, nur man selbst zu sein, ohne einem bestimmten Geschlecht oder einer bestimmten Familie anzugehören, ohne sich an irgendetwas orientieren zu können? Und wäre es möglich, sich in einen Menschen zu verlieben, der jeden Tag ein anderer ist? Könnte man tatsächlich jemanden lieben, der körperlich so gestaltlos, in seinem Innersten aber zugleich so beständig ist?

David Levithan: *Letztendlich sind wir dem Universum egal* (2014, Klappentext).

Der auch im Literaturunterricht beliebte Jugendroman „Letztendlich sind wir dem Universum egal" (2014; engl. „Every Day", 2012) des US-amerikanischen Autors David Levithan wurde 2015 mit dem Deutschen Jugendliteraturpreis ausgezeichnet und erzählt die Geschichte von A, einer körperlosen Seele, die jeden Morgen in einem anderen Körper aufwacht und das Leben sowie die Identität einer anderen Person annehmen muss – was zur noch größeren Herausforderung wird, als A sich in die 16-jährige Rhiannon verliebt. Der Roman geht der Frage nach, was es bedeutet, wenn Identität nicht durch Körperlichkeit definiert werden kann. Die Suche nach der eigenen Identität ist in der Adoleszenz von hoher Relevanz und in der Regel eng an Genderrollen gekoppelt. Besonders die Institution Schule nimmt als ein zentraler Sozialisationsort bei der Herstellung von Gendervorstellungen eine wichtige Rolle ein und ist an der Identitätsbildung der Schüler:innen in hohem Maße beteiligt. Kinder und Jugendliche erproben und erlernen das soziale Rollenverhalten im Unterricht und im Umgang mit der Klasse (‚Learning gender'), wobei nicht nur die Materialien (Lektüren, Lehrwerke etc.), sondern auch die Lehrenden als Vorbilder von Bedeutung sind (‚Teaching gender'). Die Schule übernimmt als Aushandlungsort von Geschlecht eine doppelte Funktion, denn sie „entspricht einerseits einem Wirkungsfeld, andererseits ist sie selbst Effekt von Machtverhältnissen" (Jäckle 2009, S. 118). Die binäre Logik gesellschaftlicher Geschlechterverhältnisse, die auch dem Schulsystem eingeschrieben ist, kann sich mitunter in verschärfter Weise realisieren.

Im Folgenden sollen die Schnittstellen von Schule und Gender genauer betrachtet werden. Das Kapitel, das maßgeblich von Lucas Alt und Sarah Thiery verfasst wurde, stellt zunächst die genderbezogene Schulforschung vor, die die Bedeutung tradierter Geschlechterrollen für den Unterricht und die schulische Sozialisation von Kindern und Jugendlichen untersucht. Daran anschließend präsentiert das

https://doi.org/10.1515/9783110656541-014

Kapitel Formen eines gendersensiblen Unterrichts, der ‚Genderkompetenz' als zentrales Lehr- und Lernziel versteht und auf Gendersensibilität sowie Geschlechtergerechtigkeit basiert; darüber hinaus wird die Erweiterung zu einem diversitätssensiblen Unterricht besprochen. Die Bedeutung, die die Literaturauswahl für einen gendersensiblen Deutschunterricht hat, soll anhand der Kanondiskussion beleuchtet und durch genderreflektierte Lektürebeispiele ergänzt werden, die auch das im letzten Abschnitt vorgestellte Feld der Kinder- und Jugendliteratur berühren.

14.1 Genderbezogene Schulforschung

Im 19. Jahrhundert ist die Schule Jungen vorbehalten, wohingegen die Erziehung von Mädchen zunächst in Klöstern stattfindet; spezielle Mädchengymnasien etablieren sich im Deutschen Kaiserreich Anfang des 20. Jahrhunderts. Die Koedukation beider Geschlechter, also der gemeinsame Unterricht von Jungen und Mädchen, setzt in der DDR bereits direkt nach dem Zweiten Weltkrieg ein, in der BRD hingegen erst ab den 1960er Jahren (vgl. Elsen 2020, S. 217). Die genderbezogene Schulforschung etabliert sich im Zuge der Bildungsreformdebatte 1968 (vgl. Krüger 2011, S. 21), die sich seither um einen geschlechtergerechten Umgang im Unterricht bemüht und bestrebt ist, tradierte Rollenbilder aufzubrechen. Jürgen Budde unterscheidet vier zentrale Diskurslinien einer genderbezogenen Schulforschung (vgl. Budde 2011, S. 99 – 102): Fordert die feministische Pädagogik zunächst die Förderung von benachteiligten Mädchen (1), wird daraufhin die Gleichstellung beider Geschlechter angestrebt (2). Mit der PISA-Studie im Jahr 2001 rücken verstärkt die leistungsschwächeren Jungen als ‚Bildungsverlierer' in den Blick (3), während in den letzten Jahren die Diversity- und Intersektionalitätsforschung (→ **Kapitel 9.2**) die Vielfältigkeit von Identität betont und die Berücksichtigung weiterer Differenzkategorien (wie zum Beispiel sozialökonomischer oder ethnischer Aspekte) fordert (4). Die ersten drei Diskursstränge streben vor allem Geschlechter- und Chancengleichheit von Jungen und Mädchen in der Schule an, gehen jedoch häufig von einem binären Geschlechterbild aus, das Stereotype zu (re-)produzieren droht. Der letzte Diskursstrang betont demgegenüber die Heterogenität und Individualität der Schüler:innen und fordert – unter Berücksichtigung weiterer Diskriminierungskategorien – eine gendersensible Bildung, die nicht nur eine „Demokratisierung der Geschlechterverhältnisse" (König 2020a, S. 15), sondern auch die „freie Persönlichkeitserfahrung jenseits von geschlechtsbezogenen Einschränkungen und Normierungen" (Glockentöger 2017, S. 144) ermöglichen soll.

Wie Dorothea Krüger zeigt, hat sich die genderbezogene Schulforschung seit ihren Anfängen in den späten 1960er Jahren zwar „im Hinblick auf eine Vertiefung und Verbreitung von Fragestellungen gewandelt" (Krüger 2011, S. 36), die Themen seien aber die gleichen geblieben. Die Forschungsarbeiten spüren Benachteiligungsmechanismen und binäre Geschlechterbilder in Schule, Fach und Unterricht auf. Sie diskutieren beispielsweise Vor- und Nachteile mono- oder koedukativer Formate, untersuchen Interaktionen zwischen Lehrer:innen und Schüler:innen oder arbeiten unterschiedliche Motivationen, Interessen und Selbstbilder von Schüler:innen heraus. Wie die Ergebnisse zeigen, sind Geschlechterstereotype maßgeblich an der Berufs- und Leistungskurswahl der Schüler:innen beteiligt: Vor allem die Fächer Mathematik, Physik und Geschichte gelten nach wie vor als Fächer ‚für Jungen' (vgl. Willems 2011, S. 139; Lücke 2020), während Mädchen besonders in MINT-Berufen (gemeint sind die Ausbildungsfächer Mathematik, Informatik, Naturwissenschaften und Technik) weiterhin unterrepräsentiert sind (vgl. Kessels 2013, S. 94). Was die geschlechtlichen Zuschreibungen in den Fächern betrifft, lässt sich ein „Zusammenhang von *doing gender* und *doing discipline* konstatieren" (Tholen / Stochawiak 2012, S. 101), der sich auch in der Geschlechtersegregation von Lehrer:innen zeigt. Im Durchschnitt haben männliche Lehrer größere Chancen, eine Führungsposition zu erlangen; der Anteil weiblicher Lehrkräfte nimmt demgegenüber mit steigender Klassenstufe ab, wie Hannelore Faulstich-Wieland und Marianne Horstkemper (2012, S. 28) monieren. Dieser Gender-Bias lässt sich auch für weitere Schultypen und Studienfächer konstatieren, weshalb von „keiner echten Chancengleichheit bzw. Gleichberechtigung hinsichtlich von Beruf und Karriere" (Schweiger / Hascher 2009, S. 8) gesprochen werden kann. Diesem Befund versuchen gezielte Fördermaßnahmen entgegenzuwirken, wie beispielsweise der jährlich stattfindende Girls'- oder Boys'-Day für Schüler:innen oder Mentoring-Programme an Hochschulen und Universitäten für weibliche Nachwuchswissenschaftlerinnen (vgl. Petersen / Budde / Brocke u. a. 2017).

Nach den defizitären Ergebnissen im Rahmen der PISA-Studie hat sich die Forschung vor allem auf das Leseverhalten der Schüler:innen fokussiert: In ihren empirischen Untersuchungen arbeiten Christine Garbe und Maik Philipp (2007) geschlechterspezifische Lesevorlieben heraus und formulieren auf Basis ihrer Ergebnisse die „fünf Achsen der Differenz", die 2018 aktualisiert wurden (vgl. Garbe 2018). Demnach verfügen Jungen meist über eine geringere Lesekompetenz als Mädchen; sie lesen insgesamt weniger und scheinen partizipatorische Leseformate zu bevorzugen, interessieren sich eher für Sachtexte und elektronische Medien, während Mädchen das ‚intime' Lesen fiktionaler Literatur vorziehen; beim Lesen scheinen sich Mädchen leichter mit Figuren beider Geschlechter identifizieren zu können (vgl. Willems 2011, S. 138), wohingegen die Lesemotivation von Jungen an eine männliche Figur gekoppelt ist, „die sich in einer spannungs- und actionreichen Abenteuerwelt bewährt" (Weißenburger 2009, S. 185). Aktuelle geschlechterspezifische Lesevorlieben interpretiert Ina Brendel-Perpina als Folge der modernen Lesekultur im 18. Jahrhundert, die Frauen den Zugang zu bestimmten Lesegesellschaften und Berufsfeldern verwehrte (vgl. Brendel-Perpina 2020a, S. 29) (→ **Kapitel 2**). Daran anschließend betont Irene Pieper, dass „Nutzungsverhalten und Medienpräferenzen nicht angeboren" (Pieper 2013, S. 278) seien.

Binäre Geschlechtervorstellungen beeinflussen außerdem die Unterrichtspraxis sowie die Lernsettings und unterlaufen damit die Ziele einer gendersensiblen Pädagogik: Gendercodierte Handlungen bzw. ‚Gender-Skripte' würden das Lernen und die Aufmerksamkeit der Schüler:innen maßgeblich steuern (vgl. Heiser 2020c, S. 144). Bernhard Ertl und Kathrin Helling (2016) fordern daher die Auflösung solcher Skripte durch die Lehrkraft, indem beispielsweise typische Phrasen und Zuschreibungen vermieden und Perspektivwechsel oder kooperative Methoden begünstigt würden. Empirische Studien zeigen allerdings, dass auch die Lehrenden selbst bei der Interaktion im Klassenraum noch stark von traditionellen Rollenvorstellungen beeinflusst werden und damit strukturelle Ungleichheiten verstärken können: „Die Realität sieht noch immer so aus, dass Mädchen weniger Aufmerksamkeit erhalten und weniger Interaktion mit den Lehrkräften haben, weniger aufgerufen werden, weniger stören, mehr unterbrochen werden" (Elsen 2020, S. 223). Durch unreflektiertes Handeln der Lehrkräfte werde ein ‚heimlicher Lehrplan' wirksam (vgl. Kansteiner 2015, S. 236), der die Interessen der Jungen bevorzuge und das Selbstbewusstsein der Mädchen unterminiere. Davon betroffen sei auch die Auswahl der schulischen Inhalte und Unterrichtsmaterialien (vgl. Jenderek 2015). Dieses Ergebnis demontiert den „Mythos von Mädchen als Gewinnerinnen des Bildungssystems" (Elsen 2020, S. 224).

Stereotype maskuline Schülernarrative hingegen – wie der Leistungserwerb ohne Anstrengung (‚effortless achievement') oder häufiges Stören (‚laddish behaviour') – gelten als Verhaltensstrategien, die Jungen aus Prestigegründen vor der Peergroup anwenden, um möglichst ‚cool' zu wirken (vgl. Kessels 2013, S. 101). Laut Robert Baar tendieren auch männliche Lehrpersonen vor allem in der ‚Frauendomäne' Grundschule dazu, sich zur eigenen Selbstvergewisserung als besonders autoritär und durchsetzungsfähig zu inszenieren (vgl. Baar 2013, S. 379). Einer unterstellten ‚Feminisierung des Bildungs- und Schulbereichs', die die Schule für männliche Kinder und Jugendliche „zu einer ‚fremden' Umgebung" (Behnke 2017a, S. 47) mache, sei unter anderem durch eine Anstellung von mehr männlichen Lehrkräften entgegenzuwirken (vgl. Boldt 2011, S. 189). Kristin Behnke hält allerdings fest, dass sich kein Zusammenhang zwischen dem Leistungserfolg von Schüler:innen und dem Geschlecht der Lehrkraft feststellen lasse (vgl. Behnke 2017a, S. 46; Neugebauer / Helbig / Landmann 2010).

Im Gegensatz zu Forschungsarbeiten, die die Folgen von Zweigeschlecht-lichkeit untersuchen, widmen sich praxisorientiertere Arbeiten der Frage, wie geschlechtertheoretische Aspekte sowohl in die schulische Praxis als auch in die Aus- und Fortbildung von Lehrkräften integriert werden können. Gefordert wird eine ,antisexistische' Pädagogik, wie sie bereits in den 1980er Jahren formuliert wurde; diese zeichnet sich beispielsweise durch geschlechtergerechte Sprache, Sitzverteilung und Gesprächsführung aus (vgl. Budde 2011, S. 100; Budde / Blasse 2014, S. 13). Für den praxisorientierten Umgang mit Geschlecht identifiziert die pädagogisch ausgerichtete Genderforschung mit der Explizierung und Dethe-matisierung von Geschlechterunterschieden zwei Ansatzpunkte, die jeweils Vor- und Nachteile mit sich bringen, aber nicht ohne Weiteres miteinander verbunden werden können (vgl. Budde / Blasse 2014). Während die strikte Nichtbeachtung von Gender eine Ungleichbehandlung begünstigen könne – etwa dann, wenn implizite und subjektive Theorien (zum Beispiel der Lehrperson) nicht reflektiert würden –, ergebe sich durch die Thematisierung von Geschlecht ein sogenanntes „Differenz-Dilemma" (Spieß 2008, S. 43), da Forschung und Praxis Gefahr liefen, „selbst wieder eine Grenze zu [...] markieren, die sie eigentlich zu überwinden such[ten]." (Kansteiner 2015, S. 231) Um Geschlechterdemokratie zu erreichen, die die Heterogenität aller Lerngruppen sowie die Individualität aller Schüler:innen berücksichtigt, fordern zahlreiche Stimmen daher verstärkt diversifizierte Lern-angebote (vgl. u. a. Cornelißen 2011, S. 104; Heiser 2020a).

14.2 Genderkompetent unterrichten

Gendersensibler Unterricht stellt Lehrkräfte und Pädagog:innen vor die Heraus-forderung, Theorien und Modelle der Geschlechterforschung in die Praxis zu überführen. Genderkompetenz kann dabei als mehrdimensionales Lehr- und Lernziel verstanden werden, das Gendersensibilität und Geschlechtergerechtig-keit berücksichtigt. Als Schlüsselqualifikation umfasst Genderkompetenz „das Wissen über Geschlechterverhältnisse und deren Ursache sowie die Fähigkeit, dieses Wissen im alltäglichen Handeln anzuwenden und auf individueller Ebene zu reflektieren" (Rosenkranz-Fallegger 2009, S. 44).

Die wichtigste Voraussetzung für die adäquate Umsetzung eines gendersen-siblen Unterrichts ist die Genderkompetenz der Lehrkräfte. Dabei gehe es nicht nur darum, so Kristin Behnke, dass sich Lehrpersonen mit ihrer Modellfunktion, Sprachverwendung oder ihren persönlichen Glaubenssätzen auseinandersetzen, sondern auch um die Fähigkeit, Materialien adäquat auszuwählen und alle

Schüler:innen gleichberechtigt zu fördern (vgl. Behnke 2017b, S. 107–110). Viele Stimmen monieren jedoch, dass die notwendige Sensibilisierung der Lehrenden in der Aus- und Fortbildung zu kurz komme (vgl. Richter 2012, S. 115; Kansteiner 2015, S. 245; Kliewer 2016, S. 97) und bisherige Angebote in den einzelnen Bundesländern stark differierten (vgl. Stadler-Altmann / Schein 2013, S. 58). Toni Tholen und Kerstin Stachowiak weisen darauf hin, dass auch die

> zur Persönlichkeitsentwicklung beitragende Verknüpfung von Genderkompetenz und Lese- / literarischer Kompetenz [...] in den geltenden Bildungsstandards, Kerncurricula sowie in den Standards für die Lehrerbildung entweder gar nicht oder unzureichend festgeschrieben [sei] (Tholen / Stachowiak 2012, S. 106).

Zudem gilt noch immer, was bereits Mitte der 1990er Jahre beklagt wurde, nämlich dass es keinen Dialog zwischen Unterrichtspraxis und Fachwissenschaft gibt: „Noch fehlt im Kanon der Lehramtsausbildung und der Unterrichtsgestaltung die kritisch-reflektierende Auseinandersetzung mit den Gender Studies" (Bartsch / Wedl 2015, S. 9). Eine gendersensible Gestaltung von Interaktionen, Unterricht und Schulalltag sowie ein „kollektives Klima der Wertschätzung" (vgl. Horstkemper 2013, S. 41) würden laut Marianne Horstkemper nur durch längerfristige Trainings in allen Phasen der Berufsausübung und eine Sensibilisierung im Kollegium (vgl. Kirfel 2017, S. 12) ermöglicht. Als Gelingensbedingung für ein gendergerechtes ‚Classroom Management' betont Kristin Behnke (2017b) die (Selbst-)Reflexionsfähigkeit der Lehrkräfte. Annette Bartsch und Juliette Wedl fordern entsprechend, dass Lehrende auch „über die Grenzen der Zweigeschlechtlichkeit und Heterosexualität hinausdenken" (Bartsch / Wedl 2015, S. 18). Essenziell sei überdies die genaue Kenntnis der Lerngruppe und ihrer Lebenswelt, um geeignete Methoden auszuwählen (vgl. Horstkemper 2013, S. 35). Bei Unterrichtseinheiten zur Sexualerziehung oder Aufklärungsarbeit rät Beate Martin zur Kooperation mit externen Institutionen (vgl. Martin 2017, S. 168).

Für die adäquate Gestaltung eines gendersensiblen und -gerechten Unterrichts schlagen Hannelore Faulstich-Wieland, Katharina Willems und Nina Feltz (2008) einen didaktischen Dreischritt aus Dramatisierung, Reflexion und Entdramatisierung vor. Zuerst solle eine explizite Thematisierung von binären Geschlechterbildern und -verhältnissen erfolgen (Dramatisierung), bevor mit Blick auf gendertheoretische Aspekte mögliche Gründe diskutiert würden (Reflexion). Im letzten Schritt würden weitere Diskriminierungskategorien (zum Beispiel Alter, Gesundheit oder Religion) und individuelle Charakteristika in den Blick genommen (Entdramatisierung). Eine zu starke ‚Dramatisierung der Differenz' im Unterricht – wie etwa durch die Gruppenaufteilung nach Geschlecht oder die Abfrage von Klischees – könne asymmetrische Geschlechterverhältnisse und -bilder verstärken, jedoch in manchen Situationen angemessen sein (Bartsch / Wedl 2015, S. 17). Daher sei eine Balance zwischen Dramatisierung und Entdramatisierung erforderlich, um nicht nur „die Differenzen *zwischen* Geschlechtern [...], sondern auch die Unterschiede *innerhalb* der Geschlechter" (Barnieske / Seidler 2013, S. 127) zu berücksichtigen. Hier setzt Katharina Debus (2017) an, die das Modell von Faulstich-Wieland / Willems / Feltz um eine alternative Strategie ergänzt: Die ‚Nicht-Dramatisierung' solle demnach – im Gegensatz zur ‚Dramatisierung' – auf die explizite Thematisierung von Geschlecht zugunsten weiterer Aspekte (wie beispielsweise Gewalt oder Mobbing, Familie, Liebe etc.) verzichten, um den Erwerb individueller und sozialer Kompetenzen möglichst offen zu gestalten. Großes Potenzial schreibt sie darüber hinaus außerschulischen Praxiserfahrungen wie zum Beispiel Praktika zu, die die Berufswahl der Schüler:innen betreffen.

Vor allem der Literatur kommt bei der Auseinandersetzung mit Geschlecht im Unterricht eine zentrale Rolle zu, zumal sie zur Reflexion über Geschlechterdarstellung anregen und durch Immersion ein „imaginatives Probehandeln" (Brendel-Perpina / Heiser / König 2020, S. 7) ermöglichen kann. Andreas Barnieske und Andreas Seidler warnen vor einer geschlechterdifferenzierenden Leseförderung, die zur Motivation von Jungen vorrangig Lektüren mit traditionellem Männerbild einsetzt. Dies könne dazu führen, die Schüler:innen „wieder auf ein *essentialistisches mindset* zu fixieren" (Barnieske / Seidler 2013, S. 126), weshalb sich an die Dramatisierung von Geschlecht unbedingt eine Reflexion bzw. Anschlusskommunikation anknüpfen müsse (vgl. Pieper 2013, S. 291). Anhand von genderisierten Kollokationen in literarischen Texten (also Wortkombinationen, die sich auf einen gemeinsamen Sachverhalt beziehen) kann eine Diskussion über geschlechtergerechte Sprache angestoßen und so etwa das Klischee vom ‚zarten' und ‚schlanken' Mädchen problematisiert werden (vgl. Stocker 2008). Demgegenüber weist Christine Garbe darauf hin, dass vor allem eine subjektive Involviertheit in (stereotype) Figuren entscheidend zur Leseförderung beitragen könne (vgl. Garbe 2018, S. 29). Geeignet seien vor allem Texte, die attraktive Identifikationsfiguren für alle Schüler:innen anböten – Christian Weißenburger spricht in diesem Kontext von ‚gender cross-over'-Literatur (vgl. Weißenburger 2013, S. 439). Dazu zählen zum Beispiel ‚gemischtgeschlechtliche' Bandenromane (Pronold-Günthner 2010), Abenteuergeschichten, fantastische Texte, aber auch Märchen und Sagen. Für Weißenburger eignen sich auch jene Texte, die nicht-stereotype Vorbilder entwerfen: Die ‚neuen' Heldenfiguren verfügten meist über eine „hohe Sozialkompetenz" (Weißenburger 2013, S. 449) und ein selbstbestimmtes sowie verantwortungsbewusstes Auftreten. Zur Steigerung der Lesemotivation und individuellen Persönlichkeitsentwicklung könnten zudem attraktive Leseorte im Klassenraum und in der Schule beitragen (vgl. Garbe 2018, S. 29). Darüber hinaus wird außerschulischen Lernarrangements wie Literaturbegegnungen, Teilnahme an Literaturjurys oder Lesekreisen ein großes Potenzial zugesprochen (vgl. Brendel-Perpina 2020b, S. 129), ebenso der individuellen Auseinandersetzung mit Identifikationsangeboten im geschützten Raum (vgl. Kliewer 2016, S. 102). Dies gelinge beispielsweise durch kooperative Arbeitsphasen, eine zeitweilige Mono-edukation oder individualisierende (Lese- / Schreib-)Angebote in Form von Werkstätten oder Blogs. Besonders geeignet sind nach Nicola König kreative Schreibaufgaben, die die Schüler:innen entweder zu „Ko-Produzenten" (König 2020b, S. 62) eines Textes werden lassen oder einen Perspektivwechsel und damit verbundene Differenzerfahrungen ermöglichen. Zudem bieten sich offene Arbeitsformen, handlungs- und produktionsorientierte Methoden (vgl. Tholen / Stachowiak 2012, S. 108) sowie freie Lesezeiten an, auf die eine kritische Reflexion folgt.

Auch das Theater erweist sich als geeignet, um die Konstruiertheit von Geschlecht spielerisch zu erproben – Sabrina Guse (2015) hat dafür genderspezifische Kategorien der Aufführungsanalyse entwickelt. Zudem gelten Geschlechterrollenspiele, bei denen die Schüler:innen in stereotype Rollen schlüpfen können, um diese im Nachgang zu reflektieren, als hilfreich (Dannecker 2017). Ein ähnliches Vorgehen schlägt Christa Misar-Dietz (2021) mit ihrer Methode des ‚Lauten Denkens' vor, die Geschlechterzuschreibungen als performative Akte erlebbar machen will – eine Herangehensweise, die allerdings, ähnlich wie das szenische Spiel, bei Schüler:innen auf eine hohe Hemmschwelle stoßen kann. Zentral für einen gendersensiblen Literaturunterricht ist nicht zuletzt die Auswahl der Gegenstände und Methoden, durch die Schüler:innen ihre literarästhetischen Kompetenzen und Analysefähigkeiten schulen.

Das intersektionale Analyseverfahren, das über die Kategorie Geschlecht hinausgeht und Wechselwirkungen von Identitätszuschreibungen im sozialen Gefüge akzentuiert, wird zunehmend auch für die Didaktik relevant. Im Kontext des Inklusionsdiskurses betonen die Herausgeber:innen des Handbuchs *Diversität im Geschichtsunterricht* (2020), dass eine verstärkte „Hinwendung zum lernenden Subjekt" (Barsch / Degner / Kühberger / Lücke 2020, S. 14), also der Einbezug individueller Bedingtheiten der Lernenden, eine zentrale Voraussetzung für inklusives Unterrichten sei. Überdies ließen sich diversitäts- bzw. intersektional motivierte Sichtweisen auf das Fach Geschichte (‚his-story' vs. ‚herstory') im Unterricht produktiv machen (vgl. Lücke 2020, S. 160 – 164). Mit Blick auf den Literaturunterricht fordert Ines Heiser (2020a) eine verstärkte Auseinandersetzung mit intersektional profilierten Gerechtigkeitsfragen (vgl. Heiser 2020a, S. 24 – 25) und weist auf die Bedeutung des psychosozialen Entwicklungsstands von Jugendlichen als Voraussetzung für eine gelingende Arbeit an Stereotypen und ihren literarischen Figurationen hin (vgl. Heiser 2020a, S. 27 – 28).

Als vielversprechend im Umgang mit Diversität im Unterricht erscheint dabei der Einsatz digitaler Medien – die Zeitschrift *Medien im Deutschunterricht* widmet dem Thema Inklusion und digitale Medien ein ganzes Heft. Die Beiträge zeigen, wie durch eine schüler:innennahe Medienwahl inklusive Potenziale multimodaler Texte genutzt und verschiedene Rezeptions- und Produktionsvorlieben angesprochen werden können (vgl. u. a. Dannecker 2021). Beate Wischer setzt sich darüber hinaus mit dem bildungspolitischen Konzept der „individuellen Förderung" auseinander und deckt Gerechtigkeits- und Ressourcenkonflikte in der täglichen pädagogischen Arbeit auf, die sich häufig hinter einer affirmativen Rhetorik verbergen (vgl. Wischer 2014, S. 169 – 174). Der Sammelband *Vielfalt in Schule und Unterricht* (2021) von Marita Kampshoff und Claudia Wiepcke gibt gleichfalls neue Impulse für die Unterrichtspraxis und den Umgang mit Heterogenität, indem didaktische Unterrichtskonzepte neu bewertet sowie mit Blick auf heterogene Schulklassen und vor dem Hintergrund sozio-kultureller Differenzdebatten um Gender, Migration und soziale Herkunft überprüft werden.

14.3 Kritische Kanonrevisionen

Einer ausschließlich an den individuellen Bedürfnissen der Lerngruppe orientierten Textauswahl steht im Deutschunterricht häufig eine Kanontradition entgegen, die auch als sogenannter ‚heimlicher Kanon' die Unterrichtsrealität bestimmt. Die Vorteile kanonischer Texte liegen auf der Hand: Nicht nur lässt sich der Unterricht dank zahlreicher Lehrmaterialien effizient vorbereiten, sondern die Arbeit mit exemplarischen und ‚vortrefflich' erscheinenden Kulturprodukten soll einen wichtigen Beitrag zur literarischen und kulturellen Sozialisation junger Menschen leisten.

Problematisch erscheint indes, dass Kanones als wertende kulturelle Konstrukte stets gesellschaftliche Ein- und Ausschlüsse produzieren und so zur Marginalisierung von Minderheiten beitragen können, wie die noch immer geringe Repräsentanz weiblicher Autorinnen in zeitgenössischen Leselisten und Schulkanones verdeutlicht (→ **Kapitel 13.1**).

Es lassen sich insbesondere zwei Strategien im Umgang mit dieser Problematik beobachten: Einerseits können kanonische Texte im Unterricht unter kulturwissenschaftlichen Gesichtspunkten ‚neu' gelesen werden. Magdalena Kißling (2020) beispielsweise plädiert dafür, Gegenstände und Lehrmaterialien des Deutschunterrichts aus postkolonialer Perspektive neu zu fokussieren. In ihrer Studie, auf die an früherer Stelle bereits verwiesen wurde (→ **Kapitel 9.4)**, deckt sie rassistische Diskriminierungsmuster in häufig gelesenen Primärtexten wie Theodor Fontanes *Effi Briest* (1894) auf, und zeigt, dass auch Lehrwerke *„weißes*

Wissen" (Kißling 2020, S. 15) vermitteln, beispielsweise diejenigen zu Goethes klassizistischem Schauspiel *Iphigenie auf Tauris* (1779). Eine an Kanones orientierte Literaturauswahl, so verdeutlicht Kißlings Studie, verlangt spezifische Kompetenzen in der Vermittlung, die nicht nur den Umgang mit Sprache, sondern auch die Berücksichtigung von spezifischen Kontexten betreffen.

Eine andere Strategie der Kanonrevision liegt in seiner Erweiterung oder Modifikation. Annette Kliewer (2013) spricht sich für eine verstärkte Öffnung des (Schul-)Kanons aus, indem dezidiert weibliche Perspektiven integriert werden, sogenannte ,Frauenliteratur' mit biografischen Bezügen oder aber Literatur mit einem weiblichen Fokus (vgl. Kliewer 2013, S. 394). Diese stärkere Berücksichtigung weiblicher Erfahrungen könnte allerdings auch zu einer Essentialisierung von Geschlecht (,Frauenliteratur') führen. Darüber hinaus könne – eine weitere Option der Kanonrevisison – verstärkt auf die Geschlechterdarstellungen in literarischen Texten (oder in gängigen Lese- und Schulbüchern) geachtet werden. Die Möglichkeit, Perspektiven zu wechseln, betont neben Kliewer (2016) auch Ines Heiser (2020b) als Gütekriterium eines Textes. Heiser formuliert Leitfragen für eine gendersensible Textauswahl und verweist auf den ebenfalls geeigneten (ursprünglich zur Filmauswahl vorgesehenen) Bechdel-Test, der Stereotypisierungen weiblicher Figuren aufzudecken versucht. Sie gibt zu bedenken, dass sich Schüler:innen jeden Geschlechts von historischen Texten bzw. Figuren oft nur wenig angesprochen fühlen. Zwar könnten die Genderkonzeptionen in diesen Texten ein irritierendes Potenzial entwickeln, vielfach überwiege allerdings eine „allgemeine Fremdheitserfahrung" (Heiser 2020b, S. 54). Demgegenüber erwiesen sich multiperspektivische oder fiktionale Texte mit einem hohen Identifikationspotenzial und einem ausgewogenen Geschlechterverhältnis als besonders zugänglich und ertragreich. Ähnlich, jedoch mit Fokus auf eine gendersensible Leseförderung besonders männlicher Schüler, fällt die Kritik Christine Garbes an einem kanontreuen Literaturunterricht aus:

> Die Schule hat sich – in Anlehnung an den Literaturkanon der bürgerlichen Epoche – dem Paradigma *realistischer*, häufig problemorientierter oder psychologischer Literatur verschrieben, das vor allem die Jungen in dem für eine langfristige Leseentwicklung wichtigen Zeitraum wenig interessiert (Garbe 2018, S. 23).

Auch wenn Garbes Äußerung essentialistisch anmutet, verweist sie auf die identitätsbildende Dimension von Gender für die Heranwachsenden im Kontext Schule (vgl. Garbe 2018, S. 3; Barnieske / Seidler 2013).

Im Sinne einer schüler:innahen Textauswahl lässt sich der Literaturunterricht einerseits für Texte einer gegenwartsorientierten Kinder- und Jugendliteratur öffnen (→ **Kapitel 14.4**), andererseits kann der Text- und Literaturbegriff erweitert werden, indem Computerspiele (Maus 2020), Werbespots (Dall'Armi 2021), Filme (Tatzel 2020) oder Kinderserien (Kumschlies / Kurwinkel 2016) im Unterricht eingesetzt und gendersensibel analysiert werden.

Weil Prozesse der Geschmacksbildung zunehmend den Maßgaben einer *Kultur der Digitalität* (Stalder 2016) folgen und sich immer weniger an „Interpretationsmonopolen" (Stalder 2016, S. 115–116) orientieren, lässt sich mit Blick auf die breite Buchblog-Szene in den sozialen Netzwerken auch die (De-)Konstruktion von Wertungsmodellen schüler:innah in den Unterricht integrieren. Ina Brendel-Perpina regt an, die Gestaltung und Textauswahl sogenannter Booktube- und Bookstagram-Kanäle mit Schüler:innen zu besprechen und genderkritisch auszuwerten (vgl. Brendel-Perpina 2020b, S. 112).

14.4 Genderfragen im Kontext von Kinder- und Jugendliteratur

Kinder- und jugendliterarische Werke bilden in der Literaturwissenschaft einen eigenen, vielfältigen Untersuchungsgegenstand. Kinder- und Jugendliteratur (KJL) „umfasst nicht nur Prosa für Kinder und Jugendliche, sondern auch Bilderbücher, Kinderlyrik und Kindertheater und steht in enger Verbindung mit anderen Kindermedien, wie Kinderfilm, Hörbuch, Comic, Graphic Novel und Computerspiel"; sie umfasst mithin „alle Gattungen und fast alle Genres" (Kümmerling-Meibauer 2012, S. 8–9). Der Terminus Kinder- und Jugendliteratur dient „als Oberbegriff für die gesamte für noch nicht erwachsene Rezipient[:inn]en bestimmte Produktion von (literarischen) Werken" (Kümmerling-Meibauer 2012, S. 9). Für einen gendersensiblen Literaturunterricht bietet sich insbesondere die gegenwärtige Kinder- und Jugendliteratur an, da sich in dieser beispielsweise – so beobachtet Annette Kliewer – ein neuer Jungentypus herausbildet und vielfältige Männlichkeitsentwürfe bereitgestellt werden (Kliewer 2016, S. 101). In Jeff Kinneys humorvollen Comic-Romanen erscheint der Protagonist Greg bei seinem Versuch, ein Superheld zu sein, recht lächerlich. Ähnlich ergeht es den beiden Außenseitern Maik Klingenberg und Tschick in Wolfgang Herrndorfs bekannter Road-Novel *Tschick* (2010). Insbesondere die Auseinandersetzung mit der Figur Tschick erweise sich aufgrund der vielfältigen Alteritätskonstellationen des Romans als ertragreich für den Deutschunterricht, so Jennifer Pavlik (vgl. Pavlik 2016, S. 45):

> Tschick ist homosexuell, stammt aus einer Familie jüdischer ‚Zigeuner' und hat einen ‚Migrationshintergrund'. Im Gegensatz zur eher homogen erscheinenden, ‚normalen' Bildungsschicht des Gymnasiums, führt Tschick gleich auf mehreren Ebenen ‚bedrohlich' erscheinende Alteritätsmuster vor, die auch den jugendlichen Lesern aus ihrem (Schul-)Alltag bekannt sind (Pavlik 2016, S. 45).

Nicht zuletzt aufgrund seiner jugendsprachlichen Gestaltung und schüler:innahen Ausrichtung biete der Roman an, „Identität und Alterität als sich wechselseitig bedingende Konzepte zu begreifen, die nicht homogenisiert werden sollten" (Pavlik 2016, S. 52).

Neben derartigen Potenzialen kinder- und jugendliterarischer Texte offenbaren sich auch problematische Tendenzen, die vor allem auf die Marktmechanismen der Ausdifferenzierung zurückzuführen sind (zum Gender-Marketing → **Kapitel 16.4**). So attestiert Kerstin Böhm weiten Teilen der Kinder- und Jugendliteratur eine binäre Logik der „Archaisierung und Pinkifizierung" (Böhm 2017). An den Jugendbuchserien *Die Wilden Hühner* von Cornelia Funke und *Die Wilden Fußballkerle* von Joachim Masannek zeige sich exemplarisch die Wiederbelebung „klassischer hegemonialer Männlichkeitsmuster" (Böhm 2017, S. 49) einerseits sowie eine zunehmende „Akzeptanz männlicher Herrschaft" (Böhm 2017, S. 152) bei gleichzeitiger Betonung stereotyper Weiblichkeit (durch Sexualisierung und Objektifizierung) andererseits (vgl. Böhm 2017, S. 152). Im ökonomisch erfolgreichen Medienverbund setzen sich diese Geschlechterbilder in besonderer Weise durch, wenn Vorstellungen bebildert und vereindeutigt werden und durch vielfältige Verweisstrukturen eine Naturalisierung erfahren (vgl. Böhm 2017, S. 153 – 155). Auch Kerstin Stachowiak problematisiert die am Geschlecht orientierte „Polarisierung der Figurendarstellungen" (Stachowiak 2013, S. 418) einer Kinder- und Jugendliteratur im Medienverbund. Als Konsequenz schlägt sie eine „kritische Auseinandersetzung mit dem Medienverbund als kulturellem Phänomen" (Stachowiak 2013, S. 430) im Literaturunterricht vor. Im Zuge einer medienpädagogisch ausgerichteten Lektüre seien sowohl „ökonomische Machtstrukturen" als auch „individuelle Nutzungsoptionen" zu reflektieren, um eine „Entzauberung der Wirkungsmacht" und eine „Immunisierung" gegenüber derartigen Kulturerzeugnissen herbeizuführen (vgl. Stachowiak 2013, S. 430 – 431).

Das erweiterte Textverständnis, das für einen medienintegrativen Literaturunterricht relevant ist, legen auch die Autor:innen des Sammelbandes *Genderkompetenz mit Kinder- und Jugendliteratur entwickeln. Grundlagen – Analysen – Modelle* (2016) zugrunde. Anita Schilcher und Karla Müller entwickeln hier einen theoretisch-methodischen Rahmen für die unterrichtliche Textanalyse und setzen sich für die Schulung einer gendersensiblen Media Literacy, beispielsweise im Umgang mit Filmen, ein. Im Rückgriff auf Robert McCannon (2009) und Hans Krah (2013) soll das Bewusstsein für die soziale Konstruiertheit sowie die ökonomische und politische Bedingtheit von Medien jeglicher Art geschärft werden (vgl. Schilcher / Müller 2016, S. 35). Der Sammelband legt nicht nur geeignete Textanalysen beliebter Romane vor (zum Beispiel von Rick Riordans *Percy Jackson*, Floortje Zwigtmans *Adrian Mayfield*-Trilogie oder Suzanne Collins' *Tribute von Panem*), sondern entwickelt auch Unterrichtsmodelle von der Primar- bis zur

Sekundarstufe II, die über die Beschäftigung mit dem Thema Gender hinausgehen.

Die Schule übt als Sozialisationsort – so sollte dieses Kapitel deutlich gemacht haben – einen immensen Einfluss auf die Entwicklung und Bildung von Gendervorstellungen bei Kindern und Jugendlichen aus. Dass die Tradierung binärer Gendermuster und die Reproduktion von Stereotypen die Chancen- und Geschlechtergleichheit erschweren, erkennt die genderbezogene Schulforschung, die tradierte Rollenbilder aufbrechen und Benachteiligungsmechanismen aufspüren will, um einen geschlechtergerechten Umgang im Unterricht zu fördern. Der gendersensible Unterricht ist bestrebt, die Theorien und Modelle der Geschlechterforschung in die Praxis zu überführen und Geschlechtergerechtigkeit fächerunabhängig als konstitutiven Aspekt des Unterrichts zu etablieren. Die Diversity- und Intersektionalitätsforschung betont zudem die Vielfältigkeit von Identität und berücksichtigt weitere Kategorien, die zu sozialer Ungleichheit führen und eine individuelle Entfaltung im schulischen Kontext erschweren können. Mit Blick auf den Deutschunterricht erweist sich eine kritische Revision kanonischer Primärtexte als hilfreich, um binäre Geschlechtervorstellungen aufzuzeigen; zudem kann eine postkoloniale Perspektive rassistische Diskriminierungsmuster entlarven. Kinder- und Jugendliteratur verhandeln oftmals ‚zielgruppenspezifische‘ und damit auf Kinder und Jugendliche ausgerichtete Sujets, die mitunter ein hohes Identifikationspotenzial haben, die aber auch die Konzepte von Identität und Alterität als sich gegenseitig bedingende aufzeigen können.

Fragen und Anregungen

– Was zeichnet einen gendersensiblen Unterricht aus?
– Denken Sie an Ihre eigene Schulzeit zurück und notieren Sie zentrale Erinnerungen, in denen binäre Geschlechtermuster im Unterricht reproduziert wurden.
– Untersuchen Sie in einem Lehrbuch für den Deutschunterricht Ihrer Wahl, inwieweit die Aspekte Diversität und Intersektionalität berücksichtigt werden.
– Beschreiben Sie die Konsequenzen, die ein unkritischer Kanongebrauch im Deutschunterricht haben kann.
– Suchen Sie Beispiele aus der gegenwärtigen Kinder- und Jugendliteratur, in der Transgender thematisiert wird und beschreiben Sie den Umgang damit.

Lektüreempfehlungen

Annette Bartsch / Juliette Wedl (Hg.): Teaching Gender? Zum reflektierten Umgang mit Geschlecht im Schulunterricht und in der Lehramtsausbildung, Bielefeld 2015. *Stellt konkrete Analysen und exemplarische Beispiele für den gendersensiblen Schulunterricht bereit.*

Kerstin Böhm: Archaisierung und Pinkifizierung. Mythen von Männlichkeit und Weiblichkeit in der Kinder- und Jugendliteratur, Bielefeld 2017. *Verfolgt die kommerzielle Reproduktion stereotyper Gendervorstellungen im Segment der Kinder- und Jugendliteratur.*

Jürgen Budde: Geschlechtersensibler Unterricht, in: Hannelore Faulstich-Wieland (Hg.), Umgang mit Heterogenität und Differenz, Baltmannsweiler 2011, S. 99 – 120. *Gibt einen Überblick über die Entwicklungen und Formen eines gendersensiblen Unterrichts.*

Ilke Glockentöger / Eva Adelt (Hg.): Gendersensible Bildung und Erziehung in der Schule, Göttingen 2017. *Stellt wissenschaftliche und praxisorientierte Beiträge zum Themenkomplex gendersensible Arbeit im Bildungssystem zusammen.*

Monika Jäckle: Schule M(m)acht Geschlechter. Eine Auseinandersetzung mit Schule und Geschlecht unter diskurstheoretischer Perspektive, Wiesbaden 2009. *Diskursanalytische Studie zum Zusammenhang von Gender und Schule.*

15 Feministische Netzkultur im Kontext aktueller Entwicklungen

Erst einmal grundlegend: Wir legen auf eine angenehme Diskussionskultur wert, damit möglichst viele Leute Lust haben sich an der Diskussion zu beteiligen oder einfach nur gerne mitlesen. Auf diskriminierenden und ausgrenzenden Bockmist haben wir keine Lust – den gibt es (leider) sowieso fast überall im Netz. Dies ist ein feministisches Blog, auf dem wir alle gemeinsam, Autor_innen wie Leser_innen, über verschiedenste Formen von Diskriminierung berichten und aufklären, z. B. über (aber nicht ausschließlich) Sexismus, Rassismus, Homophobie und deren Verschränkungen. Wir wollen über unterschiedliche Feminismen diskutieren, aber nicht darüber, ob Feminismus als solcher (noch) nötig ist.
Netiquette auf mädchenmannschaft.net (https://maedchenmannschaft.net/netiquette/).

Die Netiquette – eine Wortneuschöpfung aus (Inter-)net und Etikette – des feministischen Weblogs maedchenmannschaft.net informiert alle potenziellen Leser:innen sehr deutlich über die erwarteten Verhaltenscodizes, die der Blog zugrunde legt. Hintergrund ist ein besonders im Netz grassierender Anti-Feminismus, der durch unterschiedliche Methoden wie Hatespeech oder Trolling feministische Blogger:innen attackiert und feministische Diskussionen torpediert. Gleichzeitig verweist die abgedruckte ‚Netikette' auf die große Vielfalt an Themen, denen sich der intersektionale Feminismus widmet, um so einen Gegendiskurs zu patriarchalen Aussageweisen zu schaffen.

Für den heutigen Feminismus, der sich in den letzten Jahren in verschiedene ‚Strömungen' ausdifferenziert hat, bietet das Internet eine zentrale Plattform, die gänzlich neue Formen der Vernetzung, des Austauschs und der Kommunikation ermöglicht. Feministische Bewegungen und Proteste entstehen mittlerweile auf unterschiedlichste Art und Weise. Weblogs, Hashtags und soziale Netzwerke wie Facebook, Twitter oder Instagram dienen Netzfeminist:innen zur Verbreitung feministischer Botschaften und der Etablierung einer Gegenöffentlichkeit; zudem kann schnell und unkompliziert zu feministischen Aktionen (auch in der Offlinewelt) aufgerufen werden. Feministisches Empowerment ist jedoch auch in der digitalen Welt mit einem gesellschaftlich weit verbreiteten Anti-Feminismus konfrontiert, der ebenfalls neue Ausdrucksformen und Kommunikationswege gefunden hat (vgl. Drüeke 2017). Das folgende Kapitel wird zunächst der Entwicklung von ‚Third wave' und Netzfeminismus nachgehen, um dann die Agenda der neuen feministischen Generation rund um die ‚Alphamädchen' in den Blick zu nehmen, die als Reaktion auf den Generationenkonflikt mit dem ‚alten' Feminismus der 1970er Jahre entsteht. Daran anknüpfend werden Aspekte der feministischen Netzkultur und Blogsphäre vorgestellt, unter anderem Weblogs wie

https://doi.org/10.1515/9783110656541-015

maedchenmannschaft.net und Formen der intensiven kollektiven Zusammenarbeit. Anti-Feminismus und Gewalt im Netz, die mit Begriffen wie Hatespeech, Trolling oder Derailing verbunden sind, werden ebenfalls thematisiert samt feministischer Gegenstrategien zu deren Bekämpfung. Das Kapitel schließt mit Ausführungen zu #MeToo, jenem feministischen Hashtag, der international eine breite und nachhaltige Debatte über Sexismus und sexualisierte Gewalt angestoßen und Begriffe wie Rape Culture und Victim Blaming gesellschaftlich verankert hat.

15.1 Third wave und Netzfeminismus

Während mit Blick auf die USA und Großbritannien ab Mitte der 1990er Jahre von einer dritten Welle (,Third wave') des Feminismus gesprochen wird, hat sich in den 2000er Jahren im deutschsprachigen Raum die Bezeichnung Netzfeminismus etabliert. Beide ,Labels' stehen für eine neue, junge feministische Generation, die in sich wiederum viele weitere feministische Ausrichtungen bündelt (weshalb mittlerweile auch von pluralen ,Feminismen' gesprochen wird). Zentrale Themen für den Third wave- und Netzfeminismus bilden „Körper und Sexualität, Konsumkritik, sexuelle Gewalt in der sexuellen Kommerzialisierung, Antirassismus und Internet" (Lenz 2020, S. 9).

Der Third wave feminism vereint ganz unterschiedliche Aktivist:innen; zu ihm zählen beispielsweise die Schriftstellerinnen Naomi Wolf, deren medien- und patriarchalismuskritisches Buch *The Beauty Myth* (1990; *Der Mythos Schönheit*, 1991) bis heute ein Standardwerk für feministische Debatten ist, die sich mit Körper- und Schönheitsnormen befassen, sowie Rebecca Walker (Tochter der afroamerikanischen Feministin Alice Walker), die als Autorin und Mitherausgeberin des feministischen *Ms. Magazine* bekannt wurde und als Mitbegründerin der *Third Wave Action Foundation* in Erscheinung trat, welche der feministischen Ausrichtung den Namen gab. Ebenso zählt die Musikerin, Autorin und Riot Girl (auch Riot Grrl; von englisch ,riot' – ,Aufruhr')-Ikone Kathleen Hanna zum Third wave (vgl. Schwenken / Ullrich 2007, S. 232). Selbstbezeichnungen wie Grrl, Chick oder Bitch dienen dazu, nicht nur „verniedlichende oder abwertende Begriffe positiv um[zu]deut[en]" und sich diese wiederanzueignen; mit Helen Schwenken und Charlotte Ullrich gesprochen geht es auch um eine offenkundige Abgrenzung von den Vertreter:innen der Zweiten Frauenbewegung der 1960er bis 1980er Jahre sowie deren Vorbehalte gegenüber einer selbstbewussten Girlie-Kultur:

> Ihre Kritik machen die Third Wavers häufig am Lehrkanon der im angloamerikanischen Raum stark institutionalisierten Frauenforschung fest: Gegen das dort (angeblich) vertretene

homogene Frauenbild werden Diversität, queere und offene Konzepte von Geschlechtlichkeit stark gemacht. Viele Third Wavers wenden sich gegen die Annahme der zweiten Welle, dass patriarchale Unterdrückung eine universale (Opfer-)Erfahrung aller Frauen sei. Stattdessen stehen Themen wie Identität, Medien, Mode, Populärkultur, Schönheit, Sexualität und, etwas weniger prominent, globale soziale Gerechtigkeit im Vordergrund. (Schwenken / Ullrich 2007, S. 232)

Während sich in den USA die Riot Girls als feministisch subkulturelle Bewegung formieren und neue radikal-feministische Anliegen propagieren, schlagen in Deutschland ab 2007 die Alphamädchen einen neuen Ton an. Sowohl der Third wave feminism als auch die Alphamädchen bezeichnen sich „als eine neue eigenständige Generation der Frauenbewegung", die „sich in Inhalten und Organisationsformen von vorherigen Wellen ab[grenzen]." (Schwenken / Ullrich 2007, S. 232) Mit der Streitschrift *Wir Alphamädchen* (2008) verfolgen die Autorinnen Meredith Haaf, Susanne Klingner und Barbara Streidl das Ziel, den Feminismus-Begriff im 21. Jahrhundert wieder salonfähig zu machen. Dem war vorausgegangen, dass Feminismus um die Jahrtausendwende in Deutschland unter einem ‚Imageproblem' litt: Feminismus galt in der Öffentlichkeit mehrheitlich als altbacken, schnöde und überholt, und junge Frauen lehnten es strikt ab, als Feministinnen klassifiziert zu werden (vgl. Karl 2020, S. 257). Zudem wenden sich die Alphamädchen gegen einen in den ersten Jahren des 21. Jahrhunderts stattfindenden, gesellschaftlichen Backlash, mit dem „alte, längst überkommen geglaubte Rollenmuster" (Haaf / Klingner / Streidl 2008, S. 9) wiederaufblühen – wie etwa in dem Buch *Das Eva-Prinzip. Für eine neue Weiblichkeit* (2006) der umstrittenen Autorin und ehemaligen Nachrichtensprecherin Eva Herman, das reaktionäre Geschlechterrollen vertritt und die Emanzipation als Irrtum deklariert. Das Buch löste eine intensive Debatte über Frauen, Kinder und Karriere aus und die Frage, inwiefern der Feminismus heute noch vonnöten ist. In der Rückschau war das, „was als Backlash der Frauenbewegung beklagt wurde, [...] in Wahrheit nur der Versuch einer neoliberalen Gesellschaft, den Feminismus zurückzudrängen." (Karl 2020, S. 257) Mit anderen Worten: Eine neoliberale Gesellschaft ignoriert unterschiedliche Privilegien und Startvoraussetzungen sowie strukturelle Ungleichheit, wenn sie propagiert, alle Menschen hätten dieselben Chancen – und allein Fleiß und Selbstoptimierung genügten, um ein erfolgreiches (gleichberechtigtes) Leben zu führen. Diese Argumentation entzieht jeglichem feministischen Engagement die Daseinsberechtigung. Zu dieser ablehnenden Haltung gesellte sich Anfang 2000 die klischeebehaftete Vorstellung, Feministinnen seien „männerhassende[...], schlecht gekleidete[...] alte[...] Frauen" (Haaf / Klingner / Streidl 2008, S. 16). In *Wir Alphamädchen* plädieren die Autorinnen stattdessen für einen Feminismus, deren Vertreter:innen „cool, schlau, schön" sind – und vor allem sein dürfen. Den Abgrenzungskontext bilden jene als überholt und nicht mehr zeitgemäß wahrgenommene Ansätze eines ‚alten' Feminismus der 1970er Jahre (auch ‚zweite Welle' genannt), wie ihn in Deutschland stellvertretend und medial sehr sichtbar Alice Schwarzer (eine Pionierin der deutschen Frauenbewegung in den 1970er Jahren) vertritt. Von diesem ‚alten' Feminismus fühlt sich die ‚junge' Tochtergeneration nicht repräsentiert, denn die neuen Feministinnen „wollen alles: Kinder und Karriere, Intellekt und Sex, Verantwortung und Freiheit. Nicht die Männer sind ihre Feinde, sondern die ungerechten gesellschaftlichen Strukturen; und die gilt es zu bekämpfen – mit den Männern." (Haaf / Klingner / Streidl 2008, Klappentext) In diesem Programm wird deutlich, worauf der ‚neue Feminismus' (der mithin auch als ‚vierte Welle' bezeichnet wird) abzielt: Frauen erkämpfen sich nun die Möglichkeit, einen individuellen, selbstbestimmten Lebensentwurf zu wählen, der vermeintliche Entweder-Oder-Zuschreibungen wie Kind oder Karriere hinter sich lässt, für sexuelle Selbstbestimmung wirbt, den Geschlechterdualismus Mann versus Frau durch ein ‚feministisches Bündnis' aufhebt und sich intersektional öffnet.

Fast zeitgleich mit *Wir Alphamädchen* erscheint das Buch *Neue deutsche Mädchen* von Jana Hensel und Elisabeth Raether; auch hier geht es um eine Neudefinition des Feminismus und den – bereits im Klappentext des Buches angedeuteten – Generationenkonflikt: *Neue deutsche Mädchen* handelt von „zwei Frauen um die 30", die „sich über die Selbstinszenierung des ‚Emma'-Feminismus [ärgern], der so alt ist wie sie. Und sie beginnen, über ihr eigenes Leben Auskunft zu geben", und von anderen Lebensläufen zu erzählen als jenen, die der ‚alte' Feminismus vertritt (Hensel / Raether 2008, Klappentext). Wie auch *Wir Alphamädchen* ruft *Neue deutsche Mädchen* „zur Wiederaneignung der Definitionsmacht über die gesellschaftliche Rolle junger Frauen auf." (Pelz 2013, S. 52) Dass die Titel beider Bücher – ähnlich wie im Third wave – den Begriff Mädchen verwenden und nicht von Frauen sprechen, verweist einerseits auf eine neue, junge feministische Generation und andererseits auf eine bewusste Abgrenzung vom ‚alten' Feminismus, der häufig auch als (mit Bezug auf die von Alice Schwarzer 1977 mitbegründete und von ihr als Chefredakteurin geleitete feministische Zeitschrift) ‚EMMA-' oder ‚Alice-Schwarzer-Feminismus' bezeichnet wird). Bücher wie *Wir Alphamädchen* und *Neue deutsche Mädchen* zielen – mit Annegret Pelz gesprochen – ins Zentrum des zu der Zeit medial inszenierten Generationenstreits zwischen Alice Schwarzer als Protagonistin der Alten und den als ‚Wellness-Feministinnen' bezeichneten Jungen (vgl. Pelz 2013, S. 52). Das bestätigt, dass Generationenkonflikte dieser Art genau dann akut zu werden drohen, „wenn der gesellschaftliche Orientierungsrahmen feministischer Politik und das Weiterbestehen einer Frauenbewegung zur Disposition stehen." (Schwenken / Ullrich 2007, S. 233)

Mit Blick auf die Entwicklung eines Netzfeminismus in Deutschland nimmt *Wir Alphamädchen* eine zentrale Rolle ein, denn auf der feministischen Agenda steht nicht nur der (in einem eigenen Kapitel behandelte) Aspekt *Warum wir das Netz erobern müssen* (Haaf / Klingner / Streidl 2008, S. 125–136), sondern auch Fragen nach der konkreten Umsetzung feministischer Mitgestaltung des World Wide Web. Mit der Einsicht in die dynamische Entwicklung des Internets als alltäglich dominantes Medium verbindet sich die Forderung, Feminismus und Digitalisierung zusammenzudenken. Das Internet eröffnet einerseits zahlreiche Möglichkeiten der (feministischen) Vernetzung, andererseits bietet es auch einen großen Raum für Missbrauch und Misogynie. So entsteht

> als Konsequenz aus der Überlegung, dass auch das Netz eine Gefahrenzone für verbale Gewalt, Sexismen, Übergriffe und ‚Gender-Blogging' ist, und dass es im Netz keine Gleichberechtigung gibt – weder im Bereich der Administration, wo das Netz eine Männerdomäne ist, noch im Bereich der Fremd- und Eigendarstellung junger Frauen, wo sich geschlechtskulturelle Muster fortschreiben – (Pelz 2013, S. 54–55),

das Weblog (kurz: Blog) maedchenmannschaft.net. Dieser Blog wird zeitgleich mit der Publikation von *Wir Alphamädchen* unter Beteiligung der Autorinnen gegründet, stellt einen „Gemeinschaftsblog zu feministischer Geschichte, Theorie und Praxis" dar und fokussiert Themen wie „Sexualität, Körper, Mutterschaft, Emanzipation, Aktuelles aus Popkultur und Politik, sowie die Vernetzung der feministischen Blogosphäre" (Homepage maedchenmannschaft.net). Damit wird ein wichtiger Meilenstein für feministisches Engagement im Netz gelegt; in der Folge wird im deutschsprachigen Raum von Netzfeminismus gesprochen.

Feministische Netzkultur und Blogsphäre

Wenngleich Netzfeminismus eine wichtige Form des Feminismus im 21. Jahrhundert darstellt, ist die Bezeichnung ‚Netzfeminismus' bis heute nicht eindeutig geklärt. Die Politikwissenschaftlerin Antje Schrupp schlägt die Unterteilung in zwei Gruppierungen vor, die unter Netzfeminismus zu subsumieren sind: Zum einen zählt sie die vielen, unterschiedlichen Aktivist:innen dazu, die das Internet als Medium nutzen, um über feministische Themen zu bloggen, sich über soziale Medien zu vernetzen, Bündnisse zu schließen oder feministische Kampagnen und Protest zu organisieren (Variante 1). Hierfür kann das Internet die zentrale Plattform sein (meistens für Blogger:innen) oder gleichberechtigt neben anderen Medien stehen, wie es zum Beispiel bei dem bekannten, 2008 gegründeten *Missy Magazine* der Fall ist, das als Print-Zeitschrift sowie als Online-Magazin erscheint, auf Facebook und Twitter aktiv ist und ‚Vor Ort'-Aktivismus organisiert (vgl.

Schrupp 2017, S. 6). Zum anderen umfasst der Netzfeminismus jene Personen, die sich aus einer kritisch-feministischen Perspektive mit Netzpolitik beschäftigen (Variante 2). Alltagssprachlich werden mit der Bezeichnung ‚Netzfeminist:innen' diejenigen gemeint, die sich online mit vielfältigen feministischen Themen auseinandersetzen (also Variante 1), jedoch nicht explizit mit dem Thema Netzpolitik (vgl. Schrupp 2017, S. 6). Feministische Netzpolitik lenkt einen kritischen Blick auf die Netzkultur und fragt danach, „welche Auswirkungen das Internet auf Politik und Gesellschaft hat, und wie digitale Medien und Öffentlichkeiten aus feministischer Perspektive gestaltet werden sollten." (Ganz 2017, S. 8)

Der feministischen Netzpolitik geht der bereits in den 1990er Jahren entstandene Cyberfeminismus voraus, in dem sich – so Michaela Karl – bis heute vor allem feministische Medienkünstlerinnen und Medientheoretikerinnen mit Informations- und Kommunikationstechnologien auseinandersetzen (vgl. Karl 2020, S. 243–244). Ausgehend von der Beobachtung, dass „das Internet als globale Kommunikationsstruktur [...] zunächst vor allem von Menschen geprägt [war], die weiß, männlich, US-amerikanischer oder europäischer Herkunft und gut ausgebildet waren sowie über ein hohes Einkommen verfügten" (Karl 2020, S. 244), wurde zum priorisierten Ziel der Cyberfeminist:innen, die Sichtbarkeit und Präsenz von Frauen im Netz zu erhöhen sowie deren Mitgestaltung bei technologischen Entwicklungen zu ermöglichen. Der Begriff Cyberfeminismus wurde von dem australischen Künstlerinnenkollektiv VNS Matrix geprägt, das 1991 mit *A cyberfeminist manifesto for the 21st century* als einer Hommage an die US-amerikanische feministische Philosophin Donna Haraway einen ersten künstlerischen Rahmen für Cyberfeminismus kreierte (vgl. Schmidt 2021, S. 23). Haraway wiederum gilt als prägende Vordenkerin, die mit ihrem *Manifest für Cyborgs* (1985) bereits in den 1980er Jahren wichtige Denkanstöße für die Umsetzung eines Cyberfeminismus gegeben hatte: Haraway fragt darin nach den Chancen und Risiken technologischer Entwicklungen im Zusammenspiel mit Körper und Geschlecht und plädiert dafür, feministische Theorie und technologische Errungenschaften zusammenzudenken. In ihrem Text wirbt Haraway für die Hybridfigur der Cyborg, ein „Mischwesen aus lebendigem Organismus und Maschine, das weder Frau noch Mann ist und damit quasi beides zugleich", und stellt dieses „als Leitfigur eines neuen Feminismus im Zeitalter der Technik" vor (Karl 2020, S. 245) (→ **Kapitel 17.2**). Damit wurde die Figur der Cyborg zum Sinn- und Wunschbild einer ‚Post-Gender-Welt'. Mit Blick auf die Abgrenzung bzw. Weiterentwicklung vom Cyber- zum Netzfeminismus hält Francesca Schmidt fest:

> Dass der Begriff des Cyberfeminismus und die Ausgangsutopie heute eine weniger aktive bzw. diskursiv bestimmende Rolle spielt, heißt jedoch nicht, dass das Netz weniger feministisch ist. Ganz im Gegenteil: Durch die zunehmenden Möglichkeiten der Beteiligung und

Vernetzung im Zuge des Web 2.0 hat sich eine rege feministische Community gebildet, die in ihren theoretischen Zugängen disparat ist und gern unter dem Begriff Netzfeminismus zusammengefasst wird. Diese Community nutzt das Internet und dazugehörige Technologien als Tools, seltener geht es darum, diese kritisch zu hinterfragen. (Schmidt 2021, S. 34)

Der Netzfeminismus organisiert sich intensiv über feministische Blogs, die sich auch mit anti-rassistischen oder queer-feministischen Inhalten beschäftigen, denn sowohl der Third wave- als auch der Netzfeminismus denken intersektional, queer und heteronormativitätskritisch (vgl. Lenz 2020, S. 9).

Im deutschsprachigen Raum zählt maedchenmannschaft.net zu den wichtigsten feministischen Weblogs; es wurde 2008 von dem Rundfunkproduzenten Deutsche Welle mit dem Blog Award BOB als bestes deutsches Weblog ausgezeichnet; für den englischsprachigen Raum gilt *the Fbomb* als wichtigstes feministisches Weblog (vgl. Drüeke 2017, S. 140 – 141). Anders als klassische Webseiten sind Blogs (ursprünglich eine Art ‚Internet-Tagebuch‘) dynamisch, das heißt, dass kontinuierlich neue Beiträge hochgeladen werden und durch die Aktualisierung stets oben auf der Seite stehen. Die Beiträge werden entweder von einer Person oder im Kollektiv verfasst, zudem bieten fast alle Blogs die Möglichkeit, dass die Texte von Leser:innen direkt kommentiert und so Debatten über die unterschiedlichsten Themen geführt werden (vgl. Hansen 2013, S. 151). Damit dienen feministische Blogs „dem Austausch sowie der Zirkulation von Ideen" und sind „Teil feministischer Diskurse" (Keller 2013, S. 72, zit. nach Drüeke 2017, S. 141). Dass die Kommentarfunktion aber nicht allein profeministisch und respektvoll verwendet wird, sondern besonders feministische Blogger:innen sich mitunter einer hochaggressiven Kommentarkultur ausgesetzt sehen, ist ein sich zunehmend intensivierendes Problemfeld (→ **Kapitel 15.2**).

Das feministische Kollektiv arbeitet vielschichtig zusammen und ist häufig zeitgleich in mehrere Projekte eingebunden. Für viele Blogger:innen bleibt ihr feministisches Engagement nicht nur auf die Blogsphäre beschränkt – vielmehr steht die Vernetzung mit anderen Blogs im Vordergrund, die mittlerweile innerhalb der deutschsprachigen feministischen Blogszene sehr groß ist. So entsteht die Chance, im Netz „eine innerfeministische Gegenöffentlichkeit" (Gümüşay / Shehadeh 2014, S. 148) zu schaffen. Mithilfe von Blogs und sozialen Netzwerken wie Facebook und Twitter entsteht eine digitale Öffentlichkeit, in der Menschen vielfältige subjektive Erlebnisse (wie Sexismus oder Diskriminierung) radikal persönlich formulieren können. Es bilden sich so Räume für Diskussionen und Meinungsbildungsprozesse, in denen eigene Identitäten und Interessen entwickelt, Positionen gebündelt und als feministische Gegendiskussionen zur hegemonialen Öffentlichkeit sichtbar gemacht werden können (vgl. Gümüşay / Shehadeh 2014, S. 148). In Anlehnung an die US-amerikanische Philosophin

Nancy Fraser lassen sich diese feministischen Öffentlichkeiten als „parallele diskursive Räume" beschreiben, „in denen Angehörige untergeordneter sozialer Gruppen Gegendiskurse erfinden und in Umlauf setzen, die es ihnen wiederum erlauben, oppositionelle Interpretationen ihrer Identitäten, Interessen und Bedürfnisse zu formulieren" (Fraser 1996, S. 163).

Ein zentrales Tool für feministischen Aktionismus und Protest im Netz sind Hashtags, die in Kürze viele Posts zu einem Thema in sozialen Netzwerken wie Twitter oder Facebook bündeln und sichtbar machen. So hat beispielsweise #aufschrei Anfang 2013 dazu geführt, dass der Netzfeminismus in den deutschsprachigen Mainstreammedien weitreichend bekannt wurde. Ins Leben gerufen hat #aufschrei, der innerhalb der ersten Tage über 50.000 Mal genutzt wurde, die Netzfeministin Anne Wizorek: Frauen sollten auf Twitter ihre Erfahrungen mit Alltagssexismus teilen. Da am selben Tag im *Stern* ein Artikel der Journalistin Laura Himmelreich veröffentlicht wurde, in dem sie dem Politiker Rainer Brüderle (damaliger Spitzenkandidaten der FDP für die Bundestagswahl 2013) sexistisch übergriffiges Verhalten vorwarf (für politikjournalistische Artikel dieser Art ein Tabubruch) und kurze Zeit zuvor ein Artikel im *Spiegel* zur Frauenfeindlichkeit in der Piratenpartei erschien, befeuerten sich diese Ereignisse und lösten eine Sexismus-Debatte in Printmedien, Talkshows sowie der internationalen Presse aus, die Machtverhältnisse kritisch beleuchtete (vgl. Karl 2020, S. 265).

> Plötzlich wurde an Stammtischen, in Wohnzimmern und Talkshows darüber gestritten, wie sexistisch diese Gesellschaft ist. Was ist noch ein Kompliment, was bereits ein Herrenwitz? [...] Zum ersten Mal hatte es ein Hashtag vermocht, ein Thema aus der virtuellen Welt an die Gesellschaft zurückzuspielen und Menschen für eine zuvor kaum wahrgenommene Problematik zu interessieren. (Karl 2020, S. 266)

2013 wird #aufschrei als erstes Hashtag mit dem Grimme Online Award ausgezeichnet und bildet das Synonym für die Sexismus-Debatte – bis es im Herbst 2017 von #MeToo abgelöst wird (→ **Kapitel 15.3**). Auch die Gender Studies nutzen die neu aufkommende Hashtagkultur: Seit 2017 findet am 18. Dezember der Wissenschaftstag *#4GenderStudies* statt, an dem Genderforschende aus dem gesamten deutschsprachigen Raum unter #4GenderStudies auf ihre Arbeiten und den damit verbundenen wichtigen Beitrag zu aktuellen politischen und kulturellen Diskursen aufmerksam machen. Entstanden ist der Aktionstag als Reaktion auf einen aggressiven Anti-Genderismus, der intensiv gegen das Forschungsfeld der Gender Studies agiert (→ **Kapitel 1.4**).

Der Mehrwert digitaler Aktivitäten zeigt sich über feministische Hashtag-Aktionen hinaus in der Produktion und Archivierung von feministischem Wissen. Ein nachhaltiges Wissensarchiv entsteht dann, wenn Inhalte und Debatten, die im Netz verhandelt, später von Autor:innen in Buchform archiviert werden. Erfolgreiche Beispiele sind *Weil ein #Aufschrei nicht reicht* von Anne Wizorek, deren Buch im Nachgang eine differenzierte Kommunikation rund um den von ihr initiierten #aufschrei ermöglichte. Oder Margarete Stokowski, die in *Die letzten Tage des Patriarchats* (2018) ihre wichtigsten Essays, Kolumnen und Debattenbeiträge von 2011 bis 2018 aus Online- und Printmedien zu feministischen Themen wie Machtstrukturen, Körperbildern, #MeToo oder der Bedeutung der Gender Studies gesammelt und kommentiert herausgegeben hat. Das Buch stellt weniger eine bloße Addition einzelner Text dar als vielmehr einen Querschnitt der gesellschaftlichen Entwicklungen in den letzten Jahren, der Auf- und Umbrüche deutlich werden lässt. Aber auch im digitalen Raum kann feministisches Wissen durch die schnelle Vernetzung, besonders mithilfe sozialer Medien, breitgestreut für Andere sichtbar und zugänglich gemacht werden, was – mit Ulrike Koch und Anna Tschokke gesprochen – zum Aufbau feministischer Online-Wissensarchive beiträgt, vor allem, da „Blogeinträge zumeist längerfristig verfügbar und über Suchmaschinen auffindbar sind" (Koch / Tschokke 2014, zit. nach Drüeke 2017, S. 141).

Viele feministische Blogger:innen sind zugleich als Netzaktivist:innen, Autor:innen und / oder Journalist:innen tätig. Einige von ihnen haben in der deutschsprachigen Kulturlandschaft in der Vergangenheit mehrfach Sichtbarkeit erlangt. Unter anderem bloggen Autor:innen bei maedchenmannschaft.net wie die Ingeborg-Bachmann-Preisträgerin Sharon Dodua Otoo, deren Roman *Adas Raum* 2021 erscheint; ihr Text fächert anhand der Figur Ada die Lebensgeschichten unterschiedlicher Frauen auf und verbindet Vergangenheit mit Gegenwart. Bei maechenmannschaft.net bloggt zudem Kübra Gümüşay, die als Journalistin und Mit-Initiatorin der Hashtags #schauhin und #ausnahmslos bekannt wird. Während #schauhin 2013 ins Leben gerufen wird und Erfahrungen von Alltagsrassismus versammelt, entsteht #ausnahmslos 2016 nach den Ereignissen der Kölner Silvesternacht 2015, um gegen eine rassistische Instrumentalisierung von Sexismus vorzugehen. Stattdessen wird gefordert, dass der Kampf gegen sexualisierte Gewalt allumfassend und tagtäglich (im Sinne von ‚ausnahmslos') auf der politischen Agenda platziert werden müsse (→ **Kapitel 9.1**). 2020 erscheint Kübra Gümüşays Buch *Sprache und Sein*, das sich den Ausgrenzungsmechanismen von Sprache widmet und klug für ein inklusives Denken wirbt. Auch Hengameh Yaghoobifarah, die als nicht-binäre Autor:in des progressiven *Missy Magazine* bekannt ist, zählt zu den wichtigen feministischen Stimmen im deutschsprachigen Kulturraum. Sie tritt zudem auf dem Buchmarkt in Erscheinung, beispielsweise durch den gemeinsam mit Fatma Aydemir herausgegebenen Essayband *Eure Heimat ist unser Albtraum* (2019), in dem deutschsprachige feministische Autor:innen wie Sharon Dodua Otoo, Max Czollek, Mithu Sanyal und Margarete Stokowski über Erfahrungen und Aspekte von intersektionaler Diskriminierung in einer rassistischen und antisemitischen Gesellschaft schreiben. 2021 ist zudem ihr Roman *Ministerium der Träume* erschienen.

Im britischen Raum ist die Schriftstellerin und Journalistin Laurie Penny eine zentrale Persönlichkeit des jungen Feminismus, die wie viele andere als Bloggerin bekannt wurde. Ihre Blog-Texte hat sie in dem 2011 erschienenen Band *Penny Red. Notes from the New Age of Dissent* versammelt. Internationale Aufmerksamkeit erhält Penny, die für einen radikalen, queer- und kapitalismuskritischen Feminismus steht, für ihr Buch *Meat Market. Female Flesh Under Capitalism* (2011), das in Deutschland 2012 unter dem Titel *Fleischmarkt* erscheint und die kapitalistischen Kontrollstrukturen kritisiert, die den weiblichen Körper für radikale Ausbeutungszwecke missbrauchen (→ **Kapitel 16.4**).

Der Frage, inwiefern Netzfeminismus als gegenwärtiges Phänomen auch Eingang in die zeitgenössische Kunst gefunden hat, hat sich das Museum der bildenden Künste in Leipzig 2018 mit der Ausstellung *Virtual Normality. Netzkünstlerinnen 2.0* angenommen. In der Ausstellung geht es um einen weiblichen Blick im Zeitalter digitaler Inszenierung: „Die ausgestellten Künstlerinnen reflektieren die weibliche Perspektive auf Sexualität, Identität und Weiblichkeit im digitalen Zeitalter. Ihr Material ist ihr Körper, die Realität und ihr Alltag, ihre Stilmittel sind Humor, Ironie, Groteske und Übertreibung." (Ausstellungsbeschreibung auf: https://mdbk.de/ausstellungen/netzkuenstlerinnen-2.0/) Mit Netzfeminismus und den Strategien weiblicher Bildpolitik setzt sich auch Annekathrin Kohout auseinander, die in ihrem Buch *Netzfeminismus* (2019) zeigt, auf welche Weise junge Feminist:innen die sozialen Medien nutzen, um in Bildern zementierte Schönheits- und Gendernormen infrage zu stellen und diesen ein neues Körperbild sowie eigene Ausdrucksweisen entgegenzustellen. „So kann rosa gefärbtes Achselhaar zum feministischen Statement werden. Für die Generation der Millennials, deren Akzeptanz auf Instagram, Facebook und Co. vielfach über Äußerlichkeiten stattfindet, werden diese Frauen zu einem feministischen Korrektiv." (Karl 2020, S. 258)

15.2 Hass im Netz: Digitaler Anti-Feminismus

Die Hoffnung, dass durch den Digital Turn ein Zeitalter demokratischer Meinungsbildung und Debattenkultur geschaffen wird, indem „das Internet [...] Journalismus und Politik fundamental verändern, neue Öffentlichkeiten schaffen, marginalisierten Gruppen eine Stimme geben, zu mehr Gleichberechtigung beitragen und den sachlichen Diskurs befördern" (Ganz / Meßmer 2015, S. 59), wurde mit den Erfahrungen von Hatespeech ('Hassrede'), Cybermobbing und

Shitstorms stark ausgebremst. Besonders „Geschlechterverhältnisse und Feminismus gehören zu den Themen im Internet, bei denen sich die ‚Enthemmtheit' der Diskussionskultur mit besonderer Intensität zeigt" (Ganz / Meßmer 2015, S. 60), sodass ein weitreichendes Problemfeld für im Netz agierende Feminist:innen der digitale Anti-Feminismus darstellt. Erfahrungen mit sexistischen, abwertenden und gar misogynen, also frauenfeindlichen Kommentaren sind keine Seltenheit, ganz im Gegenteil: Ein Großteil der Bloggerinnen und – wie Helga Hansen vermutet – jede feministische Bloggerin hat diese Erfahrung gemacht. Dabei sei die Misogynie ein zentrales Phänomen, denn die Meinung der Bloggerin „wird nicht einfach nur abgewertet, sondern speziell deshalb abgelehnt, weil sie von einer Frau ausgesprochen wird – dementsprechend zielen auch die Beleidigungen auf das ‚Frausein' ab." (Hansen 2013, S. 154) Zu beobachten ist, dass sich

> im Netz [...] aufgrund der spezifischen Medialität weitere Formen antifeministischer und menschenverachtender Kommunikation etabliert [haben], die konservative und reaktionäre gesellschaftliche Positionen deutlicher zum Ausdruck bringen und feministische Akteur:innen bedrohen. (Drüeke 2017, S. 142)

Zentrale antifeministische Instrumente sind Hatespeech, Trolling und Derailing. Hatespeech und Trolling ist gemein, dass sie sich nicht auf inhaltliche Beiträge beziehen. Während beim Trolling die Lesenden durch provokante Nachrichten empört und dadurch Gegenreaktionen hervorrufen werden sollen, die den Kommunikationsfluss ausbremsen (Trolling ist also „Provokation um der Provokation willen" [Ganz / Meßmer 2015, S. 64]), ist Hatespeech die direkte Beleidigung einer anderen Person und zielt auf die „aufgrund von Geschlecht, Herkunft, Aussehen, sexueller Orientierung oder körperlicher Befähigung zugeschriebenen Eigenschaften." (Ganz / Meßmer 2015, S. 64) Derailing (dt. ‚entgleisen') wiederum bezeichnet eine Strategie, bei der ein Thema gezielt und manipulativ in eine andere Richtung gelenkt wird, also feministische Positionen relativiert oder als irrelevant degradiert werden (vgl. Drüeke 2017, S. 143) – die ‚Entgleisung' eines Themas unterläuft die konstruktive Meinungsbildung.

> Die beschriebenen Formen antifeministischer Äußerungen im Netz sind nicht immer analytisch zu trennen, sie können sich gegenseitig verstärken und miteinander verbunden eingesetzt werden. In ihren Wirkungen können sie den Kommunikationsverlauf stören und damit eine konstruktive Debatte über Gender-Themen verhindern, aber auch eine gewaltvolle Bedrohung für feministische Akteur*innen darstellen. (Drüeke 2017, S. 143)

Viele Feminist:innen, die in der Regel heftigen Formen digitaler Gewalt ausgesetzt sind, lancieren unermüdlich Gegenstrategien gegen Anti-Feminismus im Netz, da der aktuelle Status quo für die Betroffenen alles andere als zufriedenstellend ist. Öffentliches Interesse fand eine von der Grünen-Politikerin Renate Künast ange-stoßene Diskussion (2019). Das Thema ‚Beleidigung und Hass im Netz' sorgte erneut für Empörung, nachdem das Berliner Landgericht hochgradig beleidi-gende und diffamierende Beschimpfungen gegen Künast in sozialen Medien als zulässige Meinungsäußerung eingestuft hatte – und dafür massiv kritisiert wurde. Daraufhin startete Künast gemeinsam mit 19 weiteren Politikerinnen, Kultur-schaffenden und Funktionärinnen eine Initiative gegen Gewalt im Internet, kurz #NetzohneGewalt, und einen Aufruf gegen #hatespeech und #digitaleGewalt. Die Initiative bezeichnet digitale Gewalt und Hatespeech als einen „Angriff auf die psychische und körperliche Unversehrtheit jeder einzelnen betroffenen Person" (der vorrangig Frauen trifft). Zudem würden mit der stillschweigenden Hinnahme von digitaler Gewalt demokratische Prozesse ausgehebelt, denn „wenn ganze Personengruppen in ihrer Teilnahme an gesellschaftlichen Debatten und Ent-wicklungen eingeschränkt werden, handelt es sich [...] auch um einen Angriff auf die Meinungsfreiheit unserer Gesellschaft insgesamt." (https://netzohnegewalt. org/) Die Unterzeichner:innen fordern nicht wenig: die Sensibilisierung für das Problem und Aufklärung durch Informations- und Beratungsstellen, die Etablie-rung von rechtlichen Strukturen für Strafverfolgungen und die Ausweitung der Forschung zu geschlechtsspezifischer Gewalt. Die Omnipräsenz von Hatespeech, bei der es nicht um Argumente, sondern um Machtausübung, Degradierung und Objektifizierung von Frauen und Transpersonen geht, lässt sich als spezifische Ausprägung einer Rape Culture verstehen, also einer Gesellschaft, in der sexua-lisierte Gewalt und männliche Verfügungsgewalt über Frauen internalisiert ist. #MeToo hat das Ausmaß, in dem sich eine Rape Culture etablieren konnte, of-fengelegt.

15.3 #MeToo, Rape Culture und Victim Blaming

In der Rückschau wurde kein Thema um sexualisierte Gewalt, repressive Macht-strukturen und den Begriff der Rape Culture international so virulent diskutiert wie #MeToo. Nachdem der mächtige Hollywoodproduzent Harvey Weinstein Anfang Oktober 2017 zunächst von zwei Schauspielkolleginnen in der *New York Times* der sexuellen Belästigung bezichtigt wurde und sich daraufhin weitere Stimmen meldeten, die ihm sogar Vergewaltigung vorwarfen, initiierte die US-amerikanische Schauspielerin Alyssa Milano auf Twitter den Tweed #MeToo und forderte ihre Follower:innen auf, Erfahrungen mit sexueller Belästigung und Gewalt zu teilen. Die Phrase ‚MeToo' geht auf die Aktivistin Tarana Burke zurück, die diese 2006 in dem sozialen Netzwerk MySpace verwendet hatte. Bereits am ersten Tag wurde #MeToo 200.000 Mal auf Twitter genutzt; auf Facebook waren es innerhalb der ersten 24 Stunden über zwölf Millionen Postings. In der Folge wurden zahlreiche Vorwürfe offenkundig, an die sich schlagartig immer neue Vorfälle anschlossen. Zunächst beschränkten sich diese auf den öffentlichen Raum, die Arbeitswelt und die Bereiche Film, Sport und Politik, weiteten sich dann jedoch in kürzester Zeit auf die gesamte Gesellschaft aus: Millionen Frauen teilten weltweit über #MeToo ihre Erfahrungen mit sexualisierter Gewalt im tagtäglichen Leben. Das gigantische Ausmaß der Reaktion hat gezeigt, dass Sexismus in der Gesellschaft nach wie vor allgegenwärtig und selbstverständlich ist. Sexismus beinhaltet nicht nur sexuelle Übergriffe und Vergewaltigung, sondern steht allgemein für die strukturelle Benachteiligung und Unterdrückung aufgrund des Geschlechts. Im Duden – der als Perspektive der Alltagswahrnehmung herangezogen werden kann – wird Sexismus als die

> Vorstellung [definiert], nach der ein Geschlecht dem anderen von Natur aus überlegen sei, und die [daher für gerechtfertigt gehaltene] Diskriminierung, Unterdrückung, Zurücksetzung, Benachteiligung von Menschen, besonders der Frauen [zu ergänzen sind sexuelle Minderheiten; F.S., L.W.], aufgrund ihres Geschlechts. (Sexismus auf Duden online)

Dass die Vorstellung von weiblicher Minderwertigkeit kulturhistorisch tief verankert ist, ist dabei kein neues, aber ein erneut bestätigtes Resümee (→ **Kapitel 2**). Die Vielfalt der Anschuldigungen, die durch #MeToo beschrieben wird, zeigt auf, welche Dimension Sexismus umfasst, und dokumentiert, dass dieser nach wie vor dort manifest ist, wo grundlegende Macht- und Hierarchiestrukturen bestehen (vgl. Wille 2018). Im Zuge der zunehmend öffentlich werdenden Fälle von sexuellen Übergriffen hat sich der Begriff der Rape Culture entwickelt. Als Rape Culture wird eine Gesellschaft bezeichnet, in der sexuelle Objektifizierung und Übergriffe nicht nur existent, sondern grundlegend verankert sind. Die Semantik von Rape Culture löst sich vom Einzelfall der Vergewaltigung und führt zu gesellschaftlich akzeptierter Gewalt gegenüber Frauen. Hinzu kommt das Victim Blaming, womit die Schuldzuweisung an die Opfer im Sinne einer Täter-Opfer-Umkehrung gemeint ist; dem Opfer wird also eine (Mit-)Schuld am Verbrechen gegeben. Prominentes Argument ist, dass Frauen selbst schuld an sexueller Gewalt seien, weil sie sich aufreizend kleideten. Das bedeutet, „dass man Opfern systematisch misstraut und dass man sie im Stich lässt." (Penny 2015, S. 163) Auch die Bezeichnung ‚Slut Shaming' gehört in dieses Spektrum und „warnt Frauen vor einem allzu ‚ausschweifenden' Sexualleben, da sie dadurch riskieren würden, Opfer eines Übergriffs zu werden." Mehr noch: „Frauen, die sich diesen ‚Ratschlägen' widersetzen, gelten als ‚leichte Beute', womit die Tat an sich verharmlost wird." (Karl 2020, S. 264 – 265) Wenngleich #MeToo und die Debatte über sexualisierte Gewalt sowie Machtmissbrauch heftigen Gegenwind erfahren hat, hat sie doch Grundlegendes in der Gesellschaft geändert. Seit #MeToo hat sich nicht nur die Zahl der angezeigten Delikte im Bereich sexualisierter Gewalt um knapp ein Drittel erhöht (vgl. Karl 2020, S. 268). Karl zufolge sei es heute auch gesellschaftlicher Konsens, „dass wie auch immer geartete Übergriffe kein Kavaliersdelikt sind, sondern Machtmissbrauch." (Karl 2020, S. 268) #MeToo konnte strukturelle Ungleichheit und hegemoniale Herrschaftsverhältnisse zwar nicht beseitigen, jedoch entscheidend zu deren gesellschaftlicher Sichtbarmachung beigetragen.

Auch die genderorientierte germanistische Literaturwissenschaft befasst sich zunehmend mit Analogien zu #MeToo in der Literaturgeschichte (Krimmer / Simpson 2022) und fragt danach, inwiefern die Literatur der letzten Jahrhunderte Geschlechternarrative vorbildet, die sich als diskursiver Bezug in der heutigen Gesellschaft und insbesondere in einer Debatte wie #MeToo wiederfinden lassen. So zeigt beispielsweise Heinrich Leopold Wagners bekanntes bürgerliches Trauerspiel *Die Kindermörderin* (1776) bereits im 18. Jahrhundert sexuelle Gewalt und Objektifizierung, repressive Machtstrukturen und männliche Verfügungsgewalt über den weiblichen Körper. Eine Rekonstruktion und Analyse der Wissenschaftsgeschichte zu Wagners *Kindermörderin* kann zudem offenbaren, dass die Forschung durch fehlendes Problembewusstsein für sexuelle Gewalt die Vergewaltigung der Protagonistin Evchen nicht anerkennt und damit Victim Blaming betreibt. In Wagners Drama wird die bürgerliche Metzgermeistertochter Evchen durch den adligen Leutnant von Gröningseck durch einen geplanten Hinterhalt vergewaltigt und geschwängert. Evchen wird zur Kindermörderin, da sie aus Verzweiflung und Angst vor gesellschaftlicher Repression in einem Anfall von Wahnsinn ihr Kind ersticht. Obwohl die Indizien, die das Drama bereithält, eindeutig für eine Vergewaltigung sprechen, ist diese in der germanistischen Forschungsgeschichte der *Kindermörderin* noch immer nicht abgesichert: Nachdem die Forschung Evchen lange Zeit lediglich als Verführte gesehen hat (vgl. u. a. Hinck 1978, S. 264; Kaiser 1976, S. 234; Mabee 1986, S. 35), die in den Täter verliebt ist und deshalb nicht vergewaltigt werden konnte (!), hat sich in Abgrenzung dazu seit den 1990er Jahren eine zweite Forschungsperspektive etabliert, die dezidiert auf den Tatbestand der Vergewaltigung hingewiesen hat (vgl. u. a. Kaarsberg Wallach 1993, S. 63; Saße 1996, S. 206; Luserke 1997, S. 234; Schönenborn 2004, S. 188). Seit 2006 jedoch wird diese Position von Teilen der jüngeren Forschung erneut infrage gestellt, die sich der Suche nach Hinweisen für eine Mitschuld Evchens widmet (vgl. u. a. Alefeld 2007, S. 174; Lee 2013, S. 103; Meyer-Sickendiek 2016, S. 371, für eine vollzählige Auflistung und Diskussion der Forschungspositionen vgl. Wille 2021, S. 210 – 235). Dadurch, dass eine Vergewaltigung legitimiert und dem Opfer sexueller Gewalt eine Mitschuld gegeben wird, entsteht Victim

Blaming. Die Ausmaße und Effekte sexueller Gewalt werden so verschleiert und die ‚Gewalt' auf erschreckende Art und Weise (unreflektiert) reproduziert. #MeToo hat also auch innerhalb der germanistischen Forschung zu einer erhöhten Sensibilisierung für strukturellen Sexismus und die Gefahren reaktionärer Forschungspositionen geführt.

Wie die Ausführungen dieses Kapitels gezeigt haben, nehmen das Internet und die sozialen Medien nachhaltig Einfluss auf die Ausgestaltung und Ausdrucksmöglichkeiten des Feminismus. Mit dem Internet sind vielfältige Möglichkeiten zur digitalen Vernetzung entstanden, die für feministischen Aktionismus und Protest genutzt werden und mit #aufschrei im deutschsprachigen und #MeToo im internationalen Raum weitreichende und nachhaltige Debatten zu Sexismus, sexualisierter Gewalt und Machthierarchien ausgelöst haben. Ein Problem bleibt die Reichweite gesellschaftlicher Aufklärung, die weit weniger für neu entstehende Phänomene gilt wie das der digitalen Gewalt, der tagtäglich Frauen* und Netzfeminist:innen auf der ganzen Welt ausgesetzt sind. Der Kampf für ein ‚Netz ohne Gewalt' wird auf der feministischen Agenda auch in Zukunft hoch priorisiert, ebenso die Abschaffung jeglicher Formen von Rape Culture und Victim Blaming.

Fragen und Anregungen

- Rekonstruieren Sie die Entwicklung des Netzfeminismus im deutschsprachigen Raum und erläutern Sie dessen innovatives Potenzial.
- Informieren Sie sich über den Generationenstreit zwischen dem ‚jungen' und ‚alten' Feminismus und sondieren Sie die unterschiedlichen Positionen.
- Suchen Sie auf Instagram nach feministischen Hashtags und erläutern Sie deren Inhalt. Wofür oder wogegen setzen sich diese ein?
- Lesen Sie Heinrich Kleists Novelle *Die Marquise von O....* (1808) und diskutieren Sie, inwiefern die Indizien des Textes für eine Vergewaltigung oder eine Verführung der Marquise sprechen.

Lektüreempfehlungen

Michaela Karl: Die Geschichte der Frauenbewegung, 6. aktualisierte und erweiterte Auflage, Stuttgart 2020. *Gibt einen Überblick über die zentralen Entwicklungen des Feminismus von den Anfängen bis heute.*

Annekathrin Kohout: Netzfeminismus. Strategien weiblicher Bildpolitik, 2. Auflage, Berlin 2020. *Versammelt feministische bilderpolitische Aktionen in den sozialen Medien, die bestehende Schönheits- und Gendernormen infrage stellen.*

Francesca Schmidt: Netzpolitik. Eine feministische Einführung, Opladen / Berlin / Toronto 2021. *Rekonstruiert die Entwicklung vom Cyber- zum Netzfeminismus.*

Margarete Stokowski: Die letzten Tage des Patriarchats, Reinbek bei Hamburg 2018. *Gibt einen kenntnisreichen Einblick in die feministischen Debatten zwischen 2011 bis 2018 zu Themen wie Machtstrukturen, Körperbilder, #MeToo und Rechtspopulismus.*

Anne Wizorek: Weil ein #Aufschrei nicht reicht. Für einen Feminismus von heute, Frankfurt a. M. 2014. *Ausgehend von der #aufschrei-Debatte wirbt Wizorek für einen neuen modernen Feminismus.*

16 Gender im Kontext von Arbeit und Ökonomie

Sie sind ab jetzt als ich unterwegs. Sie sind also weiblich, bitte merken Sie sich das, denn es ist an einigen Stellen wichtig. Sie sind eigentlich Autorin und Übersetzerin, haben zu diesem Zeitpunkt zwei Söhne und einen Partner, der gut zu Ihnen passt, was Sie meistens auch wissen. [...]

Es wird also so sein: Sie bekommen diesen Job und freuen sich, und dann werden Sie müde sein, werden jeden Tag Ihre Augen kaum noch offenhalten können, Ihnen wird die Kraft für alles Vergnügliche oder schlicht für alles fehlen und Sie werden sehr viel mehr über Ihr Leben und das Ihrer Eltern und all derer wissen, die Vorgesetzte haben. Sie haben ja normalerweise keinen Chef, keine Chefin. [...]

Das mit Hartz 4 überlegen Sie, vielleicht kriegt man es ja doch irgendwie hin. Das könnte man doch schaffen. Man könnte das doch als einen Beruf betrachten, den man ausübt, der auch nicht angenehm ist, aber wenigstens nicht pro Woche vierzig Stunden Anwesenheit erfordert. Sie erwägen also, Leistungsbezieherin zu werden und an Stelle des Weltunternehmens die Agentur für Arbeit zu setzen. Sie rufen in meine Richtung: Ich werde mich dafür einsetzen, die Tätigkeit des Leistungsbeziehens zu einem anerkannten Beruf zu machen.
Heike Geißler: *Saisonarbeit* (2014), S. 13, 15, 160.

Die freie Schriftstellerin und Übersetzerin Heike Geißler, die aufgrund finanzieller Not eine Beschäftigung als Lageristin in dem globalen Großkonzern Amazon aufnehmen muss, verarbeitet diese Erfahrungen in ihrem Roman „Saisonarbeit" (2014). Die namenlose Ich-Erzählerin spricht die Lesenden direkt an und nimmt sie mit in die eigene Lebenswelt, sodass erfahrbar wird, wie sich zunehmend Desillusion und Erschöpfung einstellen und die Einsicht wächst, dass sich entfremdete und unterbezahlte Lohnarbeit in hohem Maße destruktiv auf den einzelnen Menschen auswirkt. Der Roman beteiligt sich damit an der gegenwärtigen Diskussion um die Gefahren einer gesellschaftlichen Prekarisierung, die das Normalarbeitsverhältnis bedroht und soziale Verelendung mit sich bringt. Dass prekäre Arbeit und unsichere Beschäftigungsverhältnisse mit dem Geschlecht in Zusammenhang stehen, bleibt dabei vielfach unberücksichtigt – ‚weibliche' Arbeit wird etwa bis heute schlechter bezahlt (wie der Gender-Pay-Gap verdeutlicht), eine Tatsache, die die Genderforschung historisch aufarbeitet und problematisiert.

Das Kapitel beginnt mit einem Blick auf die Neuverteilung von Arbeitsfeldern, die mit der Entstehung der bürgerlichen Geschlechterordnung der häuslichen (weiblichen) ‚Reproduktionstätigkeit' die Erwerbstätigkeit des Mannes gegenüberstellt; im Verlauf des 19. Jahrhunderts wird die reproduktive Arbeit im Haushalt zusammen mit dem Siegeszug der Lohnarbeit (Kocka 2010, S. 9) zunehmend unsichtbar. Diesen ‚blinden Flecken' der Ökonomie widmen sich die kritischen Revisionen der Feministischen Ökonomie und der Arbeitssoziologie, die hier ebenfalls vorgestellt werden. (Soziologische) Kategorien wie sexuelle,

https://doi.org/10.1515/9783110656541-016

ästhetische, emotionale und prekäre Arbeit erweisen sich für literaturwissenschaftliche Analysen als überaus anschlussfähig, wie ein Blick auf zeitgenössische Prekariatserzählungen zeigen wird. Den Abschluss des Kapitels bildet die diskursive Verknüpfung von Weiblichkeit und Konsum, die seit dem späten 19. Jahrhundert die Vergeschlechtlichung ökonomischer Prozesse vertieft.

16.1 Feministische Ökonomie: Kritische Revisionen und ‚blinde Flecken'

Mit der Entstehung der bürgerlichen Geschlechterordnung werden Arbeitssphären mit Blick auf genderspezifische Kriterien völlig neu organisiert. Zusammen mit der Naturalisierung der Geschlechter etabliert sich im 19. Jahrhundert eine geschlechtlich semantisierte Arbeitsteilung. Wie Karin Hausen wirkmächtig dargelegt hat, findet dabei auch eine strikte Zuweisung räumlicher Sphären statt, die die häusliche (weibliche) ‚Reproduktionstätigkeit' von der Erwerbstätigkeit des Mannes absondert. Die zunehmende Marktorientierung von Arbeit lässt insbesondere diejenigen Tätigkeitsbereiche unsichtbar werden, die mit Pflege und Haushalt zu tun haben und bis heute weiblich codiert sind. Lohnarbeit wird zunehmend ‚entbettet', das heißt aus anderen Lebensbereichen ausgegrenzt, um als distinkter Ort in Erscheinung zu treten. Eine Folge ist, dass Aktivitäten jenseits der aufgewerteten Erwerbstätigkeit kaum als Arbeit wahrgenommen werden. Dieser ‚Prozess der semantischen Verengung' (Kocka 2010, S. 9) führt dazu, dass Tätigkeiten vor allem in der Reproduktionssphäre, also im Haushalt (Kleiden, Nähren, Reinigen etc.), nicht mehr als Arbeit gelten. Mit der weitreichenden Trennung von produktiver – und damit marktvermittelter – und reproduktiver, häuslicher Arbeit wurde die Frau also in den unentlohnten Bereich der Haus- und Care-Arbeit ‚verbannt'. Wissenschaftliche Ansätze, beispielsweise in den Wirtschaftswissenschaften, haben diesen Ausschluss aus der Lohnarbeit tendenziell reproduziert und „die Beteiligung der Frauen an der Marktwirtschaft als Ausnahme erscheinen lassen" (Maier 2002, S. 402), wie Friederike Maier ausführt. Bis heute untersucht die klassische Ökonomik Geschlechterhierarchien in wirtschaftlichen Kontexten nur vereinzelt (vgl. Maier 2002, S. 401). Die Geschlechterforschung in den Wirtschaftswissenschaften – die Feministische Ökonomie – kritisiert deshalb seit den 1970er Jahren die Mainstream Ökonomie, die sie auch ‚Malestream Ökonomie' nennt. Diese lasse nicht nur den Konstruktionscharakter der Kategorie Geschlecht unhinterfragt, sondern die Geschlechterverhältnisse an sich und die damit einhergehenden Macht-, Herrschafts- und Ungleichheitsstrukturen würden gänzlich ausgeblendet (vgl. Mader 2013, S. 6). Katharina Mader zufolge bleiben auch „die spezifischen sozialen Erfahrungen und Lebenskontexte von Frauen" unberücksichtigt, sodass die „Konstruktion des ökonomischen Gegenstandsbereichs, die Wahrnehmung von Problemen sowie Erklärungen und Interpretationen eben-dieser" aus einer männlichen Perspektive erfolgt (Mader 2013, S. 6). Die Margi-nalisierung von Geschlechterhierarchien verstärkt sich durch die hartnäckige wirtschaftstheoretische Annahme, dass ökonomisches Handeln von ‚Wirt-schaftssubjekten' geschlechtsneutral sei. Paradigmatisch für dieses androzentri-sche ökonomische Denken ist die Orientierung an „dem rationalen Verhalten des *homo oeconomicus*, der als abstrakter und stilisierter *economic man* individuelle Nutzenmaximierung bzw. Gewinnmaximinierung betreibt" (Maier 2002, S. 402).

An dieser Stelle setzt die Feministische Ökonomie an, die die androzentrische Ausrichtung in wirtschaftswissenschaftlichen Theorien und Analysen freizulegen und die enge Kopplung von Männlichkeitskonzepten und dem Modell des *homo oeconomicus* nachzuweisen versucht (Michalitsch 2000, u. a. S. 94). Das Schwei-gen über Geschlechterverhältnisse in der Ökonomik wird von Feministischen Ökonom:innen überdies als ein strategisches identifiziert, das zur Festigung tradierter Machtverhältnisse beiträgt – diese Annahme geht auf die 1994 von Isabella Bakker veröffentlichte Studie *The Strategic Silence* zurück. Strategisches Schweigen meint ein „Nicht-Sprechen über jene Wirtschaftsbereiche, die am stärksten von geschlechtsspezifischer und sexueller Arbeitsteilung geprägt sind: nämlich die Haushaltsökonomie und unbezahlte Versorgungsarbeit, die als au-ßerökonomisch betrachtet" werden (Haidunger / Knittler 2014, S. 169) und in der Ökonomik ‚blinde Flecken' bleiben. Christine Bauhardt und Gülay Çağlar defi-nieren als übergeordnetes Ziel der Feministischen Ökonomie, „dieses Schweigen zu brechen und die nicht-marktförmige Reproduktionsarbeit als zentralen Be-standteil der Ökonomie ins Zentrum von wirtschaftstheoretischen Diskussionen zu rücken" (Bauhardt / Çağlar 2010b, S. 9; eine gute Übersicht zum aktuellen Stand der Feministischen Ökonomie geben zudem Haidinger / Knittel 2014b). Als Standardwerke zu diesen Themen gelten die Studien *The Economics of Gender* (1994) von Joyce Jacobsen sowie *The Economics of Women, Men and Work* (1998) von Francine Blau, Marianne Ferber und Anne Winkler (wichtige Impulse liefer-ten zudem Ferber / Nelson 1993; Regenhard / Maier / Carl 1994; Kreimer 2009; Bauhardt / Çağlar 2010). Über die Ökonomik hinaus versuchen die Sozialwis-senschaften und die Politologie, die Rahmenbedingungen und Strukturen von Reproduktionsarbeit durch alternative Begrifflichkeiten wie „Arbeitsensemble" (u. a. Becker-Schmidt 2007, S. 262) und „andere Ökonomie" zu erfassen (vgl. für einen Rückblick und aktuelle Fragestellungen Bauhardt / Çağlar 2010b, S. 7– 15).

16.2 Geschlecht und Arbeit in soziologischen und literarischen Diskursen

Das einflussreiche Modell, das sich im ausgehenden 18. Jahrhundert zu etablieren beginnt, überträgt dem Mann die Aufgabe des ‚bread winner', also für den Familienunterhalt zu sorgen. Aus marxistischer Perspektive heißt das, dass sich der Mann durch Lohnarbeit ausbeuten lässt, die wiederum die in der Privatsphäre agierende Frau ausbeutet; so beschreiben marxistische Feminist:innen der 1970er Jahre diese Form der Arbeitsteilung (vgl. Dalla Costa / James 1973, S. 30). Gender bildet in diesem wirkmächtigen bürgerlichen Modell, das im Grunde bis heute nicht gänzlich überwunden ist (obwohl sich seit den 1970er Jahren das Konzept durchsetzt, dass alle Erwachsenen arbeiten), die Grundlage für den Zugang zu spezifischen Tätigkeitsfeldern (vgl. Hausen 2010, S. 73). Umgekehrt reproduziert Arbeit ihrerseits die Genderordnung, wobei in diesem Feld Gender in der Regel als Sex adressiert wird, wie die arbeitssoziologische Kategorie der sexuellen Arbeit verdeutlicht (vgl. Lorenz / Kuster 2007). Das System der Erwerbsarbeit weist mithin starke Beharrungskräfte auf, die die binäre Geschlechtermatrix aufrechterhalten. So wird beispielsweise weiterhin von ‚Männer'- und ‚Frauenberufen' gesprochen, wenn ein bestimmter Prozentsatz an Frauen oder Männern einen Beruf ausübt (vgl. Weeks 2011). Erwerbsarbeit entscheidet dabei maßgeblich über gesellschaftliche In- und Exklusion; der Arbeitsmarkt gilt „als die zentrale Instanz zur Zuteilung von sozialen Positionen, gesellschaftlichem Status und Lebenschancen [...]. Der Arbeitsmarkt ist damit in hohem Maße auch eine ‚Maschine der Ungleichheitsproduktion'" (Dressel / Wanger 2010, S. 489) und koppelt das soziale Kapital von Gender-, Race- und Class-Zuschreibungen.

Die Arbeitssoziologie entwickelt, um diesen Machtasymmetrien im ökonomischen Bereich zu begegnen, Kategorien, die die Tätigkeiten im Haushalt und im Care-Bereich wie der Pflege genauer zu beschreiben versuchen und die Überschneidungen von Genderzuschreibungen und Arbeitsvermögen in der Lohnarbeit berücksichtigen. Dieses arbeitssoziologische Wissen ist auch für die kulturwissenschaftliche Analyse von Literatur aufschlussreich, die sich mit (weiblicher) Arbeit beschäftigt, also beispielsweise mit Figuren wie der Gouvernante, dem Dienstmädchen, der Sekretärin und der Unternehmerin. Im Folgenden werden die analytischen Kategorien der sexuellen, emotionalen, ästhetischen sowie prekären Arbeit genauer vorgestellt.

Sexuelle Arbeit

Um den konstitutiven Zusammenhang von Geschlecht und Arbeit herauszustreichen, spricht die feministische und queere Arbeitssoziologie von sexueller Arbeit. Die Arbeitswelt adressiere das Geschlecht der Arbeitnehmer:innen permanent (Boudry / Kuster / Lorenz 1999, S. 8) und verlange eine Subjektivierung der arbeitenden Akteur:innen gemäß des Diskurses der Zweigeschlechtlichkeit und Heterosexualität. Diese Selbstregulierungen betreffen in hohem Maße den Körper als primären Ort sozialer Erfahrungen. Dessen Darstellung wird am Arbeitsplatz kontrolliert, wenn Firmen Vorschriften zu Körpergewicht, zulässiger Behaarung, Tattoos, Piercing sowie Kleidung machen und damit Regeln für die Konstruktion sexueller Identitäten vorgeben, die eine Corporate Identity herstellen sollen (vgl. McDowell 1999, S. 181). Vorgaben dieser Art, wie sie beispielsweise der Arbeitgeber Disney Land macht, zielen auf eine Inszenierung heterosexueller Zweigeschlechtlichkeit, wenn es in den Vorschriften heißt: „Einzelne Ohrringe sind nicht erlaubt. Weibliche Teammitglieder können zwei Ohrringe tragen, Männer nicht." (Zit. nach McDowell 1999, S. 181) Besonders im gegenwärtig boomenden Dienstleistungssektor wird „eine alltägliche Darstellung von ‚Weiblichkeit' und ‚Männlichkeit' und eine eindeutige Darstellung von Heterosexualität" eingefordert (Boudry / Kuster / Lorenz 1999, S. 8 – 9). Selbstdarstellungen sind vor allem dann effektiv und werden honoriert, wenn sie die Kohärenz von Geschlechtsidentität und sexueller Praxis suggerieren, also Gender und Sex im Sinne eines identitären Subjektentwurfs bzw. der Gender Coherence (das heißt einer Verknüpfung von Sex, Gender und Begehren im Sinne der Norm der Heterosexualität) verbinden.

Die Kopplung von Arbeit und Körper, die die binäre Ordnung der Geschlechtscharaktere reproduzieren kann, lässt sich auch in literarischen Texten über die Lohnarbeit weiblicher Figuren auffinden. Weibliche Werktätige bleiben in literarischen Texten über das 19. Jahrhundert hinaus auf den notorischen Geschlechtscharakter festgelegt, das heißt auf wenige Eigenschaften wie Schönheit, Körperlichkeit und Sexualität. Diese ‚weiblichen Qualitäten', Vermögen oder auch Kapitalien werden als die primären kommodifizierbaren Ressourcen (das heißt ‚zur Ware werdende' und damit anbietbare Ressourcen) von Protagonistinnen inszeniert. Insbesondere in der Literatur des 19. Jahrhunderts finden sich häufig arbeitende Frauenfiguren, die auf persistente Weise über Körperlichkeit und Sexualität definiert werden; beliebt sind Typen wie die sexualisierte Proletarierin, die Prostituierte und die Kurtisane. Sex-Work (aus arbeitssoziologischer Perspektive eher ein Randbereich) wird beispielsweise in Honoré de Balzacs *Glanz und Elend der Kurtisanen* (1838 – 1846) und Émile Zolas *Nana* (1880) zum Gegenstand, die eine Kurtisane ins Zentrum stellen, eine Frau mithin, die ihr Geld durch Sexarbeit in höheren Gesellschaftsschichten verdient. Doch auch das Sujet der Prostitution, das die Kopplung von weiblichem Arbeitsvermögen und Sexualität bzw. Körperlichkeit auf die Spitze treibt, erfreut sich großer Beliebtheit. Zugleich dient die (oft niedrigschwellige) Verwendung des Begriffs der Prostitution dazu, freiere sexuelle Verhaltensweisen zu stigmatisieren. Wie Anna Helleis betont, wurden Schauspielerinnen, die gewisse sexuelle Freiheiten genossen – anders als die bürgerliche Frau, der jegliche sexuelle Freizügigkeit verboten war – nicht selten der Prostitution bezichtigt, ungeachtet des gravierenden Unterschieds zwischen außerehelichen Kontakten und gewerblicher ‚Unzucht' (vgl. Helleis 2006, S. 26 – 27).

Ästhetische und emotionale Arbeit

Für die Analyse geschlechtlich codierter Arbeit hat die Arbeitssoziologie darüber hinaus die Kategorien der emotionalen und ästhetischen Arbeit entwickelt. Emotionale Arbeit bezieht sich auf die emotionalen Anforderungen im Berufskontext, die Organisationen von ihren Mitarbeitenden erwarten und die zur Verpersönlichung von Beziehungen – besonders im Dienstleistungssektor – führen. Dazu zählt sowohl die Forderung, bestimmte Gefühle zu internalisieren als auch die Aufgabe, (positive) Gefühle bei den Kund:innen hervorzurufen. Ästhetische Arbeit lässt sich ebenfalls verstärkt im Dienstleistungssektor vorfinden und umfasst Forderungen wie ‚well spoken and of smart appearance' oder ‚good looking'. Ästhetische Arbeit verlangt also von Beschäftigten, über bestimmte verkörperte Eigenschaften und Attribute zu verfügen (vgl. Warhust / Nickson 2007, 2009).

Emotionen, die nach Ute Frevert im 19. Jahrhundert nicht als Arbeit aufgefasst wurden, weil sie mit (weiblich codierter) Spontaneität und Körperlichkeit assoziiert waren und damit als schwer regulierbare Kräfte galten, spielen in bestimmten Arbeitskontexten wie beispielsweise der Pflege oder dem Sekretariat eine wichtige Rolle (vgl. Frevert 2010, S. 95). Dasselbe gilt für Flugbegleiterinnen, die die US-amerikanische Soziologin Arlie Russell Hochschild in ihrer bekannten Studie *Das gekaufte Herz. Zur Kommerzialisierung der Gefühle* (1983) zur Zielgruppe einer empirischen Studie macht. Hochschild widmet sich jener ‚emotion work', die Gefühle nicht auf der Oberfläche produziert, sondern auf einer tieferen Ebene als ‚deep acting' internalisiert. Diese Art von Gefühlsarbeit orientiert sich an gesellschaftlichen Normvorstellungen und nutzt das individuelle Gefühlsgedächtnis (vgl. Hochschild 1990, S. 62 [Neuausgabe 2006]). Institutionen und Vorgesetzte setzen emotionale Arbeit ein, um Gefühlsnormen bei den Angestellten zu etablieren und positiv besetzte Imaginationen zu verankern – dabei fällt die Evokation von (positiven) Emotionen insbesondere in den Zuständigkeitsbereich von Frauen. Hochschild zufolge schreibt die Arbeitswelt damit ein Austauschverhältnis fest, das die Unterwerfungsgeschichte der Frauen prinzipiell kennzeichnet: Frauen seien *per se* (zumindest im bürgerlichen Kontext) Gefühlsarbeiterinnen und böten Männern mangels anderer ökonomischer Möglichkeiten ihre Gefühle zum Austausch gegen materielle Mittel an. Die Exklusion aus dem Erwerbsleben, so betont die US-amerikanische Frauenrechtlerin Charlotte Perkins Gilman in ihrer Studie *Frauen und Arbeit* bereits um 1900, habe zu einer Festlegung von Frauen auf emotionale Arbeit geführt, die aufgrund einer scheinbaren Begabung bzw. Bestimmung dafür kaum honoriert werde – ein zirkulärer Prozess (vgl. Perkins Gilman 2005, u. a. S. 54). Die jüngere Forschung kritisiert an Hochschilds Studie, dass die Soziologin von der Utopie einer unentfremdeten, ursprünglichen Gefühlswelt ausgehe, und versucht, die Folgen von ‚deep acting‘ und ‚surface acting‘ in diversen Berufsfeldern genauer auszuloten (zur Kritik an Hochschild vgl. Rastetter 2008, S. 21–23; zu den neueren Forschungsansätzen ebd. S. 23–60). Darüber hinaus werde emotionale Arbeit auch von männlichen Arbeitnehmern verlangt, wie Daniela Rastetter betont. Gleichwohl bestätigen neuere Ergebnisse die weiterhin enge Verbindung zwischen weiblichen Tätigkeiten und Gefühlsarbeit (vgl. Rastetter 2008, S. 42–46).

Emotionale Arbeit wird auch im Haushalt als personenbezogene Dienstleistung verrichtet. Dass sie in der Regel unbezahlt bleibt und zugleich einen immensen Anteil am materiellen Wohlstand eines Landes ausmacht, streichen Feminist:innen heraus. Insbesondere die Abhängigkeit des Kapitalismus von unbezahlter Hausarbeit, die vielfach Frauen verrichten, ist Untersuchungsgegenstand feministischer Studien (Biesecker / Hofmeister 2010, S. 51–80). Hausarbeit als unsichtbare Ressource folgt dabei einer anderen ökonomischen Logik als sie das Modell des *homo oeconomicus* vorgibt und verlangt deshalb alternative Analysekategorien. Seit einigen Jahren verstärkt sich dabei der Transfer haushälterischer Tätigkeiten auf Migrantinnen, was zu einem gravierenden Verlust sozialer Arbeit im Herkunftsland (‚care drain‘) führt (vgl. Palenga-Möllenbeck 2014, S. 138–148).

Literarische Texte, die weibliche Tätigkeiten schildern, lassen in der Regel diverse Formen emotionaler und ästhetischer Arbeit samt ihren Konsequenzen für das arbeitende Subjekt plastisch werden. Das gilt insbesondere für Texte, die die Ausdifferenzierung von weiblichen Berufsbildern seit der Zwischenkriegszeit reflektieren. So schildert Arthur Schnitzlers später Roman *Therese. Chronik eines Frauenlebens* (1928) das Leben einer Gouvernante (zur Kulturgeschichte der Gouvernante als ‚Frauenberuf‘ vgl. Hardach-Pinke 1993 sowie Eßlinger 2013). Die Figur der Sekretärin, die in der Zwischenkriegszeit als Typus der neu entstehenden Angestelltenkultur überaus beliebt ist, findet sich unter anderem in Irmgard Keuns *Gilgi – eine von uns* (1931) und Christa Anita Brücks *Schicksale hinter Schreibmaschinen* (1930) (zum Zusammenhang von Arbeit und Angestelltenkultur vgl. Alt 2021). Allen drei Romanen ist gemein, dass sie – wenn auch auf unterschiedliche Weise – von der Sexualisierung weiblicher Lohnarbeit erzählen. Bezeichnenderweise haben die weiblichen Figuren in allen drei Texten ausschließlich Zugang zu Tätigkeiten im Niedriglohnsektor, der durch mangelnde Aufstiegschancen, Monotonie, Unsicherheit und schlechte Bezahlung gekennzeichnet ist (vgl. Schößler 2017a, S. 33). Literarische Texte geben also Aufschluss über die Vergeschlechtlichung von Tätigkeiten sowie die Asymmetrien in der Verteilung von Kapital und Anerkennung, die die Ideologie der bürgerlichen Geschlechterordnung und der Siegeszug der Lohnarbeit im 19. Jahrhundert mit sich bringen (vgl. Schößler 2017a, S. 28).

Prekäre Arbeit

Für die Analyse von Arbeit ist darüber hinaus die Kategorie der prekären Arbeit aufschlussreich (vgl. Dörre 2007, S. 294); besonders ‚weibliche' Arbeit wird bis heute zuweilen schlechter bezahlt, ist vielfach unsicher und ohne Aufstiegschancen. Gegenwärtig scheint Prekarität selbst die gesellschaftliche Mitte zu bedrohen (vgl Dörre 2009).

Mit ‚Prekariat' werden seit den 2000er Jahren grundlegende Umbrüche auf dem Arbeitsmarkt und im sozialen Gefüge der Gesellschaft beschrieben (vgl. Kraemer 2008, S. 139). Der Duden verzeichnet seit 2009 das Lemma ‚Prekariat' und versteht darunter jenen „Bevölkerungsteil, der, besonders aufgrund von anhaltender Arbeitslosigkeit und fehlender sozialer Absicherung, in Armut lebt oder von Armut bedroht ist und nur geringe Aufstiegschancen hat" (Prekariat auf Duden online 2021). Eine semantische Erweiterung erfährt seit jüngster Zeit auch das Lemma ‚Prekarität', womit die „Gesamtheit der Arbeitsverhältnisse ohne soziale Absicherung" bezeichnet wird sowie eine generell „schwierige Lage; [eine] problematische soziale Situation" (Prekarität auf Duden online 2021). Die Soziologie zählt Prekarität inzwischen „zu den großen Themen der soziologischen Gegenwartsanalyse und Zeitdiagnostik" (Aulenbacher 2009, S. 65). Feministische Forscher:innen kritisieren, dass die öffentliche und mediale Omnipräsenz des Prekariatsbegriffs primär das (sich gegenwärtig auflösende) männlich konzipierte Normarbeitsverhältnis adressiere (vgl. Aulenbacher 2009, S. 66–67). Dass Frauen jedoch, seitdem sie sich auf dem Arbeitsmarkt verdingen – als Künstlerinnen, Dienstmädchen, Kellnerinnen oder Angestellte –, mit der Pauperisierung durch Arbeit konfrontiert sind, bleibt in der Regel unberücksichtigt. Bis in das 20. Jahrhundert hinein wurde das Arbeitsvermögen von Frauen als anfälliger eingestuft; hartnäckige Geschlechterstereotypen und normative (männliche) Berufsbiografien führten überdies zur strukturellen Abwertung sowie einer geringeren Entlohnung weiblicher Arbeit. So ging man beispielsweise bis in die 1970er Jahre davon aus, dass junge Frauen lediglich bis zur Eheschließung arbeiten (die Heirat also das ‚Ziel' weiblicher Existenz sei). Frauen schienen mithin nur über ein temporäres Arbeitsvermögen zu verfügen und an kontinuierlichen Arbeitsbiografien mit entsprechenden Aufstiegschancen nicht interessiert zu sein.

Ulrich Beck und Michael Brater bieten in ihrer Studie *Berufliche Arbeitsteilung und soziale Ungleichheit* (1978) eine Erklärung für die enge Korrelation von Prekarität und weiblicher Lohnarbeit an, wenn sie darauf verweisen, dass die Beruflichkeit von Arbeitsteilung „als Produkt und gleichzeitig als Medium der Durchsetzung sozialer Interessen verstanden werden muß" (Beck / Brater 1978, S. 7). Soziale Ungleichheit sei nicht das Resultat beruflicher Differenzierungen, sondern schlage sich bereits in den Grenzziehungen und Kombinationen von Arbeitsvermögen in Berufen nieder. Die beruflichen Zuschnitte seien also nicht durch Effizienz und Funktionalität zu erklären, sondern zielten auf die Reproduktion sozialer Ungleichheit. Beck und Brater erkennen in diesem Kontext eine „soziale[...] Interessenverwirklichungsstruktur" (Beck / Brater 1978, S. 141) von Berufen, die in der Verbindung von weiblicher Lohnarbeit und Prekarität zum Ausdruck komme. Klaus Dörre führt diese Kopplung auf die ungebrochene Wirksamkeit symbolischer Formen männlicher Herrschaft zurück, „deren sozialisierende Kraft geschlechtsspezifische Einmündungen in prekäre Verhältnisse begünstigt" (Dörre 2007, S. 294). Dabei würde die gegenwärtige Erosion männlicher Normarbeit zur Intensivierung von Geschlechterstereotypen führen: der Arbeitnehmer befürchte eine „Verweiblichung", weil er mit Frauen konkurrieren müsse und dies seine Rolle als ‚bread winner' gefährde, die Arbeitnehmerin hingegen fürchte eine „Entweiblichung", die ihre Rolle als Mutter und Sorgende bedrohe (Dörre 2007, S. 296) – beide Geschlechter agierten als Kompliz:innen sexualisierter Deutungen. Nach dieser Lesart bringt Prekarisierung also das Gegenteil von Emanzipation mit sich (vgl. Dörre 2007, S. 297–298).

Der Sammelband *Prekäre Männlichkeiten* (2022) von Lars Henk, Marie Schröer und Gregor Schuhen widmet sich Angstszenarien dieser Art in Film und Literatur und diskutiert die gegenwärtigen sozialen und wirtschaftlichen Veränderungen vor dem Hintergrund „neue[r] Männlichkeitsnarrative[...] im Schatten von Abstiegsängsten und Prekarisierung"; dabei wird insbesondere das „Motiv des Klassenkampfes auf dem Arbeitsmarkt, die Abstiege und die soziale Frage" untersucht (Henk / Schröer / Schuhen 2022, Klappentext). Der Aktualität des Prekariatsthemas entsprechend, wird dieses auch in zeitgenössischen literarischen Texten verstärkt zum Gegenstand, für die sich die Intersektionalitätstheorie als ergiebiger Zugang erwiesen hat (vgl. Wille 2022).

16.3 Intersektionale Prekariatserzählungen im 21. Jahrhundert

Gegenwartsliterarische Erzählungen über prekäre Verhältnisse, soziale Ausgrenzung und ökonomische Existenzangst verhandeln ein breites Spektrum an Themen. Sie veranschaulichen die Ängste der urbanen Mittelschicht vor den Mechanismen des sozialen Abstiegs (wie der Prekariatsroman *Die Glücklichen* [2015] von Kristine Bilkau) oder legen den Fokus auf Klassenschranken und schildern das Aufwachsen in der Unterschicht (wie Christian Barons *Ein Mann seiner Klasse* [2020]; zur Wiederkehr der als überwunden geglaubten Klassenfrage vgl. Blome / Eiden-Offe / Weinberg 2010; Stahl / Kock / Palm / Solty 2020 sowie Barankow / Baron 2021). Daneben gibt es Erzählungen, die Weiblichkeit und Prekarität explizit ins Blickfeld rücken und emotionale sowie ästhetische Arbeit im Kontext eines neoliberalen Konkurrenz- und Erfolgsparadigmas verorten (wie Marlene Streeruwitz' *Jessica, 30.* [2004]; vgl. dazu Wille [2023]), oder die Schrecken des sozialen Absturzes sowie Erfahrungen mit prekärer Arbeit thematisieren (wie Heike Geißlers *Saisonarbeit* [2014]; zum deutschsprachigen Prekariatsroman vgl. die Studie von Mischko 2022).

Dass neben der Kategorie Geschlecht weitere Differenzkategorien wie Race, Class, Alter oder Aussehen soziale Ungleichheit, Marginalisierung und prekäre Beschäftigung mit sich bringen und verstärken, darauf weist seit einigen Jahren die Intersektionalitätsforschung hin (→ **Kapitel 9.2**); sie zeigt unter anderem auf, dass nicht alle Menschen gleichermaßen von der Gefahr der Prekarisierung betroffen sind. Gender- und Klassismusfragen im Kontext prekärer Lebensverhältnisse verbindet etwa der 2018 erschienene Roman *Schäfchen im Trockenen* von Anke Stelling, in dessen Zentrum die Schriftstellerin Resi steht. Sie gehört als „Aufsteigerkind[...]" (Stelling 2020, S. 66) mit ihrem Mann Sven zum urbanen Kreativ-Prekariat. Beide sind zwar Teil der intellektuellen Berliner Mittelschicht, zählen als „brotlose Künstler mit vier Kindern" jedoch zu den „Geringverdiener[n]" (Stelling 2020, S. 43, 30). In einer Art Tagebuch hält Resi ihre desillusionierenden Erfahrungen mit Klassenschranken und dem nicht eingelösten Aufstiegsversprechen durch Bildung fest, um diese an ihre Tochter Bea weiterzugeben und sie mit einem Bewusstsein für Klassen- und Geschlechtersolidarität auszustatten. Für eine gendersensible Analyse ist unter anderem Resis alltäglicher Konflikt zwischen kreativer Arbeit und Mutterschaft von Interesse. Denn Resis Schreiben (und dadurch ihr Geldverdienen) werden enorm erschwert, da sie sich erst ihren Manuskripten widmen kann, wenn die mütterlichen Pflichten ‚abgearbeitet' sind. Anders als ihr Mann Sven, der über ein außerhäusliches Atelier verfügt, hat Resi kein eigenes Arbeitszimmer, sondern muss mit der Vorratskammer neben der Küche vorliebnehmen. Im Roman sehnt sie sich – in der Tradition von Virginia Woolf – nach einem *Zimmer für sich allein* (1929) (→ **Kapitel**

3.4). Dieser intertextuelle Verweis markiert, dass sich Frauen wie Resi auch noch im 21. Jahrhundert in einer doppelt prekären Situation befinden, die in der Verschränkung von Klassismus und Gender sichtbar wird und mit einem erschwerten Zugang zu ökonomischen Ressourcen einhergeht. Keinen Raum zu haben ist überdies doppelt konnotiert – zum einen kann sich Resi keine größere Wohnung leisten, zum anderen zeigt sich im Roman, dass vor allem Frauen auf die Möglichkeit, ein ‚Zimmer für sich allein' zu besitzen, verzichten müssen (vgl. Stelling 2020, S. 248; vgl. Wille 2022).

Auch der Debütroman *Streulicht* (2020) von Deniz Ohde verhandelt Prekariatserfahrungen und deckt die engmaschigen Verschränkungen von Klassismus und Migration auf. Die namenlose Ich-Erzählerin aus einem deutschen Industriegebiet ist das Kind einer türkischen, im Reinigungsbetrieb arbeitenden Mutter und einem deutschen, als Fabrikarbeiter tätigen und dem Alkohol verfallenen Vater. Im Roman erkämpft sich die Ich-Erzählerin trotz widriger Umstände mühevoll eine Biografie, die ihr an sich nicht zugestanden wird, indem sie es von der Unterschicht über den Zweiten Bildungsweg an die Universität schafft. Der Roman erzählt jedoch keinen glücklichen Bildungsroman über weibliche Emanzipation, sondern lässt Erfahrungen der Desillusion und Mehrfachdiskriminierung plastisch werden, die die Ich-Erzählerin systematisch durch Stigmatisierung und Fremdenfeindlichkeit, genauer: durch einen institutionalisierten Rassismus im Erziehungs- und Bildungssystem erfährt. Schlussendlich bleibt sie auch nach einem erfolgreichen Studienabschluss in prekären Verhältnissen gefangen (vgl. Ohde 2020, S. 269).

Die intrikate Verschränkung von diskriminierenden Klassismus- und Migrationerfahrungen im Kontext prekärer Männlichkeit verhandelt der Roman *Der die Träume hört* (2019) von Selim Özdoğan. Die Geschichte um den Ich-Erzähler Nizar Benali spielt im fiktiven Westmarkt, einem sozialen Problemviertel ohne Aufstiegschancen. Die Romanfiguren bewegen sich in einer durch Armut geprägten Welt und sind sozialen Exklusionserfahrungen sowie dem Gefühl anhaltender Stagnation ausgeliefert. Der Roman bricht mit der Idee der Chancengleichheit, wenn Nizars 17-jähriger Sohn Lesane über die Unmöglichkeit des sozialen Aufstiegs als „Schwarzkopf" reflektiert: „[du bist] immer nur Arbeitskraft, [...] die wollen uns hier nur auslutschen und ausspucken. Wir sind hier 2. Klasse-Menschen, die wollen uns nur als Diener in Deutschland." (Özdoğan 2019, S. 144, zum Thema postmigrantischer Erfahrungen → **Kapitel 9.5**). Besonders die Kopplung von Gender, Class und Race, die im Text anhand der männlichen Figuren Nizar und Lesane expliziert werden, beleuchtet gesellschaftliche Ausgrenzungsprozesse (vgl. Wille 2022). Eine intersektionale Literaturanalyse ermöglicht es also, so sollten diese Beispiele deutlich gemacht haben, die vielfältigen sozialen Praktiken in den Blick zu nehmen, die bei der Konstruktion und Transformation von Identitäten eine Rolle spielen (vgl. Blome 2016, S. 66 – 67).

16.4 Weiblichkeit und Konsum

Ein eigenständiges Forschungsfeld stellt das Verhältnis von Weiblichkeit und Konsum dar, das als einer „der entscheidenden Orte geschlechtlicher Ambivalenz in der Moderne" (Carter 2009, S. 155) bezeichnet werden kann. Bis in das 20. Jahrhundert hinein werden in literarischen Texten und im Alltagsdiskurs Luxus- und Massenkonsum als weibliche Sphäre aufgefasst (vgl. zu einschlägigen Beiträgen der geschichtswissenschaftlichen gendersensiblen Konsumforschung Ellmeier 2007). Eine besondere Rolle spielen in diesem Zusammenhang die großen Warenhäuser, die zum Ausgang des 19. Jahrhunderts entstehen (vgl. Briesen 2001) und die weibliche Aktionsräume deutlich vergrößern. Durch die suggestive Kopplung von Weiblichkeit und Konsum wird allerdings zugleich die Warenwelt erotisiert, das heißt weibliche Sexualität auf die Warenwelt projiziert und zu Werbezwecken eingesetzt. Das Kaufhaus beispielsweise wird als rauschhafter Ort der Sinnlichkeit imaginiert, wie ihn etwa Émile Zola in seinem einflussreichen Roman *Au Bonheur des Dames* (1883; *Das Paradies der Damen*) schildert (vgl. Niess 1978, S. 144; Schößler / Blaschke 2019; zur Warenästhetik Drügh / Metz / Weyand 2001). Die Waren scheinen den weiblichen Körper zu repräsentieren und rufen Fantasien von verführerischen Leibern und Hingabe auf (vgl. Schößler 2017a, S. 146).

Die Literatur greift das Zusammenspiel von Konsum und Weiblichkeit also auf und inszeniert mit Vorliebe einen Typus von Käuferin, die sich den verlockenden Waren willenlos hingibt und keine rationalen Entscheidungen zu treffen vermag. ‚Konsumtexte' wie Gustave Flauberts *Madame Bovary* (1856) und Theodore Dreisers *Sister Carrie* (1900) verbinden den Konsum- zudem mit dem romantischen Liebesdiskurs (vgl. dazu auch Illouz 2003) und entwickeln zuweilen (wie Dreisers Roman) ein emanzipatorisches Konzept weiblichen Konsums, weil er positive Fähigkeiten wie Sozialität, Empathie sowie Wohlbefinden mit sich bringt (vgl. Schößler 2017a).

Weiblichkeit und Konsum bleiben bis in das 21. Jahrhundert hinein eng miteinander verbunden. Wie die Feministin Laurie Penny in ihrem breit rezipierten Buch *Meat Market. Female Flesh Under Capitalism* (2011; *Fleischmarkt*, 2012) erklärt, habe der Kapitalismus das Geschlecht zur Ware stilisiert, woraus ein weltweit gigantischer Markt entstanden sei. Die ‚Pflicht zur Schönheit' werde bereits bei Mädchen geltend gemacht, was sich später für die erwachsene Frau als unumgänglich erweise: „Weiblichkeit ist an sich zur Marke geworden, ein eng gefasstes und reduzierendes Rezept verdinglichter Identität, die [an Frauen] zurückverkauft werden kann" (Penny 2012, S. 12–13). In diesem Kontext spricht Penny von ‚frauenverachtenden Mechanismen' und weist zugleich darauf hin, dass jede Frau, die sich von diesen Mechanismen befreien möchte, ihr sozial konstruiertes Geschlecht gefährde. Der Zwang zum Konsum und zur Verdinglichung als Bedingung eines weiblichen, ‚erotischen' Kapitals sei in die weibliche Identität förmlich eingeschrieben (vgl. Penny 2012, S. 69). Feministinnen wie Penny kritisieren überdies, dass primär der weibliche Körper in Werbung, Medien und der Unterhaltungsindustrie für Verkaufszwecke fetischisiert und sexualisiert werde, was die stetig wachsenden Märkte und Verkaufszahlen bestätigten (vgl. Penny 2012, S. 8).

Ein weiteres ‚Buzzwort' in diesem Zusammenhang ist Gender-Marketing, was die Generierung profitabler Absatzmärkte und Gewinne durch geschlechterdifferente Produkte meint. Gender-Marketing macht aus einer Zielgruppe zwei, indem die Produkte für Frauen / Männer bzw. Mädchen / Jungen unterschiedlich segmentiert werden. Das Verkaufsargument basiert in der Regel auf einem dualistischen Genderessentialismus, der den Geschlechtern je differente Grundbedürfnisse zuspricht. Zweigeschlechtlichkeit wird dabei an Heteronormativität gekoppelt und geht mit stereotypen Weiblichkeits- und Männlichkeitsattributen einher, die in der Regel konservative Rollenmuster einbinden. Wie Christina Holtz-Bacha festhält, sind – wenngleich sich in den letzten Jahren „eine Erweiterung des Rollenrepertoires der werblichen Repräsentation von Frauen" gezeigt habe – „in den Werbebildern weiterhin Stereotypen [sic] und Diskriminierungen von Frauen allgegenwärtig, die Abhängigkeit und Unterordnung signalisieren" (Holtz-Bacha 2019, S. 1).

Auch die Produkte für Kinder bleiben von diesen Werbestrategien nicht unberücksichtigt: Durch ‚Pinkifizierung' (was die deutlich rosagefärbten Produkte für eine weibliche Zielgruppe bezeichnet) werden Geschlechterstereotype auf Produkte übertragen und so bereits von Kindern erlernt und reproduziert. Die medialen Schönheits- und Körperdiskurse suggerieren insbesondere Mädchen sehr früh, dass mit ‚Weiblichkeit' bestimmte (konsumierbare) Schönheitsrituale und erlernbare Care-Fähigkeiten (etwa durch das Puppenspiel) verbunden sind. Während Jungen (etwa als Kapitän, Astronaut oder Polizeichef) die Welt verändern sollen, sollen Mädchen primär *sich* verändern. Durch Gender-Marketing werden geschlechtsspezifische Verhaltensmuster und normative Werturteile vermittelt, deren Darstellungen präskriptiven Charakter haben (das heißt, sie definieren, wie Mädchen / Frauen und Jungen / Männer sein sollen). Feministische Initiativen wie *pinkstinks* oder die Social Media-initiierte Kampagne #ichkaufdasnicht von Anne Wizorek versuchen, die Öffentlichkeit für reaktionäre Gender-

Marketingstrategien zu sensibilisieren und so die Reproduktion binärer Geschlechterstereotype zu unterlaufen.

Gender-Marketing findet darüber hinaus auf dem Buchmarkt statt. Kinder- und Jugendliteratur wie *Die Wilden (Fußball-)Kerle* und *Die Wilden Hühner* sind „offensiv geschlechtsspezifisch adressiert", wie die Studie *Archaisierung und Pinkifizierung* (2017) von Kerstin Böhm beobachtet. Böhm nimmt das Wechselspiel „von kommerzieller Orientierung und Zielgruppenspezifik mittels Strategien der ‚Archaisierung' und ‚Pinkifizierung'" in den Blick und untersucht in diesem Kontext die Tradierung und Aktualisierung von Männlichkeits- und Weiblichkeitsmythen (Böhm 2017, Klappentext; vgl. zu Genderfragen im Kontext von Kinder- und Jugendliteratur → **Kapitel 14.4**).

Das binäre Differenzmodell, das Frau und Mann, Familien- und Arbeitswelt voneinander trennt, bestimmt bis heute die Zuordnung von Geschlechtern und Tätigkeitsbereichen. Wie die Ausführungen dieses Kapitels gezeigt haben, kritisiert die Feministische Ökonomie die Vernachlässigung von Geschlechterverhältnissen in der klassischen Ökonomik und ist darum bemüht, den androzentrischen Blickwinkel volkswirtschaftlicher Theorien und Modelle zu überwinden und genderrelevante Fragestellungen ins Spiel zu bringen. Die soziologische Genderforschung geht den Tätigkeitsbereichen Care-Work und Haushalt genauer nach, entwickelt neue Begriffe (wie Arbeitsensemble) und unterscheidet diverse Formen von sexueller, emotionaler und ästhetischer Arbeit, die Frauen verstärkt leisten. Diese werden oftmals in geringerem Maße honoriert oder bleiben gänzlich unsichtbar, zumal sie dem weiblichen Geschlechtscharakter als genuin gelten. Auch die Kategorie der Prekarität ist für die Beschreibung von Arbeit einschlägig; die deutschsprachige Gegenwartsliteratur bildet die intersektionale Vielfältigkeit prekärer Lebenslagen ab und erzählt Geschichten über prekäre Verhältnisse, soziale Ausgrenzung und ökonomische Existenzangst. Konsum und Weiblichkeit bilden darüber hinaus ein eigenes Themenfeld, das ebenfalls eng mit der Sexualisierung und Tradierung von Geschlechterstereotypen verbunden ist und sich durch das Gender-Marketing im 21. Jahrhundert fortschreibt.

Fragen und Anregungen

– Diskutieren Sie die Kategorien der emotionalen und ästhetischen Arbeit und überlegen Sie, in welchen Berufsprofilen diese (unausgesprochen) zum Tragen kommen können.
– Lesen Sie Irmgard Keuns Roman *Gilgi, eine von uns* (1931) und arbeiten Sie anhand der Protagonistin die Kategorien der emotionalen und ästhetischen Arbeit heraus.

- Rekonstruieren Sie Formen prekärer Arbeit, die bereits vor dem 21. Jahrhundert zu finden und geschlechtsspezifisch semantisiert sind.
- Wählen Sie drei Produkte aus dem Bereich des Gender-Marketing aus und analysieren Sie die geschlechterstereotypen Verkaufsargumente.

Lektüreempfehlungen

Brigitte Aulenbacher: Die soziale Frage neu gestellt – Gesellschaftsanalysen der Prekarisierungs- und Geschlechterforschung, in: Robert Castel / Klaus Dörre (Hg.), Prekarität, Abstieg, Ausgrenzung. Die soziale Frage am Beginn des 21. Jahrhunderts, Frankfurt a. M. 2009, S. 65 – 80. *Diskutiert die aktuelle Prekariatsfrage vor dem Hintergrund weiblicher prekärer Arbeit.*

Bettina Haidinger / Käthe Knittler: Feministische Ökonomie. Eine Einführung, Wien 2014. *Gibt einen Überblick über die Entwicklungen und aktuellen Tendenzen innerhalb der Feministischen Ökonomie.*

Karin Hausen: Die Polarisierung der „Geschlechtscharaktere" – Eine Spiegelung der Dissoziation von Erwerbs- und Familienleben, in: Werner Conze (Hg.), Sozialgeschichte der Familie in der Neuzeit Europas, Stuttgart 1978, S. 363 – 393. *Skizziert die Entstehung der Geschlechtscharaktere und ihre Popularisierung.*

Laurie Penny: Fleischmarkt. Weibliche Körper im Kapitalismus. Dt. Erstausgabe, Hamburg 2012. *Feministische Kritik an spätkapitalistischen Ausbeutungs- und Unterdrückungsstrukturen.*

Franziska Schößler: Femina Oeconomica. Arbeit, Konsum und Geschlecht in der Literatur. Von Goethe bis Händler, Frankfurt a. M. 2017. *Untersucht aus kultur- und literaturwissenschaftlicher Perspektive anhand exemplarischer Lektüren das Spannungsfeld von Gender und Ökonomie.*

17 Wissenschaftskritik

Jetzt gab ihr ein Computer Ratschläge über die Liebe: ein körperloser Computer, oder vielmehr einer, dessen Körper sie bewohnte, dessen Körper das Haus war. „Jetzt gehören wir einander mehr denn je", sagte sie dem Spiegel, aber stumm, damit das Haus sie nicht um Erklärung bat, was sie damit meinte, jemand anders zu gehören. Statt dessen fragte sie laut: „Warum gibt es ein weltweites Übereinkommen, daß Roboter Menschen nicht ähneln dürfen? Seit ich zur Schule gehe, höre ich das. Warum müssen Roboter einfältige Maschinen sein?"

Als Roboter mit genügend künstlicher Intelligenz zur Ausführung komplizierter Aufgaben erschaffen wurden, erhob sich eine Oppositionsbewegung, Shira, etwa um 2040. Malkah hat mich belehrt, daß die Menschen die ersten humanoiden Roboter niedlich fanden, faszinierend, aber dann sehr rasch beängstigend. Krawalle entstanden und die Aufstände der Maschinenstürmer. Die Leute hatten Angst, daß die Maschinen sie ersetzen würden, nicht bei den gefährlichen Arbeiten, sondern bei den gutbezahlten und angenehmen Arbeiten. Roboter fielen Sabotageakten zum Opfer und vernichtende Unruhen brachen selbst in den Konzernenklaven aus –.

Marge Piercy: *Er, Sie und Es* (1993), S. 55.

Die Science-Fiction-Autorin Marge Piercy thematisiert in ihren faszinierenden Zukunftsentwürfen einerseits die Ängste, die die Ähnlichkeit von Mensch und Maschine provoziert, und bedient sich andererseits der Möglichkeit, durch den Entwurf maschineller Wesen die Grenze zwischen den Geschlechtern zu durchkreuzen. Das Maschinen-Zeitalter wird aus einer quasiwissenschaftlichen Perspektive für einen Gegenentwurf genutzt, der nicht nur Biologie und die binäre Geschlechtermatrix, sondern auch Genealogie und Weiblichkeitsmythen (wie Mutterschaft) suspendiert. Aus diesem Grund beschäftigt sich die Biologin und Wissenschaftshistorikerin Donna Haraway mit den utopischen Entwürfen der Science-Fiction-Literatur – unter anderem von Marge Piercy – und entwirft auf diese Weise utopische ‚Gegenmythen‘, die die Wertsetzungen einer männlich zentrierten Wissenschaft konterkarieren und deren Metaphern freilegen.

Im Folgenden wird die Wissenschaftskritik der Gender Studies in den Naturwissenschaften vorgestellt. Dieser Ansatz schreibt die Wissenschaftsgeschichte, die meist auf ‚große‘ (männliche) Forschungspersönlichkeiten rekurriert, aus der Geschlechterperspektive neu und macht sich für eine fundamentale Wissenschaftsreflexion stark, die die implizite Gender-Ordnung von Institutionen und Wissen miteinbezieht. Zentral ist in diesem Zusammenhang das Konzept des situierten Wissens, das die sprachliche Verfasstheit von Theorien und Daten freilegt sowie eine gesellschaftlich-historische Einbettung von Wissenssystemen vornimmt. Dass Wissen auch Narrationen und Mythen enthält, unterstreicht die Wissenschaftshistorikerin Donna Haraway dadurch, dass sie eigene Mythen wie

https://doi.org/10.1515/9783110656541-017

‚die Cyborg' ins Spiel bringt. Der Ecofeminism, der in diesem Kapitel ebenfalls vorgestellt wird, beschäftigt sich mit der geschlechtlich semantisierten Grenzziehung zwischen Natur und Kultur sowie den Analogien zwischen der Beherrschung und Ausbeutung von Natur und Weiblichkeit.

17.1 Women in Science

Der Feminismus hat sich auch den Naturwissenschaften zugewendet und eine weitreichende, vielfach angefeindete Form der Wissenschaftskritik entwickelt. Die Wissenschaftsphilosophin Sandra Harding fasst die Kernfragen dieser Position wie folgt zusammen:

> Feministinnen stellen die ‚Frauenfrage' in der Wissenschaft: ‚Was erwarten Frauen von den Wissenschaften und deren Technologien?' Aber sie stellen auch die ‚Wissenschaftsfrage im Feminismus': ‚Ist es möglich, dieselben Wissenschaften, die gegenwärtig so eng mit wesentlichen, bürgerlichen und männlichen Projekten verknüpft sind, für emanzipatorische Projekte zu nutzen?' (Harding 1994, S. 7)

Im Zentrum dieser (sozialistisch inspirierten) Kritik stehen Fragen nach der Politizität von Wissen und nach dessen Geschichtlichkeit (also Veränderbarkeit). Feministische Forscher:innen unterstreichen, dass Wissenschaft – ähnlich wie Edward W. Said ausgeführt hat (→ **Kapitel 9.3**) – mit gesellschaftlichen Machtverhältnissen paktiert und diese stabilisieren kann. Die feministische Forschung hingegen zielt auf eine ethische Wende, auf eine neue Form der Wissenschaft, die auch die ausgeschlossenen Interessen von Minoritäten berücksichtigt, und zwar ‚rückwirkend': Ein zentrales Untersuchungsfeld der feministischen Wissenschaftskritik ist die Biografieforschung (vgl. Orland / Scheich 1995, S. 17–18), die Exklusionspraktiken in den Naturwissenschaften – das heißt den häufig festzustellenden Fokus auf männliche Errungenschaften und solitäre Genies – zu durchbrechen versucht.

Eine zentrale Methode der feministischen Wissenschaftsanalyse ist die Sprachkritik bzw. Metaphernanalyse. Zwar behauptet die wissenschaftliche Sprache gemeinhin, transparent zu sein und als ‚durchsichtiges Fenster' die Dinge selbst zu repräsentieren, doch sie ist von Metaphern durchsetzt, die auf verborgene Weise Wertungen transportieren. Die Physikerin Evelyn Fox Keller hält fest, dass die heutige Welt

> von den metaphorischen Strukturen, die die Naturphilosophen des 17. Jahrhunderts zu errichten halfen, derart durchdrungen [ist], daß wir sie kaum noch wahrnehmen. So werden etwa die grundlegenden Assoziationen von Natur / weiblich und Geist / männlich, die in der

wissenschaftlichen Kultur seit jener Zeit faktisch eine Konstante darstellen, inzwischen für so selbstverständlich gehalten, daß sie gar nicht mehr bemerkenswert erscheinen. (Fox Keller 1995, S. 74)

Philosophische Metaphern, die sich der Sprache der Geschlechter bedienen, bestimmten den Naturbegriff, der wissenschaftlichen Experimenten und ihren Ergebnissen zugrunde liege: „In den ‚Naturgesetzen' wird die Natur als blind, gehorsam und einfach bezeichnet; gleichzeitig gilt ihr Schöpfer als gebieterisch, zeugungskräftig, erfinderisch und komplex." (Fox Keller 1995, S. 83) Das Verhältnis von Natur und dem männlichen Forscher wird mithin nach Maßgabe der asymmetrischen Geschlechterordnung organisiert; die unterstellte Passivität der Naturobjekte entspricht dem weiblichen Geschlechtscharakter und wird in naturwissenschaftlichen Formulierungen reproduziert.

Die grundlegende Binarität der bürgerlichen Geschlechtscharaktere, die in den wissenschaftlichen Naturbegriff und das Experiment Eingang findet, wiederholt sich dabei auf der Metaebene der Wissensorganisation als Hierarchie zwischen Geistes- und Naturwissenschaften. Christina von Braun und Inge Stephan halten fest:

Die ‚traditionelle' Dichotomie Kultur versus Natur wurde in der Wissenschaft der Moderne zunehmend durch eine Spaltung in Natur- und Geisteswissenschaft überlagert – eine Spaltung, die ihrerseits auch in der symbolischen Geschlechterordnung ihren Ausdruck fand, gelten doch die Naturwissenschaften einerseits als *hard sciences*, andererseits aber auch als vornehmlich ‚männliche Fächer', während die Geisteswissenschaften gerne als ‚weiblich' gehandelt werden [...]. (Braun / Stephan 2005, S. 7)

Die akademische Wissensordnung ist mithin ebenfalls geschlechtlich und das heißt (macht-)asymmetrisch organisiert, ähnlich wie einzelne Fächer verborgene Geschlechterdiskurse prozessieren (vgl. Braun / Stephan 2000).

17.2 Das Geschlecht der Natur und das situierte Wissen

Eine einflussreiche Forscherin, die sich mit den Geschlechterimplikationen der Naturwissenschaften auseinandersetzt und attraktive Gegenentwürfe entwickelt, ist Donna Haraway, deren Arbeiten im Folgenden genauer vorgestellt werden. Haraway ist von Haus aus Primatologin, das heißt sie beschäftigt sich mit der Wissenschaft vom Ursprung des Menschen und seinem Verhältnis zum Affen. Die Primatologie entwerfe, so beschreibt Haraway ihre Disziplin, Ursprungsfantasien, denen binäre Geschlechterbilder eingeschrieben seien.

Arbeiten in der Primatologie inzwischen vermehrt Frauen – bekannt ist die von Hollywood zur Filmikone stilisierte Jane Goodall –, so lässt sich nach Haraway ein enger Konnex zwischen den Ergebnissen und dem Geschlecht der Forscher:innen ausmachen: Männliche Biologen betonen gemeinhin, Primaten hätten den Werkzeuggebrauch auf der Jagd erfunden, während Forscherinnen die werkzeuggeleitete Alltagspraxis von Primatinnen herausstreichen. Bis heute würden geschlechterstereotype Narrative auch in der Forschung zur Urgeschichte unkritisch wiederholt. Insbesondere der Topos des jagenden Mannes und der sammelnden Frau habe dazu beigetragen, das binäre Rollenverständnis als ,natürliches' zu legitimieren und das Modell des männlichen Versorgers in der Kleinfamilie zu festigen (vgl. Haidle 2018, S. 22).

Die wissenschaftlichen Ergebnisse reproduzieren also, von einer wissenschaftskritischen Metaebene aus betrachtet, die Geschlechterordnung bzw. die Geschlechterrivalität, ohne dass eine der Positionen falsifizierbar wäre.

Für Haraway stellt die unsichere Wissenschaft der Primatologie, die sich ,wilden Tieren' aus dem ,dunklen Kontinent' widmet, zudem eine Art Orientalismus im Sinne Edward Saids dar (→ **Kapitel 9.3**). Was über Tiere sowie die fragile Grenze zwischen Mensch / Tier ausgesagt werde, sei eine Konstruktion des Westens, der sogenannten ,ersten Welt':

> Die rekonstruierte Natur bleibt indessen zutiefst westlich: tief durchdrungen von der Logik des Natur-Kultur-Gegensatzes, von der westlichen Suche nach dem Selbst im Spiegel eines untergeordneten Anderen, durch das ständige Wiederholen von Ursprungsgeschichten, die die westliche politische Kultur begründen. Ich begriff dies beides zur gleichen Zeit: daß Primatologie auf Affen bezogener Orientalismus ist, und von welcher immensen Bedeutung es ist, daß es Frauen gegeben hat, die sich erfolgreich für gute wissenschaftliche Geschichten in der Primatologie einsetzten. (Haraway 1995b, S. 140 – 141)

Haraway formuliert deshalb in den 1980er Jahren die Forderung nach einem situierten Wissen, das kenntlich werden lasse, dass wissenschaftliche Aussagen in ein Gespinst aus rhetorischen Figuren, aus Metaphern und Narrationen eingebettet seien – Hayden White betont analog für die Geschichtswissenschaft, dass Historiografien narrativen Mustern (wie Komödie, Tragödie, Romanze etc.) folgen. Nach Haraway orientieren sich auch naturwissenschaftliche Aussagen an bestimmten Erzählregeln, reproduzieren Mythen und bedienen sich einer metaphernreichen Sprache, behaupten gleichwohl Sprachunabhängigkeit. Haraways eigene Ausführungen stellen die Metaphorizität wissenschaftlicher Sprache aus, das heißt die Wissenschaftlerin macht ihre Erzählungen und Mythen als solche kenntlich.

Greifen die Naturwissenschaften auf Erzählmuster zurück und schreiben sie fort, so heißt das jedoch nicht, dass wissenschaftliche Erkenntnisse bloße Erfindungen seien und damit von zweifelhafter Relevanz. Vielmehr bewertet die Biologin Haraway – so betonen Carmen Hammer und Immanuel Stieß in ihrer instruktiven Einleitung zu *Die Neuerfindung der Natur* (1995) – die traditionsreichen naturwissenschaftlichen Erzählungen als historische Errungenschaft, „durch die eine verläßlichere Interaktion mit unserer materiellen Umwelt möglich geworden ist" (Hammer / Stieß 1995, S. 17). Erst die Narrativität von Wissenschaft lässt Kontinuität und Tradition entstehen, denn das, was beschrieben oder beobachtet werden soll,

> was überhaupt als zu erklärendes Wissensobjekt angenommen werden kann, [muss] im Zusammenhang bereits etablierter Erzählungen plausibilisiert werden. Erzählungen betten diese derart selektierten Objekte in einen bestimmten kulturell vorgegebenen Typ von (Wissenschafts-)Geschichte ein. (Hammer / Stieß 1995, S. 17)

Haraway fordert ein situiertes, partikulares, offenes Wissen, das seinen eigenen Standpunkt berücksichtigt. Wissen ist ihrer Auffassung nach zudem verkörpert (vgl. Haraway 1995c, S. 18), das heißt es geht eine Allianz mit (geschlechtlichen) Körpern ein, die sowohl diejenigen der Forscher:innen als auch Apparate und Institutionen sein können. Situiertes Wissen bewegt sich in einem Geflecht verschiedenster Positionen und versteht sich als Übersetzung unterschiedlicher Haltungen:

> Wissenschaft war immer eine Suche nach Übersetzung, Verwandlung und Beweglichkeit von Bedeutungen und nach Universalität – die ich Reduktionismus nenne, wenn eine Sprache (wessen wohl) als Maßstab für alle Übersetzungen und Verwandlungen aufgezwungen werden muß. (Haraway 1995a, S. 79)

Haraway propagiert also ein offenes Netzwerk des Wissens, das die Begrenztheit der eigenen Position reflektiert und zwischen diversen Haltungen zu vermitteln sucht, ohne eine universale Theorie anzustreben. Zudem sollte die Aktivität, die Tatkraft (‚agency') des Objekts, Berücksichtigung finden (vgl. Haraway 1995b, S. 145). Auch die Natur könne als Akteurin begriffen werden, wie ein Blick auf nicht-menschliche Lebewesen (etwa Tiere oder Pflanzen) plausibel mache. Haraway plädiert für ein Wissenschaftsverständnis, das auch dem Untersuchungsgegenstand Aktivität zuspricht, und fordert dialogische Verhandlungen zwischen Standpunkten, permanente Sprachreflexion sowie die Markierung des eigenen historisch-gesellschaftlichen Standpunktes.

Die Biologin geht gegen unreflektierte Mythenbildungen in den Wissenschaften an (zur Neurobiologie kognitiver Geschlechterunterschiede vgl. Hausmann 2011) und arbeitet selbst ausdrücklich mit (neuen, reflektierten) Mythen, denn eine Wissenschaft ohne Narrationen ist ihrer Auffassung nach unmöglich.

Ihr Leitbegriff, den die Forschung ausgiebig debattiert und auch kritisiert hat, ist ‚die Cyborg', ein hybrider Körper zwischen Mensch, Maschine und Tier.

> Im späten 20. Jahrhundert, in unserer Zeit, einer mythischen Zeit, haben wir uns alle in Chimären, theoretisierte und fabrizierte Hybride aus Maschine und Organismus verwandelt, kurz, wir sind Cyborgs. Cyborgs sind unsere Ontologie. Sie definieren unsere Politik. Die Cyborg ist ein verdichtetes Bild unserer imaginären und materiellen Realität (Haraway 1995a, S. 34).

Die Cyborg (ein Akronym aus **cybernetic organism**), die Haraway ausdrücklich als Mythos bezeichnet, ist Ausdruck eines bedrohlichen technologischen Fortschritts, der jedoch in eine humane Utopie transformiert werden soll (zur Funktion der Begriffsperson ‚Cyborg' in den Gender Studies vgl. Mertlitsch 2016). Die Figur der Cyborg zwischen Mensch und Maschine verabschiedet eine Vielzahl traditioneller Geschlechtermythen, denn sie kennt keine Mutterschaft, keine Genealogie und keine Unterwerfung unter den Vater, das heißt kein ödipales Begehren; ebensowenig eignet sie sich für die notorische Opferrolle. Der hybride Körper der Cyborg, wie er in Science-Fiction-Filmen beliebt ist – zu erinnern wäre an die beiden *Terminator*-Filme von James Cameron (1984, 1991) –, dementiert zudem die Fantasie von physischer Ganzheit und Einheit, denn er ist Stückwerk bzw. repräsentiert ein nicht mit sich identisches Subjekt: „Die Cyborg ist eine Art zerlegtes und neu zusammengesetztes, postmodernes kollektives und individuelles Selbst. Es ist das Selbst, das Feministinnen codieren müssen." (Haraway 1995a, S. 51) Haraway allegorisiert in der Gestalt der Cyborg postmodernes Wissen, das die Identität des Subjekts infrage stellt. Die Cyborg kennt kein eindeutiges Geschlecht und steht jenseits natürlicher Reproduktionszusammenhänge. ‚Sie' ist ein Geschöpf der Post-Gender-Welt und steht für den Zusammenbruch binärer Ordnungen:

> Die Dichotomien von Geist und Körper, Tier und Mensch, Organismus und Maschine, öffentlich und privat, Natur und Kultur, Männer und Frauen, primitiv und zivilisiert sind seit langem ideologisch ausgehöhlt. (Haraway 1995a, S. 51)

Die Cyborg deutet den Zusammenbruch binärer Parameter positiv als utopische Hoffnung auf eine neu erfundene Natur jenseits geschlechtlicher Machtverhältnisse. Auch Natur als eine vom Menschen gemachte Konstruktion lässt sich nach Haraway verändern: „Die Natur ist auch ein *trópos*, eine Trope. Sie ist Figur, Konstruktion, Artefakt, Bewegung, Verschiebung. Die Natur kann nicht vor ihrer Konstruktion existieren." (Haraway 1995c, S. 14) Deshalb kann sie neu erfunden werden als „gemeinsame Konstruktion von menschlichen und nichtmenschlichen Wesen" (Haraway 1995c, S. 15) – Haraway formuliert damit Gedanken, die der

Soziologe Bruno Latour ebenfalls entwickelt und die sie in ihrer Studie *Unruhig bleiben. Die Verwandtschaft der Arten im Chthuluzän* (2018) ausarbeitet; Haraway entwirft zukünftige Beziehungsnetze jenseits des biologischen Verwandtschafts-systems zwischen Menschen und nicht-menschlichen Wesen. Damit wird auch plausibel, warum Haraway eine begeisterte Sciene-Fiction-Leserin und -Forsche-rin ist (vgl. Haraway 1995c, S. 21) – ein Genre, das das Verhältnis von Körper und Technologie narrativ verhandelt und entsprechend auch für eine gendersensible Medienwissenschaft aufschlussreich ist (vgl. Angerer / Peters / Sofoulis 2002).

Wolfgang Funke (2018, S. 130) hält fest, dass sich die optimistische Vorstel-lung von Haraways Cyborg als Kreatur einer Post-Gender-Welt noch nicht erfüllt habe, wie die hypermaskulinen und -femininen Konstruktionen in der virtuellen Welt der Avatare und des ‚Second Life‘ (einer digitalen ‚Parallelwelt‘) bezeugen. Diese würden „ihren ‚realen‘ Vorbildern in Sport, Unterhaltung und Gesellschaft in nichts nachstehen, sondern sie oftmals sogar ins Extreme überhöhen", wie die Arbeiten von Mosher / Tomkins (1988), McKelvie / Gold (1994) und Ben-Zee / Scharnetzki / Chan / Dennehy (2012) belegen (vgl. Funke 2018, S. 130 – 131). Neue Perspektiven auf das Mensch-Maschine-Verhältnis ergeben sich überdies durch die feministischen *Science und Technology Studies*, die sich mit der Robotik sowie Künstlicher Intelligenz befassen (vgl. Suchman 2019). Auch der Ecofeminism, der im Folgenden vorgestellt wird, widmet sich dem Konstruktionscharakter von Natur und Geschlecht, indem er Feminismus und Ökokritik verbindet und neue Konzepte für das Mensch-Natur-Verhältnis entwickelt.

17.3 Ecofeminism: Feminismus und Ökokritik

Der Ansatz des Ökofeminismus (‚Ecofeminism‘) geht von einem Zusammenhang zwischen der Unterdrückung der Frau und der Ausbeutung der Natur aus, vereint also feministische mit ökokritischen Fragestellungen. Eine ökofeministische Li-teraturwissenschaft interessiert sich für „die geschlechtliche Codierung der Natur, Parallelen in der Darstellung der Dominanzverhältnisse Mensch-Natur und Mann-Frau oder alternative Entwürfe von Geschlechterverhältnissen" (Bühler 2016, S. 82), wie sie Christa Grewe-Volpp in ihrer Studie *Natural Spaces Mapped by Human Minds* (2004) über amerikanische Gegenwartsromane analysiert. Ausge-hend von politischen Protesten und sozialen Bewegungen in den USA etabliert sich der Ecofeminism Mitte der 1970er Jahren als akademischer Diskurs (vgl. Grewe-Volpp 2015, S. 44). Es handelt sich hierbei nicht um eine einheitliche Theorie, sondern um ein Konglomerat aus verschiedenen Ansätzen, die sich mit dem Natur-Frau-Verhältnis beschäftigen: „Just as there is not one feminism, there is not one ecofeminism or one ecofeminist philosophy" (Warren 1997, S. 4). Alle

Strömungen – Noël Sturgeon (1997) stellt insgesamt fünf Positionen vor – verfolgen das Ziel, patriarchale Dominanzstrukturen aufzubrechen, unterscheiden sich jedoch in der Bewertung des Frau-Natur-Verhältnisses. Aufgrund der Vielzahl von Denkansätzen haben sich je nach Schwerpunkt weitere Bezeichnungen für den Ökofeminismus etabliert wie zum Beispiel Ecological Feminism oder Feminist Environmentalism.

Besonders zwei Ansätze lassen sich voneinander abgrenzen: der kulturelle und der soziale Ökofeminismus (vgl. Bauhardt 2012, S. 9–10): Der kulturelle Ökofeminismus, wie ihn beispielsweise die Amerikanerinnen Susan Griffin oder Mary Daly vertreten, versteht die Frau mit ihrer potenziellen Gebärfähigkeit als ‚naturnahes' Wesen – eine Position, die poststrukturalistische Denker:innen wie Donna Haraway mit Nachdruck kritisieren. Zudem zelebrieren Ökofeminist:innen wie Starhawk die Erde als Gottheit und betonen ihre spirituelle Naturverbundenheit; die Identifikation von Frau und Natur wird dabei positiv als Ermächtigung verstanden. Der ökofeministische Ansatz ist oft auf diesen Spiritualismus reduziert worden und so in Verruf geraten (vgl. Grewe-Volpp 2015, S. 45).

Der soziale Ökofeminismus hingegen negiert die Naturnähe der Frau und versteht diese als soziale Konstruktion, die dem Patriarchat dazu dient, jegliche Versorgungs- und Fürsorgearbeiten mit Weiblichkeit gleichzusetzen (vgl. Bauhardt 2012, S. 3). Auf welche Weise die Arbeit von Frauen mit sich wandelnden Naturkonzepten zusammenhängt, zeigt Carolyn Merchant in ihrer Studie *The Death of Nature* (1980). Karen Warren (1997) und Val Plumwood (1993) spüren zudem die kapitalistischen Unterdrückungsmechanismen auf, die die Frau und die Natur als (unerschöpfliche) Ressourcen instrumentalisieren, womit eine Kritik an Gen- und Reproduktionstechnologien einhergeht: Die Laborbefruchtung sei Ausdruck des Technopatriarchats, das die weiblichen Körper zu ‚Investitionsterritorien' machen würde (vgl. Sänger 2018, S. 3). Mit Blick auf die Kategorien Race und Ethnie zeigen Maria Mies und Vandana Shiva (1995) hingegen, dass Frauen (zum Beispiel Mütter und Subsistenzbäuerinnen im Globalen Süden) in höherem Maß von Umweltzerstörungen betroffen seien. Auch die Ausbeutung von Tieren – zum Beispiel in der Fleischindustrie – ist mit der Unterdrückung der Frau verknüpft, wie Carol J. Adams in ihrer Studie *The Sexual Politics of Meat* (1990) ausführt.

In den letzten Jahren erfährt die ökofeministische Perspektive mit den *Queer Ecologies* eine Erweiterung: Diese kritisieren „die heteronormativen Vorannahmen über soziale Reproduktion" (Bauhardt 2012, S. 3) und brechen mit dem seit der Aufklärung existierenden Dualismus von Natur / Kultur bzw. männlich / weiblich (Gaard 1997). Um Heterosexualität als kulturelle Konstruktion zu entlarven, weist beispielsweise Bruce Bagemihl (1999) auf homo-, trans- oder bisexuelle Praktiken von Tieren hin.

Eine Überwindung der Natur / Kultur-Dichotomie strebt auch Haraway (2003) mit ihrem Begriff natureculture an, der davon ausgeht, dass alle Lebensformen miteinander vernetzt und „das Resultat eines gemeinsamen langen Entwicklungsprozesses [sind], der sowohl materiell als auch diskursiv ist" (Grewe-Volpp 2015, S. 50). Auf Haraways Konzept greifen zahlreiche Studien des New Materialism zurück, die ebenfalls die Überwindung binärer Machtstrukturen anstreben. Dazu zählen zum Beispiel die Arbeiten von Stacy Alaimo (2010), die den porösen menschlichen Körper als Teil der natürlichen Umwelt versteht und zum ökologischen Handeln auffordert. Auch Jane Bennett (2010) vereint in ihrem Konzept der ‚thing-power' materialistische und ökologische Ansätze zur Nachhaltigkeit und übt Kritik am extensiven Konsum sowie der Wegwerfmentalität (vgl. Bauhardt 2017, S. 107).

Diese posthumanistische Ausrichtung des (neo-)materialistischen Feminismus, der die Anliegen nicht-menschlicher Akteur:innen miteinbezieht (Materie, Tiere, Technik etc.), birgt großes Potenzial für Gegenwartsanalysen im Capitalocene (Haraway 2003) bzw. in einem Zeitalter gesteigerten Vulnerabilitätsbewusstseins. Der Ansatz

> nimmt die kritische Affirmation der Destabilisierung oder auch Dezentrierung dessen, was ist, auf und macht sie zum Ausgangspunkt neuer Formen der Kritik, des Widerstands, der Affirmation und Gegenverwirklichung und des *Undoing* von Herrschaft (Bath / Meißner / Trinkaus / Völker 2013, S. 14).

Die Gender Studies haben also auch in naturwissenschaftlichen Disziplinen wie Primatologie, Biologie oder Ökologie Fuß gefasst, wobei insbeondere die binäre Grenzziehung zwischen Natur und Kultur infrage steht. Natur erscheint aus einem kritischen Blickwinkel als gigantische Projektionsfläche, der die asymmetrische Geschlechtersemantik inskribiert ist; sie gilt als passiv, als stumm, als Objekt. Neben dieser Problematisierung der Natur-Kultur-Grenze bemühen sich die Gender Studies um Wissenschaftsreflexion, indem sie die unausgesprochenen Prämissen einer männlich dominierten Wissensordnung kenntlich machen und Sprachkritik üben, also Metaphern und Mythen freilegen. Sie entwerfen ihrerseits neue, kenntlich gemachte Mythen (wie die Cyborg) und fordern ein situiertes Wissen, das dialogisch angelegt ist und den eigenen Standpunkt reflektiert.

17.4 Zusammenfassung und Ausblick

Im Folgenden sollen die grundlegenden Tendenzen und Themen dieser Einführung zusammengefasst und ein Ausblick auf mögliche Entwicklungen in der Zukunft gegeben werden.

Seit den 1970er Jahren differenziert sich die Kategorie ‚Frau' aus, indem zunächst der universalisierende Begriff ‚die Frau' problematisiert wird, weil er die spezifischen Lebensbedingungen von Frauen nicht-bürgerlicher Klassen und nicht-weißer Ethnien ignoriert (→ **Kapitel 9.1**). Zu Beginn der 1990er Jahre theoretisiert sich die Geschlechterforschung deutlich und präzisiert ihre Konzepte und Kategorien. An die Stelle von Substanzbegriffen treten relationale Konzepte, die Geschlechtlichkeit als komplexe performative Interaktionen in einem Netz aus diversen, auch widersprüchlichen Rollenmustern beschreiben. Geschlecht wird als Handeln aufgefasst, als körperliche Akte (im Sinne Michel Foucaults), die den Schein von Innerlichkeit und Wesenhaftigkeit (und damit Unveränderlichkeit) hervorbringen (→ **Kapitel 7.2**).

Gender wird darüber hinaus intersektional im Kontext weiterer Ungleichheitskategorien wie Race, Klassismus, Sexualität, Alter, Aussehen etc. verhandelt (→ **Kapitel 9.2**). Die Gender Studies haben durch die Intersektionalitätsforschung eine wichtige Weiterentwicklung erfahren, die den Blick für Machtasymmetrien und Ausgrenzungsprozesse schärft. Allerdings birgt dieser Ansatz auch die Gefahr der Überkomplexität, da idealiter mehrere Kategorien in ihrer Verschränkung analysiert werden.

Die (theoriegeleitete) Ausdifferenzierung der Gender Studies bringt es mit sich, dass zunehmend die ‚Ränder der Norm' ins Zentrum treten und minoritäre Formen des Begehrens und der Identitätsbildung sichtbar werden. Diese exkludierten Felder untersuchen insbesondere die Queer Studies im Anschluss an die Gay und Lesbian Studies (→ **Kapitel 8.2**). Ähnlich wie die Gender Studies formulieren sie eine Kritik an der heterosexuellen Norm und versuchen die Marginalisierung von nicht-heterosexuellem Begehren rückgängig zu machen. Entsprechend treten zunehmend exkludierte Formen des Begehrens und hybride Identätsentwürfe in das Zentrum des Geschlechterdiskurses, die, vorher stumm gemacht und Gegenstand normativer Reglementierungen, nun Sichtbarkeit erlangen. Aus dieser Perspektive erscheint zudem die Norm der Heterosexualität als abgeleitete und bizarre Praxis, deren Riten als verfremdete in den Blick treten. Die Gender und Queer Studies stellen entsprechend die scheinbar strikte Trennung von ‚Norm' und ‚Perversion' infrage – nicht zuletzt durch eine konsequente Historisierung von Sexualität, die so als kulturelle Praxis und reglementierter Diskurs in Erscheinung tritt. Diese Ansätze verdeutlichen auch, dass die heterosexuelle Ordnung unhintergehbar von queerem Begehren durchzogen ist, wie beispielsweise das Phänomen der Homosozialität verdeutlicht. Die Men's Studies pluralisieren ihre Analysekategorien gleichfalls und bestimmen Männlichkeiten in einem relationalen Netz aus Abgrenzungen und Hierachisierungen (→ **Kapitel 10**).

Die Bemühungen um eine geschlechtergerechte Sprache versuchen dieser Pluralisierung entsprechend, das Ideologem einer monolithischen binären Norm aufzubrechen und zielen auf die Sichtbarkeit *aller* Geschlechter ab, die das generische Maskulinum nicht adressiert (→ **Kapitel 1.4**). Die dynamischen Interaktionen, die das Ringen um eine geschlechtergerechte Sprache begleiten, wären in Zukunft weiter zu beobachten.

Die Gender Studies, die sich in den letzten Jahren institutionalsiert haben, sind in eine Phase der Selbstkritik und -reflexion eingetreten, indem sie nicht nur Machtverhältnisse an sich, sondern auch Tendenzen und Entwicklungen der eigenen Disziplin kritisch hinterfragen. Sie arbeiten an der eigenen Dekolonialisierung und versuchen interne Konflikte zu rationalisieren und zu historisieren. Ein zukunftsträchtiges Thema stellt sicherlich die Digitalisierung dar, die für genderpolitische und feministische Aktivismen neue Spielräume der Interaktion und Vernetzung eröffnet. So konnten in jüngster Vergangenheit wichtige Debatten über Sexismus (#MeToo) angestoßen und die Arbeit von Geschlechterforschenden international sichtbar gemacht werden (#4GenderStudies) (→ **Kapitel 15**). Allerdings bietet das Netz auch einem aggressiven Anti-Genderismus und Anti-Feminismus fruchtbaren Nährboden, dessen dynamische Entwicklung weiterhin verfolgt werden sollte.

Fragen und Anregungen

– Rekonstruieren Sie die Wissenschaftskritik und die Untersuchungsgegenstände, mit denen sich die feministischen Forscher:innen in den Naturwissenschaften beschäftigen.
– In welcher Weise wiederholt der traditionelle Naturbegriff der Wissenschaften die Geschlechterordnung und was bringt es mit sich, wenn Natur als passive Größe begriffen wird?
– Warum bedeutet Wissenschaftskritik auch Sprachkritik?
– Erklären Sie den Begriff des situierten Wissens von Donna Haraway und setzen Sie das traditionelle Wissenschaftskonzept dagegen.
– Warum arbeitet Haraway mit dem Mythos der Cyborg und welche poststrukturalistische Konstellation wird auf diese Weise zum Ausdruck gebracht?
– Untersuchen Sie das Verhältnis von Feminismus und Ökokritik und stellen Sie die zentralen Verbindungsmerkmale beider Ansätze heraus.

Lektüreempfehlungen

Anne Fausto-Sterling: Myths of Gender, New York 1985. *Analysiert die medizinische Praxis im Umgang mit Geburten, also die Zuweisung des biologischen Geschlechts.*

Christa Grewe-Volpp: Ökofeminismus und Material Turn, in: Gabriele Dürbeck / Urte Stobbe (Hg.), Ecocriticism. Eine Einführung, Köln 2015, S. 44–56. *Gibt einen instruktiven Überblick über den Ökofeminismus und Material Turn.*

Donna Haraway: Die Neuerfindung der Natur. Primaten, Cyborgs und Frauen, hg. und eingeleitet von Carmen Hammer und Immanuel Stieß, Frankfurt a. M. / New York 1995. *Stellt einschlägige Aufsätze Haraways wie „Ein Manifest für Cyborgs", „Situiertes Wissen", „Die Biopolitik postmoderner Körper" zusammen.*

Sandra Harding: Das Geschlecht des Wissens. Frauen denken die Wissenschaft neu, Frankfurt a. M. / New York 1994. *Differenziert die Standpunkt-Theorie aus, indem ethnische und lesbische Perspektiven berücksichtigt werden.*

Sabine Lucia Muller / Sabine Schutting (Hg.): Geschlechter-Revisionen. Zur Zukunft von Feminismus und Gender Studies in den Kultur- und Literaturwissenschaften, Königstein am Tanus 2006. *Bündelt unter anderem Aufsätze zu Geschlecht im posthumanen Zeitalter der Maschinen.*

Barbara Orland / Elvira Scheich (Hg.): Das Geschlecht der Natur. Feministische Beiträge zur Geschichte und Theorie der Naturwissenschaften, Frankfurt a. M. 1995. *Nach einer instruktiven Einleitung folgen einschlägige Aufsätze von Fox Keller, Donna Haraway, Londa Schiebinger etc.*

18 Serviceteil

18.1 Allgemeine bibliografische Hilfsmittel

Laufende und abgeschlossene Bibliografien

Hiltrud Bontrup: Doing Gender. Das Konzept der sozialen Konstruktion von Geschlecht. Eine Bibliographie mit Einführung, Münster 1999.
Marion Heinz (Hg.): Feministische Philosophie. Bibliographie 1970–1995, Bielefeld 1996.
Marion Heinz / Meike Nordmeyer (Hg.): Feministische Philosophie. Bibliographie 1996–1997, Bielefeld 1999.
Marion Heinz / Meike Nordmeyer (Hg.): Feministische Philosophie. Bibliographie 1998–1999, Frankfurt a. M. 2002.
Sabine Hering: Bibliographie „Frauenbewegung und soziale Praxis", Kassel 2001 (Schriftenreihe des Archivs der Deutschen Frauenbewegung, Bd. 13).
Renate Kroll: Bibliographie der deutschsprachigen Frauenliteratur. Belletristik, Sachbuch, Gender Studies, Herbolzheim 2005. *Fortlaufend seit 1994, als Reihe angelegt.*

Lexikon

Renate Kroll (Hg.): Metzler Lexikon Gender Studies – Geschlechterforschung. Ansätze, Personen, Grundbegriffe, Stuttgart / Weimar 2002. *Hilfreiches Nachschlagewerk zu Namen und Fachtermini der Gender Studies.*
Gudrun Loster-Schneider / Gaby Pailer (Hg.): Lexikon deutschsprachiger Epik und Dramatik von Autorinnen (1730–1900), Tübingen 2006. *Versammelt 340 literarische Texte von rund 200 deutschsprachigen Autorinnen.*

18.2 Einführungen, Handbücher und Textsammlungen

Einführungen

Anna Babka / Gerald Posselt: Gender und Dekonstruktion. Begriffe und kommentierte Grundlagentexte der Gender- und Queer-Theorie. Unter Mitarbeit von Sergej Seitz und Matthias Schmidt, Stuttgart 2016. *Umfassender Band mit historisch systematischer Hinführung, Begriffsglossar und kommentierter Bibliografie zu den Grundlagen der Gender- und Queer-Theorie.*
Regina Becker-Schmidt / Gudrun Axeli-Knapp: Feministische Theorien zur Einführung, 5. ergänzte Auflage, Hamburg 2011. *Rekonstruiert die Entwicklungsgeschichte sowie systematische Fragen feministischer Forschung. Vorgestellt werden u. a. die Positionen von Judith Butler, Donna Haraway und Iris Young.*

https://doi.org/10.1515/9783110656541-018

Christina von Braun / Inge Stephan (Hg.): Gender Studien. Eine Einführung, 2. aktualisierte
   Auflage, Stuttgart 2006. *Interdisziplinärer Sammelband, der den Status quo u. a. in den
   Wirtschafts-, Sozial-, Geschichts-, Rechts-, Sexual- und Naturwissenschaften beschreibt.*
Hannelore Faulstich-Wieland: Einführung in Genderstudien, 2. durchgesehene Auflage Opladen
   2006. *Erziehungswissenschaftlicher Fokus; mit einer Übersicht über das Lehrangebot an
   Universitäten und Hochschulen.*
Annamarie Jagose: Queer Theory. Eine Einführung, 2. Auflage, Berlin 2005. *Verständliche
   Hinführung mit einem historischen und einem theoretischen Schwerpunkt.*
Ellen Krause: Einführung in die politikwissenschaftliche Geschlechterforschung, Opladen
   2003. *Rekonstruiert die Ansätze von politischen Denkerinnen (Carole Pateman, Nancy
   Fraser, Eva Kreisky etc.), ebenso die aktuellen Debatten in der Politikwissenschaft.*
Friederike Kuster: Philosophische Geschlechtertheorien zur Einführung, Hamburg 2019.
   *Zeichnet die maßgeblichen Stationen dieses Geschlechterdenkens von der Antike bis zur
   Moderne nach und stellt sie in ihren jeweiligen systematischen und historischen Kontext.*
Lena Lindhoff: Einführung in die feministische Literaturtheorie, 2. überarbeitete Auflage
   Stuttgart 2003. *Setzt sich insbesondere mit den Ansätzen der Écriture feminine
   auseinander.*
Michiko Mae / Britta Saal (Hg.): Transkulturelle Genderforschung. Ein Studienbuch zum
   Verhältnis von Kultur und Geschlecht, 2. überarbeitete Auflage Wiesbaden 2014.
   *Behandelt aus verschiedenen disziplinären und auf unterschiedliche Kulturen gerichteten
   Perspektiven die enge Verknüpfung der diskursiven Kategorien Kultur und Gender.*
Claudia Opitz: Um-Ordnungen der Geschlechter. Einführung in die Geschlechtergeschichte,
   Tübingen 2005. *Geschichtswissenschaftliche Einführung, die eine Geschichte der Disziplin
   entwirft und einschlägige Quellen bereitstellt (Jakob Burkhardt, August Bebel etc.).*
Claudia Opitz-Belakhal: Geschlechtergeschichte, 2. aktualisierte und erweiterte Auflage,
   Frankfurt a. M. / New York 2018. *Fokussiert die Konzepte und Methoden der
   Geschlechtergeschichte, die Auseinandersetzungen um die Kategorie ‚Geschlecht' sowie
   die Genese von Geschlechterrollen und Sexualität.*
Jutta Osinski: Einführung in die feministische Literaturwissenschaft, Berlin 1998.
   *Problemgeschichtliche Darstellung, die die Tendenzen seit den 1970er Jahren in den USA,
   der Bundesrepublik, der DDR und Frankreich rekapituliert.*
Sabine Wesley (Hg.): Gender Studies in den Sozial- und Kulturwissenschaften. Einführung und
   neuere Erkenntnisse aus Forschung und Praxis, Bielefeld 2005. *Die Beiträge behandeln
   Wissenschaftskritik und -methoden aus Gender-Perspektive sowie das Verhältnis von
   Gender und Schule, Kommunikation, Musik, Medien etc.*
Anja Zimmermann: Kunstgeschichte und Gender. Eine Einführung, Berlin 2006. *Erste
   Einführung in diese Disziplin; nimmt eine Historisierung der feministischen
   Kunstwissenschaft vor und setzt Schwerpunkte u. a. bei Körperrepräsentationen,
   Institutionen, Technik und Material.*

Handbücher

Ruth Becker / Beate Kortendiek (Hg.): Handbuch Frauen- und Geschlechterforschung. Theorie,
   Methoden, Empirie. Unter Mitarbeit von Barbara Budrich, Ilse Lenz, Sigrid Metz-Göckel
   u. a., 3. erweiterte und durchgesehene Auflage, Wiesbaden 2010. *Über 100*

Wissenschaftler:innen entwickeln grundlegende Konzepte, Fragestellungen sowie Methoden und stellen Ergebnisse in den Arbeitsfeldern Körper, Arbeit, Bildung, Kultur, Technik, Naturwissenschaften etc. vor.

Christina von Braun / Inge Stephan (Hg.): Gender@Wissen. Ein Handbuch der Gender-Theorien, 3. überarbeitete und erweiterte Auflage, Köln / Weimar / Wien 2013. *Behandelt Schlüsselbegriffe wie Körper, Identität, Gewalt, Natur/ Kultur etc. und stellt angrenzende Felder wie Queer, Postcolonial, Media und Cultural Studies vor.*

Hadumod Bußmann / Renate Hof (Hg.): Genus. Geschlechterforschung – Gender Studies in den Kultur- und Sozialwissenschaften. Ein Handbuch, Stuttgart 2005. *Interdisziplinärer, neu aufgelegter Sammelband mit 15 Beiträgen von einschlägigen Wissenschaftler:innen insbesondere aus den Sozial- und Kulturwissenschaften.*

Textsammlung

Franziska Bergmann / Franziska Schößler / Bettina Schreck (Hg.): Gender Studies, Bielefeld 2012. *Bietet anhand ausgewählter Originaltexte eine systematische Einführung in die wichtigsten Theorien und Ansätze der Geschlechterforschung.*

Sabine Doyé / Marion Heinz / Friederike Kuster (Hg.): Philosophische Geschlechtertheorien. Ausgewählte Texte von der Antike bis zur Gegenwart, Stuttgart 2002. *Auf eine ausführliche Einleitung folgen Textauszüge von kanonischen Autor:innen wie Platon, Aristoteles, Hobbes, Locke, Butler etc.*

18.3 Zeitschriften und Periodika

Geschichtswissenschaftlich

ARIADNE – Forum für Frauen- und Geschlechtergeschichte (vormals: Almanach des Archivs der deutschen Frauenbewegung); hg. v. Archiv der deutschen Frauenbewegung e. V., Kassel 1985 ff., https://addf-kassel.de/. *Schwerpunktthemen liegen im Bereich Historische Frauen- und Frauenbewegungsgeschichte.*

Gender & History, Oxford u. a. 1989 ff. *Themenschwerpunkte sind Frauen- und Geschlechtergeschichte.*

Hawwa. Journal of women in the Middle East and the Islamic World, https://brill.com/view/journals/haww/haww-overview.xml. *Mit den Schwerpunkten Europa, Neuere und Neueste Geschichte sowie Frauen- und Geschlechtergeschichte.*

L'homme. Europäische Zeitschrift für feministische Geschichtswissenschaft, Köln / Weimar 1990 ff., https://www.univie.ac.at/Geschichte/LHOMME/cms/index.php?lang=de. *Versteht sich als Schnittstelle verschiedener Sprach- und Wissenschaftskulturen.*

Metis. Zeitschrift für historische Frauen- und Geschlechterforschung, Berlin 1992 – 2001. *Thematisiert Frauen in der Geschichte und ihre Erfahrungen mit Geschichte; erschien 1992 bis 2001.*

Sozialwissenschaftlich

beiträge zur feministischen theorie und praxis, Köln 1978 – 2008. *Älteste Zeitschrift der autonomen Frauenbewegung, erschien 1978 bis 2008.*
Gender & Society. Official publication of Sociologists for Women in Society, New York u. a. 1987 ff., https://journals.sagepub.com/home/gas. *Fokussiert Geschlecht als zentrale Kategorie des Sozialen.*
Zeitschrift für Frauenforschung, hg. v. Forschungsinstitut Frau und Gesellschaft und der Senatsverwaltung für Arbeit, Berufliche Bildung und Frauen, Berlin, Förderprogramm, Berlin 1993 – 1999; *erschien 1993 bis 1999.*

Politikwissenschaftlich

femina politica – Zeitschrift für feministische Politik-Wissenschaft, Berlin 1997 ff., https://www. femina-politica.de/#/. *Deutschsprachige Fachzeitschrift für feministische Politik und Politikwissenschaft.*

Kulturwissenschaftlich

differences. A Journal of feminist cultural studies, Durham / NC 1989 ff., http://www. dukeupress.edu/differences/. *Darstellung und Diskussion von Konzepten und Kategorien der Differenz; fortlaufend seit 1989, seit 1994 auch als Online-Ressource.*

Medienwissenschaftlich

Camera Obscura. Feminism, culture, and media studies, Durham / NC 1976 ff., https://read. dukeupress.edu/camera-obscura. *Fokussiert feministische Perspektiven in den Medienwissenschaften; fortlaufend seit 1976, seit 2000 auch als Online-Ressource.*
Frauen und Film, Basel / Frankfurt a. M. 1974 ff., https://frauenundfilm.de/. *Feministische Zeitschrift für Film, Filmkritik und Filmgeschichte; 1974 von Helke Sander gegründet; bis 1983 in Berlin erschienen.*

Literaturwissenschaftlich

Forum Homosexualität und Literatur, Siegen 1987 – 2008. *Periodikum des Forschungsschwerpunkts Homosexualität und Literatur im Fachbereich Sprach- und Literaturwissenschaften an der Universität-Gesamthochschule Siegen; Veröffentlichung auch von Primärtexten, erschien 1987 bis 2008.*

Kunstwissenschaftlich

FKW// Zeitschrift für Geschlechterforschung und Visuelle Kultur, Marburg 1987 ff., https://www.fkw-journal.de/index.php/fkw. *Zuvor Publikationsorgan für feministische Kunst, Kunstwissenschaft und Kulturarbeit; fokussiert mittlerweile visuelle Repräsentationen und Diskurse in ihrer gesellschaftlichen und geschlechterpolitischen Bedeutung.*

Philosophisch

Die Philosophin. Forum für feministische Theorie und Philosophie, Tübingen 1990 – 2005. *Fokussiert Theorie- und Diskursgeschichte, Frauen- und Geschlechtergeschichte; erschien 1990 bis 2005.*
Hypatia – A Journal of Feminist Philosophy, https://hypatiaphilosophy.org/. *Feministische Beiträge und Rezensionen zu aktuellen und historischen Themen der Philosophie.*

Interdisziplinär

Feministische Studien – Zeitschrift für interdisziplinäre Frauen- und Geschlechterforschung, 1982 ff., https://blog.feministische-studien.de/herzlich-willkommen/. *Disziplinenübergreifendes Forum für Frauen- und Geschlechterforschung.*
Freiburger FrauenStudien (FFS). Zeitschrift für interdisziplinäre Frauenforschung, Freiburg 1995 – 2007 (ab 1997 Freiburger GeschlechterStudien [FGS]). *Zeitschrift zur Vorlesungsreihe Freiburger Frauenforschung; erschien 1995 bis 2007.*
Freiburger Zeitschrift für GeschlechterStudien (fzg). https://www.fzg.uni-freiburg.de/de. *Nachfolgezeitschrift der FGS, bietet ein wissenschaftliches Forum für Fragen der Gender und Queer Studies.*
GLQ. A Journal of Lesbian and Gay Studies, Durham / NC 2000 ff., https://read.dukeupress. edu/glq. *Diskussion queerer Fragestellungen in disziplinenübergreifender Perspektive; auch mit Primär-Material zu den Lesbian und Gay Studies.*
GENDER – Zeitschrift für Geschlecht, Kultur und Gesellschaft, https://www.gender-zeitschrift. de/start. *Forum der Gender Studies für wissenschaftliche Arbeiten mit Vermittlung zwischen Theorie und Praxis.*
gender forum – An Internet Journal for Gender Studies, http://genderforum.org/. *Internationale Zeitschrift der Geschlechterforschung, u. a. mit Fokus auf interdisziplinären Beiträgen zu theoretischen Aspekten der Gender Studies.*
Open Gender Journal, https://opengenderjournal.de/index. *Onlinezeitschrift der intersektionalen Geschlechterforschung.*
Signs – Journal of Women in Culture and Society, http://signsjournal.org/. *Feministische Fachzeitschrift mit Fokus auf globale gesellschaftliche Zusammenhänge.*
Potsdamer Studien zur Frauen- und Geschlechterforschung, hg. v. Potsdamer Studien zur Frauen- und Geschlechterforschung e. V., Potsdam 1997 – 2006. *Themenschwerpunkte sind Theorie- und Diskursgeschichte, Film- und Mediengeschichte, Frauen- und*

Geschlechtergeschichte; wird ab 2006 in lockerer Folge und verändertem Layout weitergeführt.

Querelles-Net. Rezensionszeitschrift für Frauen- und Geschlechterforschung, hg. v. d. Zentraleinrichtung zur Förderung von Frauen- und Geschlechterforschung an der Freien Universität Berlin, Berlin 2000 ff., https://www.querelles-net.de/index.php/qn/about. *Kommentierte Fachinformationen zu Datenbanken, Bibliografien, Einrichtungen; kostenfreies Volltextangebot zu Besprechungen von aktuellen wissenschaftlichen Publikationen und Schwerpunktthemen.*

19 Anhang

19.1 Zitierte Literatur

Aaron 2004a Michele Aaron (Hg.): New Queer Cinema. A Critical Reader, Edinburgh 2004.

Aaron 2004b Michele Aaron: New Queer Cinema: An Introduction, in: dies. (Hg.), New Queer Cinema. A Critical Reader, Edinburgh 2004, S. 3–14.

Adams 1990 Carol J. Adams: The sexual politics of meat. A feminist-vegetarian critical theory, Cambridge 1990.

Ahn / Himberg / Young 2014 Patty Ahn / Julia Himberg / Damon R. Young: In Focus: Queer Approaches to Film, Television, and Digital Media. Introduction, in: Cinema Journal, 53 / 2 (2014), S. 117–121.

Alaimo 2010 Stacy Alaimo: Bodily Natures. Science, Environment, and the Material Self, Bloomington 2010.

Alefeld 2007 Yvonne-Patricia Alefeld: Texte und Affekte. Zur Inszenierung der Leidenschaften in Heinrich Leopold Wagners *Die Kindermörderin*, in: dies. (Hg.), Von der Liebe und anderen schrecklichen Dingen. Festschrift für Hans-Georg Pott, Bielefeld 2007, S. 163–188.

Alt 2021 Lucas Alt: Genuss und Arbeit im Angestelltenroman. Von Irmgard Keun bis Elfriede Jelinek, Berlin 2021.

Angerer / Dorer 1994 Marie-Luise Angerer / Johanna Dorer (Hg.): Gender und Medien. Theoretische Ansätze, empirische Befunde und Praxis der Massenkommunikation. Ein Textbuch zur Einführung, Wien 1994.

Angerer / Peters / Sofoulis 2002 Marie-Luise Angerer / Kathrin Peters / Zoë Sofoulis (Hg.): Future Bodies. Zur Visualisierung von Körpern in Science und Fiction, Wien 2002.

Annuß 1997 Evelyn Annuß: Vom Identitätswahn zum Idealismus? Zum Stand der Geschlechterforschung. Vortrag bei der roten ruhr-uni 1997, https://www.rote-ruhr-uni. com/cms/IMG/pdf/Annuss_-_Idealismus_der_Geschlechterforschung.pdf (Abrufdatum 19.03.2022).

Arendt 1959 Hannah Arendt: Rahel Varnhagen. Lebensgeschichte einer deutschen Jüdin aus der Romantik, München 1959.

Arnold 2006 Heinz Ludwig Arnold (Hg.): Literatur und Migration, München 2006.

Assmann 1992 Jan Assmann: Das kulturelle Gedächtnis. Schrift, Erinnerung und politische Identität in frühen Hochkulturen, München 1992.

Assmann 1998 Aleida Assmann: Kanonforschung als Provokation der Literaturwissenschaft, in: Renate von Heydebrand (Hg.), Kanon Macht Kultur. Theoretische, historische und soziale Aspekte ästhetischer Kanonbildung, Stuttgart 1998, S. 47–59.

Assmann 2006 Aleida Assmann: Geschlecht und kulturelles Gedächtnis, in: Freiburger Frauenstudien. Zeitschrift für interdisziplinäre Frauenforschung. Erinnern und Geschlecht, 1 / 19 (2006), S. 29–46.

Aulenbacher 2009 Brigitte Aulenbacher: Die soziale Frage neu gestellt – Gesellschaftsanalysen der Prekarisierungs- und Geschlechterforschung, in: Robert Castel / Klaus Dörre (Hg.), Prekarität, Abstieg, Ausgrenzung. Die soziale Frage am Beginn des 21. Jahrhunderts, Frankfurt a. M. 2009, S. 65–80.

Austin 1972 John L. Austin: Zur Theorie der Sprechakte (How to do Things with Words), Stuttgart 1972.

https://doi.org/10.1515/9783110656541-019

Axeli-Knapp 1995 Gudrun Axeli-Knapp: Unterschiede machen. Zur Sozialpsychologie der Hierarchisierung im Geschlechterverhältnis, in: Regina Becker-Schmidt / dies. (Hg.), Das Geschlechterverhältnis als Gegenstand der Sozialwissenschaften, Frankfurt a. M. 1995, S. 163–194.

Aydemir 2017 Fatma Aydemir: Ellbogen, München 2017.

Aydemir / Yaghoobifarah 2019 Fatma Aydemir / Hengameh Yaghoobifarah (Hg.): Eure Heimat ist unser Albtraum, Berlin 2019.

Baar 2013 Robert Baar: „Ich möchte nicht so eine typische Grundschultante sein". Männlichkeitskonstruktionen von Grundschullehrern und deren Auswirkungen auf die professionelle Handlungspraxis, in: Bea Lundt / Toni Tholen (Hg.), ‚Geschlecht' in der Lehramtsausbildung. Die Beispiele Geschichte und Deutsch, Berlin 2013, S. 371–386.

Babka / Posselt 2016 Anna Babka / Gerald Posselt: Gender und Dekonstruktion. Begriffe und kommentierte Grundlagentexte der Gender- und Queer-Theorie. Unter Mitarbeit von Sergej Seitz und Matthias Schmidt, Stuttgart 2016.

Babka 2017 Anna Babka: Gender Studies, in: Dirk Göttsche / Axel Dunker / Gabriele Dürbeck (Hg.), Handbuch Postkolonialismus und Literatur, Stuttgart 2017, S. 109–114.

Bagemihl 1999 Bruce Bagemihl: Biological Exuberance. Animal Homosexuality and Natural Diversity, New York 1999.

Bakker 1994 Isabella Bakker (Hg.): The Strategic Silence. Gender and Economic Policy, London 1994.

Bal 1991 Mieke Bal: Reading „Rembrandt". Beyond the Word-Image Opposition, Cambridge 1991.

Balmer 2011 Susanne Balmer: Der weibliche Entwicklungsroman. Individuelle Lebensentwürfe im bürgerlichen Zeitalter, Köln / Weimar / Wien 2011.

Balmer 2014 Susanne Balmer: „Ganz ungewöhnlich eindrucksfähig". Krankheit in literarischen Weiblichkeitsentwürfen des 18. und 19. Jahrhunderts, in: Rudolf Käser / Beate Schappach (Hg.), Krank geschrieben: Gesundheit und Krankheit im Diskursfeld von Literatur, Geschlecht und Medizin, Bielefeld 2014, S. 45–61.

Balzac 2003 Honoré de Balzac: Das Mädchen mit den Goldaugen. Deutsche Übertragung von Ernst Hardt. Zeichnungen von Marcus Behmer. Nachdruck der Ausgabe 1904, Frankfurt a. M. 2003.

Barankow / Baron 2021 Maria Barankow / Christian Baron (Hg.): Klasse und Kampf, Berlin 2021.

Barnieske / Seidler 2013 Andreas Barnieske / Andreas Seidler: Genderaspekte im Deutschunterricht, in: Elke Kleinau / Dirk Schulz / Susanne Völker (Hg.), Gender in Bewegung. Aktuelle Spannungsfelder der Gender und Queer Studies, Bielefeld 2013, S. 121–134.

Barsch / Degner / Kühberger / Lücke 2020 Sebastian Barsch / Bettina Degner / Christoph Kühberger / Martin Lücke: Einleitung. Diversität im Geschichtsunterricht – Zugänge zu einer inklusiven Geschichtsdidaktik, in: dies. (Hg.), Handbuch Diversität im Geschichtsunterricht. Inklusive Geschichtsdidaktik, Frankfurt a. M. 2020, S. 9–26.

Bartsch / Wedl 2015 Annette Bartsch / Juliette Wedl: Teaching Gender? Zum reflektierten Umgang mit Geschlecht im Schulunterricht und in der Lehramtsausbildung, in: dies. (Hg.), Teaching Gender? Zum reflektierten Umgang mit Geschlecht im Schulunterricht und in der Lehramtsausbildung, Bielefeld 2015, S. 9–31.

Bath / Meißner / Trinkhaus / Völker 2013 Corinna Bath / Hanna Meißner / Stephan Trinkhaus / Susanne Völker (Hg.): Verantwortung und Un/Verfügbarkeit. Impulse und Zugänge eines (neo)materialistsichen Feminismus, Berlin / Münster 2013.

Bauer / Quinn / Hotz-Davies 2018 Gero Bauer / Regina Ammicht Quinn / Ingrid Hotz-Davies (Hg.): Die Naturalisierung des Geschlechts. Zur Beharrlichkeit der Zweigeschlechtlichkeit, Bielefeld 2018.

Bauhardt / Çağlar 2010a Christine Bauhardt / Gülay Çağlar (Hg.): Gender and Economics. Feministische Kritik der politischen Ökonomie, Wiesbaden 2010.

Bauhardt / Çağlar 2010b Christine Bauhardt / Gülay Çağlar: Einleitung. Gender and Economics. Feministische Kritik der politischen Ökonomie, in: dies. (Hg.), Gender and Economics. Feministische Kritik der politischen Ökonomie, Wiesbaden 2010, S. 7–17.

Bauhardt 2012 Christine Bauhardt: Feministische Ökonomie, Ökofeminismus und Queer Ecologies – feministisch-materialistische Perspektiven auf gesellschaftliche Naturverhältnisse, in: Gender Politik Online, https://www.fu-berlin.de/sites/gpo/pol_theorie/Zeitgenoessische_ansaetze/Bauhardtfemoekonomie/Bauhardt.pdf (Abrufdatum 23.03.2022).

Bauhardt 2017 Christine Bauhardt: Living in a Material World. Entwurf einer queer-feministischen Ökonomie, in: GENDER – Zeitschrift für Geschlecht, Kultur und Gesellschaft, 9 / 1 (2017), S. 99–114.

Baumgartinger 2017 Persson Perry Baumgartinger: Trans Studies. Historische, begriffliche und aktivistische Aspekte, Wien 2017.

BauSteineMänner 1996 BauSteineMänner (Hg.): Kritische Männerforschung. Neue Ansätze in der Geschlechtertheorie, Berlin 1996.

Bay 2017 Hansjörg Bay: Migrationsliteratur (Gegenwartsliteratur III), in: Dirk Göttsche / Axel Dunker / Gabriele Dürbeck (Hg.), Handbuch Postkolonialismus und Literatur, Stuttgart 2017, S. 323–332.

Beauvoir 1968 Simone de Beauvoir: Das andere Geschlecht. Sitte und Sexus der Frau, Reinbek bei Hamburg 1968.

Beck / Brater 1978 Ulrich Beck / Michael Brater: Berufliche Arbeitsteilung und soziale Ungleichheit. Eine historisch-gesellschaftliche Theorie der Berufe, Frankfurt a. M. / New York 1978.

Becker 2006 Ron Becker: Gay TV and straight America, New Brunswick / New Jersey 2006.

Becker-Cantarino 1984 Barbara Becker-Cantarino: „Muse" und „Kunstrichter": Sophie La Roche und Wieland, in: German Issue: Christoph Martin Wieland, 1733–1813, 99 / 3 (1984), S. 571–588.

Becker-Schmidt 2007 Regina Becker-Schmidt: Geschlechter- und Arbeitsverhältnisse in Bewegung, in: Brigitte Aulenbacher (Hg.), Arbeit und Geschlecht im Umbruch der modernen Gesellschaft, Wiesbaden 2007, S. 250–268.

Bedeković / Kraß / Lembke 2014 Nataša Bedeković / Andreas Kraß / Astrid Lembke (Hg.): Durchkreuzte Helden. Das Nibelungenlied und Fritz Langs Film Die Nibelungen im Licht der Intersektionalitätsforschung, Bielefeld 2014.

Behnke 2017a Kristin Behnke: Feminisierung von Bildung, in: Ilke Glockentöger / Eva Adelt (Hg.), Gendersensible Bildung und Erziehung in der Schule, Göttingen 2017, S. 43–49.

Behnke 2017b Kristin Behnke: Gendersensibles Classroom Management, in: Ilke Glockentöger / Eva Adelt (Hg.), Gendersensible Bildung und Erziehung in der Schule, Göttingen 2017, S. 101–110.

Ben-Zeev / Scharnetzki / Chan / Dennehy 2012 Avi Ben-Zeev / Liz Scharnetzki / Lann K. Chan / Tara C. Dennehy: Hypermasculinity in the Media: When Men „Walk into the Fog" to Avoid Affective Communication, in: Psychology of Popular Media Culture, 1 / 1 (2012), S. 53–61.

Bender 2009 Till Bender: „It's just like we made this family for ourselves". Der Queer Family Claim im zeitgenössischen amerikanischen Film und Fernsehen. Eberhard Karls Universität, Dissertationsschrift, Tübingen 2009.

Benhabib 1993 Seyla Benhabib: Feminismus und Postmoderne. Ein prekäres Bündnis, in: dies. / Judith Butler / Drucilla Cornell / Nancy Fraser (Hg.), Der Streit um Differenz. Feminismus und Postmoderne in der Gegenwart, Frankfurt a. M. 1993, S. 9–30.

Benhabib 1995 Seyla Benhabib: Selbst im Kontext. Kommunikative Ethik im Spannungsfeld von Feminismus, Kommunitarismus und Postmoderne, Frankfurt a. M. 1995.

Benjamin 1990 Jessica Benjamin: Die Fesseln der Liebe. Psychoanalyse, Feminismus und das Problem der Macht. Übersetzt von Nils Thomas Lindquist und Diana Müller, Frankfurt a. M. 1990.

Bennett / Woollacott 1987 Tony Bennett / Janet Woollacott: Bond and Beyond. The Political Career of a Popular Hero, Basingstoke 1987.

Bennett 2010 Jane Bennett: Vibrant matter. A political ecology of things, Durham 2010.

Benshoff / Griffin 2004 Harry M. Benshoff / Sean Griffin (Hg.): Queer Cinema. The Film Reader, London / New York 2004.

Benshoff 2009 Harry M. Benshoff: A Straight Cowboy Movie. Heterosexuality According to Brokeback Mountain, in: Sean Griffin (Hg.), Hetero. Queering Representations of Straightness, New York 2009, S. 227–242.

Benthien / Stephan 2003 Claudia Benthien / Inge Stephan (Hg.): Männlichkeit als Maskerade. Kulturelle Inszenierungen vom Mittelalter bis zur Gegenwart, Köln / Weimar / Wien 2003.

Bereswill 2020 Mechthild Bereswill: Behinderung und Geschlecht, in: Susanne Hartwig (Hg.), Behinderung. Kulturwissenschaftliches Handbuch, Stuttgart 2020, S. 259–264.

Berger 2010 Doris Berger: Unterschiede auf der Leinwand: Wie sich Gender in Spielfilmen über Künstlerinnen manifestiert, in: FKW // Zeitschrift für Geschlechterforschung und visuelle Kunst 49 (2010), S. 36–46.

Bergmann 2018 Franziska Bergmann: Drama und Gender, in: Andreas Englhart / Franziska Schößler (Hg.), Grundthemen der Literaturwissenschaft: Drama. Unter Mitarbeit von Andreas Grewenig und Hannah Speicher, Berlin / Boston 2018, S. 356–371.

Bergmann / Schößler / Schreck 2012 Franziska Bergmann / Franziska Schößler / Bettina Schreck (Hg.): Gender Studies, Bielefeld 2012.

Berndt 2017 Frauke Berndt: Fetisch (Fetischismus), in: dies. / Eckhardt Goebel (Hg.), Handbuch Literatur & Psychoanalyse. Unter Mitarbeit von Johannes Hees und Max Roehl, Berlin 2017, S. 623.

Bernsmeier 1980 Helmut Bernsmeier: Das Bild des Körperbehinderten in der deutschsprachigen Literatur des 19. und 20. Jahrhunderts, Frankfurt a. M. 1980.

Bethmann 2010 Stephanie Bethmann: Liebe Revisited – Romantisierte Ungleichheit oder egalitäre Partnerschaft?, in: Freiburger GeschlechterStudien 24 (2010), S. 223–239.

Bhabha 2000 Homi K. Bhabha: Die Verortung der Kultur. Mit einem Vorwort von Elisabeth Bronfen, Tübingen 2000.

Bhavnani 2001 Kum-Kum Bhavnani (Hg.): Feminism and „Race", Oxford 2001.

Bidwell-Steiner / Wozonig 2006 Marlen Bidwell-Steiner / Karin S. Wozonig (Hg.): A canon of our own? Kanonkritik und Kanonbildung in den Gender Studies, Innsbruck 2006.

Biesecker / Hofmeister 2010 Adelheid Biesecker / Sabine Hofmeister: Im Fokus: Das (Re) Produktive. Die Neubestimmung des Ökonomischen mithilfe der Kategorie (Re) Produktivität, in: Christine Bauhardt / Gülay Çağlar (Hg.), Gender and Economics. Feministische Kritik der politischen Ökonomie, Wiesbaden 2010, S. 51–80.

Biondi / Schami 1981 Franco Biondi / Rafik Schami: „Literatur der Betroffenheit. Bemerkungen zur Gastarbeiterliteratur", in: Christian Schaffernicht (Hg.), Zu Hause in der Fremde. Ein Ausländerlesebuch, Fischerhude 1981, S. 124–125.

Biondi / Naoum / Schami 1982 Franco Biondi / Jusuf Naoum / Rafik Schami (Hg.): Annäherungen. Prosa, Lyrik und Fotografiken aus dem Gastarbeiteralltag, Bremen 1982.

Birkner / Geier / Helduser 2014 Nina Birkner / Andrea Geier / Urte Helduser (Hg.): Spielräume des Anderen. Geschlecht und Alterität im postdramatischen Theater, Bielefeld 2014.

Bitter 2016 Mirjam Bitter: Gedächtnis und Geschlecht. Darstellungen in der neueren jüdischen Literatur in Deutschland, Österreich und Italien, Göttingen 2016.

Bjerg / Lenz 2008 Helle Bjerg / Claudia Lenz: „If only grandfather were here to tell us…" Gender as a Category in the Culture of Memory of the Occupation in Denmark and Norway, in: Sylvia Paletschek / Sylvia Schraut (Hg.), The Gender of Memory. Cultures of Remembrance in Nineteenth- and Twentieth-Century Europe, Frankfurt a. M. / New York 2008, S. 221–237.

Blau / Ferber / Winkler 2006 Francine D. Blau / Marianne A. Ferber / Anne E. Winkler: The Economics of Women, Men, and Work, Upper Saddle River 2006.

Bloch 2011 Natalie Bloch: Legitimierte Gewalt. Zum Verhältnis von Sprache und Gewalt in Theatertexten von Elfriede Jelinek und Neil LaBute, Bielefeld 2011.

Block 2008 Marcelline Block (Hg.): Situating the feminist gaze and spectatorship in postwar cinema, Newcastle 2008.

Blödorn 2006 Andreas Blödorn: Von der Queer Theory zur Methode eines Queer Reading: Tonio Krögers verquere ‚Normalität', in: Tim Lörke / Christian Müller (Hg.), Vom Nutzen und Nachteil der Theorie für die Lektüre. Das Werk Thomas Manns im Lichte neuer Literaturtheorien, Würzburg 2006, S. 129–146.

Blome / Eiden-Offe / Weinberg 2010 Eva Blome / Patrick Eiden-Offe / Manfred Weinberg: Klassen-Bildung: Ein Problemaufriss, in: Internationales Archiv für Sozialgeschichte der deutschen Literatur (IASL) 35 / 2 (2010), S. 158–194.

Blome 2011 Eva Blome: ‚Schweigen und tanzen'. Hofmannsthals Chandos-Brief und *Elektra*, in: Hofmannsthal-Jahrbuch zur europäischen Moderne 19 (2011), S. 255–290.

Blome 2016 Eva Blome: Erzählte Interdependenzen. Überlegungen zu einer kulturwissenschaftlichen Intersektionalitätsforschung, in: Peter C. Pohl / Hania Siebenpfeiffer (Hg.), Diversity Trouble. Vielfalt – Gender – Gegenwartskultur, Berlin 2016, S. 45–67.

Bloom 1995 Harold Bloom: Einflußangst. Eine Theorie der Dichtung. Übersetzt von Angelika Schweikhart, Basel / Frankfurt a. M. 1995 [1973].

Bly 1991 Robert Bly: Eisenhans. Ein Buch über Männer, München 1991.

Boa 1996 Elizabeth Boa: Kafka. Gender, Class, and Race in the Letters and Fictions, Oxford 1996.

Böhm 2017 Kerstin Böhm: Archaisierung und Pinkifizierung. Mythen von Männlichkeit und Weiblichkeit in der Kinder- und Jugendliteratur, Bielefeld 2017.

Bogdal 1993 Klaus-Michael Bogdal: Eliminatorische Normalisierungen. Lebensläufe von
,Zigeunern' in narrativen Texten, in: Ute Gerhard / Walter Grünzweig / Jürgen Link / Rolf
Parr (Hg.), (Nicht)normale Fahrten. Faszinationen eines modernen Narrationstyps,
Heidelberg 1993, S. 157–167.

Bogdal 2011 Klaus-Michael Bogdal: Europa erfindet die Zigeuner. Eine Geschichte von
Faszination und Verachtung, Berlin 2011.

Bola 2020 JJ Bola: Sei kein Mann. Warum Männlichkeit ein Alptraum für Jungs ist, Berlin 2020.

Boldt 2011 Uli Boldt: Der ,steinige' Weg. Ein Beitrag zur Institutionalisierung gendergerechter
Konzepte an bundesdeutschen Schulen, in: Dorothea Krüger (Hg.), Genderkompetenz und
Schulwelten. Alte Ungleichheiten – neue Hemmnisse, Wiesbaden 2011, S. 181–192.

Bordwell / Staiger / Thompson 1985 David Bordwell / Janet Staiger / Kristin Thompson: The
classical Hollywood cinema: Film style and mode of production to 1960, London 1985.

Bota / Pham / Topçu 2012 Alice Bota / Khuê Pham / Özlem Topçu: Wir neuen Deutschen. Wer
wir sind, was wir wollen, Hamburg bei Reinbek 2012.

Boudry / Brigitta Kuster / Renate Lorenz 1999 Boudry / Brigitta Kuster / Renate Lorenz (Hg.):
Reproduktionskonten fälschen! Heterosexualität, Arbeit und Zuhause, Berlin 1999.

Boudry / Kuster / Lorenz 1999 Pauline Boudry / Brigitta Kuster / Renate Lorenz: I cook for sex
– Einführung, in: dies. (Hg.), Reproduktionskonten fälschen! Heterosexualität, Arbeit und
Zuhause, Berlin 1999, S. 6–35.

Bourdieu 1997a Pierre Bourdieu: Die männliche Herrschaft, in: Irene Dölling / Beate Krais
(Hg.), *Ein alltägliches Spiel. Geschlechterkonstruktion in der sozialen Praxis, Frankfurt a.
M. 1997*, S. 153–217.

Bourdieu 1997b Pierre Bourdieu: Männliche Herrschaft revisited, in: *Feministische Studien.
Zeitschrift für interdisziplinäre Frauen- und Geschlechterforschung 15 / 2* (1997), S. 88–
99.

Bourdieu 2005 Pierre Bourdieu: *Die männliche Herrschaft*, Frankfurt a. M. 2005.

Bovenschen 1979 Silvia Bovenschen: Die imaginierte Weiblichkeit. Exemplarische
Untersuchungen zu kulturgeschichtlichen und literarischen Präsentationsformen des
Weiblichen, Frankfurt a. M. 1979.

Brandes 1990 Helga Brandes: Der Frauenroman und die literarisch-publizistische Öffentlichkeit
im 18. Jahrhundert, in: Helga Gallas / Magdalene Heuser (Hg.), Untersuchungen zum
Roman von Frauen um 1800, Tübingen 1990, S. 41–51.

Brandes 1995a Helga Brandes: Wochenschriften, Moralische, in: Werner Schneiders (Hg.),
Lexikon der Aufklärung. Deutschland und Europa, München 1995, S. 443–445.

Brandes 1995b Helga Brandes: Frau, in: Werner Schneiders (Hg.), Lexikon der Aufklärung.
Deutschland und Europa, München 1995, S. 126–129.

Brandes 2001 / 2002 Holger Brandes: Der männliche Habitus, 2 Bände, Band 1: Männer unter
sich. Männergruppen und männliche Identität, Opladen 2001; Band 2: Männerforschung
und Männerpolitik, Opladen 2002.

Brauerhoch / Koch / Lippert / Schlüpmann 1994 Annette Brauerhoch / Gertrud Koch / Renate
Lippert / Heide Schlüpmann: Ethnos und Geschlecht (Frauen und Film 54 / 55), Frankfurt
a. M. 1994.

Braun 1985 Christina von Braun: Nicht ich. Logik, Lüge, Libido, Frankfurt a. M. 1985.

Braun / Stephan 2000 Christina von Braun / Inge Stephan (Hg.): Gender Studien. Eine
Einführung, Stuttgart / Weimar 2000.

Braun / Stephan 2005 Christina von Braun / Inge Stephan (Hg.): Gender@Wissen. Ein Handbuch der Gender-Theorien, Köln / Weimar / Wien 2005.

Brede / Helmes 2017 Julia Ricart Brede / Günter Helmes (Hg.): Vielfalt und Diversität in Film und Fernsehen. Behinderung und Migration im Fokus, Münster / New York 2017.

Breger 1998 Claudia Breger: Ortlosigkeit des Fremden. „Zigeunerinnen" und „Zigeuner" in der deutschsprachigen Literatur um 1800, Köln 1998.

Brendel-Perpina / Heiser / König 2020 Ina Brendel-Perpina / Ines Heiser / Nicola König: Gendersensibel Literatur unterrichten – warum und wie? Eine Einleitung, in: dies. (Hg.), Literaturunterricht gendersensibel planen. Grundlagen – Methoden – Unterrichtsvorschläge. Unter Mitarbeit von Eva Maus, Sebastian Tatzel, Dominik Achtermeier, Stuttgart 2020, S. 7–10.

Brendel-Perpina 2020a Ina Brendel-Perpina: Fachdidaktischer Rahmen. Literatur- und Medienrezeption als genderkodierte Praxs, in: dies. / Ines Heiser / Nicola König (Hg.), Literaturunterricht gendersensibel planen. Grundlagen – Methoden – Unterrichtsvorschläge. Unter Mitarbeit von Eva Maus, Sebastian Tatzel, Dominik Achtermeier, Stuttgart 2020, S. 29–38.

Brendel-Perpina 2020b Ina Brendel-Perpina: Social Reading. Gender in Lesegemeinschaften der Sozialen Medien, in: dies. / Ines Heiser / Nicola König (Hg.), Literaturunterricht gendersensibel planen. Grundlagen – Methoden – Unterrichtsvorschläge. Unter Mitarbeit von Eva Maus, Sebastian Tatzel, Dominik Achtermeier, Stuttgart 2020, S. 101–118.

Brinker-Gabler 1988 Gisela Brinker-Gabler (Hg.): Deutsche Literatur von Frauen, 2 Bände, München 1988.

Brinker-Gabler 1998 Gisela Brinker-Gabler: Vom nationalen Kanon zur postnationalen Konstellation, in: Renate von Heydebrand (Hg.), Kanon Macht Kultur. Theoretische, historische und soziale Aspekte ästhetischer Kanonbildung, Stuttgart 1998, S. 78–96.

Bronfen 1994 Elisabeth Bronfen: Nur über ihre Leiche. Tod, Weiblichkeit und Asthetik, München 1994.

Bronfen 1998 Elisabeth Bronfen: Das verknotete Subjekt. Hysterie in der Moderne, Berlin 1998.

Bronfen 1999 Elisabeth Bronfen: Heimweh. Illusionsspiele in Hollywood, Berlin 1999.

Bronfen 2004 Elisabeth Bronfen: „You've got a great big dollar sign where most women have a heart". Refigurationen der Femme fatale im Film Noir der 80er- und 90er-Jahre, in: Claudia Liebrand / Ines Steiner (Hg.), Hollywood Hybrid. Genre und Gender im zeitgenössischen Mainstream-Film, Marburg 2004, S. 91–135.

Bronfen / Benjamin / Steffen 1997 Elisabeth Bronfen / Marius Benjamin / Therese Steffen (Hg.): Hybride Kulturen. Beiträge zur anglo-amerikanischen Multikulturalismusdebatte, Tübingen 1997.

Bruns 2008 Claudia Bruns: Politik des Eros. Der Männerbund in Wissenschaft, Politik und Jugendkultur (1880–1934), Köln 2008.

Budde 2011 Jürgen Budde: Geschlechtersensibler Unterricht, in: Hannelore Faulstich-Wieland (Hg.), Umgang mit Heterogenität und Differenz, Baltmannsweiler 2011, S. 99–120.

Budde / Blasse 2014 Jürgen Budde / Nina Blasse: Thematisierungen von Geschlecht in pädagogischen Kontexten, in: Verona Eisenbraun / Siegfried Uhl (Hg.), Geschlecht und Vielfalt in Schule und Lehrerbildung, Münster / New York 2014, S. 13–27.

Bühler 2016 Benjamin Bühler: Ecocriticism. Grundlagen – Theorien – Interpretationen, Stuttgart 2016.

Bürger 1990 Christa Bürger: Leben Schreiben. Die Klassik, die Romantik und der Ort der Frauen, Stuttgart 1990.

Bußmann / Hof 1995 Hadumod Bußmann / Renate Hof (Hg.): Genus. Zur Geschlechterdifferenz in den Kulturwissenschaften, Stuttgart 1995.

Butler 1991 Judith Butler: Das Unbehagen der Geschlechter, Frankfurt a. M. 1991.

Butler 1995 Judith Butler: Körper von Gewicht. Die diskursiven Grenzen des Geschlechts, Berlin 1995.

Butler 1998 Judith Butler: Hass spricht. Zur Politik des Performativen, Berlin 1998.

Butler 2001 Judith Butler: Antigones Verlangen. Verwandtschaft zwischen Leben und Tod, Frankfurt a. M. 2001.

Butler 2003 Judith Butler: Imitation und die Aufsässigkeit der Geschlechtsidentität, in: Andreas Kraß (Hg.), Queer denken. Gegen die Ordnung der Sexualität. Queer Studies, Frankfurt a. M. 2003, S. 144–168.

Callahan 2010 Vicki Callahan (Hg.): Reclaiming the Archive. Feminism and Film History, Detroit 2010.

Campe 1988 Joachim Heinrich Campe: Väterlicher Rath für meine Tochter. Ein Gegenstück zum Theophron. Neudruck der Ausgabe Braunschweig 1796. Mit Einleitung von Ruth Bleckwenn, Paderborn 1988.

Carter 2009 Erica Carter: Frauen und die Öffentlichkeit des Konsums, in: Heinz-Gerhard Haupt (Hg.), Die Konsumgesellschaft in Deutschland 1890–1990. Ein Handbuch, Frankfurt 2009, S. 154–171.

Cheauré / Paletschek / Reusch 2013 Elisabeth Cheauré / Sylvia Paletschek / Nina Reusch (Hg.): Geschlecht und Geschichte in populären Medien, Bielefeld 2013.

Cheesman 2007 Tom Cheesman: Novels of Turkish German settlement. Cosmopolite Fictions, Rochester / New York 2007.

Chibber 2018 Vivek Chibber: Postkoloniale Theorie und das Gespenst des Kapitals, Berlin 2018.

Chiellino 2007 Carmine Chiellino (Hg.): Interkulturelle Literatur in Deutschland. Ein Handbuch, Stuttgart 2007.

Chodorow 1985 Nancy Chodorow: Das Erbe der Mütter. Psychoanalyse und Soziologie der Geschlechter, München 1985.

Christadle 1997 Maike Christadle: Natur des Genies und Weiblichkeit der Natur, in: Kathrin Hoffmann-Curtius / Silke Wenk (Hg.), Mythen von Autorschaft und Weiblichkeit im 20. Jahrhundert, Marburg 1997.

Cixous 1976 Hélène Cixous: Schreiben, Feminität, Veränderung, in: Das Lächeln der Medusa. Alternative 108 / 109 (1976), S. 134–154.

Columpar / Mayer 2009 Corinn Columpar / Sophie Mayer (Hg.): There she goes. Feminist filmmaking and beyond, Detroit 2009.

Connell 2005 Robert W. Connell: Masculinities, Cambridge 2005 [1995].

Cornelißen 2011 Waltraud Cornelißen: Gendergerechte Ansätze in der Schule. Ein Schritt zu mehr Geschlechterdemokratie? in: Dorothea Krüger (Hg.), Genderkompetenz und Schulwelten. Alte Ungleichheiten – neue Hemmnisse, Wiesbaden 2011, S. 87–108.

Cramer / Schmidt / Thiemann 2021 Rahel Cramer / Jara Schmidt / Jule Thiemann: Überlegungen zu einem Postmigrant Turn, in: Multicultural Germany Project, Blog der University of California Berkeley vom 30.08.2021, https://mgp.berkeley.edu/2021/08/30/postmigrant-turn-german/ (Abrufdatum 15.03.2022).

Crenshaw 1989 Kimberle Crenshaw: Demarginalizing the Intersection of Race and Sex. A Black Feminist Critique of Antidiscrimination Doctrine, Feminist Theory and Antiracist Politics, in: University of Chicago Legal Forum 1 (1989), S. 139–167, http://chicagounbound.uchicago.edu/uclf/vol1989/iss1/8 (Abrufdatum 24.03.2022).

Cuntz-Leng 2015 Vera Cuntz-Leng: Harry Potter que(e)r. Eine Filmsaga im Spannungsfeld von Queer Reading, Slash-Fandom und Fantasyfilmgenre, Bielefeld 2015.

Czollek 2018 Max Czollek: Desintegriert Euch!, München 2018.

Czollek 2020 Max Czollek: Gegenwartsbewältigung, München 2020.

Dalla Costa / James 1973 Mariarosa Dalla Costa / Selma James: Die Macht der Frauen und der Umsturz der Gesellschaft, Berlin 1973.

Dannecker 2017 Wiebke Dannecker: Geschlechter/Rollen/Spiel. Zur Inszenierung literarästhetischen Lernens am Beispiel von Terence Blackers Jugendroman boy2girl, in: Ulf Abraham / Ina Brendel-Perpina (Hg.), Kulturen des Inszenierens im Deutschunterricht, München 2017, S. 133–144.

Dannecker 2021 Wiebke Dannecker: Inklusiver Literaturunterricht im Zeitalter der Digitalität – Überlegungen zu Kutschers Kriminalroman Der nasse Fisch und seinen medialen Dispositiven, in: Medien im Deutschunterricht, 3 / 1 (2021), https://doi.org/10.18716/ojs/midu/2021.1.11 (Abrufdatum 11.03.2022).

Davis 1995 Leonard J. Davis: Enforcing Normalcy. Disability, Deafness, and the Body, London 1995.

Davis 2008 Kathy Davis: Intersectionality as buzzword. A sociology of science perspective on whatmakes a feminist theory successful, in: Feminist Theory 9 / 1 (2008), S. 67–85, https://www.kathydavis.info/articles/Intersectionality_as_buzzword.pdf (Abrufdatum 24.03.2022).

Debus 2017 Katharina Debus: Dramatisierung, Entdramatisierung, Nicht-Dramatisierung von Geschlecht und sexueller Orientierung in der geschlechterreflektierten Bildung. Oder: (Wie) Kann ich geschlechterreflektiert arbeiten, ohne Stereotype zu verstärken? in: Ilke Glockentöger / Eva Adelt (Hg.), Gendersensible Bildung und Erziehung in der Schule, Göttingen 2017, S. 25–42.

Dederich 2007 Markus Dederich: Körper, Kultur und Behinderung. Eine Einführung in die Disability Studies, Bielefeld 2007.

Degele 2018 Nina Degele: Intersektionalität. Perspektiven der Geschlechterforschung, in: Beate Kortendiek / Birgit Riegraf / Katja Sabisch (Hg.), Intersektionalität. Perspektiven der Geschlechterforschung, Wiesbaden 2018, https://doi.org/10.1007/978-3-658-12500-4_32-1 (Abrufdatum 24.03.2022).

Deleuze 2013, Gilles Deleuze: „Sacher-Masoch und der Masochismus" [1968]. Sacher-Masoch, Leopold von: Venus im Pelz. Mit einer Studie über den Masochismus von Gilles Deleuze. Übersetzt von Gertrud Müller, Berlin 2013, S. 163–281.

Delgado / Stefancic 1997 Richard Delgado / Jean Stefancic (Hg.): Critical White Studies. Looking behind the Mirror, Philadelphia 1997.

Derrida 1986 Jacques Derrida: Sporen. Die Stile Nietzsches, in: Werner Hamacher (Hg.), Nietzsche aus Frankreich, Frankfurt a. M. / Berlin 1986, S. 129–168.

Derrida 1995 Jacques Derrida: Limited Inc, Wien 1995.

Doane 1994 Mary Ann Doane: Film und Maskerade. Zur Theorie des weiblichen Zuschauers, in: Liliane Weissberg (Hg.), Weiblichkeit als Maskerade, Frankfurt a. M. 1994, S. 66–89.

Dörre 2007 Klaus Dörre: Prekarisierung und Geschlecht. Ein Versuch über unsichere Beschäftigung und männliche Herrschaft in nachfordistischen Arbeitsgesellschaften, in: Brigitte Aulenbacher (Hg.), Arbeit und Geschlecht im Umbruch der modernen Gesellschaft, Wiesbaden 2007, S. 285–301.

Dörre 2009 Klaus Dörre: Prekarität im Finanzmarkt-Kapitalismus, in: Robert Castel / ders. (Hg.), Prekarität, Abstieg, Ausgrenzung. Die soziale Frage am Beginn des 21. Jahrhunderts, Frankfurt a. M. 2009, S. 35–64.

Doty 1997 Alexander Doty: Making Things Perfectly Queer. Interpreting Mass Culture, Minneapolis 1997.

Doty 2000 Alexander Doty: Flaming Classics. Queering the Film Canon, London / New York 2000.

Dressel / Wanger 2010 Kathrin Dressel / Susanne Wanger: Erwerbsarbeit. Zur Situation von Frauen auf dem Arbeitsmarkt, in: Ruth Becker / Beate Kortendiek (Hg.), Handbuch Frauen- und Geschlechterforschung. Theorie, Methoden, Empirie, 3., erweiterte und durchgesehene Auflage, Wiesbaden 2010 [2004], S. 489–498.

Drüeke 2017 Ricarda Drüeke: Feminismus im Netz – Strategien zwischen Empowerment und Angreifbarkeit, in: Feministische Studien. Zeitschrift für interdisziplinäre Frauen- und Geschlechterforschung, 35 / 1 (2017), S. 137–147.

Drügh / Metz / Weyand 2001 Heinz Drügh / Christian Metz / Björn Weyand (Hg.): Warenästhetik. Neue Perspektiven auf Konsum, Kultur und Kunst, Frankfurt a. M. 2001.

Duden 1993 Barbara Duden: „Die Frau ohne Unterleib". Zu Judith Butlers Entkörperung. Ein Zeitdokument, in: Feministische Studien. Zeitschrift für interdisziplinäre Frauen- und Geschlechterforschung 11 / 2 (1993), S. 24–33.

Duden 2020 Duden: Die deutsche Rechtschreibung. Das umfassende Standardwerk auf der Grundlage der aktuellen amtlichen Regeln, Band 1, 28. Auflage.

Duden online: Sexismus, https://www.duden.de/rechtschreibung/Sexismus (Abrufdatum 20.03.2022).

Duden online: Prekariat, https://www.duden.de/rechtschreibung/Prekariat (Abrufdatum 23.12.2021).

Duden online: Prekarität, https://www.duden.de/rechtschreibung/Prekaritaet (Abrufdatum 23.12.2021).

Eagleton 1994 Terry Eagleton: Einführung in die Literaturtheorie, Stuttgart 1994.

Ebert 2021 Verena Ebert: Koloniale Straßennamen. Benennungspraktiken im Kontext kolonialer Raumaneignung in der deutschen Metropole von 1884 bis 1945, Berlin / Boston 2021.

Edelman 2004 Lee Edelman: No Future. Queer Theory and the Death Drive, Durham 2004.

Eggers / Kilomba / Piesche / Arndt 2020 Maureen Maisha Eggers / Grada Kilomba / Peggy Piesche / Susan Arndt (Hg.): Mythen, Masken und Subjekte. Kritische Weißseinsforschung in Deutschland, 4. Auflage, Münster 2020 [2005].

Ellis 1982 John Ellis: Visible Fictions, London 1982.

Ellmeier 2007 Andrea Ellmeier: „S/he: The Making of the Citizen Consumer. Gender und Konsumgeschichte/feministische Konsumgeschichte revisited, in: L'Homme. Europäische Zeitschrift für feministische Geschichtswissenschaft 18 / 2 (2007), S. 91–103.

Elsaesser 2012 Thomas Elsaesser: Rainer Werner Fassbinder, Berlin 2012.

Elsaghe 1995 Yahya Elsaghe: Wilhelm Meisters letzter Brief. Homosexualität und Nekrophilie bei Goethe. Mit einem Auszug aus Goethes *Wilhelm Meisters Wanderjahre*, in: Forum Homosexualität und Literatur 24 (1995), S. 5–36.

Elsen 2020 Hilke Elsen: Gender – Sprache – Stereotype. Geschlechtersensibilität in Alltag und Unterricht, Stuttgart 2020.

Enderwitz 2008 Anne Enderwitz: Ereignis und Wiederholung als Koordinaten von Geschlecht und Gedächtnis, in: Anja Schwarz / Sabine Lucia Müller / Anita Runge (Hg.), Querelles. Jahrbuch für Frauen- und Geschlechterforschung 2008, S. 29–48.

Engel 2002 Antke Engel: Wider die Eindeutigkeit. Sexualität und Geschlecht im Fokus queerer Politik der Repräsentation, Frankfurt a. M. 2002.

Erdbrügger / Nagelschmidt / Probst 2010 Torsten Erdbrügger / Ilse Nagelschmidt / Inga Probst: Geschlechtergedächtnisse. Gender-Konstellationen und Erinnerungsmuster in Literatur und Film der Gegenwart, in: dies. (Hg.), Geschlechtergedächtnisse. Gender-Konstellationen und Erinnerungsmuster in Literatur und Film der Gegenwart, Berlin 2010, S. 9–22.

Erhart 2001 Walter Erhart: Familienmänner. Über den literarischen Ursprung moderner Männlichkeit, München 2001.

Erhart / Herrmann 1997 Walter Erhart / Britta Herrmann: Der erforschte Mann?, in: dies. (Hg.), Wann ist der Mann ein Mann? Zur Geschichte der Männlichkeit, Stuttgart / Weimar 1997, S. 3–31.

Erhart / Herrmann 2008 Walter Erhart / Britta Herrmann: Feministische Zugänge –‚Gender Studies', in: Heinz Ludwig Arnold / Heinrich Detering (Hg.), Grundzüge der Literaturwissenschaft, 8. Auflage, München 2008 [1996], S. 498–515.

Erll / Nünning 2008 Astrid Erll / Ansgar Nünning (Hg.): Cultural Memory Studies. An International and Interdisciplinary Handbook, Berlin / New York 2008.

Erll / Seibel 2004 Astrid Erll / Klaudia Seibel: Gattungen, Formtraditionen und kulturelles Gedächtnis, in: Vera Nünning / Ansgar Nünning (Hg.), Erzählanalyse und Gender Studies, Stuttgart / Weimar 2004.

Erll 2017 Astrid Erll: Kollektives Gedächtnis und Erinnerungskulturen. Eine Einführung, 3., aktualisierte und erweiterte Auflage, Stuttgart 2017 [2008].

Ertl / Helling 2015 Bernhard Ertl / Kathrin Helling: Gender-Re-Scripting. Eine Methode zur Reduktion stereotyper Verhaltensweisen, in: Annette Bartsch / Juliette Wedl (Hg.), Teaching Gender? Zum reflektierten Umgang mit Geschlecht im Schulunterricht und in der Lehramtsausbildung, Bielefeld 2015, S. 353–373.

Eschebach / Jacobeit / Wenk 2002 Insa Eschebach / Sigrid Jacobeit / Silke Wenk (Hg.): Gedächtnis und Geschlecht. Deutungsmuster in Darstellungen des nationalsozialistischen Genozids, Frankfurt a. M. / New York 2002.

Eßlinger 2013 Eva Eßlinger: Das Dienstmädchen, die Familie und der Sex. Zur Geschichte einer irregulären Beziehung in der europäischen Literatur, Paderborn 2013.

Faltermaier 2018 Toni Faltermaier: Männergesundheit: Stand und Perspektive eines gesundheitswissenschaftlichen Forschungs- und Praxisfeldes, in: Ulrich M. Gassner / Julia van Hayek / Alexandra Manzei / Florian Steger (Hg.), Geschlecht und Gesundheit. Unter Mitarbeit von Ann Kristin Augst, Baden-Baden 2018, S. 149–174.

Faulstich-Wieland / Horstkemper 2012 Hannelore Faulstich-Wieland / Marianne Horstkemper: Schule und Genderforschung, in: Marita Kampshoff / Claudia Wiepcke (Hg.), Handbuch Geschlechterforschung und Fachdidaktik, Wiesbaden 2012, S. 25–38.

Faulstich-Wieland / Willems / Feltz u. a. 2008 Hannelore Faulstich-Wieland / Katharina
Willems / Nina Feltz u. a. (Hg.): Genus – geschlechtergerechter naturwissenschaftlicher
Unterricht in der Sekundarstufe I, Bad Heilbrunn 2008.

Faulstich-Wieland 2013 Hannelore Faulstich-Wieland: Geschlechterdifferenzen als Produkt
geschlechterdifferenzierenden Unterrichts, in: Ulrike Stadler-Altmann (Hg.),
Genderkompetenz in pädagogischer Interaktion, Opladen / Berlin / Toronto 2013, S. 12–
28.

Fausto-Sterling 1985 Anne Fausto-Sterling: Myths of Gender, New York 1985.

Felman 1992 Shoshana Felman: Weiblichkeit wiederlesen, in: Barbara Vinken (Hg.),
Dekonstruktiver Feminismus. Literaturwissenschaft in Amerika, Frankfurt a. M. 1992, S.
33–61.

Fenske 2008 Uta Fenske: Mannsbilder. Eine geschlechterhistorische Betrachtung von
Hollywoodfilmen 1946–1960, Bielefeld 2008.

Fenske 2016 Uta Fenske: Film, in: Stefan Horlacher / Bettina Jansen / Wieland Schwanebeck
(Hg.), Männlichkeit. Ein interdisziplinäres Handbuch, Stuttgart 2016, S. 237–250.

Ferber / Nelson 1993 Marianne A. Ferber / Julie A. Nelson (Hg.): Beyond Economic Man.
Feminist Theory and Economics, Chicago / London 1993.

Fischer-Lichte 1997 Erika Fischer-Lichte: Die Entdeckung des Zuschauers. Paradigmenwechsel
auf dem Theater des 20. Jahrhunderts, Tübingen 1997.

Fischer-Lichte 2004 Erika Fischer-Lichte: Asthetik des Performativen, Frankfurt a. M. 2004.

Fischer-Lichte / Lehnert 2000 Erika Fischer-Lichte / Gertrud Lehnert: Der
Sonderforschungsbereich „Kulturen des Performativen", in: Interdisziplinäres Zentrum für
Historische Anthropologie (Hg.), Paragrana. Zeitschrift für historische Anthropologie, Freie
Universität Berlin, Band 9, S. 919.

Fleig 2014 Anne Fleig: Die Zukunft von Gender und das Subjekt des Feminismus: Zur
Einleitung, in: dies. (Hg.), Die Zukunft von Gender: Begriff und Zeitdiagnose, Frankfurt a.
M. 2014, S. 7–17.

Foroutan 2019 Naika Foroutan: Die postmigrantische Gesellschaft. Ein Versprechen der
pluralen Demokratie, Bielefeld 2019.

Forster 2017 Kurt W. Forster: Aby Warburgs Kulturwissenschaft. Ein Blick in die Abgründe der
Bilder, Berlin 2017.

Foucault 1974 Michel Foucault: Die Ordnung des Diskurses, München 1974.

Foucault 1976 Michel Foucault: Überwachen und Strafen. Die Geburt des Gefängnisses,
Frankfurt a. M. 1976.

Foucault 1977 Michel Foucault: Sexualität und Wahrheit. Der Wille zum Wissen, Band 1,
Frankfurt a. M. 1977.

Foucault 1998 Michel Foucault: Über Hermaphrodismus. Herculine Barbin, Frankfurt a. M.
1998.

Fox Keller 1995 Evelyn Fox Keller: Geschlecht und Wissenschaft: Eine Standortbestimmung, in:
Barbara Orland / Elvira Scheich (Hg.), Das Geschlecht der Natur. Feministische Beiträge
zur Geschichte und Theorie der Naturwissenschaften, Frankfurt a. M. 1995, S. 64–91.

Fraser 1996 Nancy Fraser: Öffentlichkeit neu denken. Ein Beitrag zur Kritik real existierender
Demokratie, in: Elvira Scheich (Hg.), Vermittelte Weiblichkeit. Feministische
Wissenschafts- und Gesellschaftstheorie, Hamburg 1996, S. 151–182.

Freud 1969 Sigmund Freud: Die Weiblichkeit, in: ders., Studienausgabe. Hg. von Alexander Mitscherlich, Angela Richards und James Strachey, Vorlesungen zur Einführung der Psychoanalyse, Band 1, Frankfurt a. M. 1969, S. 544–565.

Freud 1994 Sigmund Freud: Das Unbehagen in der Kultur. Und andere kulturtheoretische Schriften, Frankfurt a. M. 1994.

Frevert 1986 Ute Frevert: Frauen-Geschichte. Zwischen Bürgerlicher Verbesserung und Neuer Weiblichkeit, Frankfurt a. M. 1986.

Frevert 1996 Ute Frevert: Soldaten, Staatsbürger. Überlegungen zur historischen Konstruktion von Männlichkeit, in: Thomas Kühne (Hg.), Männergeschichte – Geschlechtergeschichte. Männlichkeit im Wandel der Moderne, Frankfurt a. M. / New York 1996, S. 69–87.

Frevert 2010 Ute Frevert: Trust as Work, in: Jürgen Kocka (Hg.), Work in a Modern Society. The German Historical Experience in Comparative Perspective, New York / Oxford 2010, S. 93–108.

Friedrichsmeyer / Lennox / Zantop 1998 Sara Friedrichsmeyer / Sara Lennox / Susanne Zantop: The Imperialist Imagination. German Colonialism and Its Legacy, Ann Arbor 1998.

Frisch 2003 Max Frisch: Stiller, Frankfurt a. M. 2003 [1954].

Funk 2018 Wolfgang Funk: Gender Studies, Paderborn 2018.

Gaard 1997 Greta Gaard: Toward a Queer Ecofeminism, in: Hypathia 12 / 1 (1997), S. 114–137.

Gamman / Marshment 1988 Lorraine Gamman / Margaret Marshment (Hg.): The Female Gaze. Women as Viewers of Popular Culture, London 1988.

Gandhi 1998 Leela Gandhi: Postcolonial Theory. A critical Introduction, Edinburgh 1998.

Ganz 2017 Kathrin Ganz: Netzpolitik feministisch gedacht, in: Die Zentrale Frauenbeauftragte TU Berlin (Hg.), Die Zentrale Frauenbeauftragte news. Gender I Politik I Universität. Thema: blog it. Feminismus trifft auf Internet 1 (2017), S. 8–10, https://www.tu-berlin.de/fileadmin/i31/Publikationen/News/news_01_2017_Ansicht_24042017.pdf, (Abrufdatum 05.03.2022).

Ganz / Meßmer 2015 Kathrin Ganz / Anna-Katharina Meßmer: Digitale Öffentlichkeiten als Labor eines neuen Kulturkampfes, in: Sabine Hark / Paula-Irene Villa (Hg.), Anti-Genderismus. Sexualität und Geschlecht als Schauplätze aktueller politischer Auseinandersetzungen, Bielefeld 2015, S. 59–77.

Ganz / Hausotter 2020 Kathrin Ganz / Jette Hausotter: Intersektionale Sozialforschung, Bielefeld 2020.

Garbe 2018 Christine Garbe: Gender und Genre. Gender-sensible Leseförderung und attraktive Genres der Kinder- und Jugendliteratur, in: dies. / Christina Gürth / Julia Hoydis u. a. (Hg.), Attraktive Lesestoffe (nicht nur) für Jungen. Erzählmuster und Beispielanalysen zu populärer Kinder- und Jugendliteratur, Baltmannsweiler 2018, S. 1–34.

Garbe / Philipp 2007 Christine Garbe / Maik Philipp: Lesen und Geschlecht – empirisch beobachtbare Achsen der Differenz, in: Andrea Bertschi-Kaufmann (Hg.), Lesekompetenz – Leseleistung – Leseförderung. Grundlagen, Modelle und Materialien, Seelze 2007, S. 66–83.

Garber 1993 Marjorie Garber: Verhüllte Interessen. Transvestismus und kulturelle Angst, Frankfurt a. M. 1993.

Garber 2000 Marjorie Garber: Die Vielfalt des Begehrens. Bisexualität von der Antike bis heute, Frankfurt a. M. 2000.

Gardiner 2002 Judith Kegan Gardiner (Hg.): Masculinity Studies and Feminist Theory, New York 2002.

Garland-Thomson 1997a Rosemarie Garland-Thomson: Extraordinary Bodies. Figuring Physical Disability In American Culture And Literature, New York 1997.

Garland-Thomson 1997b Rosemarie Garland-Thomson: Feminist Theory, the Body, and the Disabled Figure, in: Lennard J. Davis (Hg.), The Disability Studies Reader, New York / London 1997, S. 279–295.

Gebauer / Wulf 1998 Gunter Gebauer / Christoph Wulf: Spiel, Ritual, Geste. Mimetisches Handeln in der sozialen Welt, Reinbek bei Hamburg 1998.

Geier 2014 Andrea Geier: Verstörende Dokumente, irritierende Erzähldynamiken. Potentiale und Probleme des Genres Familienroman (Uwe Timm und Ulla Hahn), in: Jan Süselbeck (Hg.), Familiengefühle. Generationengeschichte und NS-Erinnerung in den Medien, Berlin 2014, S. 129–151.

Geiser 2015 Myriam Geiser: Der Ort transkultureller Literatur in Deutschland und in Frankreich. Deutsch-türkische und frankomaghrebinische Literatur der Postmigration, Würzburg 2015.

Geißler 2014 Heike Geißler: Saisonarbeit, Leipzig 2014.

Gerbig / Torenz 2007 Stefan Gerbig / Rona Torenz: Kritische Weißseinsforschung und deutscher Kontext über das Verhältnis von Deutschsein, Weißsein und die Konstruktion des Ariers, Saarbrücken 2007.

Gildemeister / Hericks 2012 Regine Gildemeister / Katja Hericks: *Geschlechtersoziologie. Theoretische Zugänge zu einer vertrackten Kategorie des Sozialen,* München 2012.

Gilman 1986 Sander L. Gilman: Jewish self-hatred. Anti-semitism and the hidden language of the Jews, Baltimore 1986.

Gilman 1994 Sander L. Gilman: Freud, Identität und Geschlecht, Frankfurt a. M. 1994.

Gilman 2005 Charlotte Perkins Gilman: Frauen und Arbeit. Übersetzt von Petra Altschuh-Riederer, Aachen 2005.

Gledhill 2012 Christine Gledhill (Hg.): Gender Meets Genre in Postwar Cinemas, Illinois 2012.

Glockentöger 2017 Ilke Glockentöger: Gender-Mainstreaming-Konzepte in der Schule als Paradox, in: dies. / Eva Adelt (Hg.), Gendersensible Bildung und Erziehung in der Schule, Göttingen 2017, S. 139–149.

Gnüg / Möhrmann 1989 Hiltrud Gnüg / Renate Möhrmann (Hg.): Frauen Literatur Geschichte. Schreibende Frauen vom Mittelalter bis zur Gegenwart, Stuttgart 1989 [1985].

Goethe 1988 Johann Wolfgang Goethe: Sämtliche Werke nach Epochen seines Schaffens. Münchner Ausgabe. Hg. von Karl Richter in Zusammenarbeit mit Herbert G. Göpfert, Norbert Miller und Gerhard Sauder, Bd. 5: Johann Wolfgang Goethe: Wilhelm Meisters Lehrjahre. Ein Roman. Hg. von Hans Jürgen Schings, München 1988.

Gölter 2003 Waltraud Gölter: Langage tangage. Schriften zur feministischen Psychoanalyse, zur Autobiographie und zu Michel Leiris. Hg. von Claudia Liebrand und Ursula Renner, Freiburg 2003.

Gombrich 1992 Ernst H. Gombrich: Aby Warburg. Eine intellektuelle Biographie, Hamburg 1992.

Gorton 2008 Kristyn Gorton: Theorising desire. From Freud to feminism to film, Basingstoke 2008.

Gradinari / Schößler 2017 Irina Gradinari / Franziska Schößler: Gender und Queer Studies, in: Frauke Berndt / Eckart Goebel (Hg.), Handbuch Literatur & Psychoanalyse. Unter Mitarbeit von Johannes Hees und Max Roehl, Berlin 2017, S. 144–161.

Grant 2011 Barry Keith Grant: Shadows of doubt. Negotiations of masculinity in American genre films, Detroit 2011.

Greenblatt 1993 Stephen Greenblatt: Verhandlungen mit Shakespeare. Innenansichten der englischen Renaissance. Ungekürzte Ausgabe, Frankfurt a. M. 1993.

Grenz 2011 Dagmar Grenz: Edward und Bella – der ‚sanfte' Vampir und das ‚emanzipierte' Opfer. Geschlechterrollen und Geschlechterbeziehungen in der Twilight-Serie, in: Carsten Gansel / Pawel Zimniak (Hg.), Zwischen didaktischem Auftrag und grenzüberschreitender Aufstörung? Zu aktuellen Entwicklungen in der deutschsprachigen Kinder- und Jugendliteratur, Heidelberg 2011, S. 263–297.

Grewe-Volpp 2004 Christa Grewe-Volpp: „Natural spaces mapped by human minds". Ökokritische und ökofeministisches Analysen zeitgenössischer amerikanischer Romane, Tübingen 2004.

Grewe-Volpp 2015 Christa Grewe-Volpp: Ökofeminismus und Material Turn, in: Gabriele Dürbeck / Urte Stobbe (Hg.), Ecocriticism. Eine Einführung, Köln 2015, S. 44–56.

Gümüşay 2020 Kübra Gümüşay: Sprache und Sein, Berlin 2020.

Gümüşay / Shehadeh 2014 Kübra Gümüşay / Nadia Shehadeh: Neue Medien – neuer Zugang zu Feminismen, in: Yvonne Franke / Kati Mozygemba / Kathleen Pöge / Bettina Ritter / Dagmar Venohr (Hg.), Feminismen heute. Positionen in Theorie und Praxis, Bielefeld 2014, S. 145–154.

Günter 2006 Manuela Günter: Im Vorhof der Kunst. Mediengeschichten der Literatur im 19. Jahrhundert. Habilitationsschrift (Manuskript), Köln 2006.

Guggenheimer / Isop / Leibetseder / Mertlitsch 2013 Jacob Guggenheimer / Utta Isop / Doris Leibetseder / Kirstin Mertlitsch (Hg.): „When we were gender... „ – Geschlechter erinnern und vergessen. Analysen von Geschlecht und Gedächtnis in den Gender Studies, Queer-Theorien und feministischen Politiken, Bielefeld 2013.

Guse 2015 Sabrina Guse: (Un-)Doing Gender. Das Konzept des Performativen in seiner Bedeutung für einen gendersensiblen Theaterunterricht, in: Juliette Wedl / Annette Bartsch (Hg.), Teaching Gender? Zum reflektierten Umgang mit Geschlecht im Schulunterricht und in der Lehramtsausbildung, Bielefeld 2015, S. 337–352.

Gutiérrez Rodríguez 1996 Encarnación Gutiérrez Rodríguez: Frau ist nicht gleich Frau, nicht gleich Frau...Über die Notwendigkeit einer kritischen Dekonstruktion in den feministischen Forschung, in: Ute Luise Fischer / Marita Kampshoff / Susanne Keil / Mathilde Schmitt (Hg.), Kategorie: Geschlecht? Empirische Analysen und feministische Theorien, Opladen, S. 163–190.

Haaf / Klingner / Streidl 2008 Meredith Haaf / Susanne Klingner / Barbara Streidl: Wir Alphamädchen. Warum Feminismus das Leben schöner macht, Hamburg 2008.

Haberer 2012 Anja Haberer: Zeitbilder: Krankheit und Gesellschaft in Theodor Fontanes Romanen *Cecile* (1886) und *Effi Briest* (1894), Würzburg 2012.

Hahn 1991 Barbara Hahn: Unter falschem Namen. Von der schwierigen Autorschaft der Frauen, Frankfurt a. M. 1991.

Hahn 1994 Barbara Hahn: Brief und Werk. Zur Konstitution von Autorschaft um 1800, in: Ina Schabert / Barbara Schaff (Hg.), Autorschaft. Genus und Genie in der Zeit um 1800, Berlin 1994, S. 145–156.

Haidinger / Knittler 2014b Bettina Haidinger / Käthe Knittler: Feministische Ökonomie. Eine Einführung, Wien 2014.

Haidle 2018 Miriam N. Haidle: Schon in der Steinzeit...: Über die ‚Natürlichkeit' menschlicher Geschlechterrollen aus urgeschichtlich-paläoanthropologischer Sicht, in: Gero Bauer /

Regina Ammicht Quinn / Ingrid Hotz-Davies (Hg.), Die Naturalisierung des Geschlechts, Bielefeld 2018, S. 15–31.

Halberstam 1998 Judith-Jack Halberstam: Female Masculinity, Durham 1998.

Halberstam 2001 Judith Halberstam: The transgender gaze in *Boys Don't Cry*, in: Screen 43 / 3 (2001), S. 292–298.

Halbwachs 1967 Maurice Halbwachs: Das kollektive Gedächtnis, Stuttgart 1967.

Hall / Whannel 1964 Stuart Hall / Paddy Whannel: The Popular Arts, London 1964.

Halperin 2003 David M. Halperin: The Normalization of Queer Theory, in: Gust A. Yep / Karen E. Lovaas / John Elia (Hg.), Queer Theory and Communication. From Disciplining Queers to Queering the Discipline(s), Binghamton 2003, S. 339–343.

Hammer / Stieß 1995 Carmen Hammer / Immanuel Stieß: Einleitung, in: Donna Haraway, Die Neuerfindung der Natur. Primaten, Cyborgs und Frauen. Hg. und eingeleitet von Carmen Hammer / Immanuel Stieß, Frankfurt a. M. / New York 1995, S. 9–31.

Hansen 2013 Helga Hansen: Feminismus reloaded – das Weblog Mädchenmannschaft, in: Birgit Kampmann / Bernhard Keller / Michael Knippelmeyer / Frank Wagner (Hg.), Die Frauen und das Netz. Angebote und Nutzung aus Genderperspektive, Wiesbaden 2013, S. 149–158.

Haraway 1985 Donna Haraway: Manifesto for Cyborgs: Science, Technology, and Socialist Feminism in the 1980s, in: Socialist Review, Nummer 80 (1985), S. 65–108.

Haraway 1995a Donna Haraway: Die Neuerfindung der Natur. Primaten, Cyborgs und Frauen, hg. und eingeleitet von Carmen Hammer / Immanuel Stieß, Frankfurt a. M. / New York 1995.

Haraway 1995b Donna Haraway: Primatologie ist Politik mit anderen Mitteln, in: Barbara Orland / Elvira Scheich (Hg.), Das Geschlecht der Natur. Feministische Beiträge zur Geschichte und Theorie der Naturwissenschaften, Frankfurt a. M. 1995, S. 136–198.

Haraway 1995c Donna Haraway: Monströse Versprechen. Coyote-Geschichten zu Feminismus und Technowissenschaft, Hamburg / Berlin 1995.

Haraway 2003 Donna Haraway: The Companion Species Manifesto. Dogs, People, and Significant Otherness, Chicago 2003.

Haraway 2018 Donna J. Haraway: Unruhig bleiben. Die Verwandtschaft der Arten im Chthuluzän. Aus dem Englischen von Karin Harrasser, Frankfurt a. M. / New York 2018.

Hardach-Pinke 1993 Irene Hardach-Pinke: Die Gouvernante. Geschichte eines Frauenberufs, Frankfurt a. M. 1993.

Harding 1994 Sandra Harding: Das Geschlecht des Wissens. Frauen denken die Wissenschaft neu, Frankfurt a. M. / New York 1994.

Hark 1993 Ina Rae Hark: Animals or Romans. Looking at masculinity in *Spartacus*, in: Steven Cohan / dies. (Hg.), Screening the male. Exploring masculinities in Hollywood cinema, London / New York 1993, S. 151–172.

Hark 1996 Sabine Hark (Hg.): Grenzen lesbischer Identitäten, Berlin 1996.

Hark 2014 Sabine Hark: Kontingente Fundierungen: Über Feminismus, Gender und die Zukunft der Geschlechterforschung, in: Anne Fleig (Hg.), Die Zukunft von Gender. Begriff und Zeitdiagnose, Frankfurt a. M. 2014, S. 51–75.

Hark 2009 Sabine Hark: Was ist und wozu Kritik? Über Möglichkeiten und Grenzen feministischer Kritik heute, in: Feministische Studien. Zeitschrift für interdisziplinäre Frauen- und Geschlechterforschung 27 / 1 (2009), S. 22–35.

Hark / Villa 2015a Sabine Hark / Paula-Irene Villa: Anti-Genderismus. Sexualität und Geschlecht als Schauplätze aktueller politischer Auseinandersetzungen, Bielefeld 2015.

Hark / Villa 2015b Sabine Hark / Paul-Irene Villa: „Anti-Genderismus" – Warum dieses Buch?, in: dies. (Hg.), Anti-Genderismus. Sexualität und Geschlecht als Schauplätze aktueller politischer Auseinandersetzungen, Bielefeld 2015, S. 7–14.

Hark / Villa 2015c Sabine Hark / Paul-Irene Villa: „Eine Frage an und für unsere Zeit", in: dies. (Hg.), Anti-Genderismus. Sexualität und Geschlecht als Schauplätze aktueller politischer Auseinandersetzungen, Bielefeld 2015, S. 15–40.

Hark / Villa 2017 Sabine Hark / Paula-Irene Villa: Unterscheiden und Herrschen. Ein Essay zu den ambivalenten Verflechtungen von Rassismus, Sexismus und Feminismus in der Gegenwart, Bielefeld 2017.

Haunschild / Schößler 2010 Axel Haunschild / Franziska Schößler: Genderspezifische Arbeitsbedingungen am deutschen Repertoiretheater. Eine empirische Studie, in: Gaby Pailer / Franziska Schößler (Hg.), GeschlechterSpielRäume: Dramatik, Theater, Performance und Gender, Amsterdam 2010, S. 255–269.

Hausen 1978 Karin Hausen: Die Polarisierung der „Geschlechtscharaktere" – Eine Spiegelung der Dissoziation von Erwerbs- und Familienleben, in: Werner Conze (Hg.), Sozialgeschichte der Familie in der Neuzeit Europas, Stuttgart 1978, S. 363–393.

Hausen 2010 Karin Hausen: Work in Gender, Gender in Work. The German Case in Comparative Perspective, in: Jürgen Kocka (Hg.), Work in a Modern Society. The German Historical Experience in Comparative Perspective, New York / Oxford 2010, S. 73–91.

Hausmann 2011 Markus Hausmann: Sex oder Gender? Neurobiologie kognitiver Geschlechtsunterschiede, in: Gottfried Magerl / Reinhard Neck / Christiane Spiel (Hg.), Wissenschaft und Gender, Wien / Köln / Weimar 2011, S. 55–79.

Hechtfischer / Hof / Stephan / Veit-Wild 1998 Ute Hechtfischer / Renate Hof / Inge Stephan / Flora Veit-Wild (Hg.): Metzler Autorinnen Lexikon, Stuttgart 1998.

Hecker 2000 Kristine Hecker: Die Frauen in den frühen Commedia dell'Arte-Truppen, in: Renate Möhrmann (Hg.), Die Schauspielerin. Zur Kulturgeschichte der weiblichen Bühnenkunst, Frankfurt a. M. / Leipzig 2000, S. 33–67.

Heesen 2018 Boris von Heesen (Hg.): Männeraufbruch 2019. Das Jahrbuch für Männer in der Gegenwart, Darmstadt 2018.

Heiser 2020a Ines Heiser: „Meine Jungen sind aber ganz anders!?" – Literaturunterricht und Intersektionalität, in: Ina Brendel-Perpina / dies. / Nicola König (Hg.), Literaturunterricht gendersensibel planen. Grundlagen – Methoden – Unterrichtsvorschläge. Unter Mitarbeit von Eva Maus, Sebastian Tatzel, Dominik Achtermeier, Stuttgart 2020, S. 23–28.

Heiser 2020b Ines Heiser: Gendersensible Textauswahl, Diagnose und Genderkodierung, in: Ina Brendel-Perpina / dies. / Nicola König (Hg.), Literaturunterricht gendersensibel planen. Grundlagen – Methoden – Unterrichtsvorschläge. Unter Mitarbeit von Eva Maus, Sebastian Tatzel, Dominik Achtermeier, Stuttgart 2020, S. 49–58.

Heiser 2020c Ines Heiser: Gender als Einfluss in der allgemeinen Unterrichtspraxis im Literaturunterricht, in: Ina Brendel-Perpina / dies. / Nicola König (Hg.), Literaturunterricht gendersensibel planen: Grundlagen – Methoden – Unterrichtsvorschläge. Unter Mitarbeit von Eva Maus, Sebastian Tatzel, Dominik Achtermeier, Stuttgart 2020, S. 141–150.

Helduser 2005 Urte Helduser: Geschlechterprogramme. Konzepte der literarischen Moderne um 1900, Köln / Weimar / Wien 2005.

Helduser 2016 Urte Helduser: Imaginationen des Monströsen. Wissen, Literatur und Poetik der ‚Missgeburt' 1600–1835, Göttingen 2016.

Helduser 2020 Urte Helduser: Roman, in: Susanne Hartwig (Hg.), Behinderung. Kulturwissenschaftliches Handbuch, Stuttgart 2020, S. 334–342.

Helleis 2006 Anna Helleis: Faszination Schauspielerin. Von der Antike bis Hollywood. Eine Sozialgeschichte, Wien 2006.

Henk / Schröer / Schuhen 2022 Lars Henk / Marie Schröer / Gregor Schuhen (Hg.): Prekäre Männlichkeiten. Klassenkämpfe, soziale Ungleichheit und Abstiegsnarrative in Literatur und Film, Bielefeld 2022.

Henke 2020 Ina Henke: Weiblichkeitsentwürfe bei E.T.A. Hoffmann. *Rat Krespel, Das öde Haus* und *Das Gelübde* im Kontext intersektionaler Narratologie, Berlin 2020.

Hensel / Raether 2008 Jana Hensel / Elisabeth Raether: Neue deutsche Mädchen, Reinbek bei Hamburg 2008.

Hess / Langreiter / Timm 2014 Sabine Hess / Nikola Langreiter / Elisabeth Timm (Hg.): Intersektionalität revisited. Empirische, theoretische und methodische Erkundungen, Bielefeld 2014.

Heydebrand 1998 Renate von Heydebrand: Kanon Macht Kultur – Versuch einer Zusammenfassung, in: dies. (Hg.), Kanon Macht Kultur. Theoretische, historische und soziale Aspekte ästhetischer Kanonbildung, Stuttgart 1998, S. 612–626.

Heydebrand / Winko 1995 Renate von Heydebrand / Simone Winko: Arbeit am Kanon. ‚Genus' in der Rezeption und Wertung von Literatur, in: Hadumod Bußmann / Renate Hof (Hg.), Genus. Zur Geschlechterdifferenz in den Kulturwissenschaften, Stuttgart 1995, S. 206–261.

Heyn 2018 Susanne Heyn: Kolonial bewegte Jugend. Beziehungsgeschichten zwischen Deutschland und Südwestafrika zur Zeit der Weimarer Republik, Bielefeld 2018.

Hieber / Villa 2007 Lutz Hieber / Irene-Paula Villa (Hg.): Images von Gewicht. Soziale Bewegungen, Queer Theory und Kunst in den USA, Bielefeld 2007.

Hill 1997 Mike Hill (Hg.): Whiteness. A Critical Reader, New York / London 1997.

Hill / Yildiz 2018 Marc Hill / Erol Yildiz: Editorial, in: dies. (Hg.), Postmigrantische Visionen. Erfahrungen – Ideen – Reflexionen, Bielefeld 2018, S. 2–4.

Hille 2005 Almut Hille: Identitätskonstruktionen. Die „Zigeunerin" in der deutschsprachigen Literatur des 20. Jahrhunderts, Würzburg 2005.

Hinck 1978 Walter Hinck: Produktive Rezeption heute: am Beispiel der sozialen Dramatik von Jakob Michael Reinhold Lenz und Heinrich Leopold Wagner, in: ders. (Hg.), Sturm und Drang, Frankfurt a. M. 1978, S. 257–269.

Hirschauer 2014 Stefan Hirschauer: Un/doing Differences. Die Kontingenz sozialer Zugehörigkeiten, in: Zeitschrift für Soziologie 43 / 3 (2014), S. 170–191.

Hochschild 2016 Arlie Russell Hochschild: Das gekaufte Herz. Zur Kommerzialisierung der Gefühle. Aus dem Englischen von Ernst von Kardorff, Frankfurt a. M. 2006 [1983].

Hoffman-Curtius 2002 Kathrin Hoffman-Curtius: Feminisierte Trauer und aufgerichtete Helden. Figürliche Denkmäler der frühen Nachkriegszeit in Deutschland und Österreich, in: Insa Eschebach / Sigrid Jacobeit / Silke Wenk (Hg.), Gedächtnis und Geschlecht. Deutungsmuster in Darstellungen des nationalsozialistischen Genozids, Frankfurt a. M. 2002, S. 363–394.

Hoffmann / Wohlleben 2020 Torsten Hoffmann / Doren Wohlleben (Hg.): Verfilmte Autorschaft. Auftritte von Schriftsteller*innen in Dokumentationen und Biopics, Bielefeld 2020.

Hofmann 2006 Michael Hofmann: Interkulturelle Literaturwissenschaft. Eine Einführung, Paderborn 2006.

Hofmann 2014 Roswitha Hofmann: Organisationen verändern Geschlechterverhältnisse?! Queer-theoretische Perspektiven für eine geschlechtergerechte Entwicklung von Organisationen, in: Maria Funder (Hg.), Gender Cage – Revisited. Handbuch zur Organisations- und Geschlechterforschung, Baden-Baden 2014, S. 387–410.

Hohenberger 2011 Eva Hohenberger: Queering American Television. The L-Word, das Konvergenz-Fernsehen und (neo)liberale Nicht-Identität, in: online journal kultur & geschlecht 7 (2011), S. 1–25.

Holtz-Bacha 2019 Christina Holtz-Bacha: Werbung und Gender-Marketing, in: Johanna Dorer / Brigitte Geiger / Brigitte Hipfl / Viktorija Ratković (Hg.), Handbuch Medien und Geschlecht. Perspektiven und Befunde der feministischen Kommunikations- und Medienforschung, Wiesbaden 2019, S. 1–13, https://doi-1org-1kssnxc0a08b6.han.ub.uni-kassel.de/10.1007/978-3-658-20712-0_47-2 (Abrufdatum 19.03.2022).

Honegger 1991 Claudia Honegger: Die Ordnung der Geschlechter. Die Wissenschaften vom Menschen und das Weib 1750–1850, Frankfurt a. M. / New York 1991.

Honold / Scherpe 2004 Alexander Honold / Klaus R. Scherpe: Mit Deutschland um die Welt. Eine Kulturgeschichte des Fremden in der Kolonialzeit, Stuttgart / Weimar 2004.

Hooks 1981 Bell Hooks: Ain't I a Woman. Black Women and Feminism, Boston 1981.

Hooks 1984 Bell Hooks: Feminist Theory: From Margin to Centre, Boston 1984.

Hooks 1990 Bell Hooks: Yearning: Race, Gender, and cultural politics, Boston 1990.

Horkheimer / Adorno 1947 Max Horkheimer / Theodor W. Adorno: Dialektik der Aufklärung, Amsterdam 1947.

Horlacher 2016 Stefan Horlacher: *Transgender* and Intersex. Theoretical, Practical, and Artistic Perspectives, New York 2016.

Horlacher / Jansen / Schwanebeck 2016a Stefan Horlacher / Bettina Jansen / Wieland Schwanebeck (Hg.): Männlichkeit. Ein interdisziplinäres Handbuch, Stuttgart 2016.

Horlacher / Jansen / Schwanebeck 2016b Stefan Horlacher / Bettina Jansen / Wieland Schwanebeck: Einleitung, in: dies. (Hg.), Männlichkeit. Ein interdisziplinäres Handbuch, Stuttgart 2016, S. 1–9.

Horstkemper 2013 Marianne Horstkemper: Genderkompetenz und Professionalisierung. Wie lässt sich Genderkompetenz im Lehrberuf erwerben und ausbauen?, in: Ulrike Stadler-Altmann (Hg.), Genderkompetenz in pädagogischer Interaktion, Opladen / Berlin / Toronto 2013, S. 29–42.

Huxel / Karakayalı / Palenga-Möllenbeck u. a. 2020 Katrin Huxel / Juliane Karakayalı / Ewa Palenga-Möllenbeck u. a.: Postmigrantisch gelesen. Transnationalität, Gender, Care, in: dies. u. a. (Hg.), Postmigrantisch gelesen. Transnationalität, Gender, Care, Bielefeld 2020, S. 15–29.

Irigaray 1980 Luce Irigaray: Speculum. Spiegel des anderen Geschlechts, Frankfurt a. M. 1980.

Irigaray 1989 Luce Irigaray: Genealogie der Geschlechter. Aus dem Französischen von Xenia Rajewsky, Freiburg 1989.

Jacobsen 1994 Joyce P. Jacobsen: The Economics of Gender, Cambridge 1994.

Jäckle 2009 Monika Jäckle: Schule M(m)acht Geschlechter. Eine Auseinandersetzung mit Schule und Geschlecht unter diskurstheoretischer Perspektive, Wiesbaden 2009.

Jagose 2001 Annamarie Jagose: Queer Theory. Eine Einführung, Berlin 2001.

Jeffords 1994 Susan Jeffords: Hard Bodies. Hollywood Masculinity in the Reagan Era, New Brunswick / New Jersey 1994.

Jenderek 2015 Lydia Jenderek: Der Einsatz von geschlechterunterscheidenden Materialien in der Schule, in: Juliette Wedl / Annette Bartsch (Hg.), Teaching Gender? Zum reflektierten Umgang mit Geschlecht im Schulunterricht und in der Lehramtsausbildung, Bielefeld 2015, S. 47–66.

Johnstone 2001 David Johnstone: An Introduction to Disability Studies, London 2001.

Joshua / Schillmeier 2010 Eleoma Joshua / Michael Schillmeier (Hg.): Disability in German Literature, Film, and Theater. Edinburgh German Yearbook 4, Rochester / New York 2010.

Kaarsberg Wallach 1993 Martha Kaarsberg Wallach: Emilia und ihre Schwestern: Das seltsame Verschwinden der Mutter und die geopferte Tochter, in: Helga Kraft / Elke Liebs (Hg.), Mütter – Töchter – Frauen: Weiblichkeitsbilder in der Literatur, Stuttgart / Weimar 1993, S. 53–72.

Kagel 2003 Martin Kagel: Verzicht und Verrat: Begriff und Problematik der Freundschaft bei Lenz, in: Inge Stephan / Hans-Gerd Winter (Hg.), „Die Wunde Lenz". J.M.R. Lenz. Leben, Werk und Rezeption, Bern / Berlin / Brüssel 2003, S. 323–338.

Kaiser 2007 Gerhard Kaiser: Aufklärung. Empfindsamkeit. Sturm und Drang, Tübingen / Basel 2007 [1976].

Kaiser / Kittler 1978 Gerhard Kaiser / Friedrich A. Kittler: Dichtung als Sozialisationsspiel. Studien zu Goethe und Gottfried Keller, Göttingen 1978.

Kaltenecker 1996 Siegfried Kaltenecker: Spiegelformen. Männlichkeit und Differenz im Kino, Basel 1996.

Kammler 1986 Clemens Kammler: Michel Foucault. Eine kritische Analyse seines Werks, Bonn 1986.

Kampshoff / Wiepcke 2021 Marita Kampshoff / Claudia Wiepcke (Hg.): Vielfalt in Schule und Unterricht. Konzepte und Debatten im Zeichen der Heterogenität, Stuttgart 2021.

Kansteiner 2015 Katja Kansteiner: Schule und Geschlecht – aktuelle Ansätze zum geschlechtergerechten Umgang mit Heterogenität, in: Christian Fischer / Marcel Veber / Christiane Fischer-Ontrup / Rafael Buschmann (Hg.), Umgang mit Vielfalt. Aufgaben und Herausforderungen für Lehrerinnen- und Lehrerbildung, Münster 2015, S. 231–250.

Kant 2010 Immanuel Kant: Beantwortung der Frage: Was ist Aufklärung? (1784), in: Barbara Stollberg-Rilinger (Hg.), Was ist Aufklärung? Thesen, Definitionen, Dokumente, Stuttgart 2010, S. 9–18.

Kaplan 1997 E. Ann Kaplan: Looking for the Other. Feminism, Film, and the Imperial Gaze, New York / London 1997.

Karl 2020 Michaela Karl: Die Geschichte der Frauenbewegung, Stuttgart 2020 [2011].

Kessels 2013 Ursula Kessels: Geschlechtsunterschiede in der Schule. Wie die Identitätsentwicklung Jugendlicher mit ihrem schulischen Engagement interagiert, in: Elke Kleinau / Dirk Schulz / Susanne Völker (Hg.), Gender in Bewegung. Aktuelle Spannungsfelder der Gender und Queer Studies, Bielefeld 2013, S. 91–106.

Krauer 2019 Katja Krauer: Queer lessen. Anleitung zu Lektüren jenseits eines normierten Textverständnisses, Tübingen 2019.

Keller 2013 Jessalynn Marie Keller: „Still alive and kicking". Girl bloggers and feminist politics in a postfeminist age. Dissertation University of Texas, https://repositories.lib.utexas.edu/handle/2152/21560 (Abrufdatum 28.03.2022).

Kimmich 2003 Dorothee Kimmich: Kultur statt Frauen? Zum Verhältnis von Gender Studies und Kulturwissenschaften, in: Freiburger Frauenstudien, Zeitschrift für interdisziplinäre Frauenforschung, 9 / 12 (2003), S. 31–47.

Kirfel 2017 Monika Kirfel: Jungen und Mädchen in der Schule. Raus aus der Geschlechterfalle? Beobachtungen, Thesen und einige Impulse für das Lehrerkollegium, in: Ilke Glockentöger / Eva Adelt (Hg.), Gendersensible Bildung und Erziehung in der Schule, Göttingen 2017, S. 111–120.

Kirkpatrick 2020 Kate Kirkpatrick: Simone de Beauvoir. Ein modernes Leben, München 2020.

Kißling 2020 Magdalena Kißling: Weiße Normalität. Perspektiven einer postkolonialen Literaturdidaktik, Bielefeld 2020.

Kittler 1986 Friedrich A. Kittler: Grammophon, Film, Typewriter, Berlin 1986.

Klein 2019 Uta Klein: Diversity Studies und Diversitystrategien: Plädoyer für eine Theoretisierung der Praxis und für eine Konzeptualisierung der Theorie, in: Beate Kortendiek / Birgit Riegraf / Katja Sabisch (Hg.), Handbuch Interdisziplinäre Geschlechterforschung, Wiesbaden 2019, S. 1053–1063.

Klein / Schnicke 2014 Christian Klein / Falko Schnicke (Hg.): Intersektionalität und Narratologie. Methoden - Konzepte – Analysen, Trier 2014.

Kleinau / Schulz / Völker 2013 Elke Kleinau / Dirk Schulz / Susanne Völker (Hg.): Gender in Bewegung. Aktuelle Spannungsfelder der Gender und Queer Studies, Bielefeld 2013.

Kliewer 2013 Annette Kliewer: Genderorientierter Literaturunterricht, in: Bea Lundt / Toni Tholen (Hg.), ‚Geschlecht' in der Lehramtsausbildung. Die Beispiele Geschichte und Deutsch, Berlin 2013, S. 389–410.

Kliewer 2016 Annette Kliewer: Gender-Trouble im Klassenzimmer. Stand der Diskussion zu einer gendersensiblen KJL-Vermittlung, in: Petra Josting / Caroline Roeder / Ute Dettmar (Hg.), Immer Trouble mit Gender? Genderperspektiven in Kinder- und Jugendliteratur und -medien(forschung), München 2016, S. 97–103.

Klinger 1998 Cornelia Klinger: Liberalismus – Marxismus – Postmoderne. Der Feminismus und seine glücklichen oder unglücklichen „Ehen" mit verschiedenen Theorieströmungen im 20. Jahrhundert, in: Antje Hornscheidt / Gabriele Jähnert / Annette Schlichter (Hg.), Kritische Differenzen – geteilte Perspektiven. Zum Verhältnis von Feminismus und Postmoderne, Opladen 1998, S. 18–41.

Klinger 2012 Cornelia Klinger: Für einen Kurswechsel in der Intersektionalitätdebatte, http://portal-intersektionalitaet.de/uploads/media/Klinger.pdf (Abrufdatum 24.03.2022).

Klinger 2014 Cornelia Klinger: Gender in Troubled Times. Zur Koinzidenz von Feminismus und Neoliberalismus, in: Anne Fleig (Hg.), Die Zukunft von Gender: Begriff und Zeitdiagnose, Frankfurt a. M. 2014, S. 126–160.

Klinger / Knapp 2008 Cornelia Klinger / Gudrun-Axeli Knapp (Hg.): ÜberKreuzungen. Fremdheit, Ungleichheit, Differenz, Münster 2008.

Klippel 2021 Heike Klippel: Feministische Filmtheorie und Genderforschung, in: Bernhard Groß / Thomas Morsch (Hg.), Handbuch Filmtheorie, Wiesbaden 2021, S. 101–118.

Knapp 2005 Gudrun-Axeli Knapp: Intersectionality – ein neues Paradigma feministischer Theorie? Zur transatlantischen Reise von ‚Race, Class, Gender', in: Feministische Studien. Zeitschrift für interdisziplinäre Frauen- und Geschlechterforschung 23 / 1 (2005), S. 68–81.

Knaup 2015 Anna Katharina Knaup: Der Männerroman. Ein neues Genre der deutschsprachigen Gegenwartsliteratur, Bielefeld 2015.

Knight / Gledhill 2015 Julia Knight / Christine Gledhill (Hg.): Doing women's film history. Reframing cinemas, past and future, Urbana 2015.

Koch / Zschokke 2014 Ulrike Koch / Anne Zschokke: Was bleibt? Grenzen und Möglichkeiten eines queerfeministischen Archivs im Internet, in: Femina politica, Zeitschrift für feministische Politikwissenschaft 23 / 2 (2014), S. 34–46.

Kocka 2010 Jürgen Kocka: Work as a Problem in European History, in: ders. (Hg.), Work in a Modern Society. The German Historical Experience in Comparative Perspective, New York / Oxford 2010, S. 1–15.

Köbsell 2010 Swantje Köbsell: Gendering Disablitiy. Behinderung, Ge-schlecht und Körper, in: Eske Wollrad / Jutta Jacob / dies. (Hg.), Gendering Disability. Intersektionale Aspekte von Behinderung und Geschlecht, Bielefeld 2010, S. 17–33.

König 2004 Christiane König: Ein Blick auf die Rückseite der Leinwand. Feministische Perspektiven zur Produktion von Weiblichkeit im Diskurs ‚Film', Tübingen 2004.

König 2020 Christiane König: Performative Figuren queerer Männlichkeit. Eine Mediengeschichte von Film und Kino in Deutschland bis 1945, Stuttgart 2020.

König 2020a Nicola König: Demokratisierung, Differenzierung und Entdramatisierung als Grundgedanken einer gender-sensiblen Didaktik, in: Ina Brendel-Perpina / Ines Heiser / dies. (Hg.), Literaturunterricht gendersensibel planen. Grundlagen – Methoden – Unterrichtsvorschläge. Unter Mitarbeit von Eva Maus, Sebastian Tatzel, Dominik Achtermeier, Stuttgart 2020, S. 13–22.

König 2020b Nicola König: Schreib mich! – Produktionorientierte Schreibarrangements im gendersensiblen Literaturunterricht, in: Ina Brendel-Perpina / Ines Heiser / dies. (Hg.), Literaturunterricht gendersensibel planen. Grundlagen – Methoden – Unterrichtsvorschläge. Unter Mitarbeit von Eva Maus, Sebastian Tatzel, Dominik Achtermeier, Stuttgart 2020, S. 59–72.

Köppert 2019 Katrin Köppert: Queer Media Studies – Queering Medienwissenschaften, in: Johanna Dorer / Brigitte Geiger / Brigitte Hipfl / Viktorija Ratković (Hg.), Handbuch Medien und Geschlecht. Perspektiven und Befunde der feministischen Kommunikations- und Medienforschung, Wiesbaden 2019, S. 1–16, https://doi.org/10.1007/978-3-658-20712-0_71-1 (Abrufdatum 22.03.2022).

Kohout 2020 Annekathrin Kohout: Netzfeminismus. Strategien weiblicher Bildpolitik, Berlin 2020 [2019].

Koloch 2017 Sabine Koloch: Wissenschaft, Geschlecht, Gender, Terminologiearbeit. Die deutsche Literaturwissenschaft, München 2017.

Korbik 2018 Julia Korbik: Oh, Simone! Warum wir Beauvoir wiederentdecken sollten, Reinbek bei Hamburg 2018.

Korotin 2016 Ilse Korotin (Hg.): biografiA. Lexikon österreichischer Frauen, Band 4, Wien 2016.

Korte 2002 Hermann Korte: Historische Kanonforschung und Verfahren der Textauswahl, in: Klaus-Michael Bogdal / ders. (Hg.), Grundzüge der Literaturdidaktik, München 2002, S. 61–77.

Koschorke 1998 Albrecht Koschorke: Geschlechterpolitik und Zeichenökonomie. Zur Geschichte der deutschen Klassik vor ihrer Entstehung, in: Renate von Heydebrand (Hg.), Kanon Macht Kultur. Theoretische, historische und soziale Aspekte ästhetischer Kanonbildung, Stuttgart 1998, S. 581–599.

Kraemer 2008 Klaus Kraemer: Ist Prekarität überall?, in: Claudio Altenhain / Anja Danilina / Erik Hildebrandt u. a. (Hg.), Von „Neuer Unterschicht" und Prekariat. Gesellschaftliche

Verhältnisse und Kategorien im Umbruch. Kritische Perspektiven auf aktuelle Debatten, Bielefeld 2008, S. 139–150.

Krafft-Ebing 1997 Richard von Krafft-Ebing: Psychopathia Sexualis, Berlin 1997 [1886].

Krah 2013 Hans Krah: Mit fiktionalen Weltmodellen bewusst umgehen, in: Anita Schilcher / Markus Pissarek (Hg.), Auf dem Weg zur literarischen Kompetenz. Ein Modell literarischen Lernens auf semiotischer Grundlage, Baltmannsweiler 2013, S. 261–287.

Kraß 2003 Andreas Kraß (Hg.): Queer Denken. Gegen die Ordnung der Sexualität. Queer Studies, Frankfurt a. M. 2003.

Kreimer 2009 Margareta Kreimer: Ökonomie der Geschlechterdifferenz. Zur Persistenz von Gender Gaps, Wiesbaden 2009.

Krimmer / Simpson 2022 Elisabeth Krimmer / Patricia Anne Simpson: German #MeToo. Rape Cultures and Resistance, 1770–2020, Rochester 2022.

Kristeva 1978 Julia Kristeva: Die Revolution der poetischen Sprache, Frankfurt a. M. 1978.

Krobb 1993 Florian Krobb: Die schöne Jüdin. Jüdische Frauengestalten in der deutschsprachigen Erzählliteratur vom 17. Jahrhundert bis zum Ersten Weltkrieg, Tübingen 1993.

Krüger 2011 Dorothea Krüger: Drei Jahrzehnte Forschung zu „Geschlecht und Schule". Eine Einleitung, in: dies. (Hg.), Genderkompetenz und Schulwelten. Alte Ungleichheiten – neue Hemmnisse, Wiesbaden 2011, S. 9–39.

Kühne 1996 Thomas Kühne: Männergeschichte als Geschlechtergeschichte, in: ders. (Hg.), Männergeschichte – Geschlechtergeschichte. Männlichkeit im Wandel der Moderne, Frankfurt a. M. / New York 1996, S. 7–30.

Kümmerling-Meibauer 2012 Bettina Kümmerling-Meibauer: Kinder- und Jugendliteratur. Eine Einführung, Darmstadt 2012.

Kugler 2004 Stefani Kugler: Kunst-Zigeuner. Konstruktionen des „Zigeuners" in der deutschen Literatur der ersten Hälfte des 19. Jahrhunderts, Trier 2004.

Kuhnau 2005 Petra Kuhnau: Symbolik der Hysterie. Zur Darstellung nervöser Männer und Frauen bei Fontane, in: Sabina Becker / Sascha Kiefer (Hg.), „Weiber weiblich, Männer männlich"? Zum Geschlechterdiskurs in Theodor Fontanes Romanen, Tübingen 2005, S. 17–61.

Kumschlies / Kurwinkel 2016 Kirsten Kumschlies / Tobias Kurwinkel: Geschlechterstereotypen und -rollen in Kinderserien. *Horseland* und *Kickers* in der Grundschule, in: Petra Anders / Michael Staiger (Hg.), Serialität in Literatur und Medien. Modelle für den Unterricht, Band 2, Baltmannsweiler 2016, S. 45–57.

Kundrus 2003 Birthe Kundrus (Hg.): Phantasiereiche. Zur Kulturgeschichte des deutschen Kolonialismus, Frankfurt a. M. / New York 2003.

Lacan 1991 Jacques Lacan: Das Spiegelstadium als Bildner der Ichfunktion, in: ders., Schriften I. Hg. von Norbert Haas, Weinheim / Berlin 1991, S. 61–70.

Lackner 2003 Susanne Lackner: Zwischen Muttermord und Muttersehnsucht. Die literarische Präsentation der Mutter-Tochter-Problematik im Lichte der écriture féminine, Würzburg 2003.

Lamott 2001 Franziska Lamott: Die vermessene Frau. Hysterien um 1900, München 2001.

Landweer 1994 Hilge Landweer: Jenseits des Geschlechts? Zum Phänomen der theoretischen und politischen Fehleinschätzung von Travestie und Transsexualität, in: Institut für Sozialforschung Frankfurt (Hg.), Geschlechterverhältnisse und Politik, Frankfurt a. M. 1994, S. 139–167.

Laqueur 1992 Thomas Laqueur: Auf den Leib geschrieben. Die Inszenierung der Geschlechter von der Antike bis Freud, Frankfurt a. M. / New York 1992.

Lauretis 1996 Teresa de Lauretis: Die andere Szene. Psychoanalyse und lesbische Sexualität, Berlin 1996.

Lauretis 2003 Teresa de Lauretis: Sexuelle Indifferenz und lesbische Repräsentation, in: Andreas Kraß (Hg.), Queer denken. Gegen die Ordnung der Sexualität. Queer Studies, Frankfurt a. M. 2003, S. 80–112.

Lee 2013 Hyunseon Lee: Vor Gericht. Kindsmord im Sturm und Drang und Heinrich Leopold Wagners Drama *Die Kindermörderin* (1776), in: dies. / Isabel Maurer Queipo (Hg.), Mörderinnen: Künstlerische und mediale Inszenierungen weiblicher Verbrechen, Bielefeld 2013, S. 89–109.

Lehmann 1999 Hans-Thies Lehmann: Postdramatisches Theater. Essay, Frankfurt a. M. 1999.

Lehmstedt 2001 Mark Lehmstedt: Deutsche Literatur von Frauen. Von Catharina von Greiffenberg bis Franziska von Reventlow, Digitale Bibliothek, Berlin 2001.

Lehnert 1997 Gertrud Lehnert: Wenn Frauen Männerkleider tragen. Geschlecht und Maskerade in Literatur und Geschichte, München 1997.

Lemme 2020 Sebastian Lemme: Visualität und Zugehörigkeit. Deutsche Selbst- und Fremdbilder in der Berichterstattung über Migration, Flucht und Integration, Bielefeld 2020.

Lenz 2010 Claudia Lenz: Geschlechterforschung, in: Christian Gudehus / Ariane Eichenberg / Harald Welzer (Hg.), Gedächtnis und Erinnerung. Ein interdisziplinäres Handbuch, Stuttgart / Weimar 2010, S. 319–326.

Lenz 2020 Ilse Lenz: Feminismus: Denkweisen, Differenzen, Debatten, in: Beate Kortendiek / Birgit Riegraf / Katja Sabisch (Hg.), Handbuch Interdisziplinäre Geschlechterforschung, Band 1, Wiesbaden 2020, S. 238–239.

Lenz / Welzer 2007 Claudia Lenz / Harald Welzer: Opa in Europa. Erste Befunde einer vergleichenden Tradierungsforschung, in: Harald Welzer (Hg.), Der Krieg der Erinnerung. Holocaust, Kollaboration und Widerstand im europäischen Gedächtnis. Frankfurt a. M. 2007, S. 7–41.

Levithan 2014 David Levithan: Letztendlich sind wir dem Universum egal. Ins Deutsche übersetzt von Martina Tichy, Frankfurt a. M. 2014.

Liebig 2014 Brigitte Liebig: Zum „Cultural Turn" in der feministischen Organisationsforschung. Geschlecht im Licht theoretischer Perspektiven der Organisationskulturforschung, in: Maria Funder (Hg.), Gender Cage – Revisited. Handbuch zur Organisations- und Geschlechterforschung, Baden-Baden 2014, S. 271–293.

Liebrand 1999a Claudia Liebrand: „Als Frau lesen?", in: Heinrich Bosse / Ursula Renner (Hg.), Literaturwissenschaft. Einführung in ein Sprachspiel, Freiburg 1999, S. 385–400.

Liebrand 1999b Claudia Liebrand: Prolegomena zu *cross-dressing* und Maskerade. Zu Konzepten Joan Rivieres, Judith Butlers und Marjorie Garbers – mit einem Seitenblick auf David Cronenbergs Film *M. Butterfly*, in: Freiburger Frauenstudien 5, Mannheim 1999, S. 17–31.

Liebrand 2001 Claudia Liebrand: Jahrhundertproblem im Jahrhundertroman. Die ‚Frauenfrage' in Elias Canettis *Die Blendung*, in: Thomas Mann Jahrbuch 14 (2001), S. 27–48.

Liebrand 2003 Claudia Liebrand: Gender-Topographien. Kulturwissenschaftliche Lektüren von Hollywoodfilmen der Jahrhundertwende, Köln 2003.

Liebrand / Steiner 2004 Claudia Liebrand / Ines Steiner (Hg.): Hollywood Hybrid. Genre und Gender im zeitgenössischen Mainstream-Film, Marburg 2004.

Lindemann 1993 Gesa Lindemann: Das paradoxe Geschlecht. Transsexualität im Spannungsfeld von Körper, Leib und Gefühl, Frankfurt a. M. 1993.

Lindhoff 1995 Lena Lindhoff: Einführung in die feministische Literaturtheorie, Stuttgart 1995.

Liska 2002 Vivian Liska: Eine kritische Bestandsaufnahme. Von feministischer Literaturwissenschaft zu kulturwissenschaftlichen Gender Studies, in: Katharina Baisch / Ines Kappert / Marianne Schuller / Elisabeth Strowick u. a. (Hg.), Gender Revisited. Subjekt- und Politikbegriffe in Kultur und Medien, Stuttgart / Weimar 2002, S. 3–29.

Lorenz / Kuster 2007 Renate Lorenz / Brigitta Kuster: Sexuell arbeiten. Eine queere Perspektive auf Arbeit und prekäres Leben, Berlin 2007.

Lorey 1995 Isabell Lorey: Immer Ärger mit dem Subjekt. Warum Judith Butler provoziert, in: Erika Haas (Hg.), Verwirrung der Geschlechter. Dekonstruktion und Feminismus, München / Wien 1995, S. 19–34.

Loster-Schneider / Pailer 2006 Gudrun Loster-Schneider / Gaby Pailer (Hg.): Lexikon deutschsprachiger Epik und Dramatik von Autorinnen (1730–1900), Tübingen 2006.

Lott 1997 Eric Lott: The Whiteness of Film Noir, in: Mike Hill (Hg.), Whiteness. A Critical Reader, New York / London 1997, S. 81–101.

Lubkoll 1991 Christine Lubkoll: In den Kasten gesteckt. Goethes *Neue Melusine*, in: Irmgard Roebling (Hg.), Sehnsucht und Sirene, Pfaffenweiler 1991, S. 49–64.

Lücke 2020 Martin Lücke: Gender – Geschichte lernen in einer männlichen Disziplin. in: Sebastian Barsch / Bettina Degner / Christoph Kühberger / ders. (Hg.), Handbuch Diversität im Geschichtsunterricht. Inklusive Geschichtsdidaktik, Frankfurt a. M. 2020, S. 159–167.

Luserke 2010 Matthias Luserke: Sturm und Drang. Autoren – Texte – Themen, Stuttgart 2010 [1997].

Luserke-Jaqui 2019 Matthias Luserke-Jaqui (Hg.): Literary Disability Studies. Theorie und Praxis in der Literaturwissenschaft, Würzburg 2019.

Lutz / Macho / Staupe / Zirden 2003 Petra Lutz / Thomas Macho / Gisela Staupe / Heike Zirden (Hg.): Der (im-)perfekte Mensch. Metamorphosen von Normalität und Abweichung, Schriften des Deutschen Hygiene-Museums Dresden, Band 2, Köln 2003.

Lutz / Vivar / Supik 2010 Helma Lutz / Maria Teresa Herrera Vivar / Linda Supik (Hg.): Fokus Intersektionalität. Bewegungen und Verortungen eines vielschichtigen Konzeptes, Wiesbaden 2010.

Mabee 1986 Barbara Mabee: Die Kindesmörderin in den Fesseln der bürgerlichen Moral. Wagners Evchen und Goethes Gretchen, in: Women in German Yearbook 3 (1986), S. 29–45.

Mader 2013 Katharina Mader: Feministische Ökonomie – die ‚Krisengewinnerin'? Oder: ‚Beyond the Economic Man' in der Krise?, in: Kurswechsel, Zeitschrift für gesellschafts-, wirtschafts- und umweltpolitische Alternativen 4 (2013), S. 6–16.

Mader / Gregor / Saalfeld / Hornstein u. a. 2021 Esto Mader / Anja Gregor / Robin K. Saalfeld / René Hornstein u. a. (Hg.): Trans* und Inter*Studien. Aktuelle Forschungsbeiträge aus dem deutschsprachigen Raum, Münster 2021.

Mädchenmannschaft e. V.: https://maedchenmannschaft.net/maedchenmannschaft-ev/ (Abrufdatum 26.09.2021).

Maier 2002 Friederike Maier: Wirtschaftswissenschaften, in: Renate Kroll (Hg.), Metzler Lexikon Gender Studies – Geschlechterforschung. Ansätze – Personen – Grundbegriffe, Stuttgart / Weimar 2002, S. 401–403.

Marti 1988 Urs Marti: Michel Foucault, München 1988.

Martin 2017 Beate Martin: Sexuelle Bildung in der Schule – Individualität und Vielfalt im Blick, in: Ilke Glockentöger / Eva Adelt (Hg.), Gendersensible Bildung und Erziehung in der Schule, Göttingen 2017, S. 163–171.

Martschukat / Stieglitz 2005 Jürgen Martschukat / Olaf Stieglitz: „Es ist ein Junge!". Einführung in die Geschichte der Männlichkeit in der Neuzeit, Tübingen 2005.

Marx 1999 Anna Marx: Das Begehren der Unschuld. Zum Topos der Verführung im bürgerlichen Trauerspiel und (Brief-)Roman des späten 18. Jahrhunderts, Freiburg im Breisgau 1999.

Maschewsky-Schneider 2018 Ulrike Maschewsky-Schneider: Geschlecht und Gesundheit in Public Health – eine interdisziplinäre Perspektive, in: Ulrich M. Gassner / Julia van Hayek / Alexandra Manzei / Florian Steger (Hg.), Geschlecht und Gesundheit. Unter Mitarbeit von Ann Kristin Augst, Baden-Baden 2018, S. 119–148.

Mauer / Leinius 2020 Heike Mauer / Johanna Leinius: Intersektionalität und Postkolonialität. Kritische feministische Perspektiven auf Politik und Macht, Opladen 2020.

Maus 2020 Eva Maus: Erspielte Kompetenzen – Computerspiele im gendersensiblen Literaturunterricht, in: Ina Brendel-Perpina / Ines Heiser / Nicola König (Hg.), Literaturunterricht gendersensibel planen. Grundlagen – Methoden – Unterrichtsvorschläge. Unter Mitarbeit von Eva Maus, Sebastian Tatzel, Dominik Achtermeier, Stuttgart 2020, S. 119–128.

Mbembe 2017 Achille Mbembe: Kritik der schwarzen Vernunft. Aus dem Französischen von Michael Bischof, Berlin 2017.

McCall 2005 Leslie McCall: The Complexity of Intersectionality, in: Signs 30 / 3 (2005), S. 1771–1800.

McCannon 2009 Robert McCannon: Media Literacy / Media Education. Solution to Big Media?, in: Victor C. Strasburger / Barrbara J. Wilson / Amy B. Jodan (Hg.), Children, Adolescents, and the Media, Los Angeles 2009, S. 519–562.

McDowell 1999 Linda McDowell: Body Work. Die Darstellung von Geschlecht und Heterosexualität am Arbeitsplatz, in: Pauline Boudry / Brigitta Kuster / Renate Lorenz (Hg.), Reproduktionskonten fälschen! Heterosexualität, Arbeit und Zuhause. Aus dem Englischen von Pauline Boudry, Berlin 1999 S. 178–207.

McIntosh 1989 Peggy McIntosh: White Privilege. Unpacking the Invisible Knapsack, in: Peace and Freedom July / August (1989), S. 10–12.

McRuer 2006 Robert McRuer: Crip Theory. Cultural Signs of Queerness and Disability, New York 2006.

McKelvie / Gold 1994 Melissa McKelvie / Steven R. Gold: Hyperfemininity: Further Definition of the Construct, The Journal of Sex Research 31 / 3 (1994), S. 219–228.

Mennel 2012 Barbara Mennel: Queer Cinema. Schoolgirls, Vampires and Gay Cowboys, New York 2012.

Merchant 1980 Carolyn Merchant: The death of nature. Women, ecology, and the scientific revolution, San Francisco 1980.

Mertlitsch 2016 Kirsten Mertlitsch: Sisters – Cyborgs – Drags. Das Denken in Begriffspersonen der Gender Studies, Bielefeld 2016.

Meuser 1998 Michael Meuser: Geschlecht und Männlichkeit. Soziologische Theorie und kulturelle Deutungsmuster, Opladen 1998.

Meuser 2000 Michael Meuser: Perspektiven einer Soziologie der Männlichkeit, in: Doris Janshen (Hg.), Blickwechsel. Der neue Dialog zwischen Frauen- und Männerforschung, Frankfurt a. M. / New York 2000, S. 47–78.

Meyer 1929 Conrad Ferdinand Meyer: Gustav Adolfs Page, Berlin 1929 [1882].

Meyer 2017 Katrin Meyer: Theorien der Intersektionalität zur Einführung, Hamburg 2017.

Meyer-Sickendiek 2016 Burkhard Meyer-Sickendiek: Zärtlichkeit. Höfische Galanterie als Ursprung der bürgerlichen Empfindsamkeit, Paderborn 2016.

Michalitsch 2000 Gabriele Michalitsch: Jenseits des homo oeconomicus? Geschlechtergrenzen der neoklassischen Ökonomik, in: Birge Krondorfer / Carina Mostböck (Hg.), Frauen und Ökonomie, oder: Geld essen Kritik auf. Kritische Versuche feministischer Zumutungen, Wien 2000, S. 91–104.

Mies / Shiva 1995 Maria Mies / Vandana Shiva: Ökofeminismus, Beiträge zur Praxis und Theorie, Zürich 1995.

Milich 1998 Klaus J. Milich: Feminismus und Postmoderne. Zur Notwendigkeit einer kulturhistorischen Verortung, in: Antje Hornscheidt / Gabriele Jähnert / Annette Schlichter (Hg.), Kritische Differenzen – geteilte Perspektiven. Zum Verhältnis von Feminismus und Postmoderne, Opladen 1998, S. 42–73.

Millett 1971 Kate Millett: Sexus und Herrschaft. Die Tyrannei des Mannes in der Gesellschaft, München 1971.

Misar-Dietz 2021 Christina Misar-Dietz: Gender lesen, literaturdidaktisch. (De-)Konstruktionen von Geschlecht am Beispiel der Methode des Lauten Lesens, in: Julia von Dall'Armi / Verena Schurt (Hg.), Von der Vielheit der Geschlechter. Neue interdisziplinäre Beiträge zur Genderdiskussion, Wiesbaden 2021, S. 189–201.

Mischko 2022 Till Mischko: Prekarität in deutschsprachigen Romanen der Gegenwart, Frankfurt a. M. 2022.

Mitchell 1976 Juliet Mitchell: Psychoanalyse und Feminismus. Freud, Reich, Laing und die Frauenbewegung, Frankfurt a. M. 1976.

Möhrmann 2000 Renate Möhrmann (Hg.): Die Schauspielerin. Zur Kulturgeschichte der weiblichen Bühnenkunst, Frankfurt a. M. / Leipzig 2000.

Moi 1996 Toril Moi: Simone de Beauvoir. Die Psychographie einer Intellektuellen, Frankfurt a. M. 1996.

Morrien 2001 Rita Morrien: Sinn und Sinnlichkeit. Der weibliche Körper in der deutschen Literatur der Bürgerzeit, Köln 2001.

Mosher / Tomkins 1988 Donald L. Mosher / Sylvan S. Tomkins: Scripting the Macho Man: Hypermasculine Socialization and Enculturation, in: The Journal of Sex Research 25 / 1 (1988), S. 60–84.

Müller 2018 Toni Müller: Behinderung als literarisches Motiv in Theatertexten. Literatur und Gesellschaft in den 1980er-Jahren, Berlin 2018.

Müller / Schütting 2006 Sabine Lucia Müller / Sabine Schütting (Hg.): Geschlechter-Revisionen. Zur Zukunft von Feminismus und Gender Studies in den Kultur- und Literaturwissenschaften, Königstein im Taunus 2006.

Mulvey 1994 Laura Mulvey: Visuelle Lust und narratives Kino, in: Liliane Weisberg (Hg.), Weiblichkeit als Maskerade, Frankfurt a. M. 1994, S. 48–65.

Mulvey 2015 Laura Mulvey: Introduction: 1970s Feminist Film Theory and the Obsolescent Object, in: Laura Mulvey / Anna Backman Rogers (Hg.), Feminisms. Diversity, difference, and multiplicity in contemporary film cultures, Amsterdam 2015, S. 17–26.

Museum der bildenden Künste Leipzig 2018: Ausstellung: Virtual Normality. Netzkünstlerinnen 2.0. 12.01.–21.05.2018, https://mdbk.de/ausstellungen/netzkuenstlerinnen-2.0/ (Abrufdatum 05.03.2022).

Nagelschmidt / Probst / Erdbrügger 2010 Ilse Nagelschmidt / Inga Probst / Torsten Erdbrügger (Hg.): Geschlechtergedächtnisse. Gender-Konstellationen und Erinnerungsmuster in Literatur und Film der Gegenwart, Berlin 2010.

Nave-Herz 1994 Rosemarie Nave-Herz: Die Geschichte der Frauenbewegung in Deutschland, Opladen 1994 [1981].

Neale 1993 Steve Neale: Masculinity as Spectacle. Reflections on Men and Mainstream Cinema, in: Steven Cohan / Ina Rae Hark (Hg.), Screening the Male. Exploring Masculinities in Hollywood Cinema, London / New York 1993, S. 9–20.

Neale 2000 Steve Neale: Genre and Hollywood, London / New York 2000.

Netz ohne Gewalt: Gegen den Rollback im Netz – Digitale Gewalt geht uns alle an! https:// netzohnegewalt.org/ (Abrufdatum 21.03.2022).

Neugebauer / Helbig / Landmann 2010 Martin Neugebauer / Marcel Helbig / Andreas Landmann: Can the Teachers Gender Explain the ‚Boy Crisis‘, in: Educational Attainment? Mannheimer Zentrum für Europäische Sozialforschung. Arbeitspapiere 133, Mannheim 2010.

Nieberle 2008 Sigrid Nieberle: Literarhistorische Filmbiographien. Autorschaft und Literaturgeschichte im Kino. Mit einer Filmographie 1909–2007, Berlin 2008.

Nieberle / Strowick 2006 Sigrid Nieberle / Elisabeth Strowick: Narration und Geschlecht. Texte – Medien – Episteme, Köln 2006.

Niess 1978 Robert J. Niess: Zola's *Au Bonheur des Dames*. The Making of a Symbol, in: Marcel Tetel (Hg.), Symbolism and Modern Literature. Studies in Honour of Wallace Fowlie, Durham 1978, S. 130–150.

Nübel 1994 Birgit Nübel: Krähende Hühner und gelehrte Weiber. Aspekte des Frauenbildes bei Johann Gottfried Herder, in: Herder-Jahrbuch / Herder Yearbook. Hg. von Wilfried Malsch in Verbindung mit Wulf Koepke, Stuttgart / Weimar 1994, S. 29–51.

Nünning / Nünning 2004 Vera Nünning / Ansgar Nünning: Erzähltextanalyse und Gender Studies, Stuttgart / Weimar 2004.

Öhlschläger 2005 Claudia Öhlschläger: Gedächtnis, in: Christina von Braun / Inge Stephan (Hg.), Gender@Wissen. Ein Handbuch der Gender-Theorien, Köln / Weimar / Wien 2005, S. 239–260.

Özdoğan 2019 Selim Özdoğan: Der die Träume hört. Kriminalroman, Hamburg 2019.

Ohde 2020 Deniz Ohde: Streulicht, Berlin 2020.

Oltmann 2008 Katrin Oltmann: Remake / Premake. Hollywoods romantische Komödien und ihre Gender-Diskurse, 1930–1960, Bielefeld 2008.

Opitz / Opitz-Wiemers 2019 Michael Opitz / Carola Opitz-Wiemers: Tendenzen in der deutschsprachigen Gegenwartsliteratur seit 1989, in: Wolfgang Beutin / Matthias Beilein / Wolfgang Emmerich u. a. (Hg.), Deutsche Literaturgeschichte. Von den Anfängen bis zur Gegenwart, Stuttgart 2019, S. 669–775.

Orland / Scheich 1995 Barbara Orland / Elvira Scheich: Women in Science – Gender and Science. Ansätze feministischer Naturwissenschaftskritik im Überblick, in: dies. / dies.

(Hg.), Das Geschlecht der Natur. Feministische Beiträge zur Geschichte und Theorie der Naturwissenschaften, Frankfurt a. M. 1995, S. 13–63.

Osinski 1998 Jutta Osinski: Einführung in die feministische Literaturwissenschaft, Berlin 1998.

Otoo 2021 Sharon Dodua Otoo: Adas Raum, Frankfurt a. M. 2021.

Palenga-Möllenbeck 2014 Ewa Palenga-Möllenbeck: Globale Versorgungsketten. Geschlecht, Migration und Care-Arbeit, in: Brigitte Aulenbacher / Maria Dammayr (Hg.), Für sich und andere sorgen. Krise und Zukunft von Care in der modernen Gesellschaft, Weinheim 2014, S. 138–148.

Patrut 2014 Iulia-Karin Patrut: Phantasma Nation. ‚Zigeuner' und Juden als Grenzfiguren des ‚Deutschen' (1770–1920), Würzburg 2014.

Pavlik 2016 Jennifer Pavlik: „Wer bin ich – und wenn ja, wie viele?" Identitäts- und Alteritätserfahrungen im Zuge der Adoleszenz. Zu Wolfgang Herrndorfs Roman *Tschick*, in: Der Deutschunterricht. Beiträge zu seiner Praxis und wissenschaftlichen Grundlegung 2 (2016), S. 44–53.

Pelz 2013 Annegret Pelz: Kollektivtexte – Netzfeminismus – digitale Matrix, in: Miroslawa Czarnecka (Hg.), Genderforschung – Leistungen und Perspektiven der Germanistik, Dresden 2013, S. 51–59.

Penkwitt 2006 Meike Penkwitt: Einleitung, in: dies. (Hg.), Freiburger Frauenstudien 19 (2006), Erinnern und Geschlecht, Band 1, Freiburg 2006, S. 1–26.

Penkwitt 2006 / 07 Meike Penkwitt (Hg.): Freiburger Frauenstudien 19 / 20 (2006 / 07). Erinnern und Geschlecht, 2 Bände, Freiburg 2006 / 2007.

Penny 2012 Laurie Penny: Fleischmarkt. Weibliche Körper im Kapitalismus, Hamburg 2012.

Penny 2015 Laurie Penny: Unsagbare Dinge. Sex, Lügen und Revolution, Hamburg 2015.

Peters 2011 Laura Peters: Zwischen Berlin-Mitte und Kreuzberg. Szenarien der Identitätsverhandlung in literarischen Texten der Postmigration nach 1989 (Carmen-Francesca Banciu, Yadé Kara und Wladimir Kaminer), in: Zeitschrift für Germanistik 21 / 3 (2011), S. 501–521.

Peters / Seier 2016 Kathrin Peters / Andrea Seier (Hg.), Gender und Medien-Reader, Zürich / Berlin 2016.

Petersen / Budde / Brocke u. a. 2017 Renate Petersen / Mechthild Budde / Pia Simone Brocke u. a. (Hg.): Praxishandbuch Mentoring in der Wissenschaft, Wiesbaden 2017.

Pfister 1982 Manfred Pfister: Das Drama. Theorie und Analyse, München 1982.

Pieper 2013 Irene Pieper: Zur geschlechtsspezifischen Differenz der Leseweisen und Lesestoffe. Wie viel Unterschied sollen/wollen wir machen?, in: Bea Lundt / Toni Tholen (Hg.), ‚Geschlecht' in der Lehramtsausbildung. Die Beispiele Geschichte und Deutsch, Berlin 2013, S. 277–295.

Piercy 1993 Marge Piercy: Er, Sie und Es. Mit einem Nachwort von Jakob Schmidt, Hamburg 1993.

Piper 2019 Jana Piper: Goethe und Schiller in der filmischen Erinnerungskultur, Würzburg 2019.

Plumwood 1993 Val Plumwood: Feminism and the Mastery of Nature, London / New York 1993.

Postl 2010 Gertrude Postl: Körperlicher Raum: Geschlecht und Performativität, in: Stephan Günzel (Hg.), Raum. Ein interdisziplinäres Handbuch. Unter Mitarbeit von Franziska Kümmerling, Stuttgart 2010, S. 162–176.

Pronold-Günthner 2010 Friederike Pronold-Günthner: Geschlecht und Identifikation. Eine empirische Untersuchung zur geschlechtsspezifischen Rezeption von Jugendbüchern, Hamburg 2010.

Raab 2010 Heike Raab: Shifting the Paradigm. Behinderung, Heteronormativität und Queerness, in: Jutta Jacob / Swantje Köbsell / Eske Wollrad (Hg.), Gendering Disability. Intersektionale Aspekte von Behinderung und Geschlecht, Bielefeld 2010, S. 73–94.

Raczuhn 2018 Annette Raczuhn: Trans*Gender im Film. Zur Entstehung von Alltagswissen über Transsex* in der filmisch-narrativen Inszenierung, Bielefeld 2018.

Radner / Stringer 2011 Hilary Radner / Rebecca Stringer (Hg.): Feminism at the Movies. Understanding Gender in Contemporary Popular Cinema, London / New York 2011.

Ramanathan 2006 Geetha Ramanathan: Feminist auteurs. Reading women's film, London 2006.

Rastetter 2008 Daniela Rastetter: Zum Lächeln verpflichtet. Emotionsarbeit im Dienstleistungsbereich, Frankfurt a. M. / New York 2008.

Reading 2016 Anna Reading: Gender and memory in the Global Age, London 2016.

Regenhard / Maier / Carl 1994 Ulla Regenhard / Friederike Maier / Andrea-Hilla Carl (Hg.): Ökonomische Theorien und Geschlechterverhältnis. Der männliche Blick der Wirtschaftswissenschaft, Berlin 1994.

Reich 2014 Kersten Reich: Inklusive Didaktik. Bausteine für eine inklusive Schule, Weinheim / Basel 2014.

Reif-Hülser 2006 Monika Reif-Hülser: Fremde Texte als Spiegel des Eigenen. Postkoloniale Literaturen und ihre Auseinandersetzung mit dem Kulturellen Kanon, München 2006.

Rendtorff 2017 Barbara Rendtorff: Was ist eigentlich ‚gendersensible Bildung' und warum brauchen wir sie?, in: Ilke Glockentöger / Eva Adelt (Hg.), Gendersensible Bildung und Erziehung in der Schule, Göttingen 2017, S. 17–24.

Reuter / Karentzos 2012 Julia Reuter / Alexandra Karentzos (Hg.): Schlüsselwerke der Postcolonial Studies, Wiesbaden 2012.

Rich 2005 B. Ruby Rich: The New Queer Cinema, in: Harry Benshoff / Sean Griffin (Hg.), Queer Cinema. The Film Reader, London / New York 2005, S. 53–59.

Rich 2013 B. Ruby Rich: New Queer Cinema. The Director's Cut, Durham / London 2013.

Richter 2012 Sigrun Richter: Didaktik des Deutschunterrichts. Geschlechterforschung und Schriftsprachdidaktik, in: Marita Kampshoff / Claudia Wiepcke (Hg.), Handbuch Geschlechterforschung und Fachdidaktik, Wiesbaden 2012, S. 113–126.

Rippl / Straub 2013 Gabrielle Rippl / Julia Straub: Zentrum und Peripherie: Kanon und Macht (Gender, Race, Postcolonialism), in: Gabriele Rippl / Simone Winko (Hg.), Handbuch Kanon und Wertung. Theorien, Instanzen, Geschichte, Stuttgart 2013, S. 110–119.

Riviere 1994 Joan Riviere: Weiblichkeit als Maskerade, in: Liliane Weissberg (Hg.), Weiblichkeit als Maskerade, Frankfurt a. M. 1994, S. 34–47.

Röggla 2012 Kathrin Röggla: Critical Whiteness Studies und ihre politischen Handlungsmöglichkeiten für weiße Antirassistinnen, Wien 2012.

Rohde-Dachser 1991 Christa Rohde-Dachser: Expedition in den dunklen Kontinent. Weiblichkeit im Diskurs der Psychoanalyse, Berlin / Heidelberg 1991.

Rosenkranz-Fallegger 2009 Edith Rosenkranz-Fallegger: Gender-Kompetenz. Eine theoretische und begriffliche Eingrenzung, in: Brigitte Liebig / dies. / Ursula Meyerhofer (Hg.), Handbuch Gender-Kompetenz. Ein Praxisleitfaden für (Fach-)Hochschulen, Zürich 2009, S. 29–48.

Rotter 2021 Anita Rotter „Eins sage ich dir: Dieses -ic im Nachnamen behalte ich, weil die Leute sollen wissen, dass wir auch dazugehören". Junge Frauen der postmigrantischen Generation klagen an, in: Jara Schmidt / Jule Thiemann (Hg.), Reclaim! Postmigrantische und widerständige Praxen der Aneignung, Berlin 2021, S. 133–146.

Rousseau 1969 Jean-Jacques Rousseau: Julie oder Die neue Heloise. Briefe zweier Liebender aus einer kleinen Stadt am Fuße der Alpen, 2 Bände, Berlin 1969.

Rousseau 2006 Jean-Jacques Rousseau: Emile oder Über die Erziehung. 5. Buch. Hg. und eingeleitet und mit Anmerkungen versehen von Martin Rang. Unter Mitarbeit des Herausgebers aus dem Französischen übertragen von Eleonore Sckommodau, Stuttgart 2006.

Rubin 1975 Gayle S. Rubin: The traffic in women. Notes on the „political economy" of sex, in: Rayna R. Reiter (Hg.), Toward an anthropology of women, New York 1975, S. 157–210.

Rubin 2003 Gayle S. Rubin: Sex denken. Anmerkungen zu einer radikalen Theorie der sexuellen Politik, in: Andreas Kraß (Hg.), Queer Denken. Gegen die Ordnung der Sexualität. Queer Studies, Frankfurt a. M. 2003, S. 31–79.

Runte 1996 Annette Runte: Biographische Operationen. Diskurse der Transsexualität, München 1996.

Runte 2006 Annette Runte: Über die Grenze. Zur Kulturpoetik der Geschlechter in Literatur und Kunst, Bielefeld 2006.

Russo 1987 Vito Russo: The Celluloid Closet. Homosexuality in the Movies, New York 1987 [1981].

Rutka 2011 Anna Rutka: Erinnern und Geschlecht in zeitgenössischen deutschen Familien- und Generationenromanen, Lublin 2011.

Şahin 2019 Reyhan Şahin aka Dr. Bitch Ray: Yalla, Feminismus!, Stuttgart 2019.

Said 1981 Edward W. Said: Orientalismus, Frankfurt a. M. / Berlin / Wien 1981.

Sänger 2018 Eva Sänger: Reproduktionstechnologien. Herausforderungen für die feministische Geschlechterforschung, in: Beate Kortendiek / Birgit Riegraf / Katja Sabisch (Hg.), Handbuch Interdisziplinäre Geschlechterforschung, Wiesbaden 2018.

Sauerland 1989 Karol Sauerland: Kann und darf das Volk herrschen? Bemerkungen zu Goethes, Schillers, Kants und Friedrich Schlegels Auffassungen von Volk und Volksherrschaft zwischen 1790 und 1800, in: Siegfried Streller (Hg.), Literatur zwischen Revolution und Restauration. Studien zu literarischen Wechselbeziehungen in Europa zwischen 1789 und 1835, Berlin / Weimar 1989, S. 12–28.

Sanyal 2021 Mithu Sanyal: Identitti, München 2021.

Schabert 2006 Ina Schabert: Englische Literaturgeschichte des 20. Jahrhunderts. Eine neue Darstellung aus der Sicht der Geschlechterforschung, Stuttgart 2006.

Scherr 2012 Albert Scherr: Diskriminierung: Die Verwendung von Differenzen zur Herstellung und Verfestigung von Ungleichheiten, http://portal-intersektionalitaet.de/uploads/media/Albert_Scherr_Diskriminierung_Intersektionalit%C3%A4t.pdf (Abrufdatum 24.03.2022).

Schiel 2020 Lea-Sophie Schiel: Sex als Performance. Theaterwissenschaftliche Perspektiven auf die Inszenierung des Obszönen, Bielefeld 2020.

Schilcher / Müller 2016 Anita Schilcher / Karla Müller: Gender, Kinder- und Jugendliteratur und Deutschunterricht. Grundlagen und Didaktik, in: dies. / Jan-Oliver Decker / Hans Krah / dies. (Hg.), Genderkompetenz mit Kinder- und Jugendliteratur entwickeln. Grundlagen – Analysen – Modelle, Baltmannsweiler 2016, S. 15–43.

Schiller 1992 Friedrich Schiller: Das Lied von der Glocke, in: Werke und Briefe in zwölf Bänden [Frankfurter Ausgabe]. Hg. von Otto Dann, Heinz Gerd Ingenkamp, Rolf-Peter Janz u. a. Bd. 1: Gedichte. Hg. von Georg Kurscheidt, Frankfurt a. M. 1992, S. 56–68.

Schlaffer 1993 Hannelore Schlaffer: Poetik der Novelle, Stuttgart 1993.

Schlegel 1919 Friedrich Schlegel: Lucinde, Leipzig 1919.

Schlegel 1966 Friedrich Schlegel: Versuch über den Begriff des Republikanismus, veranlaßt durch die Kantische Schrift zum ewigen Frieden, in: Ernst Behler (Hg.), Kritische Friedrich-Schlegel-Ausgabe. Studien zur Geschichte und Politik, Band 7, München / Paderborn / Wien / Zürich 1966, S. 11–25.

Schlesier 1981 Renate Schlesier: Konstruktionen der Weiblichkeit bei Sigmund Freud. Zum Problem von Entmythologisierung und Remythologisierung in der psychoanalytischen Theorie, Frankfurt a. M. 1981.

Schlüpmann 1990 Heide Schlüpmann: Unheimlichkeit des Blicks. Das Drama des frühen deutschen Kinos, Frankfurt a. M. 1990.

Schmale 1998 Wolfgang Schmale: Einleitung: *Gender Studies*, Männergeschichte, Körpergeschichte, in: ders. (Hg.), MannBilder. Ein Lese- und Quellenbuch zur historischen Männerforschung, Berlin 1998, S. 7–33.

Schmerl / Soine / Stein-Hilbers / Wrede 2000 Christiane Schmerl / Stefanie Soine / Marlene Stein-Hilbers / Birgitta Wrede: Sexuelle Szenen. Inszenierungen von Geschlecht und Sexualität in modernen Gesellschaften, Opladen 2000.

Schmidt 2020a Jara Schmidt: „Großäugige, wunderschöne Wut". Zur Korrelation von (Post-) Migrantischem, Gender und Emotion in Fatma Aydemirs *Ellbogen*, in: Felix Lempp / dies. / Jule Thiemann (Hg.), Fest – Spiel – Reise. Interkulturelle Bewegungen in Literatur, Theater und Film. Festschrift zu Ehren von Ortrud Gutjahr, Würzburg 2020, S. 251–266.

Schmidt 2020b Jara Schmidt: Postmigrantische Literatur: wütend, widerständig, wehrhaft, in: Multicultural Germany Project, Blog der University of California Berkeley 2020, https://mgp.berkeley.edu/2020/11/03/schmidt-postmigrantische-literatur-german/ (Abrufdatum 21.03.2022).

Schmidt 2021 Francesca Schmidt: Netzpolitik. Eine feministische Einführung, Berlin / Toronto 2021.

Schmidt-Linsenhoff / Hölz / Uerlings 2004 Viktoria Schmidt-Linsenhoff / Karl Hölz / Herbert Uerlings (Hg.): Weiße Blicke. Geshlechtermythen des Kolonialismus, Marburg 2004.

Schmidt / Thiemann 2021 Jara Schmidt / Jule Thiemann: Einleitung, in: dies. (Hg.), Reclaim! Postmigrantische und widerständige Praxen der Aneignung, Berlin 2021, S. 11–16.

Schneider / Waldschmidt 2012 Werner Schneider / Anne Waldschmidt: Disability Studies. (Nicht-)Behinderung anders denken, in: Stephan Moebius (Hg.), Kultur. Von den Cultural Studies bis zu den Visual Studies. Eine Einführung, Bielefeld 2012, S. 128–150.

Schönenborn 2004 Martina Schönenborn: Tugend und Autonomie. Die literarische Modellierung der Tochterfigur im Trauerspiel des 18. Jahrhunderts, Göttingen 2004.

Schößler 2004a Franziska Schößler: Max Frisch, Stiller. Ein Roman. Interpretationen, München 2004.

Schößler 2004b Franziska Schößler: Augen-Blicke. Erinnerung, Zeit und Geschichte in Dramen der neunziger Jahre, Tübingen 2004.

Schößler 2006a Franziska Schößler: Literaturwissenschaft als Kulturwissenschaft, Tübingen 2006.

Schößler 2006b Franziska Schößler: „Sinn egal. Körper zwecklos". Elfriede Jelineks Demontage des (männlichen) Theaterbetriebs, in: Der Deutschunterricht. Beiträge zu seiner Praxis und wissenschaftlichen Grundlegung 4 (2006), S. 46–55.

Schößler 2009 Franziska Schößler: Börsenfieber und Kaufrausch. Ökonomie, Judentum und Weiblichkeit bei Theodor Fontane, Heinrich Mann, Thomas Mann, Arthur Schnitzler und Émile Zola, Bielefeld 2009.

Schößler 2017a Franziska Schößler: Femina Oeconomica. Arbeit, Konsum und Geschlecht in der Literatur, Frankfurt a. M. 2017.

Schößler 2017b Franziska Schößler: Einführung in die Dramenanalyse, 2. Auflage, Stuttgart 2017.

Schößler / Blaschke 2019 Franziska Schößler / Bernd Blaschke: Die Entdeckung der Waren im 19. Jahrhundert, in: Joseph Vogl / Burkhardt Wolf (Hg.), Handbuch Literatur und Ökonomie. Unter Mitarbeit von Alexander Mionskowski, Berlin / Boston 2019, S. 523–535.

Scholz 2010 Sylka Scholz: Hegemoniale Weiblichkeit? Hegemoniale Weiblichkeit! in: Erwägen Wissen Ethik (EWE) 21 / 3 (2010), S. 396–398.

Schraut / Paletschek 2008 Sylvia Schraut / Sylvia Paletschek: Remembrance and Gender: Making Gender Visible and Inscribing Women into Memory Culture, in: dies. (Hg.), The Gender of Memory. Cultures of Remembrance in Nineteenth- and Twentieth-Century Europe, Frankfurt a. M. / New York 2008, S. 267–287.

Schricker 2011 Schricker, Regine U.: Ohnmachtsrausch und Liebeswahn. Weiblicher Masochismus in Literatur und Film des 20. und 21. Jahrhunderts, Würzburg 2011.

Schrupp 2017 Antje Schrupp: Netzfeminismus – was soll denn das sein?, in: Die Zentrale Frauenbeauftragte TU Berlin (Hg.), Die Zentrale Frauenbeauftragte news. Gender I Politik I Universität. Thema: blog it. Feminismus trifft auf Internet 1/2017, S. 6–7, https://www.tu-berlin.de/fileadmin/i31/Publikationen/News/news_01_2017_Ansicht_24042017.pdf (Abrufdatum 12.03.2022).

Schul / Böth / Mecklenburg 2017 Susanne Schul / Mareike Böth / Michael Mecklenburg (Hg.): Abenteuerliche ‚Überkreuzungen'. Vormoderne intersektional, Göttingen 2017.

Schuller 1979 Marianne Schuller: Literarische Szenerien und ihre Schatten. Orte des ‚Weiblichen' in literarischen Produktionen, in: Ringvorlesung „Frau und Wissenschaft", Marburg 1979, S. 79–103.

Schuller 1994 Marianne Schuller: Fremdsein ist gut. Das Schreibprojekt Rahel Levin Varnhagens und die Frage der jüdischen Texttradition, in: Ingrid Lohmann / Wolfram Weiße (Hg.), Dialog zwischen den Kulturen. Erziehungshistorische und religionspädagogische Gesichtspunkte interkultureller Bildung, Bremen 1994, S. 117–125.

Schulz 2020 Dirk Schulz: Niedentisch. Fluchtbewegungen, Annäherungen, Festschreibungen, in: Karolin Kalmbach / Elke Kleinau / Susanne Völker (Hg.), Eribon revisited – Perspektiven der Gender und Queer Studies, Wiesbaden 2020, S. 87–103.

Schweiger / Hascher 2009 Teresa Schweiger / Tina Hascher: Chancengleichheit in Unterricht und Schule – Perspektiven auf eine Herausforderung des 21. Jahrhunderts, in: dies. (Hg.), Geschlecht, Bildung und Kunst. Chancengleichheit in Unterricht und Schule, Wiesbaden 2009, S. 7–13.

Schwenken / Ullrich 2007 Helen Schwenken / Charlotte Ullrich: Third Wave Feminism, in: Ulrich Brand / Bettina Lösch / Stefan Thimmel (Hg.), ABC der Alternativen. Von Ästhetik des Widerstands bis Ziviler Ungehorsam, Hamburg 2007, S. 232–233.

Scott 1994 Joan W. Scott: Gender: Eine nützliche Kategorie der historischen Analyse, in: Nancy Kaiser (Hg.), Selbst-bewusst. Frauen in den USA, Leipzig 1994, S. 27–75.

Searle 1977 John R. Searle: Reiterating the Differences. A Reply to Derrida, in: Glyph 1 (1977), S. 198–208.

Sedgwick 1985 Eve Kosofsky Sedgwick: Between Men. English Literature and Male Homosocial Desire, New York 1985.

Sedgwick 1990 Eve Kosofsky Sedgwick: Epistemology of the Closet, Berkeley 1990.

Sedgwick 1992 Eve Kosofsky Sedgwick: Das Tier in der Kammer. Henry James und das Schreiben homosexueller Angst, in: Barbara Vinken (Hg.), Dekonstruktiver Feminismus. Literaturwissenschaft in Amerika, Frankfurt a. M. 1992, S. 247–278.

Sedgwick 2003 Eve Kosofsky Sedgwick: Epistemologie des Verstecks, in: Andreas Kraß (Hg.), Queer denken. Gegen die Ordnung der Sexualität. Queer Studies, Frankfurt a. M. 2003, S. 113–143.

Silverman 1992 Kaja Silverman: Male Subjectivity at the Margins, New York / London 1992.

Simmel 1983 Georg Simmel: Das Relative und das Absolute im Geschlechterproblem, in: ders. (Hg.), Philosophische Kultur. Über das Abenteuer, die Geschlechter und die Krise der Moderne, Berlin 1983, S. 64–93.

Simonis 2002 Linda Simonis: Aufklärung, in: Renate Kroll (Hg.), Metzler Lexikon. Gender Studies / Geschlechterforschung, Stuttgart / Weimar 2002, S. 26f.

Smith 1997 Paul Smith: Vas. Sexualität und Männlichkeit, in: Walter Erhart / Britta Herrmann (Hg.), Wann ist der Mann ein Mann? Zur Geschichte der Männlichkeit, Stuttgart / Weimar 1997, S. 58–85.

Smykalla 2014 Sandra Smykalla (Hg.): Intersektionalität zwischen Gender und Diversity. Theorien, Methoden und Politiken der Chancengleichheit, Münster 2013.

Sombart 1996 Nicolaus Sombart: Männerbund und Politische Kultur in Deutschland, in: Thomas Kühne (Hg.), Männergeschichte – Geschlechtergeschichte. Männlichkeit im Wandel der Moderne, Frankfurt a. M. / New York 1996, S. 136–155.

Spieß 2008 Gesine Spieß: Gender in Lehre und Didaktik an Universitäten – und die Frage nach einer genderkompetenten Lehre, in: Maria Buchmayr / Gertrud Benke (Hg.), Geschlecht lernen. Gendersensible Didaktik und Pädagogik, Innsbruck 2008, S. 33–49.

Spivak 1996 Gayatri Chakravorty Spivak: Echo, in: Die Philosophin. Forum für feministische Theorie und Philosophie 7 / 13 (1996), S. 68–96.

Splettstößer 2019 Anne Splettstößer: Umstrittene Sammlungen. Vom Umgang mit kolonialem Erbe aus Kamerun in ethnologischen Museen. Die Fälle Tange / Schiffschnabel und Ngonnso' / Schalenträgerfigur in Deutschland und Kamerun, Göttingen 2019.

Stachowiak 2013 Kerstin Stachowiak: Literarisches Lernen im Medienverbund. Zur Problematik polarisierender Geschlechterkonstruktionen in der Kinder- und Jugendliteratur und ihrer Festscheibung im Literaturunterricht, in: Bea Lundt / Toni Tholen (Hg.), ‚Geschlecht' in der Lehramtsausbildung. Die Beispiele Geschichte und Deutsch, Berlin 2013, S. 411–434.

Stadler-Altmann / Schein 2013 Ulrike Stadler-Altmann / Sebastian Schein: Genderkompetenz als Thema in der Lehreraus- und –weiterbildung, in: Ulrike Stadler-Altmann (Hg.), Genderkompetenz in pädagogischer Interaktion, Opladen / Berlin / Toronto 2013, S. 43–81.

Stahl / Kock / Palm / Solty 2020 Enno Stahl / Klaus Kock / Hanneliese Palm / Ingar Solty (Hg.): Literatur in der neuen Klassengesellschaft (#Richtige Literatur im Falschen 4).

Dokumentationsband zur Tagung in der Lohnhalle des LWL-Industriemuseum Zeche Zollern 7.6.2018 bis 9.6.2018, Dortmund-Bövinghausen, Paderborn 2020.

Staiger 2007 Michael Staiger: Medienbegriffe. Mediendiskurse. Medienkonzepte. Bausteine einer Deutschdidaktik als Medienkulturdidaktik, Baltmannsweiler 2007.

Stalder 2016 Felix Stalder: Kultur der Digitalität, Berlin 2016.

Steinhauer / Diewald 2020 Anja Steinhauer / Gabriele Diewald: Duden. Handbuch geschlechtergerechte Sprache. Wie Sie angemessen und verständlich gendern, Berlin 2020.

Stelling 2020 Anke Stelling: Schäfchen im Trockenen, München 2020 [2018].

Stephan 1983 Inge Stephan: „Bilder und immer wieder Bilder". Überlegungen zur Untersuchung von Frauenbildern in männlicher Literatur, in: dies. / Sigrid Weigel (Hg.), Die verborgene Frau. Sechs Beiträge zu einer feministischen Literaturwissenschaft, Berlin 1983, S. 15–34.

Stephan 1997 Inge Stephan: Musen & Medusen. Mythos und Geschlecht in der Literatur des 20. Jahrhunderts, Köln / Weimar / Wien 1997.

Stephan 2000 Inge Stephan: Gender, Geschlecht und Theorie, in: Christina von Braun / dies. (Hg.), Gender Studien. Eine Einführung, Stuttgart / Weimar 2000, S. 58–96.

Stephan / Venske / Weigel 1987 Inge Stephan / Regula Venske / Sigrid Weigel: Frauenliteratur ohne Tradition? Neun Autorinnenportraits, Frankfurt a. M. 1987.

Stephan / Weigel 1983 Inge Stephan / Sigrid Weigel (Hg.): Die verborgene Frau. Sechs Beiträge zu einer feministischen Literaturwissenschaft, Berlin 1983.

Stiftung Deutsches Hygiene-Museum, Deutsche Behindertenhilfe – Aktion Mensch e.V. (Hg.): Der (im-)perfekte Mensch. Vom Recht auf Unvollkommenheit. Begleitbuch zur Ausstellung *Der [im]perfekte mensch – vom recht auf unvollkommenheit* im Deutschen Hygienemuseum vom 20. Dezember 2000 bis 12. August 2001. Katalog, Konzeption und Red.: Helga Raulff, Ostfildern-Ruit 2001.

Stocker 2008 Christa Stocker: Genderisierte Kollokationen – Geschlechterstereotype über Sprache zugänglich machen, in: Der Deutschunterricht. Beiträge zu seiner Praxis und wissenschaftlichen Grundlegung 2 (2008), S. 78–85.

Strasser 2011 Peter Strasser: Die böse Krankheit Aids – Phantasmen und Moralismen, in: Martin Schneider / Marc Diehl (Hg.), Gender, Queer und Fetisch. Konstruktion von Identität und Begehren, Hamburg 2011, S. 91–103.

Stückler 2013 Andreas Stückler: Auf dem Weg zu einer hegemonialen Weiblichkeit? Geschlecht, Wettbewerb und die Dialektik der Gleichstellung, in: GENDER. Zeitschrift für Geschlecht, Kultur und Gesellschaft 5 / 3 (2013), S. 114–130.

Sturgeon 1997 Noël Sturgeon: Ecofeminist natures. Race, gender, feminist theory and political action, London 1997.

Suchman 2019 Lucy Suchman: Feministische Science & Technology Studies (STS) und die Wissenschaften vom Künstlichen, in: GENDER. Zeitschrift für Geschlecht, Kultur und Gesellschaft 11 / 3 (2019), S. 56–83.

Tasker 1993 Yvonne Tasker: Spectacular Bodies. Gender, Genre and the Action Cinema, London 1993.

Tatzel 2020 Sebastian Tatzel: Film im gendersensiblen Literaturunterricht, in: Ina Brendel-Perpina / Ines Heiser / Nicola König (Hg.), Literaturunterricht gendersensibel planen: Grundlagen – Methoden – Unterrichtsvorschläge. Unter Mitarbeit von Eva Maus, Sebastian Tatzel, Dominik Achtermeier, Stuttgart 2020, S. 73–84.

Tay 2009 Sharon Lin Tay: Women on the edge. Twelve political film practices, Basingstoke 2009.

Tedjasukmana 2021 Chris Tedjasukmana: Queere Theorie und Filmtheorie, in: Bernhard Groß / Thomas Morsch (Hg.), Handbuch Filmtheorie, Wiesbaden 2021, S. 611–629.

Terkessidis 2019 Mark Terkessidis: Wessen Erinnerung zählt? Koloniale Vergangenheit und Rassismus heute, Hamburg 2019.

Theweleit 1977 / 78 Klaus Theweleit: Männerphantasien, 2 Bände, München 1977 / 1978 (Neuauflage 2019).

Theweleit 1988 / 94 Klaus Theweleit: Buch der Könige. Zweiter Versuch im Schreiben ungebetener Biographien, 2 Bände, Basel 1988 / 1994.

Tholen / Stachowiak 2012 Toni Tholen / Kerstin Stachowiak: Didaktik des Deutschunterrichts. Literaturdidaktik und Geschlechterforschung, in: Marita Kampshoff / Claudia Wiepcke (Hg.), Handbuch Geschlechterforschung und Fachdidaktik, Wiesbaden 2012, S. 99–112.

Tobin 2000 Robert Tobin: Warm Brothers. Queer Theory and the Age of Goethe, Philadelphia 2000.

Treiber 2015 Dorothée Treiber. Hugo von Hofmannsthals Elektra: hysterische Lügnerin oder missbrauchte Fürstentochter? Eine quellenbasierte Neuinterpretation, Frankfurt a. M. 2015.

Treiblmayr 2015 Christopher Treiblmayr: Bewegte Männer. Männlichkeit und männliche Homosexualität im deutschen Kino der 1990er Jahre, Köln / Wien 2015.

Tunç 2012 Michael Tunç: *Männlichkeitsforschung und Intersektionalität*, http://portal-intersektionalitaet.de/uploads/media/Tunc.pdf (Abrufdatum 31.03.2022).

Uerlings 1997 Herbert Uerlings: Poetiken der Interkulturalität. Haiti bei Kleist, Seghers, Müller, Buch und Fichte, Tübingen 1997.

Uerlings 2001 Herbert Uerlings: Das Subjekt und die Anderen. Zur Analyse sexueller und kultureller Differenz, in: ders. / Karl Hölz / Viktoria Schmidt-Linsenhoff (Hg.), Das Subjekt und die Anderen. Interkulturalität und Geschlechterdifferenz vom 18. Jahrhundert bis zur Gegenwart, Berlin 2001, S. 19–53.

Uerlings 2006 Herbert Uerlings: „Ich bin von niedriger Rasse". (Post-)Kolonialismus und Geschlechterdifferenz in der deutschen Literatur, Köln / Weimar / Wien 2006.

Urwin 2017 Jack Urwin: Boys don't cry. Identität, Gefühl und Männlichkeit. Aus dem Englischen von Elvira Willems, Hamburg 2017.

Uther 1981 Hans-Jörg Uther: Behinderte in populären Erzählungen. Studien zur historischen und vergleichenden Erzählforschung, Berlin / New York 1981.

Uerlings / Patrut 2008 Herbert Uerlings / Iulia-Karin Patrut (Hg.): 'Zigeuner' und Nation. Repräsentation – Inklusion – Exklusion, Frankfurt a. M. 2008.

Varela / Dhawan 2005 María do Mar Castro Varela / Nikita Dhawan: Postkoloniale Theorie. Eine kritische Einführung, Bielefeld 2005.

Vellusig 2000 Robert Vellusig: Schriftliche Gespräche. Briefkultur im 18. Jahrhundert, Wien / Köln / Weimar 2000.

Verein für politische Bildung, Analyse und Kritik e.V 2013 (Hg.): Sonderbeilage Analyse und Kritik, https://archiv.akweb.de/ak_s/ak593/images/sonderbeilage_cw.pdf (Abrufdatum 24.03.2022).

Vinken 1992 Barbara Vinken (Hg.): Dekonstruktiver Feminismus. Literaturwissenschaft in Amerika, Frankfurt a. M. 1992.

Völter / Dausien / Lutz / Rosenthal 2009 Bettina Völter / Bettina Dausien / Helma Lutz / Gabriele Rosenthal (Hg.): Biographieforschung im Diskurs, Wiesbaden 2009 [2005].

Voss 2014 Hanna Voss: Reflexion von ethnischer Identität(szuweisung) im deutschen Gegenwartstheater, Marburg 2014.

Wagner-Egelhaaf 2006 Martina Wagner-Egelhaaf: Autobiografie und Geschlecht, in: Freiburger Frauenstudien. Zeitschrift für interdisziplinäre Frauenforschung. Erinnern und Geschlecht 1 / 19 (2006), S. 49–64.

Wahl 2018 Angelika von Wahl: Die Re- und De- Naturalisierung der Geschlechterdichotomie. Intersexualität zwischen Medizin und Menschenrechten, Bielefeld 2018.

Waldschmidt 2005 Anne Waldschmidt: Disability Studies. Individuelles, soziales und/oder kulturelles Modell von Behinderung?, in: Psychologie und Gesellschaftskritik 29 / 1 (2005), S. 9–31.

Waldschmidt 2014 Anne Waldschmidt: Jenseits der doppelten Diskriminierung? Disability, Gender und die Intersektionalitätsdebatte, in: Martina Löw (Hg.), Vielfalt und Zusammenhalt. Verhandlungen des 36. Kongresses der Deutschen Gesellschaft für Soziologie in Bochum und Dortmund 2012, Teilband 2, Frankfurt a. M. / New York 2014, S. 871–883.

Walgenbach 2012 Katharina Walgenbach: Intersektionalität – eine Einführung, http://portal-intersektionalitaet.de/uploads/media/Walgenbach-Einfuehrung.pdf (Abrufdatum 24.03.2022).

Walgenbach / Dietze / Hornscheidt / Palm 2007 Katharina Walgenbach / Gabriele Dietze / Antje Hornscheidt / Kerstin Palm (Hg.): Gender als interdependente Kategorie. Neue Perspektiven auf Intersektionalität, Diversität und Heterogenität, Opladen 2007.

Walter 1996 Willi Walter: Männer entdecken ihr Geschlecht. Zu Inhalten, Zielen, Fragen und Motiven von Kritischer Männerforschung, in: BauSteineMänner (Hg.), Kritische Männerforschung. Neue Ansätze in der Geschlechtertheorie, Berlin / Hamburg 1996, S. 13–26.

Warakomska 2016 Anna Warakomska: Ruß – von der deutschen Literatur eines Autors mit Migrationshintergrund, in: Raluca Rădulescu / Christel Baltes-Löhr (Hg.), Pluralität als Existenzmuster. Interdisziplinäre Perspektiven auf die deutschsprachige Migrationsliteratur, Bielefeld 2016, S. 207–227.

Warburg 2000 Aby Warburg: Der Bilderatlas Mnemosyne. Hg. von Martin Warnke unter Mitarbeit von Claudia Brink, Berlin 2000.

Warhust / Nickson 2007 Chris Warhust / Dennis Nickson: Employee experience of aesthetic labour in retail and hospitality, in: Work, Employment & Society 21 / 1 (2007), S. 103–120.

Warhust / Nickson 2010 Chris Warhust / Dennis Nickson: „Who's Got the Look?" Emotional, Aesthetic and Sexualized Labour in Interactive Services, in: Gender, Work and Organization 16 / 3 (2009), S. 385–404.

Warren 1997 Karen J. Warren: Taking Empirical Data Seriously. An Ecofeminist Philosophical Perspective, in: dies. / Nisvan Erkal (Hg.), Ecofeminism. Women, Culture, Nature, Bloomington / Indianapolis 1997, S. 3–20.

Weeks 2011 Kathie Weeks: „In der Arbeit gegen die Arbeit LEBEN. Affektive Arbeit, feministische Kritik und postfordistische Politik". Aus dem Amerikanischen von Renate Nahar, in: grundrisse. zeitschrift für linke theorie und debatte 37, 2011, http://www.grundrisse.net/grundrisse37/In_der_Arbeit_gegen_die_Arbeit.htm (Abrufdatum 24.02.2022).

Weigel 1983a Sigrid Weigel: Wider die romantische Mode. Zur ästhetischen Funktion des Weiblichen in Friedrich Schlegels Lucinde, in: Inge Stephan / dies. (Hg.), Die verborgene Frau. Sechs Beiträge zu einer feministischen Literaturwissenschaft, Berlin 1983, S. 67–82.

Weigel 1983b Sigrid Weigel: Der schielende Blick. Thesen zur Geschichte weiblicher Schreibpraxis, in: Inge Stephan / dies. (Hg.), Die verborgene Frau. Sechs Beiträge zu einer feministischen Literaturwissenschaft, Berlin 1983, S. 83–137.

Weigel 1990 Sigrid Weigel: Topographien der Geschlechter. Kulturgeschichtliche Studien zur Literatur, Reinbek bei Hamburg 1990.

Weigel 1992 Sigrid Weigel: „Konstellationen, kleine Momentaufnahmen, aber niemals eine Kontinuität". Ein Gespräch über Literaturwissenschaft und Literaturgeschichtsschreibung von Frauen, in: Karin Fischer / Eveline Kilian / Jutta Schönberg (Hg.), Bildersturm im Elfenbeinturm. Ansätze feministischer Literaturwissenschaft, Tübingen 1992, S. 116–133.

Weißenburger 2009 Christian Weißenburger: Helden lesen! Die Chancen des Heldenmotivs bei der Leseförderung von Jungen. Eine empirische Unterrichtsuntersuchung zum Lektüreunterricht bei Jugendlichen der Klassenstufe 7/8, Baltmannsweiler 2009.

Weißenburger 2013 Christian Weißenburger: „Gender cross-over"-Literatur im Deutschunterricht der Klassenstufe 8. Gendersensible Leseförderung mit heldenhaften Protagonisten am Beispiel ‚Billy Elliot', in: Bea Lundt / Toni Tholen (Hg.), ‚Geschlecht' in der Lehramtsausbildung. Die Beispiele Geschichte und Deutsch, Berlin 2013, S. 435–455.

Weininger 1997 Otto Weininger: Geschlecht und Charakter. Eine prinzipielle Untersuchung, München 1997 [1903].

Welcker 1847 Carl Theodor Welcker: Geschlechtsverhältnisse, Frauen, ihre rechtliche und politische Stellung In der Gesellschaft; Rechtswohlthaten u. Geschlechtsbeistände der Frauen, Frauenvereine und Vergehen in Beziehung auf die Geschlechtsverhältnisse, in: Carl von Rotteck / ders. (Hg.), Das Staats-Lexikon. Encyklopädie der sämmtlichen Staatswissenschaften für alle Stände, Band 5, Altona 1847, S. 654–679.

Wenzel 2020 Olivia Wenzel: 1000 Serpentinen Angst, Frankfurt a. M. 2020.

White 1986 Hayden V. White: Auch Klio dichtet oder die Fiktion des Faktischen, Stuttgart 1986.

White 1991 Hayden V. White: Metahistory. Die historische Einbildungskraft im 19. Jahrhundert in Europa, Frankfurt a. M. 1991.

Widdig 1997 Bernd Widdig: „Ein herber Kultus des Männlichen". Männerbünde um 1900, in: Walter Erhart / Britta Herrmann (Hg.), Wann ist der Mann ein Mann? Zur Geschichte der Männlichkeit, Stuttgart / Weimar 1997, S. 235–248.

Wildenthal 2001 Lora Wildenthal: German Women for Empire, 1884–1945, Durham / London 2001.

Wildenthal 2003 Lora Wildenthal: Rasse und Kultur. Koloniale Frauenorganisationen in der deutschen Kolonialbewegung des Kaiserreichs, in: Birthe Kundrus (Hg.), Phantasiereiche. Zur Kulturgeschichte des deutschen Kolonialismus, Frankfurt a. M. / New York 2003, S. 172–219.

Wille 2018 Lisa Wille: Medien, Macht und #MeToo. Zum Kontext einer aktuellen Debatte, in: Boris von Heesen (Hg.), Männeraufbruch 2019. Das Jahrbuch für Männer in der Gegenwart, Darmstadt 2018, S. 122–129.

Wille 2019a Lisa Wille: Geschlechterkonstruktionen und das Narrativ der romantischen Liebe in Stephenie Meyers Vampirsaga *Twilight* und E L James' *Shades of Grey*-Trilogie, in: Frank Becker / Elke-Reinhardt-Becker (Hg.), Liebesgeschichte(n). Identität und Diversität vom 18. bis zum 21. Jahrhundert, Frankfurt a. M. 2019, S. 363–381.

Wille 2019b Lisa Wille: Von Diskriminierung zu Intersektionalität, von den Disability Studies zu einer transdisziplinären Literaturwissenschaft. Oder: Die Krux der Normativität und die Notwendigkeit einer intersektionalen Perspektive, in: Matthias Luserke-Jaqui (Hg.), Literary Disability Studies. Theorie und Praxis in der Literaturwissenschaft, Würzburg 2019, S. 115–145.

Wille 2021 Lisa Wille: Zwischen Autonomie und Heteronomie. Bürgerliche Identitätsproblematik in Heinrich Leopold Wagners dramatischem Werk, Würzburg 2021.

Wille 2022 Lisa Wille: Die ‚neue soziale Frage‘ im gegenwartsliterarischen Diskurs. Prekariatsrepräsentationen aus intersektionaler Sicht in Anke Stellings *Schäfchen im Trockenen* und Selim Özdoğans *Der die Träume hört*, in: Jara Schmidt / Jule Thiemann (Hg.), Reclaim! Postmigrantische und widerständige Praxen, Berlin 2021, S. 187–201.

Wille [2023] Lisa Wille: Precarious Lives and Social Decline in Marlene Streeruwitz's *Jessica, 30.* and Kristine Bilkau's *Die Glücklichen*, in: Sophie Duvernoy / Karsten Olson / Ulrich Plass (Hg.), Vulnerability and Dispossession in German Literature, Film, and Society, New York / London [erscheint 2023].

Willems 2011 Katharina Willems: Lernräume, Geschlechterhierarchien und Fachkulturen – Komplizinnen auf dem Weg zu neuen Lernkulturen?, in: Dorothea Krüger (Hg.), Genderkompetenz und Schulwelten: Alte Ungleichheiten – neue Hemmnisse, Wiesbaden 2011, S. 129–152.

Wimbauer / Motakef / Teschlade 2015 Christine Wimbauer / Mona Motakef / Julia Teschlade: Prekäre Selbstverständlichkeiten. Neun prekarisierungstheoretische Thesen zu Diskursen gegen Gleichstellungspolitik und Geschlechterforschung, in: Sabine Hark / Paula-Irene Villa (Hg.), Anti-Genderismus. Sexualität und Geschlecht als Schauplätze aktueller politischer Auseinandersetzungen, Bielefeld 2015, S. 41–58.

Winker / Degele 2007 Gabriele Winker / Nina Degele: Intersektionalität als Mehrebenenanalyse, http://portal-intersektionalitaet.de/uploads/media/Degele_Winker_01.pdf (Abrufdatum 24.03.2022).

Winker / Degele 2009 Gabriele Winker / Nina Degele: Intersektionalität. Zur Analyse sozialer Ungleichheiten, Bielefeld 2009.

Wirth 2002 Uwe Wirth (Hg.): Performanz. Zwischen Sprachphilosophie und Kulturwissenschaften, Frankfurt a. M. 2002.

Wischer 2014 Beate Wischer: Individuelle Förderung als neue Leitidee? Kritische Anmerkungen zu einer aktuellen Reformstrategie, in: Verona Eisenbraun / Siegfried Uhl (Hg.), Geschlecht und Vielfalt in Schule und Lehrerbildung, Münster / New York 2014, S. 153–176.

Wischermann / Thomas 2008 Ulla Wischermann / Tanja Thomas (Hg.): Medien – Diversität – Ungleichheit. Zur medialen Konstruktion sozialer Differenz, Wiesbaden 2008.

Wizorek 2014 Anne Wizorek: Weil ein #Aufschrei nicht reicht. Für einen Feminismus von heute, Frankfurt a. M. 2014.

Woltersdorff 2008 Volker Woltersdorff: „Queer und Hartz IV? Arbeit, Ökonomie, Sexualität und Geschlecht im Neoliberalismus", in: Nina Degele (Hg.), Gender / Queer Studies. Eine Einführung, Paderborn 2008, S. 181–193.

Woolf 1981 Virginia Woolf: Ein Zimmer für sich allein, Frankfurt a. M. 1981.

Yaghoobifarah 2021 Hengameh Yaghoobifarah: Ministerium der Träume, Berlin 2021.

Yıldız 2015 Erol Yıldız: Postmigrantische Perspektiven. Aufbruch in eine neue Geschichtlichkeit, in: ders. / Marc Hill (Hg.), Nach der Migration. Postmigrantische Perspektiven jenseits der Parallelgesellschaft, Bielefeld 2015, S. 19–36.

Yuval-Davis 1997 Nira Yuval-Davis: Gender & Nation, London 1997.

Zakaria 2022 Rafia Zakaria: Against White Feminism. Wie weißer Feminismus Gleichberechtigung verhindert. Aus dem Englischen von Simoné Goldschmidt-Lechner, München 2022.

Zantop 1999 Susanne M. Zantop: Kolonialphantasien im vorkolonialen Deutschland (1770–1870), Berlin 1999.

Žižek 1996 Slavoj Žižek: „Zusatz: Minne und Masochismus" [1994]. Die Metastasen des Genießens. Sechs erotisch-politische Versuche. Übersetzt von Karl Bruckschwaiger, Wien 1996, S. 45–59.

Zumbusch 2004 Cornelia Zumbusch: Wissenschaft in Bildern. Symbol und dialektisches Bild in Aby Warburgs Mnemosyne-Atlas und Walter Benjamins Passagen-Werk, Berlin 2004.

19.2 Abbildungsverzeichnis

19.3 Glossar

Androgynie Bezeichnung für die Vereinigung einer männlichen und einer weiblichen Geschlechterrolle in einem Individuum. (➔ **Kapitel 8.3, 12.1**)

Androzentrismus bezeichnet eine Weltanschauung, die das Männliche ins Zentrum des Denkens stellt. Im 18. Jahrhundert etabliert sich ein androzentrisches Weltbild, das den Mann als das Allgemeinmenschliche, als Norm – und analog dazu die Frau als Abnorm – installiert und das Modell der polaren Geschlechtscharaktere bestätigt. Feministische Wissenschaften und Gender Studies wenden sich gegen eine bis heute andauernde androzentrische Dominanz in der westlichen Kulturgeschichte. (➔ **Kapitel 2.1, 16.1**)

Aura Im Sinne Walter Benjamins (*Das Kunstwerk im Zeitalter seiner technischen Reproduzierbarkeit,* 1936/63) wird die Aura durch die dem Kunstwerk zugeschriebene Authentizität und Echtheit evoziert. (➔ **Kapitel 7.1**) Das auratische literarische Werk ist eng mit der Genie-Poetik und dem Konzept einer autonomen Hochliteratur verbunden, wie es im Verlauf des 19. Jahrhunderts entsteht (u. a. durch die Kanonisierung von ‚Nationalautoren' wie Goethe und Schiller).

Binär / Binarismus / Binarität Als binär ist die Zuordnung zweier einander entgegengesetzter, sich gegenseitig ausschließender Einheiten oder Werte (zum Beispiel 0 / 1; hell / dunkel; wahr / falsch; Mann / Frau) zu bezeichnen, mittels derer Bedeutung hergestellt werden kann. Die ➔ poststrukturalistischen Ansätze wie auch die Gender Studies weisen darauf hin, dass es sich bei binären Systemen um kulturelle Konstrukte handelt, und stellen deren Realitätsanspruch infrage. (➔ **Kapitel 1.1, 1.4, 5.1, 6.3 – 4**)

Class Der englische Ausdruck bezeichnet die Klassenzugehörigkeit von Akteuren, die die Geschlechterrollen (neben ➔ Race) wesentlich mitbestimmt. (➔ **Kapitel 9.1**)

Close reading Lektüreverfahren, das den sprachlichen und formalen Merkmalen eines Textes detailliert nachgeht. Der Fokus liegt, unter weitgehendem Ausschluss kontextueller Bezüge, auf dem jeweiligen Werk, das als autonom gedacht wird. Sowohl der New Criticism und die Werkästhetik als auch die ➔ Dekonstruktion (➔ **Kapitel 6.3**) bedienen sich dieser Methode, jeweils von unterschiedlichen Prämissen ausgehend (Homogenität der Bedeutung versus Widersprüchlichkeit).

Cross-dressing bezeichnet den Kleidertausch zwischen den Geschlechtern, der den ➔ performativen Status von Gender fassbar werden lässt und insbesondere im Zusammenhang mit der transvestitischen Kultur untersucht wird (vgl. Judith Butler). (➔ **Kapitel 7.2, 11.3**)

Dekonstruktion Maßgeblich auf Jacques Derrida und Paul de Man zurückgehende Lektürestrategie, die zwei Richtungen verfolgt: das Nachvollziehen der Konstruktion des Textes und die Auflösung dieser Strukturen, indem widersprüchliche und sich verschiebende Bedeutungen verfolgt werden. (➔ **Kapitel 6.3**) Dekonstruktivistische Lektüren richten ihre Aufmerksamkeit auf die Heterogenität bedeutungstragender Elemente, das heißt auf die Diskontinuitäten der auf Ausschlussverfahren beruhenden Sinnkonstitution. (➔ **Kapitel 6.4**) Der Gedanke der Differenz, der für diesen Ansatz grundlegend ist, bringt die Absage an endgültige Sinnzuweisungen (beispielsweise die sogenannte ‚Autorintention') sowie an Wahrheit, Bedeutung und Identität mit sich.

Diskurs Nach Michel Foucault definieren Diskurse, was als wahr / falsch, normal / wahnsinnig und sagbar / unsagbar gilt. Diskurse sind Regelsysteme, die den einzelnen Aussagen zugrunde liegen, diese kontrollieren, selektieren und kanalisieren. Diese Kontrolle wird durch Verbote sowie durch die Opposition von Vernunft / Wahnsinn und Wahrheit /

Falschheit erreicht. Diskurse, die das Sagbare auf fundamentale Weise reglementieren, verhindern den Zufall und das Ereignis sprachlicher Äußerungen. (→ **Kapitel 7.1**)

Dyade (präödipale) In der psychoanalytischen Theorie Bezeichnung für die ursprüngliche symbiotische Beziehung zwischen Mutter und Kind, die nach Sigmund Freud dem ödipalen Stadium (→ **Kapitel 3.3**), nach Jacques Lacan dem Eintritt in das intersubjektive → Symbolische vorausgeht (→ **Kapitel 6.1**).

Essentialismus Die Wissenschaft hat dieser Auffassung gemäß nicht das Dasein der Dinge, deren Existenz, sondern die Wesenheit des Seienden, dessen Essenz, zu erfassen. Unter Ausblendung von Kontexten werden als unveränderbar angenommene Eigenschaften des Untersuchungsgegenstandes in den Blick genommen. (→ **Kapitel 2.2**) Die Gender Studies entwerfen, dieser Auffassung entgegengesetzt, antiessentialistische Konzepte, die Geschlecht nicht als seiend, sondern als kulturelle Größe auffassen. (→ **Kapitel 3.4, 8.2**)

Ethnie Bezeichnung für eine Gruppe von Menschen, deren Zusammengehörigkeit über die gemeinsame Situierung in einem bestimmten kulturellen, historischen und sprachlichen Raum hergestellt wird. (→ **Kapitel 9.1**)

Eurozentrismus Position, die allein europäische Vorstellungen als Maßstab setzende Werte berücksichtigt. (→ **Kapitel 9.3**) Die neuere kulturwissenschaftliche Forschung stellt beispielsweise den Eurozentrismus des Kanons infrage, der sich allein an einer westlichen, männlichen, weißen Stilnorm orientiert. (→ **Kapitel 13.1**)

Gender / Sex Der Ausdruck ‚Gender‘ bezeichnet das soziale Geschlecht, die kulturell vorgegebenen Geschlechterrollen, die eine Gesellschaft bereitstellt. Der Gegenbegriff ist ‚Sex‘ für das anatomische Geschlecht. Das Begriffspaar, das eine Entnaturalisierung der Geschlechterordnung ermöglicht und bis zur Infragestellung durch Judith Butler Geltung besitzt, entwickelt Gayle Rubin 1975. (→ **Kapitel 1.1**)

Gender coherence bezeichnet die scheinbar selbstverständliche Kontinuität zwischen Sex, Gender und Begehren (→ **Gender / Sex**), die für die heterosexuelle Norm funktionalisiert und als substanziell-natürlicher Zusammenhang behauptet wird. (→ **Kapitel 7.2**)

Genre Im literaturwissenschaftlichen Gebrauch meist Synonym für Untergattung als Bezeichnung einzelner Textgruppen (zum Beispiel Ode, Brief, Tragödie) innerhalb der (Haupt-)Gattungen Lyrik, Epik und Dramatik. (→ **Kapitel 5.1**) In den Medienwissenschaften klassifikatorischer Begriff, mit Hilfe dessen Medienangebote, insbesondere Filme, nach den für sie jeweils typischen Merkmalen (vor allem Thema oder Stoff) gruppiert werden (zum Beispiel Western, Krimi). (→ **Kapitel 11.2**) Eine differenzierende Unterscheidung zwischen ‚Genre‘ und ‚Gattung‘ findet oft nicht statt.

Geschlechtscharakter Begriff des 18. Jahrhunderts, der physiologische mit psychischen Eigenschaften im Sinne von Charaktereigenschaften verbindet. Das Modell, nach dem die körperliche Ausstattung über seelische Eigenschaften und Fähigkeiten entscheidet, setzt sich im Laufe des 19. Jahrhunderts durch und lässt Anatomie zum Schicksal werden. (→ **Kapitel 2.2**)

Hegemonie Dem italienischen Marxisten Antonio Gramsci nach bezeichnet der Begriff (der an sich Führerschaft, Herrschaft bedeutet) eine Form von Macht, die sich nicht primär als staatlich-politische Gewalt, sondern als kulturelle Kontrolle äußert, welche auf dem Einverständnis der Beteiligten basiert. (→ **Kapitel 10.1, 10.3**)

Hermeneutik Unter Hermeneutik wird im Allgemeinen die Lehre vom Verstehen, im Besonderen die geisteswissenschaftliche Theorie und Methodenlehre der Auslegung sowohl sprachlicher Äußerungen als auch nicht-sprachlicher Strukturen verstanden (zum Beispiel

Bilder, Gesten, Träume, Handlungen). Der Hermeneutik liegen bestimmte historische Prämissen (Kontinuität und Zusammenhang der Geschichte) sowie literaturwissenschaftliche Annahmen zugrunde (Einheit des Werkes, Homogenität der Bedeutung, Relevanz der ‚Autorintention' etc.). (→ **Kapitel 13.1**) Diese Prämissen werden von → poststrukturalistischen Ansätzen kritisiert. (→ **Kapitel 1.2**)

Homophobie bezeichnet die massive Abwehr von Homosexualität, wie sie insbesondere in homosozialen Männerbünden festzustellen ist. (→ **Kapitel 8.3**)

Hybrid heißt eine Konstellation, in der sich zwei oder mehr heterogene Elemente verbinden und eine neue Einheit bilden. (→ **Kapitel 11.2**) Hybridität bezeichnet die Verschiedenheiten innerhalb einer Kultur oder die Vermischung von Kulturen, ebenso die Mischung literarischer Gattungen, und verweist auf den Konstruktionscharakter von Geschlechtsidentitäten. (→ **Kapitel 17.2**) Das Konzept der Hybridisierung geht zurück auf die Theorie der Dialogizität des russischen Literaturwissenschaftlers und Kunsttheoretikers Michail Bachtin (1895–1975). Hier entstehen hybride Konstruktionen aus der Vermischung zweier Sprachstile, zweier ‚Stimmen' innerhalb einer sowohl grammatisch als auch stilistisch auf einen einzigen Sprecher rückführbaren Äußerung.

Inzest Sexuelles Verhältnis zwischen Geschwistern oder zwischen Eltern und ihren Kindern. In der psychoanalytischen Theorie Sigmund Freuds bildet der Wunsch des drei- bis achtjährigen Kindes nach der sexuellen Vereinigung mit dem gegengeschlechtlichen Elternteil ein Teilmoment des sogenannten Ödipus-Komplexes, zu dem auch das Hassgefühl gegenüber dem gleichgeschlechtlichen Elternteil gehört. (→ **Kapitel 3.3**)

Kastration In der psychoanalytischen Theorie Sigmund Freuds führt die Kastrationsdrohung beim Jungen, die dieser dem väterlichen Rivalen zuschreibt, zur Überwindung des Ödipus-Komplexes und damit zur Durchsetzung des Inzestverbots (→ Inzest) und weiter zur Identifikation mit dem Vater. In Analogie zur Kastrationsangst des Jungen spricht Freud beim Mädchen vom Penisneid und von der Selbstidentifikation der Frau als ‚kastrierte' Frau. (→ **Kapitel 3.3**) Bei Jacques Lacan steht die für beide Geschlechter geltende symbolische Kastration für die Auflösung der präödipalen Mutter-Kind-Dyade (→ Dyade), wobei die Trennung vom mütterlichen Objekt durch die Anwesenheit des Vaters als Repräsentant der → symbolischen Ordnung, als Symbol des Gesetzes (das zunächst im Inzestverbot besteht), herbeigeführt wird. (→ **Kapitel 6.1**)

Libido In seiner Trieblehre postuliert Sigmund Freud zwei Triebimpulse, Libido (Sexualität) und Aggression, die als Movens jeglichen Verhaltens und Handelns des Menschen fungieren. Zunächst durch die elterlichen Restriktionen, dann durch deren verinnerlichte psychische Form des Über-Ichs und Ich-Ideals werden die Triebwünsche verdrängt, bleiben jedoch im Bereich des → Unbewussten wirksam. (→ **Kapitel 3.3**)

Narzissmus In der griechischen Mythologie ist Narziss ein schöner Jüngling, der sich in sein eigenes Spiegelbild verliebt, aus unerfüllter Sehnsucht stirbt und in eine Narzisse verwandelt wird. Im allgemeinen Sinn wird von narzisstischem Verhalten oder Auftreten gesprochen, wenn dieses übermäßig selbstbezogen, geltungsbedürftig oder überheblich erscheint. Sigmund Freud spricht von primärem Narzissmus als der Phase, in der sich die sexuellen Triebe auf den eigenen Körper richten und bei der es sich um ein Vorstadium zur Objekt-Libido (→ Libido) handelt. (→ **Kapitel 3.3, 6.4, 11.1**)

Patriarchat Patriarchal sind solche Beziehungs- und Machtverhältnisse in Familie, Gesellschaft oder Politik, in denen der Mann die Herrschaftsposition innehat.

Performanz In Noam A. Chomskys Sprachtheorie, die der Linguist und Philosoph seit Ende der 1950er Jahre entwickelte, bezeichnet der Terminus den konkreten individuellen Sprachgebrauch. Sein Komplement bildet der Kompetenz-Begriff, der die jedem Sprechenden implizite Kenntnis der Strukturbeziehungen der eigenen Sprache, also die allgemeine Sprachfähigkeit meint. Das Begriffspaar entspricht weitestgehend Ferdinand de Saussures Dichotomie von Parole und Langue. In der Theorie von Judith Butler bezeichnet Performanz den kulturell-repetitiven Aspekt von Geschlecht, also den Umstand, dass Geschlecht durch Handeln (Sprechakte, Kleidung, Mimik und Gestik) produziert wird. (→ **Kapitel 7.2**)

Performance Interdisziplinär seit den 1950er Jahren fruchtbar gemachtes Konzept, dessen Potenzial nicht zuletzt in der Doppelbedeutung von Aufführung und Ausführung gründet. Im Kontext von Theater und darstellenden Künsten bezieht sich der Begriff auf die szenische Realisation eines Textes im Gegensatz zu seiner schriftlichen Fixierung. (→ **Kapitel 12.3**) Performative Akte wie Feste, Umzüge, Rituale etc. werden zudem zum Gegenstand ethnologischer Untersuchungen von Kulturen. Sprachwissenschaft und Sprachphilosophie beschreiben Sprache unter dem Gesichtspunkt ihrer ,Ausführung', betonen damit beispielsweise den situationsgebundenen Gebrauch (→ Performanz) oder den Handlungscharakter der Sprache (John L. Austins Sprechakttheorie, 1949/72; (→ **Kapitel 7.2**).

Phallus (phallozentrisch) Nach Jacques Lacan symbolisiert der Phallus, der hier nicht den Penis bezeichnet, die männlich-väterliche Macht und die durch diese geprägte → symbolische Ordnung. (→ **Kapitel 6.1**) Aus Sicht der feministischen Literaturtheorie sind → Diskurse phallozentrisch strukturiert, wenn eine positive Repräsentation der Frau nicht vorgesehen ist.

Poetik, Poetologie Lehre von der Dichtkunst, wobei normative Poetiken (Regelpoetiken) konkrete Regelsysteme zur Herstellung von Dichtung vorgeben, deskriptive Poetiken sich hingegen auf die nachträgliche Beschreibung von ästhetischen Organisationsstrukturen beschränken. Mit immanenter Poetologie bezeichnet man diejenigen (systematischen) Aussagen über Ästhetik, die sich im literarischen Werk selbst auffinden lassen. Mit der Autonomisierung der Kunst (seit der Romantik) bestimmen literarische Werke ihre ästhetische Ordnung zunehmend über immanente Poetiken. Für die Gender Studies ist insbesondere der Zusammenhang von Weiblichkeitsrepräsentationen, weiblichem Schreiben und Poetik aufschlussreich. (→ **Kapitel 5**)

Polyphonie Begriff aus der Musik für Mehrstimmigkeit, im Gegensatz zu Homophonie. In einem polyphonen Text klingen verschiedene Stimmen zusammen, wobei sich die von ihnen vertretenen Standpunkte, Anschauungen und Perspektiven im widerstreitenden Nebeneinander gegenseitig relativieren. (→ **Kapitel 6.2**)

Poststrukturalismus bezeichnet eine wesentlich in Frankreich seit den späten 1960er Jahren entstehende Forschungsperspektive, der unterschiedliche Autor:innen wie Michel Foucault, Gille Deleuze, Jacques Lacan, die Vertreterinnen der Écriture féminine etc. zugeordnet werden und die sich aus einer umdeutenden Auseinandersetzung mit dem → Strukturalismus ergibt (u. a. Ferdinand de Saussure). Gemeinsam ist den stark differierenden Ansätzen der Angriff auf das autonome aufklärerische (männliche) Subjekt (auch als politischer Akteur), auf den autonomen Sprecher, der als Spielball von – diskursiven Mächten begriffen wird (Michel Foucault), auf das Gesetz des Vaters als Bedingung der Norm und auf jegliche Geschichtsutopie (Jean-François Lyotard).

(→ **Kapitel 13.2**) Grundsätzlich infrage gestellt werden → binäre Systeme wie Wahrheit / Lüge, Normalität / Wahnsinn etc., die als kulturelle, normalisierende Konstrukte begriffen werden. (→ **Kapitel 7.1**)

Queer ist ursprünglich ein abwertender Begriff, der mit ‚schräg', ‚quer zur herrschenden Norm' übersetzt werden kann. Er wurde in den 1990er Jahren zum Sammelbegriff für Kulturen und Begehrensformen jenseits der heterosexuellen Norm, die ihrerseits als abgeleitetes Produkt marginalisierter Praktiken (wie Homosexualität) begriffen wurde. (→ **Kapitel 8**)

Race bezeichnet die ethnische Zugehörigkeit von Akteuren, die die Geschlechterrollen (neben → Class) wesentlich mitbestimmt. (→ **Kapitel 9.1**)

Semiotik In einem weit gefassten Sinn die allgemeine Lehre von den sprachlichen und nichtsprachlichen Zeichen und allen Arten von Zeichenprozessen. Mit einer bis in die Antike zurückreichenden Tradition wird die Semiotik im 20. Jahrhundert zu einer eigenständigen Wissenschaft. Als Begründer der modernen Semiotik gilt Charles S. Peirce (1839–1914), der Zeichen unter besonderer Berücksichtigung ihres funktionalen und relationalen Charakters klassifiziert. Die Semiotik, die Filme und Bilder, selbst eine Stadt als Zeichenensemble auffassen kann, ermöglicht eine kulturwissenschaftliche Ausweitung des Textbegriffs. Die Gender Studies als semiotisch orientierte Wissenschaft untersuchen Werbung, Mode, Filme etc. (→ **Kapitel 1.2**)

Signifikant / Signifikat Nach dem Sprachwissenschaftler und Begründer der modernen Linguistik Ferdinand de Saussure (1857–1913) sind für das sprachliche Zeichen einerseits ein sinnlich wahrnehmbares Element, der Signifikant (frz. signifiant; Bezeichnendes), und andererseits eine Bedeutung, das Signifikat (frz. signifié; Bezeichnetes) konstitutiv. (→ **Kapitel 6.1**) Die Signifikation, also die Zuordnung von materialer Gestalt (Ausdrucksebene) und ideellem Gehalt (Bedeutungsebene) des Zeichens, ist arbiträr (beliebig) und beruht allein auf gesellschaftlichen Konventionen.

Strukturalismus Ausgangspunkt der strukturalistischen Konzepte in der Sprach- und Literaturwissenschaft, der Anthropologie, Psychologie etc. bildet die Sprachtheorie Ferdinand de Saussures (→ **Kapitel 6.1**), der Sprache als ein abgeschlossenes → semiotisches System beschreibt, das nach dem Prinzip der Differenz organisiert ist: Die Bedeutung eines Zeichens stellt sich über seine Relation zu anderen Zeichen her und erweist sich damit als unmittelbar abhängig von der Struktur des Systems. Kennzeichnend für strukturalistische Beschreibungsmodelle ist das Verfahren der → binären Segmentierung.

Sublimierung Nach Sigmund Freud bezeichnet die Sublimation die Transformation sexueller Triebe in künstlerische oder intellektuelle Leistungen, das heißt eine konkrete Befriedigung wird durch eine abstrakte ersetzt. Voraussetzung der Sublimierung als Bedingung kultureller Aktivität ist der Kastrationskomplex, über den nach Freud die Frau aufgrund ihrer Entwicklungsgeschichte nicht verfügt. (→ **Kapitel 3.3, 4**)

Subversion meint in einem weit gefassten Sinn die Infragestellung und das Unterlaufen einer bestehenden Ordnung (zum Beispiel der staatlichen Ordnung). Im Kontext → poststrukturalistischen Denkens, spezieller im Sinne Jacques Derridas, hat ein subversiver Umgang mit Begriffen der herrschenden Ordnung zum Ziel, deren Widersprüchlichkeiten freizulegen. Der Gegenbegriff zu Subversion ist Affirmation; Judith Butler denkt in ihren späteren Schriften beides zusammen. (→ **Kapitel 7.3**)

Symbolische Ordnung Nach der psychoanalytischen Theorie Jacques Lacans meint die symbolische Ordnung die → patriarchale, durch das Gesetz des Vaters strukturierte

Ordnung der Sprache. Die Einführung des Kindes in die Sprache als Aneignung des Symbolischen geht einher mit der Überwindung der präödipalen Mutter-Kind-Beziehung (→ Dyade), die das Imaginäre als Ort des → narzisstischen Ichs im Spiegelstadium markiert. (→ Kapitel 6.1)

Topos / topisch Begriff aus der Rhetorik, der feststehende Argumentationsfiguren (Bescheidenheitstopoi, Landschaftstopoi etc.) bezeichnet. Die Gender Studies analysieren topische, also stereotype Geschlechterbilder. (→ **Kapitel 5.1**)

Unbewusstes Zentraler Begriff der Psychoanalyse, der bei Sigmund Freud den Ort des aus dem Bewusstsein Verdrängten bezeichnet, das in chiffrierter Form in Träumen, Fehlleistungen und neurotischen Symptomen Ausdruck finden kann. (→ **Kapitel 3.3**) In Abgrenzung zu Freuds Konzept eines individuellen Unbewussten spricht Carl Gustav Jung vom kollektiven Unbewussten als phylogenetisch vererbtes Repertoire von symbolischen Urbildern, den sogenannten Archetypen.

19.4 Personenverzeichnis

Danksagung

Wir danken Lucas Alt und Sarah Thiery ganz herzlich für die konstruktive Zusammenarbeit und die fachliche Unterstützung sowie Tarik Englmann, Matthias Groß, Michelle Roß und Stefanie Schips für die Hilfe bei der Fertigstellung des Manuskripts.

Franziska Schößler und Lisa Wille, Trier / Washington, DC, März 2022

www.ingramcontent.com/pod-product-compliance
Lightning Source LLC
Chambersburg PA
CBHW020829270326
41928CB00006B/466